CPGC

China Publishing
Group Corporation
YEARBOOK (2012)

中国出版集团公司
年鉴 (2012)

中国大百科全书出版社

图书在版编目（CIP）数据

中国出版集团公司年鉴（2012）/中国出版集团公司年鉴编委会编. —北京：中国大百科全书出版社，2013. 3
ISBN 978 - 7 - 5000 - 9134 - 9

Ⅰ. ①中… Ⅱ. ①中… Ⅲ. ①出版工作 - 中国 - 2012 - 年鉴 Ⅳ. ①G239. 2-54

中国版本图书馆 CIP 数据核字（2013）第 046418 号

责任编辑： 盛　力　王　宇
技术编辑： 王丽荣
美术编辑： 张辰五
封面设计： 春天书装工作室
责任印制： 徐继康

中国大百科全书出版社 出版
（北京阜成门北大街 17 号　邮政编码：100037　电话：010 - 88390732）
网址：http：//www. ecph. com. cn
北京鑫联必升文化发展有限公司排版
北京盛通印刷股份有限公司印刷
开本：880 毫米 × 1230 毫米　1/16　印张：31　字数：857 千字　彩插：32 面
2013 年 3 月第 1 版　2013 年 3 月第 1 次印刷
ISBN 978 - 7 - 5000 - 9134 - 9
定价：138. 00 元

2011年8月23日，中国出版集团公司召开干部大会，中组部、中宣部有关负责同志宣布中共中央和国务院的任免决定，任命谭跃同志（左一）为中国出版集团公司总裁、党组副书记。中宣部常务副部长雒树刚（左三）出席会议并讲话。

2011年11月28日，中国出版集团公司举行中国出版传媒股份有限公司揭牌仪式。中宣部副部长蔡名照（左二）、新闻出版总署副署长邬书林（右二）、中央文化企业国有资产监督管理领导小组办公室常务副主任王家新（右一）出席。

2011年4月20日，中国出版集团公司向云南省腾冲县和顺图书馆赠送《中国文库》（1~4辑）图书，集团公司总裁聂震宁出席捐赠仪式并讲话。

2011年5月29日，中国出版集团公司在第21届全国图书交易博览会上举办第四届“读者大会”，集团公司总裁聂震宁出席大会并讲话。

2011年8月30日，新闻出版总署署长柳斌杰（右）为“2011北京国际出版论坛”演讲嘉宾、中国出版集团公司总裁谭跃颁发荣誉证书。

2011年8月30日，中国出版集团公司总裁谭跃在“2011北京国际出版论坛”上作主题演讲。

2011年9月1日，中国出版集团公司党组书记王涛出席商务印书馆《威科法律译丛》新书发布会暨《中国法院案例精选文库》英文版战略合作协议签约仪式。

2011年12月28日，中国出版集团公司党组书记王涛出席中国出版传媒股份有限公司揭牌仪式后接受中央电视台采访。

2011年1月20日，中国出版集团公司副总裁宋晓红主持“中华动漫资源库”项目启动暨方成先生作品授权签字仪式。

2011年10月27日，中国出版集团公司召开2011年度财务工作会议，中国出版集团公司副总裁王俊国出席会议并讲话。

2011年9月1日，中国出版集团公司副总裁刘伯根参加第18届北京国际图书博览会，并在新疆维吾尔自治区出版物“走出去”签约仪式上作重点发言。

2011年2月17日，中国出版集团公司副总裁林弋出席集团公司2011年党的工作和纪检工作会议，并代表直属机关党委作工作报告。

2011年3月28日，人民文学出版社成立60周年庆祝大会举行。

2011年3月28日，社长潘凯雄在人民文学出版社成立60周年庆祝大会上讲话。

2011年12月1日，人民文学出版社举办“21世纪年度最佳外国小说·2011”颁奖大会，总评委会主任聂震宁为俄罗斯获奖作家奥利加·斯拉夫尼科娃颁奖。

2011年10月18日，商务印书馆举行《英语世界》创刊三十周年纪念会暨第二届"《英语世界》杯"翻译大赛颁奖会。新闻出版总署副署长李东东（右五）出席会议并讲话。

2011年10月17日，中宣部出版局局长陶骅（中）到商务印书馆调研。中国出版集团公司党组书记王涛（右）陪同调研。

2011年7月5日，《新华字典》第11版出版座谈会举行。全国人大常委会副委员长严隽琪（中），中宣部副部长蔡名照（左二），教育部副部长、国家语言文字工作委员会主任李卫红（右二），新闻出版总署副署长邬书林（左一），中国社会科学院原副院长、中国辞书学会会长江蓝生（右一）出席会议。

2011年3月11日，新闻出版总署党组书记、署长柳斌杰到中华书局考察调研。

2011年5月29日，中华书局举行著名评书艺术家连丽如新书签售活动。

2011年12月28日，中华书局百年历程暨珍贵图书文献展举行。

2011年6月19日，中国大百科全书出版社召开纪念中国共产党成立90周年京沪学术论坛暨《中国共产党与现代化使命丛书》出版座谈会。

2011年11月16日，《中国京剧百科全书》出版座谈会举行。

2011年5月18日，《中国大百科全书》数据库出版发布会举行。

2011年8月15日，庆祝人民美术出版社成立60周年系列展举行。

2011年6月21日，庆祝中国共产党成立90周年“百种红色经典连环画”新闻发布会举行。

2011年9月1日，在第18届北京国际图书博览会上，人民美术出版社与国外一家出版机构洽谈合作。

2011年5月10日，人民音乐出版社举行《羌山采风录》出版发布会。新闻出版总署副署长李东东（右八）、中宣部出版局副巡视员张拥军（左五）、国家民委文化宣传司副司长马继祖（左二）、新闻出版总署出版管理司副司长陈亚明（左四）、中国出版集团公司总裁聂震宁（左六）、中国出版集团公司副总裁刘伯根（左三）、四川省文化厅副厅长王志平（右七）出席会议。

2011年10月11～14日，在第32届法兰克福国际乐器展览会上，人民音乐出版社社长吴斌（左）与德国朔特音乐出版有限公司代表在出版合作意向书上签字。

2011年3月18日，人民音乐出版社承办“书香中国——第二届中国出版政府奖颁奖典礼”。

2011年9月29日，中共三联书店委员会换届选举大会举行。

2011年5月31日，《鲁迅箴言》中日双语版出版座谈会举行。

2011年6月22日，生活·读书·新知三联书店参加庆祝中国共产党成立90周年“颂歌献给党”歌咏比赛。

2011年8月，中国对外翻译出版公司举办《中亚文明史》出版发布会暨《拉丁美洲通史》版权引进签约仪式。

2011年6月，中国对外翻译出版公司代表团拜访联合国日内瓦办事处翻译司司长格拉切夫（左五）。

2011年6月22日，中国对外翻译出版公司参加庆祝中国共产党成立90周年“颂歌献给党”歌咏比赛。

2011年10月12日，中国出版集团公司总裁谭跃视察东方出版中心。

2011年6月28日，东方出版中心为纪念中国共产党成立90周年而举办的“历史的转折——乐震文、刘小晴革命胜景书画展”开幕。

2011年1月13日，《中国古代书画鉴定实录》新书发布会举行。

2011年8月31日，中国图书进出口（集团）总公司承办第18届北京国际图书博览会开幕典礼。

2011年5月23日，由中国图书进出口（集团）总公司承办的“纪念辛亥革命100周年精品图书联展开幕式暨新书发布会”举行。

中国图书进出口（集团）总公司庆祝建党90周年党员大会举行。

2011年1月9日，《我是西单女孩》新书发布会举行。作者任月丽（左）、中国出版集团公司副总裁刘伯根（右）出席发布会。

2011年7月，现代教育出版社召开新老编辑座谈会。

2011年7月7～8日，现代教育出版社全体职工在印刷厂参加劳动。

2011年10月18日，《张大千全集》研讨会举行。

2011年5月24日，首届北京非物质文化遗产代表性传承人作品拍卖会新闻发布会举行。

2011年9月15日，荣宝斋汶川灾区援建项目“中江县富兴镇荣宝斋小学”揭牌仪式举行。

2011年11月25日，中国出版集团公司总裁谭跃（前排左二）到中国图书商报社调研。中国出版集团公司党组书记王涛（前排右二）、副总裁王俊国（前排左一）、副总裁刘伯根（前排右一）陪同调研。

2011年1月8日，中国图书商报社社长、总编辑、党委书记孙月沐在2011北京图书订货会高层论坛上致辞。

2011年11月8日，中国图书商报社全体员工到福建考察出版文化时，在武夷山天游峰下合影。

2011年9月8日，《石油大棋局——下一个目标中国》全球首发式暨石油地缘战略研讨会举行。

2011年11月25日，中国民主法制出版社召开2012年度选题论证会。

2011年8月11日，中国民主法制出版社部分职工参观红军湘江战役纪念陵园。

2011年6月29日，华文出版社举行纪念建党90周年暨《中共党史青年读本》首发捐赠仪式。

2011年6月3日，《百年西藏——20世纪的人和事》中文版、英文版同步出版首发式举行。

2011年9月24日，华文出版社《天下为公——孙中山传》读者见面会在北京单向街书店举行。作者李菁（左）出席见面会。

2011年9月1日，世界图书出版公司北京公司举行《壹玖壹壹：从鸦片战争到军阀混战的百年影像史》新书发布会。

2011年8月17日，中版集团数字传媒有限公司与世界图书出版上海有限公司签署共建大佳网亲子分站战略合作协议，并举行《妈妈爸爸在线》数字期刊创刊号上线仪式。

2011年6月22日，世界图书出版公司参加庆祝中国共产党成立90周年“颂歌献给党”歌咏比赛。

2011年12月25日，现代出版社召开2012年度选题论证会。

现代出版社总编辑臧永清（左）接受中央电视台《新闻联播》栏目采访，介绍现代出版社系列图书“走出去”情况。

2011年8月，现代出版社组织员工到山东海阳参观、考察。

北京中新联科技股份有限公司

2011年4月15～19日，北京中新联科技股份有限公司参加第109届中国进出口商品交易会。

2011年12月20日，北京中新联科技股份有限公司出口俄罗斯涂布机安装完成。图为工作人员在安装现场合影。

中版联印刷物资有限公司

2011年12月22日，中国出版集团公司总裁谭跃（中）到中版联印刷物资有限公司调研。中国出版集团公司副总裁刘伯根（右）陪同调研。

2011年4月19日，中版联印刷物资有限公司总经理兰本立（左）与中国出版集团公司所属单位出版部负责人参观武汉晨鸣汉阳纸业股份有限公司生产车间。

2011年1月，“中华动漫资源库”项目启动暨方成先生作品授权签字仪式举行。

2011年5月29日，“大佳网”启动仪式在第四届“读者大会”上举行。

中版教材有限公司

2011年5月，《书法》教材正式出版。

2011年9月，中版教材有限公司荣获中国出版集团公司“文明单位”称号。

中版国际传媒有限公司

2011年10月12日，中版国际传媒有限公司组织中国出版集团公司所属单位参加第63届法兰克福国际书展。

2011年6月21日，中版国际传媒有限公司组织的2011年“版权沙龙”第一次活动举行。

北京中新华国际旅行社有限责任公司

2011年11月1日，北京中新华国际旅行社有限责任公司总经理张洁参加中国饭店协会第四届会员代表大会。

2011年7月11日，北京中新华国际旅行社有限责任公司组织中国出版集团公司总部干部、职工赴革命圣地延安参观、考察。

中国出版集团公司年鉴（2012）
编 辑 委 员 会

编 委 会 办 公 室

出版说明

《中国出版集团公司年鉴》是真实记录中国出版集团公司改革发展历程，系统反映集团公司战略举措、出版主业、基本建设等方面情况的资料性工具书。编写年鉴，对于全面真实保存集团公司历史资料、深入研究把握集团公司各项工作规律、全面宣传集团公司整体形象，具有重要基础意义。

《中国出版集团公司年鉴（2012）》采用记述文体，客观记载集团公司自2011年1月1日至12月31日期间发生的事实。全书采用篇目、栏目、条目三级结构体例编纂，设置了“特载”、“工作综述”、“重大活动”、“重大项目”等11个篇目，篇目下设栏目，栏目下设条目；各栏目之中，根据不同内容和情况，分别按照时间、单位次序或人物姓氏笔画等不同标准，对条目进行排序。正文后编制了“条目汉语音序索引”。

《中国出版集团公司年鉴（2012）》的编辑出版工作得到了集团公司各部门和各有关单位的大力支持。各级领导高度重视，联络人、供稿人高度负责，确保了收录内容的权威性、系统性和丰富性。中国大百科全书出版社承担了本次年鉴的编辑出版任务，编辑人员在稿件收集和编辑加工方面付出了大量心血。在此，编委会办公室谨向参与本书编写的全体工作人员表达诚挚的谢意！

由于编辑经验不足，本书疏漏错误之处在所难免，恳请广大读者批评指正。

《中国出版集团公司年鉴》编委会办公室

目　　录

特　　载

领导关怀

李长春致信祝贺人民文学出版社成立 60 周年 ……………………………………………… (3)
李长春对中国出版集团公司中小学《书法》教材出版工作作出重要批示………………………… (3)
李长春致信祝贺人民美术出版社成立 60 周年 ……………………………………………… (4)
习近平致信祝贺人民文学出版社成立 60 周年 ……………………………………………… (4)
刘云山对人民文学出版社 60 年社庆作出重要批示 ………………………………………… (4)
刘云山致信祝贺人民美术出版社成立 60 周年 ……………………………………………… (5)
刘延东致信祝贺人民美术出版社成立 60 周年 ……………………………………………… (5)
陈至立致信祝贺《中国京剧百科全书》出版…………………………………………………… (5)
严隽琪致信祝贺人民美术出版社成立 60 周年 ……………………………………………… (6)
孙家正题词庆贺人民文学出版社成立 60 周年 ……………………………………………… (6)
柳斌杰到中华书局调研考察…………………………………………………………………… (6)
雒树刚出席中国出版集团公司干部大会并讲话……………………………………………… (7)
蔡名照出席中国出版集团公司 2011 年度工作会议并讲话 ………………………………… (7)
邬书林出席中国出版集团公司 2011 年度工作会议并讲话 ………………………………… (8)
邬书林到中华书局召开专题调研会…………………………………………………………… (8)
孙寿山出席“中华字库”工程研发工作启动大会并讲话…………………………………… (9)
宋明昌到中华书局视察………………………………………………………………………… (9)

重要庆典

人民文学出版社成立 60 周年庆祝大会举行…………………………………………………… (11)
中国出版集团公司、中国美术出版总社、人民美术出版社共同主办“庆祝人民美术出版社成立 60 周年系列展” ………………………………………………………………… (11)

集团公司领导讲话

高举旗帜　开拓创新　乘胜前进　为创建国际一流出版传媒企业而奋斗
——在中国出版集团公司 2011 年度工作会议上的报告 ……………………… 聂震宁 (13)

在学习贯彻十七届六中全会精神推动集团改革发展座谈会上的讲话…………………… 谭　跃（29）
时代呼唤品牌出版传媒企业……………………………………………………………………… 王　涛（34）

工作综述

中国出版集团公司 2011 年工作综述

……（39）

集团公司所属单位 2011 年工作综述

人民文学出版社 2011 年工作综述……………………………………………………………………（47）
商务印书馆 2011 年工作综述…………………………………………………………………………（50）
中华书局 2011 年工作综述……………………………………………………………………………（56）
中国大百科全书出版社 2011 年工作综述……………………………………………………………（60）
中国美术出版总社 2011 年工作综述…………………………………………………………………（63）
人民音乐出版社 2011 年工作综述……………………………………………………………………（66）
生活·读书·新知三联书店 2011 年工作综述………………………………………………………（69）
中国对外翻译出版公司 2011 年工作综述……………………………………………………………（72）
东方出版中心 2011 年工作综述………………………………………………………………………（74）
新华书店总店 2011 年工作综述………………………………………………………………………（77）
中国图书进出口（集团）总公司 2011 年工作综述…………………………………………………（79）
现代教育出版社 2011 年工作综述……………………………………………………………………（81）
荣宝斋 2011 年工作综述………………………………………………………………………………（84）
中国图书商报社 2011 年工作综述……………………………………………………………………（87）
中国民主法制出版社 2011 年工作综述………………………………………………………………（91）
华文出版社 2011 年工作综述…………………………………………………………………………（93）
世界图书出版公司 2011 年工作综述…………………………………………………………………（95）
现代出版社 2011 年工作综述…………………………………………………………………………（98）
北京中新联科技股份有限公司 2011 年工作综述 …………………………………………………（101）
北京中版联印刷物资有限公司 2011 年工作综述 …………………………………………………（102）
中版集团数字传媒有限公司 2011 年工作综述 ……………………………………………………（104）
中版教材有限公司 2011 年工作综述 ………………………………………………………………（107）
新华联合发行有限公司 2011 年工作综述 …………………………………………………………（109）
中版数字设备有限公司 2011 年工作综述 …………………………………………………………（111）
中版国际传媒有限公司 2011 年工作综述 …………………………………………………………（113）
北京中新华国际旅行社有限责任公司 2011 年工作综述 …………………………………………（114）

重大活动

战略发展

中国出版集团公司发布“十二五”规划……(119)
中国图书商报社与中华全国工商联合会书业商会签署永久性战略合作协议……(120)
中国出版集团公司传达胡锦涛在省部级主要领导干部社会管理及其创新专题研讨班开班式上的讲话精神……(120)
商务印书馆与深圳职业技术学院签署共同成立人文教育研究中心战略合作协议……(122)
中国出版集团公司入选第三届“文化企业30强”……(122)
中国对外翻译出版公司与北京语言大学高级翻译学院签署战略合作协议……(123)
商务印书馆学术出版中心、教科文出版中心成立……(123)
中国出版集团公司总裁谭跃到人民文学出版社调研……(123)
中宣部出版局局长陶骅到商务印书馆调研……(123)
中宣部出版局局长陶骅到中华书局调研考察……(124)
中宣部出版局局长陶骅到人民文学出版社调研……(124)
中宣部出版局局长陶骅到中国图书进出口（集团）总公司调研……(125)
中国出版集团公司召开改革发展座谈会……(125)
京、沪、港三地三联书店议定成立北京三联国际文化传播公司……(126)
中国出版集团公司总裁谭跃到中国对外翻译出版公司调研……(126)
中国出版集团公司总裁谭跃到中国民主法制出版社进行“走、转、改”调研活动……(126)
中国出版集团公司总裁谭跃到中国美术出版总社调研……(127)
中国出版集团公司总裁谭跃到中国图书商报社调研……(127)
中国出版传媒股份有限公司成立大会暨挂牌仪式举行……(127)

出版工作

第五届中国出版集团公司出版奖（报刊部分）初评、复评会议召开……(130)
中国出版集团公司召开《羌山采风录》出版座谈会……(131)
《中国图书商报》发表编辑部文章《追寻中国现代出版三大产业新向度》……(132)
《帅作文》创刊首发式举行……(132)
“汉语盘点2010”年度字词网络征集活动举行……(132)
《奢华之色》新书恳谈会召开……(133)
“网上出版的商业模式和盈利模式高峰论坛”举办……(133)
2010年度语言学出版基金评议会召开……(134)
生活·读书·新知三联书店召开2011年新年作者聚谈会……(134)
中国出版集团公司召开《中国文库》(第五辑)“纪念辛亥革命100周年专辑”出版座谈会……(134)
《文史知识》第二次评刊会召开……(135)
“2011中青年语言学者沙龙”举行……(136)

中国出版集团公司制定 2011 年度图书出版计划 …………………………………………………………（136）
中国图书商报社改革版面践行“三个革命”、“六大工程” …………………………………………（137）
“中华字库”总体组组织四次工程商务谈判会议 …………………………………………………（138）
中国出版集团公司领导听取中国大百科全书出版社《中国大百科全书》（第三版）工作汇报……………………………………………………………………………………………………（138）
“中华字库”总体组启动“中华字库”工程标准研制工作 …………………………………………（138）
《当代汉语词典》编写论证会举行 …………………………………………………………………（139）
中国出版集团公司召开 2011 年选题工作会议 ……………………………………………………（139）
中国美术出版总社召开 2011 年出版工作会 ………………………………………………………（140）
《辞源》（第三版）修订工作启动……………………………………………………………………（140）
中国民主法制出版社召开全国人大常委会和地方人大常委会联合工作委员会宣传出版联谊会…………………………………………………………………………………………………（140）
第一届《文史知识》论坛召开………………………………………………………………………（141）
《中国图书商报》“封面人物”专栏首次开栏………………………………………………………（141）
中国出版集团公司 2011 年度数字出版专题工作会议召开 ………………………………………（141）
中国对外翻译出版公司与北京大学翻译协会共同举办高端会议口译系列讲座……………………（141）
《郦波评说曾国藩家训》作者讲座活动举行 ………………………………………………………（142）
商务印书馆中小学教材语料库中学教材语料项目验收会议召开……………………………………（142）
中小学思想品德西部特色教材立项准备研讨会召开…………………………………………………（142）
世界图书出版西安有限公司参加“3.15”教材教辅质量监督检测活动……………………………（142）
2011 中国广告与品牌大会暨《中国广告》杂志创刊 30 周年颁奖典礼举行 ……………………（143）
人民美术出版社组织召开 2011 年全国美术教材工作会议 ………………………………………（143）
“书香中国——第二届中国出版政府奖”颁奖典礼举行 …………………………………………（143）
“汉译世界学术名著丛书”第十三辑专家论证会召开 ……………………………………………（144）
《你好，新疆》座谈会召开 …………………………………………………………………………（144）
《清史稿》修订工程专家座谈会召开 ………………………………………………………………（144）
《陈来学术论著集》出版座谈会召开 ………………………………………………………………（144）
中国民主法制出版社 16 种图书入选 2010 年“中国图书对外推广计划”…………………………（144）
中国出版集团公司相关人员到各所属单位开展数字资源收集与整理调研活动……………………（145）
《我们错了》出版 ……………………………………………………………………………………（145）
中版教材有限公司《书法》教材立项工作会议召开…………………………………………………（145）
纪念曾志同志百年诞辰座谈会举行…………………………………………………………………（145）
《唱响中国——群众最喜爱的新创作歌曲 36 首集锦》出版………………………………………（146）
人民美术出版社召开高等教育“十二五规划教材”工作会议………………………………………（146）
《文史知识》创刊 30 周年庆祝大会召开……………………………………………………………（146）
2011 年汉语多元化教学手段研讨会举行 …………………………………………………………（147）
《中国图书商报》子刊《中国编客》与《中国馆配》创刊 …………………………………………（147）
《高官的良心——中国足球打黑第一斗士》出版座谈会举行 ……………………………………（147）
《汪曾祺全集》编辑工作会举行 ……………………………………………………………………（148）
中国对外翻译出版公司首次组织召开北京高校学生社团代表座谈会………………………………（148）

《茶文化学系列教材》(3种)第三次研讨会举行 ……………………………………………… (148)
"学习型工具书与小学生语文素养提升研讨会"召开 ……………………………………… (148)
"二十一世纪中国竹笛高峰论坛"举行 ……………………………………………………… (149)
《中国大百科全书》数据库出版发布会举行 ………………………………………………… (149)
《中国图书商报》发表"红色读物专刊"系列报道 ………………………………………… (149)
《金克木集》出版座谈会举行 ………………………………………………………………… (150)
中国对外翻译出版公司参加翻译教育发展国际学术研讨会………………………………… (150)
2011年"楚天杯"全国中小学生帅作文大赛正式启动 …………………………………… (150)
"百年再出发——中华书局文化沙龙"活动举行 …………………………………………… (151)
中国对外翻译出版公司承办2011年中国翻译职业交流大会 ……………………………… (151)
"企鹅经典丛书"新闻发布会举办 …………………………………………………………… (151)
《鲁迅箴言》(中日双语版)出版座谈会举行………………………………………………… (151)
中国出版集团公司入选"新闻出版改革发展项目库"数量居全国之首…………………… (152)
中国数字出版网(大佳网)开网上线………………………………………………………… (152)
《古炉》作品研讨会举行 ……………………………………………………………………… (152)
《高官的良心——中国足球打黑第一斗士》作品研讨会举行 ……………………………… (153)
《书目答问汇补》出版座谈会举行 …………………………………………………………… (153)
《复兴之路》(上、中、下)列入中宣部、新闻出版总署200种优秀图书书目…………… (153)
《后汉书》修订会召开 ………………………………………………………………………… (153)
纪念中国共产党成立90周年京沪学术论坛暨"中国共产党与现代化使命丛书"出版
座谈会举行……………………………………………………………………………………… (153)
中国出版集团公司召开《庆祝中国共产党成立90周年百种红色经典连环画》新闻
发布会…………………………………………………………………………………………… (154)
"版权沙龙"第一次活动举行 ………………………………………………………………… (155)
中国出版集团公司召开庆祝中国共产党成立90周年100种重点图书新闻发布会 ………… (156)
《版权信息交流》创刊 ………………………………………………………………………… (157)
《新英雄谱》高仿真复制完成 ………………………………………………………………… (157)
海内外中国语言学者联谊会——第二届学术论坛召开……………………………………… (157)
中国出版集团公司召开2012年度出版专项资金项目论证会 ……………………………… (157)
《新华字典》(第11版)出版座谈会举行 …………………………………………………… (158)
《高路入云端》研讨会举办 …………………………………………………………………… (159)
"作家孙犁逝世九周年纪念会暨《布衣:我的父亲孙犁》出版座谈会"举行 …………… (159)
商务印书馆与中国国际广播电台合作汉外辞书项目启动仪式举行………………………… (159)
"地铁世界"新闻发布会召开 ………………………………………………………………… (160)
中国出版集团公司完成2002~2010年度集团出版专项资金项目执行进度调研追踪 ……… (160)
第八届"商务印书馆·语文报杯"全国中青年课堂教学大赛举行…………………………… (161)
"中华字库"工程研发工作启动大会召开 …………………………………………………… (161)
人民音乐出版社参加全国图书编校质量工作研讨会………………………………………… (162)
《语言与国家》学术研讨会举行 ……………………………………………………………… (162)
《艺术沙龙》创刊5周年"人美甲子"沙龙展暨人民美术出版社书画家联谊会举行 ……… (162)

《中国图书商报》荣膺“中国最具影响力行业媒体品牌” ……………………………………… (162)
第三届中国图书馆馆长与国际出版社高层对话论坛举行……………………………………… (163)
《中华民国史》出版座谈会召开 ……………………………………………………………… (163)
《妈妈爸爸在线》数字期刊上线大佳网 ……………………………………………………… (164)
“中外儿童百科全书论坛”举行 ……………………………………………………………… (164)
“困境与逃离——中奥德四作家一席谈”活动举行 ………………………………………… (164)
中国出版集团公司配合国家出版基金规划管理办公室调研检查……………………………… (164)
《满树榆钱儿》专家研讨会举行 ……………………………………………………………… (165)
“中华现代学术名著杯”学术论文大赛颁奖典礼举行 ……………………………………… (165)
中国辞书学会百科全书专业委员会、中国编辑学会工具书和百科全书专业委员会 2011 年
年会暨学术讨论会召开…………………………………………………………………………… (166)
商务印书馆参加 2011 宁夏国际穆斯林出版机构版权贸易洽谈会暨中国—阿拉伯合作出版
交流论坛…………………………………………………………………………………………… (166)
“商务印书馆杯”全国小学生查字典大赛决赛暨小学生语言学习专题报告会举行 ………… (166)
中国民主法制出版社第一次数字出版工作会议召开…………………………………………… (167)
“百年再出发——中华书局文化沙龙”之南京站举行 ……………………………………… (167)
“中华字库”工程第 16 包项目启动会召开…………………………………………………… (167)
《晚清秘史——西藏抗英百年祭》入选 2011 年“全国首届百种优秀民族图书推荐活动”
推荐书目…………………………………………………………………………………………… (167)
中小学传统文化教育实践研究 2011 年会召开 ……………………………………………… (168)
中国出版集团公司召开纪念辛亥革命 100 周年重点图书新闻发布会………………………… (168)
《书法》教材工作总结会议召开 ……………………………………………………………… (169)
人民文学出版社等联合举办“辛亥革命以来的文化史料国际学术研讨会” ………………… (169)
《金史》、《史记》、《旧五代史》修订座谈会等会议召开 …………………………………… (170)
中国美术出版总社与中国人民大学艺术学院合办“中国连环画插图硕士课程班” ………… (170)
《钱锺书手稿集·中文笔记》(全 20 册)新书发布暨出版座谈会举行 …………………… (170)
《英语世界》创刊三十周年纪念会暨第二届“《英语世界》杯”翻译大赛颁奖会举行 …… (170)
《张大千全集》出版研讨会举行 ……………………………………………………………… (171)
《战争史笔记》出版座谈会举行 ……………………………………………………………… (171)
“中华字库”工程第 12 包项目启动会召开…………………………………………………… (172)
《太阳的眼泪》研讨会举行 …………………………………………………………………… (172)
《现代汉语词典》(第 6 版)审订委员会第二次会议举行…………………………………… (172)
中华书局百年局庆之桐乡纪念活动举行……………………………………………………… (173)
《万历兴亡录》新书发布暨出版座谈会召开 ………………………………………………… (173)
点校本《文献通考》出版座谈会召开………………………………………………………… (173)
沪台两地文化艺术出版界座谈会举行………………………………………………………… (173)
《中印文化交流百科全书》编纂工作会议举行 ……………………………………………… (174)
徐雪寒百年诞辰纪念会召开…………………………………………………………………… (174)
《新华大字典》编写工作会议召开 …………………………………………………………… (174)
2011 年“博雅翻译文化沙龙”活动举行 ……………………………………………………… (174)

中国辞书学会辞书编纂现代化专业委员会第五届年会暨学术研讨会召开……（175）
《中国京剧百科全书》出版座谈会召开……（175）
“詹福瑞诗集《岁月深处》研讨会”召开……（175）
中国民主法制出版社 2012 年度选题论证会召开……（176）
生活·读书·新知三联书店 2012 年度选题研讨会召开……（176）
“21 世纪年度最佳外国小说（2011）·微山湖奖颁奖典礼暨十周年庆典”举行……（176）
“中国的近代化与传统法的转型——《大清新法令》点校本出版座谈会”举行……（177）
中华书局 2012 年度选题工作研讨会召开……（177）
“渊源与流变——晋唐楷书研究论坛”举行……（177）
华文出版社 2012 年度选题计划研讨会召开……（177）
“商务馆中学英语教师沙龙”举行……（178）
“汉语盘点 2011 年度流行语、年度新词语、年度字词”发布仪式举行……（178）
现代教育出版社 2012 年度选题工作研讨会召开……（179）
“《当代》年度最佳长篇小说（2011）”评选活动举行……（179）
庆祝中华书局百年华诞系列纪念活动举行……（179）
中国出版集团公司推出一批数字产品……（180）

营销活动

《三言二拍看明朝》签售活动举行……（181）
中国民主法制出版社参加第 17 届经济、法律社店洽谈会……（181）
2011 中国民营书业峰会暨 2010 年度中国民营书业颁奖盛典举行……（181）
2011 书业营销创新论坛、全国新华书店“一网通”开通暨 2010 中国图书榜中榜揭榜盛典举行……（182）
《古炉》新书发布会举行……（182）
2011 北京图书订货会高层论坛举行……（183）
《我是西单女孩》首发式举行……（183）
中国出版集团公司举办“双推计划”新书推介暨 2010 年度优秀图书颁奖大会……（183）
2010 年中文图书馆配年度分析报告暨战略合作签约仪式举行……（184）
《中国古代书画鉴定实录》上海新书发布会举行……（184）
《我是西单女孩》签售活动举行……（185）
《姥姥语录》签售及讲座活动举行……（185）
《中国古代书画鉴定实录》北京新书发布会举行……（185）
《乱翻书》作者接受搜狐视频访谈……（185）
《郦波评说曾国藩家训》“网易读书公开课”举行……（186）
《阿诗玛》木版水印复制出版发布会召开……（186）
《非常识》网易微博读书公开课举行……（186）
“心能量·新生活”心理读书沙龙创办……（186）
《末代皇帝溥仪》作者讲座和签名售书活动举行……（186）
新版《高考战斗手册》推介会举行……（187）
《幸福“心”帮助》首发式举行……（187）

中国大百科全书出版社举办“工具书进学校，做讲座”活动……………………………………………(187)
《陆荣廷秘史》首发座谈会召开 ………………………………………………………………………(187)
中国大百科全书出版社举办“科普进校园讲座” …………………………………………………(187)
《先秦诸子还原》四书发布会暨文化经典研究座谈会召开 ………………………………………(188)
生活·读书·新知三联书店与江苏、山东、河南、黑龙江及青岛四省一市新华书店战略合作联席会举行……………………………………………………………………………………(188)
《星球拯救者》新书发布会举行 ………………………………………………………………………(188)
《宪益舅舅的最后十年》新书首发式暨书外文献展开幕式举行 …………………………………(188)
《胡适：徽州之符》书友会举行 ………………………………………………………………………(189)
《中国2010年上海世博会论坛文集》新书发布会暨赠书仪式举行…………………………………(189)
《郦波评说曾国藩家训》（下）新书首发式暨作者签名售书活动举行……………………………(189)
人民美术出版社开展美术图书“走进校园”活动 …………………………………………………(190)
“谭仲池政治抒情长诗《东方的太阳》新书见面会”举办 ………………………………………(190)
“北京荣宝2011春季艺术品拍卖会”举行……………………………………………………………(190)
中国大百科全书出版社举办重点图书发行工作研讨会………………………………………………(191)
天天出版社启动“百堂心灵学校公开课” ……………………………………………………………(191)
中国出版集团公司举办第四届读者大会………………………………………………………………(191)
《姥姥语录》、《三十六英雄》和《江湖丛谈》签售活动举行 ……………………………………(192)
《中国的世界遗产地图》、《中国帝王图》APP产品首发式举行 ………………………………………(192)
《历史的转折——乐震文、刘小晴革命胜景书画展》暨《革命胜景图册》新书首发式举行 ……………………………………………………………………………………………(193)
中国出版集团公司举办《西藏百年——20世纪的人和事》新书首发式 ………………………(193)
首届北京非物质文化遗产代表性传承人作品拍卖会举行……………………………………………(194)
《从内罗毕到深圳》新书发布暨读者见面会举行 …………………………………………………(194)
连阔如评书秘本《三十六英雄》签售活动举行………………………………………………………(194)
《中共党史青年读本》首发式暨捐赠仪式举行 ……………………………………………………(195)
《信仰的力量——红岩英烈纪实》新书发布会暨签售仪式举行 …………………………………(195)
《浴火存真——名辈版画联展画集》新书发布暨名辈版画联展开幕式举行 ……………………(195)
东方出版中心举办第四期“海上博雅讲坛” …………………………………………………………(195)
《帅作文》周报举办“北京文学之旅”特色夏令营 …………………………………………………(196)
《甄功夫》新书签售会举行 ……………………………………………………………………………(196)
《白话精华二十四史》网络营销宣传活动举行 ……………………………………………………(196)
“再见，哈利·波特”——哈利·波特电影终结版首映及《哈利·波特（精装版）》首发仪式举行……………………………………………………………………………………………(196)
“戴敦邦绘辛亥革命人物画展”开幕式暨《纪念辛亥百年戴敦邦绘人物谱》新书发布会举行……………………………………………………………………………………………(196)
《你一定要知道的无痛分娩》读者见面会暨知识讲座举行 ………………………………………(197)
《永远感恩毛泽东》新书发布会举行 …………………………………………………………………(197)
《中国古典诗歌英释100首》新书交流签售会举行 …………………………………………………(197)
《读人读世》对话活动举行 ……………………………………………………………………………(198)

《中华饮食智慧》读者见面会暨捐赠活动举行 …………………………………………………………… (198)
“读绘本唱儿歌宝宝比您想象的更聪明”幼儿双语图书推介交流会举行 ……………………… (198)
2011 全国医学文献建设工作研讨会举办 ………………………………………………………………… (198)
《手中有福音Ⅱ》新书发布会举行 ……………………………………………………………………… (199)
《开罗国际》青年作家与媒体见面会举行 ………………………………………………………………… (199)
《壹玖壹壹：从鸦片战争到军阀混战的百年影像史》5个版本新书发布会举行 ………………… (199)
“中华文明博物馆之清代卷”全媒体开发首发式举行 ………………………………………………… (199)
“东西方诗人关于爱与灵感的对话”交流活动举行 ……………………………………………………… (200)
《推拿》、《天行者》作者做客新浪网 ………………………………………………………………… (200)
“书香巷”开卷仪式举行 ……………………………………………………………………………………… (200)
《石油大棋局——下一个目标中国》首发式及营销宣传活动举行 ……………………………………… (201)
《石油大棋局——下一个目标中国》全球首发式暨石油地缘战略研讨会举行 ………………… (201)
人民文学出版社举办“人民文学出版社与茅盾文学奖”媒体恳谈会……………………………… (201)
全国少儿阅读公共论坛举办……………………………………………………………………………… (202)
“金嗓子”第二届全国高校音乐学（教师教育）声乐专业教师与研究生演唱邀请赛举行 … (202)
中国图书进出口西安公司举办进口书刊业务研讨会…………………………………………………… (202)
《天下为公——孙中山传》修订再版宣传活动举行 ……………………………………………………… (203)
《铁血首义路》首发式举行 ………………………………………………………………………………… (203)
“2011《中国当代作曲家曲库》音乐会（第五届）”举行……………………………………………… (203)
《书法》教材国家级培训班举办 ………………………………………………………………………… (203)
中国美术出版总社“全国教材租型工作会议”召开……………………………………………………… (204)
首个“全国中小学书法教育教师培训基地”揭牌仪式举行……………………………………………… (204)
《唐诗排行榜》新书发布暨研讨会和签售活动举行 ……………………………………………………… (204)
“海伦钢琴”第三届全国高校音乐学（教师教育）钢琴专业教师演奏邀请赛举行 ……………… (204)
“纪念辛亥百年上海名家书画集”发布会举行 ……………………………………………………………… (205)
《上海手册》（英文版）首发式举行………………………………………………………………………… (205)
全国出版物发行标准化技术委员会正式加入国际书业标准化组织…………………………………… (206)
《囚徒天子光绪皇帝》首发暨签售仪式举行 ……………………………………………………………… (206)
全国出版物发行标准化技术委员会首次举办全国出版物发行系统标准培训班……………………… (206)
荣宝斋（上海）拍卖有限公司举办首届大型艺术品拍卖会……………………………………………… (206)
《将军》签售会举行 ………………………………………………………………………………………… (206)
第六届全国中小学音乐课现场评选活动举行……………………………………………………………… (207)
“阅读城市·城市阅读”大型推广活动举办 ……………………………………………………………… (207)
《许子东讲稿》（3卷本）新书首发·签售活动举行 ……………………………………………………… (207)
《我为评书生》、《江湖丛谈》（注音注释典藏本）、《醒木惊天连阔如》签售活动举行……………… (207)
中版教材有限公司参加首都师范大学中小学书法教育研究中心揭牌仪式……………………………… (208)
云南省中小学书法教学培训会举办……………………………………………………………………… (208)

“走出去”工作

“两岸民间合作编纂中华语文工具书项目”台湾代表团访问商务印书馆 ………………………… (209)

中国出版集团公司参加“中国图书对外推广计划”工作小组第七次工作会议 ……………… (209)
中国美术出版总社与法国 Jean-Manuel BOURGOIS 出版公司商榷版权贸易 …………………… (209)
北京国际版权贸易研讨会举行 …………………………………………………………… (209)
商务印书馆与荷兰威科集团举行法律图书版权贸易签约仪式 …………………………… (210)
中国出版集团公司赴美举办“纪念辛亥革命 100 周年精品图书联展” …………………… (210)
中国对外翻译出版公司代表团出访联合国有关机构 ……………………………………… (210)
越南宣传出版干部考察团到中国出版集团公司参观访问 ………………………………… (211)
《百年西藏——20 世纪的人和事》英文版出版发行 …………………………………… (211)
“全媒体时代的国际合作——网络文学再创作及国际推广”交流会暨签约仪式举行 ……… (211)
《中亚文明史》出版发布会暨《拉丁美洲通史》签约仪式举行 ………………………… (212)
《威科法律译丛》新书发布暨“中国法院案例精选文库”英文版战略合作协议签约仪式
举行 ……………………………………………………………………………………… (212)
《永远感恩毛泽东》版权输出签约仪式举行 …………………………………………… (212)
“西安文物精华系列”英文版版权输出签约仪式举行 …………………………………… (213)
《手中有福音Ⅱ》签订中文繁体版版权输出协议 ………………………………………… (213)
《吃茶》签订英文版版权输出协议 ………………………………………………………… (213)
中国出版集团公司参加少数民族古文字搜集与整理合作协商会 ………………………… (213)
“2011 宁夏国际穆斯林出版机构版权贸易洽谈会”举行 ………………………………… (213)
《当代药用植物典》(1~4)签署韩文版版权输出意向书 ……………………………… (214)
《人民语录Ⅰ》输出中文繁体字、阿拉伯语、法语三项翻译版权 ……………………… (214)
《于丹〈庄子〉心得》法文版签约仪式举行 ……………………………………………… (215)
中华书局一行赴日本考察 ………………………………………………………………… (215)
“中国历史文化名村名镇丛书”版权输出达成协议 ……………………………………… (215)
商务印书馆员工一行赴商务印书馆(香港)有限公司学习交流 ………………………… (215)
中华书局一行赴台湾地区考察 …………………………………………………………… (215)
中国出版集团公司获得国务院新闻办公室“中国文化著作翻译出版工程”资助 ………… (215)
中国出版集团公司参加“《大中华文库》出版工程暨新闻出版‘走出去’先进单位表彰
大会” …………………………………………………………………………………… (216)
《中国性科学百科全书》(波兰文版)出版 ……………………………………………… (216)
《漫画中国历史》(48 种)泰文版权签署输出合同 ……………………………………… (216)
中国出版集团公司所属三家企业荣获 2011 年度文化出口中央奖励资金 ………………… (217)

会展工作

中国出版集团公司参加 2011 年北京图书订货会 ………………………………………… (218)
人民文学出版社参加 2011 年北京图书订货会 …………………………………………… (218)
商务印书馆参加 2011 年北京图书订货会 ………………………………………………… (218)
中华书局参加 2011 年北京图书订货会 …………………………………………………… (219)
中国大百科全书出版社参加 2011 年北京图书订货会 …………………………………… (219)
中国美术出版总社参加 2011 年北京图书订货会 ………………………………………… (219)
生活·读书·新知三联书店参加 2011 年北京图书订货会 ………………………………… (219)

现代教育出版社参加 2011 年北京图书订货会 …………………………………………………………… (220)
中国民主法制出版社参加 2011 年北京图书订货会 ……………………………………………………… (220)
世界图书出版公司组团参加 2011 年北京图书订货会 …………………………………………………… (220)
中版集团数字传媒有限公司参加 2011 年北京图书订货会 ……………………………………………… (221)
荣宝斋举办“范曾先生卯年新作展”………………………………………………………………………… (221)
中国出版集团公司参加第 43 届开罗国际书展 ……………………………………………………………… (221)
中国图书进出口（集团）总公司承办第 43 届开罗国际书展中国主宾国活动 ………………………… (221)
荣宝斋举办黄永玉“我带牠们回北京——威尼斯玻璃岛的艺术展”………………………………………… (222)
荣宝斋举办“蔡祥麟诗书合璧展”…………………………………………………………………………… (222)
中国图书进出口（集团）总公司组团参加第 31 届巴黎图书沙龙 ……………………………………… (222)
人民音乐出版社参加第 32 届法兰克福国际乐器博览会 …………………………………………………… (223)
中国出版集团公司参加第 18 届匈牙利布达佩斯国际图书节 ……………………………………………… (223)
中国图书进出口（集团）总公司组团参加第 18 届布达佩斯国际图书节 ………………………………… (224)
荣宝斋举办“辛卯年韩天衡新作展”………………………………………………………………………… (224)
现代教育出版社参加第 40 届伦敦国际书展 ………………………………………………………………… (224)
中国图书进出口（集团）总公司组团参加第 25 届日内瓦国际图书沙龙 ………………………………… (224)
荣宝斋举办“古都风情·京味隽永——马海方老北京风情人物画展”……………………………………… (225)
中国出版集团公司组团参加第八届希腊萨洛尼卡国际书展…………………………………………………… (225)
中国出版集团公司参加第 24 届伊朗德黑兰国际书展 ……………………………………………………… (225)
中国图书进出口（集团）总公司组团参加第 24 届德黑兰国际书展 ……………………………………… (226)
中国出版集团公司参加第 17 届布拉格国际书展暨文学节 ………………………………………………… (226)
人民文学出版社参加新疆维吾尔自治区“天山读书节”……………………………………………………… (226)
中国出版集团公司参加第 21 届全国图书交易博览会 ……………………………………………………… (227)
商务印书馆参加第 21 届全国图书交易博览会 ……………………………………………………………… (227)
中国大百科全书出版社参加第 21 届全国图书交易博览会 ………………………………………………… (227)
生活·读书·新知三联书店参加第 21 届全国图书交易博览会 …………………………………………… (227)
中国对外翻译出版公司参加第 21 届全国图书交易博览会 ………………………………………………… (228)
现代教育出版社参加第 21 届全国图书交易博览会 ………………………………………………………… (228)
华文出版社参加第 21 届全国图书交易博览会 ……………………………………………………………… (228)
世界图书出版公司组团参加第 21 届全国图书交易博览会 ………………………………………………… (228)
中版数字设备有限公司参加第 21 届全国图书交易博览会 ………………………………………………… (229)
现代教育出版社参加 2011 年新加坡国际书展 ……………………………………………………………… (229)
中华书局承办第 26 届全国古籍出版社社长年会暨 2011 年全国优秀古籍图书评奖会……………… (229)
中国图书进出口（集团）总公司组团参加第 17 届首尔国际图书展 ……………………………………… (230)
中版集团数字传媒有限公司参加第四届中国数字出版博览会……………………………………………… (230)
中国美术出版总社参加 2011 年全国美术图书交易会暨全国美术出版社社长年会 ………………… (230)
中国出版集团公司组团参加第 22 届香港书展 ……………………………………………………………… (230)
人民文学出版社参加第 22 届香港书展 ……………………………………………………………………… (231)
中华书局参加第 22 届香港书展 ……………………………………………………………………………… (231)
现代教育出版社参加第 22 届香港书展 ……………………………………………………………………… (231)

世界图书出版公司参加第 22 届香港书展 ……………………………………………………………………（231）
人民文学出版社参加 2011 年上海书展 ……………………………………………………………………（231）
商务印书馆参加 2011 年上海书展 …………………………………………………………………………（232）
中华书局参加 2011 年上海书展 ……………………………………………………………………………（232）
生活·读书·新知三联书店参加 2011 年上海书展 ………………………………………………………（232）
中国对外翻译出版公司参加 2011 年上海书展 ……………………………………………………………（232）
现代教育出版社参加 2011 年上海书展 ……………………………………………………………………（232）
世界图书出版公司参加 2011 年上海书展 …………………………………………………………………（233）
中国出版集团公司参加第 17 届印度德里国际书展 ………………………………………………………（233）
中国图书进出口广州公司承办 2011 南国书香节暨羊城书展·海外华文展项目 ……………………（233）
荣宝斋举办“孔维克人物画作品展”…………………………………………………………………………（234）
中国图书进出口（集团）总公司组团参加第 17 届印度德里国际书展 ……………………………（234）
中国图书进出口（集团）总公司承办 2011 北京国际出版论坛 ……………………………………（234）
中国出版集团公司组团参加第 18 届北京国际图书博览会 …………………………………………（235）
人民文学出版社参加第 18 届北京国际图书博览会 ………………………………………………………（235）
商务印书馆参加第 18 届北京国际图书博览会 ……………………………………………………………（236）
中国大百科全书出版社参加第 18 届北京国际图书博览会 ……………………………………………（236）
人民音乐出版社参加第 18 届北京国际图书博览会 ………………………………………………………（236）
生活·读书·新知三联书店参加第 18 届北京国际图书博览会 ………………………………………（236）
中国对外翻译出版公司参加第 18 届北京国际图书博览会 ……………………………………………（237）
中国图书进出口（集团）总公司承办第 18 届北京国际图书博览会 …………………………………（237）
现代教育出版社参加第 18 届北京国际图书博览会 ………………………………………………………（237）
中国民主法制出版社参加第 18 届北京国际图书博览会 ………………………………………………（238）
华文出版社参加第 18 届北京国际图书博览会 ……………………………………………………………（238）
中版集团数字传媒有限公司参加第 18 届北京国际图书博览会 ………………………………………（238）
中版数字设备有限公司参加第 18 届北京国际图书博览会 ……………………………………………（239）
世界图书出版公司联合举办“大道之行——纪念辛亥革命 100 周年影像展”………………………（239）
中国出版集团公司参加 2011 年里约热内卢国际书展 …………………………………………………（239）
中国图书进出口（集团）总公司组团参加第 24 届莫斯科国际书展 ………………………………（239）
中国图书进出口（集团）总公司联合承办第 12 届祖国大陆图书展 ………………………………（240）
荣宝斋举办“百花齐放　欣欣向荣——庆祝中华人民共和国成立 62 周年荣宝斋藏近现代花卉作品展”……………………………………………………………………………………………………（240）
东方出版中心联合承办“纪念辛亥革命百年美术作品展”…………………………………………………（240）
人民音乐出版社参加第十届“Music China—中国（上海）国际乐器展览会 ………………………（241）
中国出版集团公司组团参加第 63 届法兰克福国际书展 ………………………………………………（241）
人民文学出版社参加第 63 届法兰克福国际书展 …………………………………………………………（241）
商务印书馆参加第 63 届法兰克福国际书展 ………………………………………………………………（241）
生活·读书·新知三联书店参加第 63 届法兰克福国际书展 …………………………………………（242）
中国对外翻译出版公司参加第 63 届法兰克福国际书展 ………………………………………………（242）
现代教育出版社参加第 63 届法兰克福国际书展 …………………………………………………………（242）

华文出版社参加第 63 届法兰克福国际书展 ……………………………………………………(242)
中版集团数字传媒有限公司参加第 63 届法兰克福国际书展 …………………………………(242)
中国出版集团公司参加 2011 中国—东盟出版博览会 ………………………………………(243)
中华书局参加“海峡两岸纪念辛亥革命 100 年精品图书展” …………………………………(243)
“纪念辛亥百年上海名家书画展”开幕式举行 …………………………………………………(243)
中国图书进出口上海公司主办 2011 上海国际音响大展暨第三届国际音响格兰披治颁奖盛会……………………………………………………………………………………………(244)
荣宝斋举办“秦剑铭新作展” ……………………………………………………………………(244)
荣宝斋联合举办“水墨中国——中国当代国画精品展” ………………………………………(244)
东方出版中心在日本长崎联合承办“戴敦邦绘辛亥历史人物画展” …………………………(244)
人民美术出版社联合主办首届“美育最基层——全国中小学美术教师作品展” ……………(245)
中国图书进出口（集团）总公司承办 2011 年澳大利亚、新西兰中文书刊巡回展 …………(245)
荣宝斋举办“任重国画作品展” …………………………………………………………………(245)

人力资源工作

中国大百科全书出版社举办员工业务系列培训……………………………………………………(246)
中国图书进出口（集团）总公司举办首期进口业务人员培训班…………………………………(246)
中国大百科全书出版社举办“学习新知识，迎接新挑战——2011 年度中层干部培训班” ……………………………………………………………………………………………(247)
华文出版社启动人才招聘工作……………………………………………………………………(247)
中国大百科全书出版社举办新职工岗前培训……………………………………………………(247)
中国出版集团公司举办企业年金运营培训班……………………………………………………(247)
中国出版集团公司举办 2011 年度新员工培训班 ………………………………………………(248)
中国出版集团公司赴新疆维吾尔自治区新闻出版单位挂职交流干部重返工作岗位…………(248)
“中华字库”总体组启动人才招聘工作 …………………………………………………………(248)
中国图书进出口（集团）总公司举办 2011 年度工会干部培训班 ……………………………(249)
生活·读书·新知三联书店举办首届中层干部培训班…………………………………………(249)
中国出版集团公司举办人才梯队培训班…………………………………………………………(249)
中国出版集团公司人力资源部组织人才梯队部分人员赴日考察学习…………………………(250)

经营管理

中国出版集团公司召开“全面加强经营管理工作现场会” ………………………………………(251)
生活·读书·新知三联书店 2011 年经营管理工作会议召开 …………………………………(252)
中国美术出版总社、人民美术出版社与华润置地（北京）股份有限公司、北京富恒房地产开发有限公司《拆迁安置框架协议》签字仪式举行……………………………………………(252)
中国出版集团公司召开 2011 年“小金库”专项治理工作培训布置会议 ……………………(252)
中国出版集团公司取得北京市顺义区北小营镇工业用地使用权………………………………(252)
华文出版社完成转企改制更名为华文出版社有限公司…………………………………………(253)
荣宝斋礼品店开业…………………………………………………………………………………(253)
中国出版集团公司 2011 年度财务工作会议召开 ………………………………………………(253)

中国出版集团公司举行“财务管理信息平台”项目开标仪式…………(253)
财政部驻北京市财政监察专员到人民文学出版社调研…………(253)
中国出版集团公司荣宝斋书店开业…………(254)

文体活动

生活·读书·新知三联书店2011年社店新年联谊会举行…………(255)
生活·读书·新知三联书店2010年终工作总结暨表彰联欢大会举行…………(255)
商务印书馆2011新春团拜文艺汇演和职工趣味运动会举行…………(255)
中国民主法制出版社2011年新春团拜会举行…………(255)
中国出版集团公司举行第三届职工羽毛球大赛…………(256)
中华书局成立合唱队…………(256)
人民音乐出版社“六一”儿童节举办员工家属联谊活动…………(256)
中国大百科全书出版社举办“科普照亮生活，创新点燃希望”为主题的庆祝建社33周年活动…………(257)

公益活动

人民文学出版社参与慈弘图书角启动活动…………(258)
中国出版集团公司向云南省腾冲县和顺图书馆捐赠《中国文库》…………(258)
中国出版集团公司向北京市顺义区北小营镇捐赠图书…………(258)
中华书局开展“送温暖 献爱心”及“春雨行动”捐助活动…………(259)
生活·读书·新知三联书店捐建第一个“韬奋书屋”…………(259)
华文出版社参与“百家出版社文化助残公益行动”…………(259)
荣宝斋向黑龙江省农家书屋工程捐赠图书…………(259)
东方出版中心向世博会博物馆捐赠世博图书仪式举行…………(259)
商务印书馆组织开展“小乡村，大课堂”助学系列活动…………(260)
荣宝斋汶川援建项目竣工…………(260)
中国美术出版总社与中国民主促进会妇女儿童委员会联合开展公益捐书活动…………(260)
“老人、儿童急救和护理”专家公益讲座举办…………(260)
中国大百科全书出版社举办“衣加衣大于爱”募捐活动…………(261)
中华书局向台湾辅仁大学捐赠图书…………(261)
《中国新生代农民工》赠书仪式举行…………(261)
荣宝斋参加“冬衣送暖”社会募捐活动…………(261)
荣宝斋参加“赠书献爱心”活动…………(261)
“小字典，大民生”文化惠民活动暨“国酒茅台”捐赠《新华字典》爱心行动座谈会召开…………(261)
华文出版社向西藏自治区捐赠图书…………(261)

党群工作

中国对外翻译出版公司召开工会换届选举会员代表大会…………(262)
中国出版集团公司2011年新春团拜会召开…………(262)

中国出版集团公司与北京市顺义区北小营镇创立文化共建新农村工作机制启动…………（263）
中国美术出版总社 2010 年总结表彰大会暨 2011 年新春联欢会举行…………（263）
中国出版集团公司开展“杜绝虚假报道、增强社会责任、加强新闻职业道德建设”专项教育活动…………（263）
东方出版中心召开党员大会总结部署工作…………（264）
中国出版集团公司 2011 年党的工作和纪检工作会议召开…………（265）
中国美术出版总社职工代表大会（扩大）会议举行…………（265）
东方出版中心第一届职工代表大会第八次全体会议召开…………（265）
中国出版集团公司 2011 年共青团工作会议举行…………（265）
人民音乐出版社举行入党积极分子培训班结业仪式…………（266）
中国大百科全书出版社人力资源部负责人看望生病职工…………（266）
人民音乐出版社举行全员劳动合同签订仪式…………（266）
商务印书馆第二届职工代表大会第四次全体会议召开…………（267）
中国大百科全书出版社开展回顾复兴历史，展望美好未来庆祝“三八”妇女节主题活动…………（267）
东方出版中心工会组织女职工参观上海环球金融中心…………（267）
中国民主法制出版社“庆三八女职工座谈会”召开…………（267）
中华书局党委召开组织工作会议…………（268）
中国出版集团团委举行“中直机关青年文明号”挂牌仪式…………（268）
商务印书馆第二届职工代表大会第五次全体会议召开…………（268）
中国出版集团公司贯彻落实全国“两会”精神会议召开…………（268）
中国对外翻译出版公司召开职工代表大会通过系列管理规定…………（269）
东方出版中心党员入党纪念日座谈会召开…………（269）
五洲传播出版社到人民音乐出版社交流座谈…………（269）
中华书局召开职工代表大会…………（270）
中国图书商报社“2010 年述职报告文本展览”举行…………（270）
中国民主法制出版社工会成立大会召开…………（270）
人民音乐出版社召开 2011 年党群工作会议…………（270）
东方出版中心党风廉政建设大会召开…………（270）
东方出版中心第一届九次职工代表大会举行审议通过《东方出版中心“十二五”事业发展规划》…………（271）
中国出版集团公司举办党务干部培训班…………（271）
商务印书馆第二届职工代表大会第六次全体会议召开…………（271）
中国出版集团团委组织优秀团员青年代表赴天津学习考察…………（272）
中华书局党委组织党员赴延安举行党员宣誓活动…………（272）
中国民主法制出版社参观“汶川地震灾后恢复重建主题展览”…………（272）
东方出版中心团员青年参加 2011 年上海青年文化集市…………（272）
中国大百科全书出版社组织党员参加中央直属机关纪念中国共产党成立 90 周年征文活动…………（273）
东方出版中心开展《党在我心中》主题征文活动…………（273）

中版教材有限公司开展党员承诺制活动…………………………………………………………（273）
中国对外翻译出版公司党委组织党员参观中国革命圣地延安……………………………………（274）
中国美术出版总社组织职工赴西柏坡参观学习……………………………………………………（274）
中国出版集团公司“老干部讲传统”系列讲座举办…………………………………………………（274）
人民音乐出版社党建与企业发展研讨会召开………………………………………………………（274）
世界图书出版西安有限公司参加陕西省科技工作委员会“群众观点、群众立场”知识测试
活动……………………………………………………………………………………………………（275）
世界图书出版西安有限公司参加陕西省科技工作委员会纪念建党 90 周年征文活动 ………（275）
风展红旗如画——庆祝中国共产党成立 90 周年荣宝斋藏现代绘画作品展举行 ……………（275）
中国出版集团公司举行庆祝中国共产党成立 90 周年“颂歌献给党”歌咏比赛 ……………（275）
中国出版集团公司举行“双优一先”表彰大会暨新党员入党宣誓仪式……………………………（276）
中国大百科全书出版社举办“纪念建党 90 周年党史讲座” ……………………………………（276）
生活·读书·新知三联书店组织员工赴白洋淀爱国主义教育基地参观学习……………………（276）
中国出版集团公司举办“庆祝中国共产党成立 90 周年书法绘画摄影展暨全国出版界同仁
书画邀请展” ………………………………………………………………………………………（276）
东方出版中心纪念建党 90 周年暨表彰先进大会举行 ……………………………………………（277）
中华书局庆祝中国共产党成立 90 周年党员大会举行 ……………………………………………（277）
生活·读书·新知三联书店邀请《早年毛泽东》作者为全店员工作报告…………………………（278）
中国图书进出口（集团）总公司庆祝中国共产党成立 90 周年党员大会举行 …………………（278）
中国大百科全书出版社组织职工赴延安参观学习…………………………………………………（278）
中国图书商报社党委召开“特别党课扩大会”………………………………………………………（278）
商务印书馆坚持“五个到位”，积极深入开展创先争优活动 ……………………………………（279）
现代教育出版社召开全体职工大会…………………………………………………………………（279）
世界图书出版上海有限公司组织全体党员参观“我们共产党人——上海市纪念中国共产党
成立 90 周年大型主题展” …………………………………………………………………………（279）
朱枫烈士骨灰安葬仪式举行…………………………………………………………………………（279）
中国图书进出口（集团）总公司（本部）第十届职工代表大会第一次全体会议召开………（280）
中国民主法制出版社组织职工赴广西师范大学出版社进行社际交流…………………………（280）
中国出版集团公司召开“走基层、转作风、改文风”部署推进会…………………………………（280）
华文出版社党组织关系由中共中央统一战线工作部转入中国出版集团公司…………………（281）
中国出版集团公司“走、转、改”记者团密切关注基层文化需求与文化创新…………………（281）
生活·读书·新知三联书店举行党委换届选举大会………………………………………………（282）
生活·读书·新知三联书店组织全体员工赴江西井冈山与庐山进行红色考察…………………（282）
中国图书商报社在“走、转、改”活动中创新传播方式……………………………………………（282）
人民文学出版社举办第三期“青年沙龙” …………………………………………………………（283）
东方出版中心举行退休干部重阳节茶话会…………………………………………………………（283）
中国图书进出口（集团）总公司第 20 届党建思想政治工作研讨会举行 ………………………（283）
《当代》等“采风团”开展“走、转、改”活动 …………………………………………………………（284）
荣宝斋党委中心组组织学习党的十七届六中全会精神……………………………………………（284）
中国图书商报社部署实施“走、转、改”常态化和深入化活动……………………………………（284）

世界图书出版西安有限公司通过陕西省科技纪律工作委员会廉政建设检查……………………（284）
中国出版集团公司参加“学习贯彻十七届六中全会精神辅导报告会”…………………………（285）
中央组织部干部四局、新闻出版总署出版产业发展司、中国出版集团公司和商务印书馆
共同举办党日活动……………………………………………………………………………（285）
商务印书馆组织学习党的十七届六中全会精神………………………………………………（285）
中国民主法制出版社组织职工参观冉庄抗日战争地道战遗址…………………………………（286）
中国出版集团公司举办企业文化建设培训班…………………………………………………（286）
世界图书出版公司成立第一届党委、纪委……………………………………………………（286）
中国美术出版总社党委“开展党员公开承诺活动”暨 2011 年工作总结大会召开 …………（287）
商务印书馆开展一系列企业文化建设及员工业务培训…………………………………………（287）

重大项目

国家级重大项目

中国出版集团公司入选 2011 年国家出版基金项目 ………………………………………………（291）
中国出版集团公司入选 2011 年国家古籍出版资助项目 …………………………………………（291）
中国出版集团公司入选国家“十二五”出版规划项目…………………………………………（292）
“中华字库”工程 ………………………………………………………………………………（292）
中国数字出版网（大佳网）……………………………………………………………………（292）
中国图书对外推广网（CBI） …………………………………………………………………（293）
《1911》 …………………………………………………………………………………………（293）
《中国新诗编年史》 ……………………………………………………………………………（293）
《中国诗歌通史》 ………………………………………………………………………………（294）
《王昶诗文集》 …………………………………………………………………………………（294）
《毕沅诗集》 ……………………………………………………………………………………（294）
《瓯北诗话校注》 ………………………………………………………………………………（295）
《邓汉仪诗文辑校》 ……………………………………………………………………………（295）
《语言学名词》 …………………………………………………………………………………（295）
“18 种小语种汉外分类词典全媒体出版”项目 ………………………………………………（295）
“中华现代学术名著丛书”（第一辑至第三辑） ………………………………………………（296）
《泰晤士世界历史地图集》 ……………………………………………………………………（296）
点校本“二十四史”及《清史稿》修订工程……………………………………………………（296）
《中华民国史》 …………………………………………………………………………………（297）
《全元诗》 ………………………………………………………………………………………（297）
《中国地域文化通览》 …………………………………………………………………………（298）
《台湾百科全书》 ………………………………………………………………………………（298）
《中国京剧百科全书》 …………………………………………………………………………（298）
《中国幼儿百科全书》（第二辑） ………………………………………………………………（299）
《庆祝中国共产党成立 90 周年百种红色经典连环画》 ………………………………………（299）

《漫画中国历史》 …… (299)
《中国现代美术理论批评文丛》（10 卷） …… (299)
中国数字音乐出版与发行平台 …… (300)
《中国名歌》、《中国名乐》 …… (300)
《中国当代作曲家曲库》（10 册） …… (300)
《三联经典文库》（第二辑） …… (300)
联合国文件翻译项目 …… (300)
第 26 届世界大学生夏季运动会翻译项目 …… (301)
《多媒体中国通史》（英文版） …… (301)
《认识中国——认识中国传统文化》 …… (302)
《拉丁美洲通史》 …… (302)
北京国际图书博览会（BIBF） …… (302)
出版物实物出口和“走出去”服务项目 …… (303)
中国出版蓝桥创意产业园暨国家数字出版基地（虹口园区）二期工程建设 …… (303)
第 26 届世界大学生运动会服务项目 …… (303)
《荣宝斋书谱》 …… (304)
《中国印论类编》 …… (304)
《辛亥・国运 1911》 …… (304)
“东南亚研究丛书” …… (305)
《小儿麻醉学进展》 …… (305)
“世界遗产在中国丛书” …… (305)
“中国民族百科全书” …… (305)
“中国国学儿童启蒙有声读物系列”（1～4） …… (306)
《当卢浮宫遇见紫禁城》 …… (306)

集团公司重大项目

中国出版集团公司三大信息管理平台 …… (307)
“庆祝建党 90 周年、纪念辛亥革命 100 周年重点出版物系列” …… (307)
“21 世纪年度最佳外国小说” …… (307)
《雪桥诗话全编》 …… (308)
《曹禺全集》 …… (308)
《张政烺批注〈两周金文辞大系考释〉》 …… (308)
《皮锡瑞全集》 …… (308)
《中国美术研究年度报告 2010》 …… (309)
《宫崎滔天家藏——来自日本的中国革命文献》 …… (309)
“中国艺术科学总论”（14 种） …… (309)
《辛亥革命研究论文集》 …… (310)
《跨文化对话》（第 28 辑至第 32 辑） …… (310)
“LP 中国旅行指南”（ 8 种 ） …… (310)
《马克思主义辩证法研究》 …… (310)

《剑桥中国文学史》 …………………………………………………………………………… (311)
《非洲通史》(修订版) ………………………………………………………………………… (311)
全球化的多语种现代翻译系统……………………………………………………………… (311)
外籍人员服务全国网点建设项目…………………………………………………………… (312)
进口出版物专用保税库……………………………………………………………………… (312)
现代书店连锁经营…………………………………………………………………………… (312)
海外出版发行网点建设项目………………………………………………………………… (313)
中国图书进出口西安公司西郊文化产业园工程…………………………………………… (313)
《彩色全译本前四史》 ………………………………………………………………………… (313)
中国民主法制出版社《中华人民共和国法律法规信息系统》(软件) …………………… (313)
“马克思主义经典著作导读丛书”(10种) …………………………………………………… (314)
《千书工程》 …………………………………………………………………………………… (314)
《语言学文选》 ………………………………………………………………………………… (314)
《语言学译林》 ………………………………………………………………………………… (314)
《中国古代陶瓷文献影印辑刊》 ……………………………………………………………… (314)
《图解人体医学百科全书》(20卷) …………………………………………………………… (314)
“世界经典医学名著丛书”(第三辑) ………………………………………………………… (315)
《中国皇家寺庙与民间寺院》 ………………………………………………………………… (315)
“现代脊柱诊疗丛书” ………………………………………………………………………… (315)
“现代口腔颌面诊疗丛书” …………………………………………………………………… (315)
《中国可供书目数据库》 ……………………………………………………………………… (316)
移动复合出版平台项目……………………………………………………………………… (316)
中版传媒集团数字资源建设及管理信息系统……………………………………………… (316)
《书法》教材及其配套课程资源 ……………………………………………………………… (316)
新华联合物流中心…………………………………………………………………………… (317)

集团公司所属单位重大项目

《新华字典》(第11版) ………………………………………………………………………… (318)
《牛津初阶英汉双解词典》(第3版)缩印本……………………………………………… (318)
《朗文当代英语大辞典》(英英·英汉双解)新版………………………………………… (318)
“汉译世界学术名著丛书”(分科本) ………………………………………………………… (319)
《中华民国法规大全(1912～1949)》点校本……………………………………………… (319)
商务印书馆百种精品工具书数据库………………………………………………………… (319)
《东方杂志》期刊全文检索数据库项目 ……………………………………………………… (319)
外国人学汉语系列数字工具书……………………………………………………………… (320)
《文献通考》 …………………………………………………………………………………… (320)
《中国国家图书馆藏清宫升平署档案集成》 ………………………………………………… (320)
《书目答问汇补》 ……………………………………………………………………………… (321)
《现代中国的历程》 …………………………………………………………………………… (321)
《DK儿童视觉百科全书》 …………………………………………………………………… (321)

《DK 儿童百科百问百答》 …… (321)
《南昌百科全书》 …… (322)
《中国印谱全书》(12 册) …… (322)
《剪纸的故事》 …… (322)
“高等教育‘十二五’全国规划艺术教材系列” …… (322)
《庆祝人民美术出版社成立 60 周年·盛世华章——中国当代名家作品集》 …… (322)
《庆祝人民美术出版社成立 60 周年·沈鹏作品集》 …… (323)
《庆祝人民美术出版社成立 60 周年·人民美术出版社书画摄影作品集》 …… (323)
“音乐教育网”项目 …… (323)
“双语天地”中英文彩信库 …… (323)
《中华文明博物馆》系列产品 …… (323)
《纪念辛亥革命百年美术作品集》 …… (324)
中小学《国学》教材 …… (324)
“英汉世界中国国学基础知识读本系列丛书” …… (324)
《英汉世界中国国学基础知识读本·儒学》 …… (325)
“牛津经典童书系列丛书” …… (325)
“国际大师绘本文库系列丛书” …… (325)
“萤火虫绘本系列丛书” …… (326)
“动物宝宝成长图画书系列丛书” …… (326)
《当代中国艺术家年度创作档案》 …… (326)
《从绅士到革命家：我的祖父龙璋》 …… (326)
《诗书画印成语典故辞典》 …… (327)
《万寿大典》增订版 …… (327)
《黄花依旧——黄花梨家具纵横谈》 …… (327)
“华文传记丛书” …… (327)
“中国统一战线历史研究丛书” …… (327)
《中国民族乐器采样音色软件》 …… (328)
《语言科技文库》 …… (328)
“慢性病健康管理指导丛书” …… (328)
“妈妈爸爸在线”数字期刊 …… (328)

人事任免

中共中央 2011 年任免中国出版集团公司干部情况 …… (331)
中共中央宣传部 2011 年任免中国出版集团公司干部情况 …… (331)
中国出版集团公司 2011 年任免干部情况 …… (331)

规章制度

集团公司部分重要规章制度

中国出版集团公司企业年度财务决算考核评比办法……………………………………………（335）
中国出版集团公司《关于规范集团公司总部专项资金管理的若干规定》及其实施细则……（335）
中国出版集团公司"小金库"专项治理工作文件资料汇编…………………………………（335）
中国出版集团公司"走基层、转作风、改文风"活动方案…………………………………（335）
中国出版集团公司关于实施法制宣传教育第六个五年规划的意见…………………………（337）
中国出版集团公司信息报送工作办法……………………………………………………（337）
中国出版集团公司专题会议管理办法……………………………………………………（337）

集团公司所属单位部分重要规章制度

中国大百科全书出版社有限公司印章使用管理规定……………………………………………（339）
人民音乐出版社劳务派遣用工管理暂行规定…………………………………………………（339）
人民音乐出版社关于对境外支付版税的管理规定……………………………………………（339）
生活·读书·新知三联书店关于员工因私出国学习、访问、考察的暂行规定………………（339）
生活·读书·新知三联书店总经理助理、总编辑助理选拔聘用的若干规定…………………（340）
生活·读书·新知三联书店关于在全店继续深入开展增收节支活动的通知…………………（340）
中国对外翻译出版公司企业文化建设实施方案………………………………………………（340）
中国对外翻译出版公司历史资料整理工作总体规划…………………………………………（340）
东方出版中心关于加强图书发行渠道建设的若干意见………………………………………（340）
东方出版中心关于加强出版成本管理的若干意见……………………………………………（341）
东方出版中心关于加强大众图书选题策划的若干意见………………………………………（341）
东方出版中心关于进一步规范财务报销等事项的通知………………………………………（342）
现代教育出版社电子图书出版管理办法………………………………………………………（342）
现代教育出版社关于加强图书编校质量的意见………………………………………………（342）
荣宝斋师带徒管理办法…………………………………………………………………………（342）
中国民主法制出版社书稿审读管理工作办法…………………………………………………（342）
中国民主法制出版社员工发表宣传文章的奖励办法…………………………………………（343）
中国民主法制出版社非发行人员销售图书管理办法…………………………………………（343）
中国民主法制出版社培训管理制度……………………………………………………………（343）
华文出版社 2011 年绩效考核与薪酬管理办法 ………………………………………………（343）
华文出版社财务管理办法………………………………………………………………………（343）
华文出版社财务支出审批报销流程……………………………………………………………（343）
华文出版社图书质量特别规定…………………………………………………………………（343）
世界图书出版公司北京公司新版 ERP 系统 …………………………………………………（344）
世界图书出版公司北京公司编辑绩效考核制度………………………………………………（344）
世界图书出版公司北京公司编辑部门利润考核制度…………………………………………（344）

中版教材有限公司“十二五”时期发展规划……(344)
中版教材有限公司教材培训专家管理暂行规定（2011年修订版）……(344)

媒体关注

部分重要媒体对集团公司的报道

6000种图书显示“国家队”实力……(347)
中国出版集团表彰畅销书、常销书……(347)
中国出版集团公司在京启动中华动漫资源库……(347)
中国出版集团转制完成：冲刺A股……(348)
人民文学出版社成立60周年庆祝大会在京举行……(348)
人民文学出版社迎来六十华诞……(348)
中国出版集团公司颁发出版奖……(349)
中国出版集团公司主业不断壮大……(349)
全国逾1.8万所学校试点经典诵读……(349)
云南和顺乡图书馆获赠576册《中国文库》……(349)
中国出版集团去年输出版权404项同比增长86.49%……(350)
中国数字出版门户大佳网即将上线……(350)
中国数字出版网大佳网上线……(350)
《邓小平传奇》等48种红色经典连环画面世……(350)
“读者大会”持续打造阅读嘉年华……(351)
京沪学术论坛纪念建党90周年……(351)
中国崛起的历史逻辑……(351)
中国出版集团摆上红色图书盛宴……(351)
百种精品图书庆党九十华诞……(352)
中国出版集团“纪念辛亥革命100周年”系列活动在港启动……(352)
“中华字库”工程进入全面研发建设阶段……(352)
“中华字库”：这里没有你找不到的字……(353)
中国出版集团与亚洲青年动漫大赛将合作开发动漫内容资源……(353)
2011北京国际出版论坛：数字时代出版业路向何方……(353)
揭“中华字库”玄机　收纳中国古今庞大编码字符……(354)
探究世界石油谜题《石油大棋局——下一个目标中国》一书日前首发……(354)
纪念辛亥革命100周年中国出版集团推出60种精品图书……(354)
中国出版集团公司日输版权百余种　《于丹〈庄子〉心得》将出法文版……(354)
出版界谈十七届六中全会：创作无愧于人民的作品……(355)
时代呼唤品牌出版传媒企业……(355)
谭跃做客央视《首席夜话》栏目……(355)
大佳网国内首推社交型电子书概念……(356)
“双推计划”书香校园登录中国矿业大学……(356)

中国出版传媒股份有限公司在京挂牌成立……………………………………………………………(356)

部分重要媒体对集团公司所属单位的报道

一甲子光辉篇章……………………………………………………………………………………(357)
“茅奖”图书热销的启示：畅销很好常销更棒 …………………………………………………(357)
全国性出版巨头与省级报业集团首次跨地合作《帅作文》周报在湖北创刊……………………(357)
引路与反哺：“汉译世界学术名著丛书”第十三辑专家论证会侧记 ……………………………(358)
美媒：中国的字典跟上时代发展步伐………………………………………………………………(358)
我国着力解决贫困地区农村中小学生字典短缺问题………………………………………………(358)
《新华字典》(第 11 版）全球同步发行……………………………………………………………(358)
商务印书馆向世界介绍中华学术……………………………………………………………………(359)
《英语世界》举办创刊三十周年纪念会 ……………………………………………………………(359)
《英语世界》创刊三十周年纪念会在京举行 ………………………………………………………(359)
柳斌杰：传承文化多出精品　引领古籍品牌出版…………………………………………………(359)
《文史知识》雅俗共赏三十年 ………………………………………………………………………(360)
《先秦诸子还原》四书发布会在澳门举行 …………………………………………………………(360)
四十年心力卅六册巨著——终于有了一部《中华民国史》 ………………………………………(360)
中华书局推出《中国文化遗产研究院藏西域文献遗珍》 …………………………………………(361)
“没有围墙的大学”《不列颠简明百科全书》(修订版）推出 ……………………………………(361)
中外儿童百科全书论坛聚焦“儿童百科全书” ……………………………………………………(361)
《中国京剧百科全书》出版座谈会在京举行 ………………………………………………………(361)
《中国京剧百科全书》：京剧研究的里程碑…………………………………………………………(362)
人民美术出版社牵头出版庆祝建党 90 周年百种红色经典连环画 ………………………………(362)
刘云山参观人民美术出版社 60 年出版成就展 ……………………………………………………(362)
277 首民歌集结成《羌山采风录》 …………………………………………………………………(362)
《金克木集》再现先生道德文章 ……………………………………………………………………(362)
《早年毛泽东》：还原 1949 年前的毛泽东 …………………………………………………………(363)
杨振宁笑谈《杨振宁传》 ……………………………………………………………………………(363)
北京三联书店：改制求生……………………………………………………………………………(363)
京沪港三联高层年会议定组建“北京三联国际文化传播公司” …………………………………(364)
新华书店在美国的本土化生存………………………………………………………………………(364)
我国首家进口出版物专用保税库正式启用…………………………………………………………(364)
千载佳艺百年传承——荣宝斋《所见所思入画图》(上、下）获第二届中国出版政府奖
　印刷复制奖…………………………………………………………………………………………(365)
邓小平长女邓林 70 岁回顾画展昨开幕 ……………………………………………………………(365)
郦波春节期间在“百家讲坛”开讲《郦波评说曾国藩家训》 ……………………………………(365)
《石油大棋局——下一个目标中国》出版 …………………………………………………………(365)
《百年西藏——20 世纪的人和事》中英文版同步推出 ……………………………………………(366)
三军仪仗队获赠《中共党史青年读本》 ……………………………………………………………(366)
《百年西藏——20 世纪的人和事》一书在纽约推出 ………………………………………………(366)

《德意志的另一行泪》：这不仅仅是“忏悔录” …… (366)
寻找回来的记忆 …… (366)
蔡志忠《参禅布道》漫画彩绘诠释佛经禅语的独到心得 …… (367)
中华动漫资源库启动，拓展数字出版空间 …… (367)
红色经典连环画系列电子书 iPad 版面世 …… (367)

公司荣誉

获奖（荣誉）名单

2011 年度获奖（荣誉）单位 …… (371)
2011 年度获奖项目 …… (373)
2011 年度获奖（荣誉）人物 …… (385)

部分获奖（荣誉）人物简介

牛　汉 …… (389)
李　岩 …… (389)
孙关龙 …… (389)
蒋丽君 …… (389)
林　阳 …… (390)
吴　斌 …… (390)
康振家 …… (391)
刘光琴 …… (391)
张加珠 …… (391)

出版人

2011 年获得编审资格人员名单

…… (395)

2011 年去世编审简介

郭一民 …… (396)
胡企林 …… (396)
邓经元 …… (396)
丁　午 …… (397)
李平凡 …… (397)
温泉源 …… (397)
陈公绰 …… (397)
何卓云 …… (397)

王铁全……………………………………………………………………………………………………（398）

资料统计

编辑、出版、发行

2011年度图书编辑指标统计表 ……………………………………………………………………（401）
2011年度出版总规模统计表 ………………………………………………………………………（402）
2011年度新书出版指标统计表 ……………………………………………………………………（403）
2011年度重印书出版指标统计表 …………………………………………………………………（404）
2011年度报纸出版指标统计表 ……………………………………………………………………（405）
2011年度期刊出版指标统计表 ……………………………………………………………………（405）
2011年度音像制品出版指标统计表 ………………………………………………………………（406）
2011年度电子出版物出版指标统计表 ……………………………………………………………（406）
2011年度网络出版物出版指标统计表 ……………………………………………………………（406）
2011年度图书发行指标统计表 ……………………………………………………………………（407）
2011年度报纸发行指标统计表 ……………………………………………………………………（409）
2011年度期刊发行指标统计表 ……………………………………………………………………（409）
2011年度音像制品发行指标统计表 ………………………………………………………………（410）
2011年度电子出版物发行指标统计表 ……………………………………………………………（410）

财　　务

2011年度财务指标统计表 …………………………………………………………………………（411）

对外贸易

2011年度版权贸易指标统计表 ……………………………………………………………………（412）
2011年度出版物贸易指标统计表 …………………………………………………………………（413）

著作、论文、书评

2011年个人著作 ……………………………………………………………………………………（414）
2011年发表论文 ……………………………………………………………………………………（414）
2011年发表书评 ……………………………………………………………………………………（416）

大事记

2011大事记

………（421）

索　引

条目汉语音序索引 ……………………………………………………………………………………（447）

特载

TEZAI

领导关怀

李长春致信祝贺人民文学出版社成立60周年

2011年3月2日，在人民文学出版社成立60周年前夕，中共中央政治局常委李长春给人民文学出版社发来贺信。贺信全文如下：

“欣闻人民文学出版社成立60周年，谨向全社干部员工表示热烈祝贺！

人民文学出版社建社60年来，始终坚持为人民服务、为社会主义服务的方向和百花齐放、百家争鸣的方针，推出了一大批思想性、知识性、艺术性、可读性有机统一的优秀文学作品，涌现出了一批成就卓著的出版编辑人才，为推动我国文学创作和出版事业的繁荣发展发挥了积极作用。特别是近年来，认真贯彻中央关于深化文化体制改革的决策部署，顺利完成转企改制任务，为加快发展注入了新的生机活力。

当前，全国各族人民正在以胡锦涛同志为总书记的党中央坚强领导下，为实现全面建设小康社会宏伟目标而努力奋斗。希望你们高举中国特色社会主义伟大旗帜，以邓小平理论和‘三个代表’重要思想为指导，深入贯彻落实科学发展观，紧紧围绕党和国家工作大局，坚持把社会效益放在首位，继续发挥品牌优势，改革创新，开拓进取，进一步加强对文化产品创作生产的引导，不断提高编辑出版质量，不断壮大企业整体实力和竞争力，推出更多无愧于时代、无愧于历史、无愧于人民的精品力作，加快‘走出去’步伐，努力办成出版资源雄厚、人才队伍壮大、创新能力突出、覆盖面广、影响力强的国内领先、国际一流的文学出版企业，为更好地满足人民群众日益增长的精神文化需求，推动社会主义文化大发展大繁荣作出新的更大贡献。”

（宋　强）

李长春对中国出版集团公司中小学《书法》教材出版工作作出重要批示

2011年3月16日，中国出版集团公司向中共中央政治局常委李长春汇报了中版教材公司研发、华文出版社出版的中小学《书法》教材出版工作情况。3月21日，李长春作出重要批示：“此举很好。请贵仁同志阅。”这对中国出版集团公司及全体教材编写者、出版者都是极大的鼓励。

（宫　源）

李长春致信祝贺人民美术出版社成立60周年

2011年8月10日，中共中央政治局常委李长春致信祝贺人民美术出版社成立60周年。贺信全文如下：

“欣闻人民美术出版社成立60周年，谨向全社干部员工表示热烈祝贺！

60年来，人民美术出版社始终坚持为人民服务、为社会主义服务的方向和百花齐放、百家争鸣的方针，牢牢把握正确出版导向，推出了一大批高品位、高质量的美术出版物，涌现出了一批成就卓著的出版编辑人才，在普及美术知识、推动美术创作、弘扬民族传统文化、促进中外文化交流等方面作出了积极贡献。特别是近年来，认真贯彻中央关于深化文化体制改革的决策部署，顺利完成转企改制任务，为加快发展注入了新的生机活力。

当前，全国各族人民正在以胡锦涛同志为总书记的党中央坚强领导下，为实现‘十二五’规划目标而努力奋斗。希望你们高举中国特色社会主义伟大旗帜，以邓小平理论和‘三个代表’重要思想为指导，深入贯彻落实科学发展观，发挥自身优势，勇于改革创新，不断提高编辑出版质量，加快‘走出去’步伐，多出优秀作品，多出优秀人才，努力做大做强，建设具有国际竞争力的一流美术出版社，为促进我国美术事业发展，推动社会主义文化大发展大繁荣作出新的更大贡献。”

（汤 锐）

习近平致信祝贺人民文学出版社成立60周年

2011年3月18日，在人民文学出版社成立60周年前夕，中共中央政治局常委、国家副主席习近平给人民文学出版社发来贺信。贺信全文如下：

“值此人民文学出版社建社60周年之际，我谨向你们致以热烈祝贺和诚挚问候。

60年来，人民文学出版社始终坚持文艺为人民服务、为社会主义服务的方向和百花齐放、百家争鸣的方针，出版了大量优秀作品，涌现出许多优秀人才，为繁荣社会主义文学出版事业作出了积极贡献。希望你们再接再厉，坚持社会主义先进文化前进方向，坚持贴近实际、贴近生活、贴近群众，精益求精、开拓创新，不断提高出版质量，推出更多精品力作，努力再创新佳绩。”

（宋 强）

刘云山对人民文学出版社60年社庆作出重要批示

2011年2月10日，中共中央政治局委员、书记处书记、中宣部部长刘云山在人民文学出版社《关于恳请刘云山同志为人民文学出版社60周年社庆题词或致信的请示》上作出重要批示。批示全文如下：

“在人民文学出版社成立60周年之际，谨表示热烈祝贺，向辛勤工作并为文学出版事业作出贡献的全社同志致以深深的敬意。60年来，人文社出版了大批优秀文学作品，影响了一代又一代读者，受到广泛赞誉。衷心希望人民文学出版社在新的历史起点上，与时俱进、改革创新，推出更多深受人民群众喜爱的精品力作，建设有国际竞争力的一流文学出版社，为繁荣发展社会主义文艺作出新的贡献。”

（宋 强）

刘云山致信祝贺人民美术出版社成立 60 周年

2011 年 7 月，中共中央政治局委员、书记处书记、中宣部部长刘云山致信祝贺人民美术出版社成立 60 周年。贺信全文如下：

“在人民美术出版社成立 60 周年之际，谨向全社员工表示热烈祝贺，向为中国美术事业作出贡献的出版工作者致以深深的敬意！

人民美术的历史，就是新中国的美术发展史。60 年来，人民美术出版社遵循党的出版方针，坚守先进文化阵地，在向大众普及美术知识的同时，着力传承中国传统艺术、弘扬优秀民族文化，不仅出版了大量美术精品，而且培育了大批优秀美术工作者。长期以来，人民美术出版社已成为中国美术界的公认品牌。希望人民美术出版社站在新的历史起点上，高举中国特色社会主义伟大旗帜，深入贯彻落实科学发展观，坚持和发展人民美术出版社的光荣传统，深化改革、开拓进取，为推动中国美术出版更大繁荣作出新的贡献。”

（汤　锐）

刘延东致信祝贺人民美术出版社成立 60 周年

2011 年，中共中央政治局委员、国务委员刘延东致信祝贺人民美术出版社成立 60 周年。贺信全文如下：

“人民美术出版社建社 60 年来，牢记使命、继承创新，出版了大量优秀的美术图书，培育了一代代优秀的美术工作者，为宣传党和国家方针政策，弘扬中华文化作出了积极贡献。

希望人民美术出版社以建社 60 周年为契机，高举旗帜，深入落实科学发展观，发扬优良传统，坚持改革创新，不断打造图书精品，努力推动中国美术出版更好地服务群众，服务社会，繁荣文化出版事业，面向未来，走向世界，再创辉煌。”

（汤　锐）

陈至立致信祝贺《中国京剧百科全书》出版

2011 年 10 月 20 日，全国人大常委会副委员长陈至立致信祝贺《中国京剧百科全书》出版。贺信全文如下：

“中国大百科全书出版社、中国京剧百科全书编辑委员会：

《中国京剧百科全书》编纂工作历时 15 载，艰苦备尝，终于面世了，这是京剧发展史上第一本专业百科全书。我谨向参与此书编写的全体同志表示衷心感谢和热烈祝贺！

京剧根植于中华文化沃土，继承了近千年戏曲文化的优良传统，体现了丰富的民族文化内涵和民族审美情趣，在世界戏曲之林中独树一帜。党和政府一直十分关心京剧艺术的保护、传承、发展和创新。《中国京剧百科全书》的编辑出版，是振兴京剧工作的重要组成部分，是京剧学术研究领域的可喜成果，将对普及京剧知识、深化京剧研究、培养京剧爱好者、传播京剧文化起到积极的推动作用。

希望京剧界充分运用《中国京剧百科全书》，按照京剧的特征和艺术规律，进一步发掘继承传统艺术，积极开展新剧目建设和舞台艺术创新，为京剧艺术的发展作出积极的贡献！

祝《中国京剧百科全书》出版座谈会圆满成功。”

（王　瑜）

严隽琪致信祝贺人民美术出版社成立60周年

2011年8月10日，全国人大常委会副委员长、民进中央主席严隽琪致信祝贺人民美术出版社成立60周年。贺信全文如下：

“欣悉人民美术出版社成立60周年，谨致热烈祝贺！人民美术出版社成立60年来，始终遵循党的出版方针，牢记历史赋予的使命，着力打造美术书刊品牌，为现当代优秀美术家立传，向大众普及美术知识，为新中国的美术出版事业作出了重要贡献，在几代出版人的共同努力下，人民美术出版社已经形成了社会公认的品牌和学术影响力。希望你们高举中国特色社会主义伟大旗帜，以邓小平理论和‘三个代表’重要思想为指导，深入贯彻落实科学发展观，再接再厉，与时俱进，开拓创新，进一步做大做强，建设具有国际竞争力的一流美术出版社，为繁荣和发展社会主义先进文化作出更大贡献！” （汤 锐）

孙家正题词庆贺人民文学出版社成立60周年

2011年3月，全国政协副主席、中国文联主席孙家正题词庆贺人民文学出版社成立60周年。题词内容如下：“为时代留存文学记忆，为民众营造精神家园。” （宋 强）

柳斌杰到中华书局调研考察

2011年3月11日，新闻出版总署党组书记、署长柳斌杰到中华书局调研考察，与中华书局领导班子成员、部分中层干部进行了亲切座谈。柳斌杰对中华书局近年来在传承中华优秀文化方面作出的贡献给予了充分肯定，并对当前古籍出版面临的新形势、新挑战作了全面分析，对中华书局今后5年需要做好的一些重点工作提出了明确要求。新闻出版总署党组副书记、副署长蒋建国，党组成员、副署长邬书林、阎晓宏、孙寿山参加了调研，并在座谈中围绕中华书局如何创新机制、做好古籍出版工作提出了意见和建议。

在听取了中华书局总经理李岩所作的工作汇报后，柳斌杰说，中华书局已经成为中国现代出版史的标志，中华书局的历史就是中国现代出版的历史，代表了中华文化主流传承的阵地。新中国成立之后，中华书局担负起了国家古籍整理、编辑和推广工作的重任，在古籍整理出版方面，在中国出版史上作出了重大贡献，树立起了自己的品牌，是中国文化符号的典型品牌代表。他指出，在维护品牌方面，改革开放以来特别是近年来，新闻出版体制改革不断深化，中华书局在这场改革大潮中，整体发展势头很好，保护了这一品牌，走上了发展的快车道。在出版业务方面，中华书局坚守文化传承，坚持自己的优势和特色定位，整理出版了一大批古籍经典巨著，社会信任度最高，专家学者认同度最高，代表了中国古籍出版的最高水平，起到了行业龙头作用。在经典普及与传播方面，中华书局通过广泛开展市场调研，策划出版了一批弘扬和普及中华优秀文化的通俗作品，带动了历史普及读物阅读的风潮，取得了社会效益与经济效益的双丰收，在行业内外广受好评。柳斌杰指出，当前是出版业发展的关键时期，出版业的改革发展面临着新形势、新情况，也面临着新挑战。一是体制发生了深刻变化，文化生产方式发生了改变，出版社要进一步解放思想，与时俱进，积极主动地参与市场竞争，引导市场走向；二是文化的多样化发生了变化，出版社要抓住民族文化的主脉，坚守历史的真实，坚持对历史负责、对国家负责、对民族负责；三是技术发生了变化，传播手段随之变化，出版社要在数字化、多媒体态势下，创新载体，创新传播方式，充分利用互联网、数据库传播经典，满足读者需求；四是国际传播方式发生了变化，出版社要适应这一新形势，加大创新力度，加大“走出去”力度，以提升出版业的整体国际传播能力。他希望中华书局的领导班子要把这些挑战作为专门课题加以研究，找出对策，加快发展。

在谈到中华书局今后5年的发展时，柳斌杰强调，要重点做好以下几方面工作：加强古籍整理出版的计划性、系统性，统一规划，统一实施，形成脉络清晰的出版体系；加大重点扶持力度，组织力量多出精品，形成一大批能长期传承的经典力作；加快推进古籍出版的数字化，引领古籍出版的数字化潮流，满足读者数字化阅读的新需求；加大经典普及力度，在已有经验的基础上，着力探索新经验新模式，在弘扬和普及历史经典、中华优秀文化方面上一个新台阶，使古籍出版工作走上更加规范、更加科学化的轨道，在古籍整理出版方面继续发挥好品牌引领作用、行业支撑作用。

刘建国、吴尚之、孙文科、孙明、王岩镔等新闻出版总署有关司局负责人，中国出版集团公司党组书记、副总裁王涛，副总裁刘伯根等陪同调研。（梁　彦）

雒树刚出席中国出版集团公司干部大会并讲话

2011年8月23日，中宣部常务副部长雒树刚出席中国出版集团公司干部大会并讲话。

雒树刚指出，集团公司总裁、党组副书记的调整是中央从集团公司领导班子建设实际出发，根据工作需要和干部交流原则通盘考虑，充分酝酿，慎重研究决定的，是正常的干部新老交替。近年来，中国出版集团公司领导班子团结带领广大干部职工，以邓小平理论和“三个代表”重要思想为指导，深入贯彻落实科学发展观，认真贯彻党的十六大、十七大和十七届三中、四中、五中全会精神，按照“高举旗帜、围绕大局、服务人民、改革创新”的总要求，始终坚持正确的出版导向。通过集团公司领导班子和广大干部职工的共同努力，中国出版集团公司的综合实力进一步提高，影响力不断增强，在发展我国出版业，繁荣社会主义文化中发挥了重要作用。中央对这些年中国出版集团公司的工作给予充分肯定，并对集团公司下一步工作提出了几点希望：第一，始终保持清醒的政治头脑，坚定自觉地同党中央保持高度一致，牢牢把握正确的出版导向。第二，进一步改革创新，着力构建符合现代出版企业特点的体制机制，努力推动中国出版集团公司各项事业又好又快发展。第三，以增强队伍的创造力、战斗力和凝聚力为核心，着力加强领导班子和干部人才队伍建设。（张　婧）

蔡名照出席中国出版集团公司2011年度工作会议并讲话

2011年1月19日，中宣部副部长蔡名照出席中国出版集团公司2011年度工作会议并讲话。

蔡名照代表中宣部部务会对中国出版集团公司过去一年的工作成绩给予高度评价和充分肯定，对集团公司全体员工付出的努力和作出的贡献表示感谢。蔡名照指出，出版企业的改革，既要遵循现代企业制度的一般性要求，又要突出强调社会主义文化企业的特殊性。一是必须具有鲜明的意识形态色彩。二是必须更加凸显人才的作用。三是必须把文化资源作为最重要的生产要素。四是必须格外重视创新能力和创新机制。集团公司承担着弘扬主流意识形态、繁荣先进文化、当好文化体制改革排头兵的重任。2011 年要认真贯彻中央一系列指示和会议精神，深化改革、加快发展，扎实做好各方面工作。一是要始终牢记社会责任，努力传播和弘扬社会主义先进文化。二是要加快改革发展，积极打造有实力有竞争力的现代文化企业。三是要切实加强管理，做坚持正确导向的表率。四是要加强领导班子和人才队伍建设，团结一心共建和谐企业。蔡名照表示，中国出版集团公司的改革发展关系重大，中央寄予厚望，社会充满期望，行业高度关注。希望集团公司各级领导班子和广大干部员工，更加坚决地贯彻中央决策部署，团结一致，开拓创新，推动集团公司事业取得更大发展，为我国文化出版事业的改革发展作出更大贡献。

（张　婧）

邬书林出席中国出版集团公司 2011 年度工作会议并讲话

2011 年 1 月 19 日，新闻出版总署副署长邬书林出席中国出版集团公司 2011 年度工作会议并讲话。

邬书林代表新闻出版总署对中国出版集团公司过去一年的工作给予了充分肯定。他指出，过去一年集团公司各方面工作都取得了新的重要进展，成绩优异，主要体现在五个方面。一是出版主业更加挺拔，图书出版能力尤其是精品图书出版能力进一步提高，巩固了集团公司“国家队”“领头羊”的地位。二是各所属单位始终坚持正确出版方向，牢牢把握出版导向。三是集团公司的经营管理水平不断提高。四是集团公司的改革意识在不断增强。五是集团公司“走出去”工作扎实认真、成效显著。

邬书林代表新闻出版总署对集团公司 2011 年的工作提出六条指导意见。一是要准确把握出版态势，加强对变化了的出版环境的研究。二是要把做好精品出版特别是 2011 年的主题出版作为重中之重，争取在每一个产品和项目上都实现社会效益与经济效益的双丰收。三是要坚持不懈深化改革，不断创新体制机制。四是要始终坚持正确出版导向，旗帜鲜明地加强导向管理，不给各种噪音杂音提供传播渠道。五是要高度重视数字出版，集团公司在中国数字化出版中要发挥引导作用。六是要高度重视品牌维护和人才队伍建设，为集团公司更大的发展打下最重要的基础。

（张　婧）

邬书林到中华书局召开专题调研会

2011 年 11 月 3 日，新闻出版总署副署长邬书林到中华书局，召开以“为人民提供更多更好精神食粮，进一步加强精品力作出版工作”为主题的贯彻十七届六中全会精神专题调研会。新闻出版总署出版管理司司长吴尚之主持会议，十余家在京出版社负责人参加。

邬书林认真听取了有关出版社的工作汇报，与大家进行了深入交流，充分肯定了近年来出版单位在精品力作出版中所取得的成绩。他指出，要进一步增强对精品出版重要意义的认识，多出精品力作是出版界落实十七届六中全会精神的重要工作，是建设文化强国的重要方面，是提升国家文化软实力的重要职责，也是出版社赖以生存发展的重要基础。

邬书林强调，要真抓实干，拓宽思路，努力提升精品出版物的内容质量，使出版强国建立在坚实的精品生产基础之上。第一，要把精品生产作为一项战略任务提到重要议事日程，作为建设出版强国的重要方面。第二，要拓宽精品生产的思路，把精品生产作为社会主义文化大发展大繁荣的新要求来实施，更好地把精品生产和国家的经济建设、科教兴国战略、“走出去”战略有机结合起来，规划一批推动国民经济发展、用世界最高标准衡量的新产品。第三，要进一步解放思想，改革创新，在出版社转企改制基础上健全良好的运行机制，为精品生产提供良好的体制机制。第四，出版管理部门要为精品生产提供良好的条件和环境。

中华书局总经理李岩、商务印书馆党委书记孟传良、生活·读书·新知三联书店总编辑李昕、人民文学出版社社长潘凯雄、中国科技出版传媒集团总裁柳建尧、人民卫生出版社董事长陈贤义、化学工业出版社副社长兼总编辑潘正安、中国社会科学出版社社长兼总编辑赵剑英、北京大学出版社总编辑张黎明、清华大学出版社总编辑吴培华、北京师范大学出版社总编辑叶子、作家出版社副总编辑张水舟先后发言。他们介绍了各自出版社学习十七届六中全会精神的情况，分析了本单位在精品力作出版中积累的经验和存在的问题，并对多出版精品力作提出了很多很好的建议。

（梁　彦）

孙寿山出席“中华字库”工程研发工作启动大会并讲话

2011年7月26日，新闻出版总署副署长孙寿山出席“中华字库”工程研发工作启动大会并讲话。孙寿山代表总署对中国出版集团公司牵头组织的“中华字库”工程启动阶段工作表示了肯定，并对“中华字库”工程今后的研发工作提出了要求。

孙寿山指出，“中华字库”工程是顺应时代发展的要求，推动我国出版产业大发展的基础性工程。组织实施“中华字库”工程是引领中华文化步入信息化、数字化时代，提高中国文化“软实力”的一项重要举措，有着重大的战略意义。他要求各承担单位要充分认识“中华字库”工程建设的重大意义，在保证工作质量的前提下，确保工程总体进度按计划有效实施，保证总体工程按期按量完成。同时，他对“中华字库”工程研发工作提出五点要求：一要树立全局观念，保持步调一致；二要提高认识，遵循工程项目管理的客观规律；三要明确责任分工，落实工作任务；四要重视知识产权问题，提高创新意识；五要加强经费管理，保证资金的使用效益最大化。

（张　婧）

宋明昌到中华书局视察

2011年6月7日，中央纪委驻新闻出版总署纪检组组长宋明昌到中华书局视察，现场检查正在进行的点校本“二十四史”及《清史稿》修订工程等4个国家出版基金资助项目建设工作。

宋明昌对中华书局在国家出版基金资助项目实施过程中注重管理、有序推进给予了充分肯定，对中华书局以强化民主监督检查作为完成好国家出版基金资助项目的有效手段、重视反腐倡廉建设予以好评。他说，在中国出版集团公司的领导下，中华书局强化民主监督检查作用，创新形式，做到了“四个坚持”：一是坚持在局域网上开设畅所欲言的通道，做到不论大事小事，干部群众直接与领导对话，不积压矛盾，有问题随时解决。二是坚持在职代会上采取无记名投票方式决定重大决策。三是坚持做到政务公开、党务公开，按期公布单位主要收支情况及各类重要支出情况，凡重大资金的使用由领导班子集体讨论研究决定，重要的人事任免、发展党员、年终考核等各项工作，全部按照公开、公正、公平的原则进行。四是坚持对全体干部提出廉政建设的具体要求，建立起三道廉政建设防线：加强思想教育，针对每个干部建立心理防线；加强规章、责任制度，建立制度防线；加强民主建设，动员全体干部员工一起建立监督防线。宋明昌说，中华书局的做法有效保证了国家出版基金资助项目的规范、有序、高效运行，降低了成本，保证了国家出版资金资助项目的项目安全、资金安全、干部廉洁安全，值得其他出版单位借鉴。（梁　彦）

重要庆典

人民文学出版社成立60周年庆祝大会举行

2011年3月28日下午，人民文学出版社在人民大会堂隆重举行“人民文学出版社成立60周年庆祝大会”，全国政协副主席、中国文联主席孙家正，中宣部副部长蔡名照、翟卫华，中国作家协会主席铁凝，新闻出版总署副署长邬书林，中国出版集团公司总裁聂震宁、党组书记王涛等领导参加了大会。来自北京的作家、评论家、学者、翻译家及出版界、新闻界代表，人民文学出版社的离退休干部代表和全体在职职工参加了大会。

翟卫华、铁凝、邬书林、聂震宁等领导同志在庆祝大会上分别发表了热情洋溢的讲话，对人民文学出版社过去60年所取得的辉煌成果给予了充分肯定与高度评价，对人民文学出版社下一步发展提出了更高的要求和美好的祝愿。社长潘凯雄代表出版社致辞，离退休干部屠岸代表出版社员工作了发言。（宋　强）

中国出版集团公司、中国美术出版总社、人民美术出版社共同主办“庆祝人民美术出版社成立60周年系列展”

2011年8月15～22日，中国出版集团公司、中国美术出版总社、人民美术出版社共同主办的“庆祝人民美术出版社成立60周年系列展”（人民美术出版社60周年出版成就展，沈鹏书法作品展，人民美术出版社连环画、年画、宣传画展，中国当代名家邀请展，人民美术出版社编辑书画摄影展）在中国美术馆举行。中宣部副部长蔡名照，全国人大常委、民进中央副主席朱永新，新闻出版总署出版管理司司长吴尚之，中国书法家协会名誉主席沈鹏，中国书法家协会主席张海，国家画院院长杨晓阳，中国编辑学会会长桂晓风，中国期刊学会会长石峰，中国出版集团公司党组书记王涛，副总裁宋晓红、王俊国、刘伯根、林弋等莅临了开幕式。美术机构负责人、画家、美术理论家及出版界和新闻界代表、人民美术出版社老领导老同志共计400余人出席了开幕式。中共中央政治局常委李长春，中共中央政治局委员、书记处书记、中宣部部长刘云山，中共中央政治局委员、国务委员刘延东，全国人大常委会副委员长、民进中央主席严隽琪为开幕式发来了贺信。

展览期间，中共中央政治局委员、书记处书记、中宣部部长刘云山，国务委员、国务院秘书长马凯亲临中国美术馆参观了“人民美术出版社60周年出版成就展”与“沈鹏书法作品展”，并作重要指示。刘云山肯定了人民美术出版社为中国美术事业和出版事业所作出的重要贡献。他要求要重视人民美术出版社这个著名的品牌，要继续发挥品牌的作用。并同时指出，人民美术出版社是繁荣美术事业很重要的阵地，在将来的美术出版工作中还要起到示范作用。（汤 锐）

集团公司领导讲话

高举旗帜　开拓创新　乘胜前进
为创建国际一流出版传媒企业而奋斗

——在中国出版集团公司2011年度工作会议上的报告

中国出版集团公司总裁　聂震宁

（2011年1月18日）

同志们：

中国出版集团公司2011年度工作会议，是在我国全面完成“十一五”时期改革发展各项任务，开启“十二五”时期发展新征程，文化改革发展全面推进，集团公司各项工作不断取得新成绩、新进展的大背景下召开的。这次会议的主要任务是：坚持以邓小平理论和“三个代表”重要思想为指导，深入贯彻落实科学发展观，深入学习贯彻党的十七大及十七届三中、四中、五中全会精神，以科学发展为主题，以加快转变经济发展方式为主线，贯彻落实中央经济工作会议、全国宣传部长会议和全国新闻出版工作会议的总体部署，总结2010年工作，回顾“十一五”时期的主要成就，分析当前形势，对今年的工作作出部署，全面开启集团公司改革创新、科学发展的新征程。

下面，我代表集团公司领导班子作工作报告。

一、过去一年的工作

2010年是中国出版集团公司的发展年，是继改革年、规划年、布局年之后，推动布局落实、完成发展任务、实现重大战略突破的关键一年，也是总结“十一五”、规划“十二五”，继往开来、谋求更大发展的重要一年。一年来，集团公司在中宣部、新闻出版总署和财政部的直接领导下，按照集团公司年初的工作部署，团结奋斗，真抓实干，不断开拓进取，较好地完成了各项任务，创造了新的业绩。

（一）始终把坚持正确出版方向导向作为集团公司实现科学发展的“生命线”，加强优秀出版物生产经营，出版主业优势进一步扩大

一是抓好重点出版工程，推出一大批精品力作。把围绕大局、服务人民、多出好书作为神圣使命，狠抓精品力作的生产。东方出版中心、中国对外翻译出版公司等单位出版有关世博会出版物100多种，其中《中国2010年上海世博会官方图册》（中文简体版）、《中国2010年上海世博会官方导览手册》（多语种版）等获得了突出的社会效益和经济效益。《中国文库》（第四辑）106种和《世界历史文库》近50种出版发行，获得好评。《中国大百科全书》（第二版）的发行推广工作取得销售13 000套的突出业绩。中华书局点校本“二十四史”及《清史稿》修订工程进展顺利。《中国大百科全书》（第三版）立项工作已经启动。在2010年国家出版基金资

助项目评选中，商务印书馆、中华书局、人民音乐出版社、生活·读书·新知三联书店、中国大百科全书出版社、荣宝斋出版社等单位的6个项目入选，共获得资助1 729万元，入选数量和资助总额为各出版集团第一。在2010年国家古籍整理出版资助项目评选中，人民文学出版社的《侯方域全集校笺》等4个项目、中华书局的《王应麟著作集成》等11个项目入选。在新闻出版总署第八次向全国青少年推荐的百种优秀图书中，人民文学出版社、中国大百科全书出版社各有2种，商务印书馆、中华书局、世界图书出版有限公司、现代出版社各有1种共8种图书入选。申报“十二五”国家重点图书、音像和电子出版物出版规划项目185个。以上各项入选总数均列各出版集团之首。此外，人民文学出版社长篇纪实文学《1911》入选中宣部、新闻出版总署庆祝中国共产党成立90周年和纪念辛亥革命100周年的8种重点选题之一，长篇小说《武昌城》入选4种重点后备选题之一。目前，集团公司已确定庆祝建党90周年和纪念辛亥革命100周年的100种重点选题，为今年的工作打下了良好基础。

二是切实抓好出版管理，严格把好内容质量关。严格执行年度选题计划论证制度，完善年度选题“自主论证、专家论证、总裁办公会议审批”的基本程序，多次召开专题会议研究部署选题工作。严格执行重大选题备案制度和书号实名申领制度，全年核发书号13 000个，履行重大选题备案的选题为146个及24幅地图，其中有39个选题为集团公司在一般选题审核中发现后按照要求办理重大选题备案。集团公司在一般选题中对21个选题提示出版单位做好内容重点把关工作。开展出版质量专项检查，17家图书出版单位和音像电子及报刊单位全面开展了编辑工作质量专项检查活动。检查结果表明，集团公司所属图书、报刊及音像电子出版单位的出版物合格率达到96.1%。对出版内容安全和质量管理常抓不懈，在建立健全管理制度的基础上，集团公司领导班子做到逢会必讲，每讲必严，狠抓落实。在各所属出版单位的积极努力下，全集团公司全年没有发生内容质量方面的重大事故，发挥了出版业“国家队”的表率作用。向中宣部《出版舆情》提供舆情动态稿件30篇，发稿18篇，在全国出版集团中发稿总数排名第一。

三是大力加强产品线建设，市场竞争力影响力明显增强。以产品线建设为抓手，优化出版结构，有效提高市场占有率。目前，集团公司13条一级产品线即工具书、文学、英语、音乐、美术、人文社科、古籍、少儿、生活、百科、教辅、经济管理和科技图书全部进入全国前三强，有25条二级产品线即汉语工具书、小说、器乐、动漫、旅游图书等排名全国第一。打造了一大批在各细分图书市场占有领先地位的优秀常销书和畅销书，如《鲁迅大辞典》、《牛津中阶英汉双解词典》（第4版）、《顾颉刚全集》、《中国儿童立体百科全书》、《世界国家地理地图》、《中国碑刻全集》、《吴冠中画作诞生记》、《中国当代作曲家曲库》、《中国交响音乐博览》、《中国2010年上海世博会官方图册》、《目送》、《毛泽东最后七年风雨路》、《清·孙温绘全本红楼梦》、《巨流河》、《孔子是怎样炼成的》、《鲁迅箴言》、《庄子的快活》、《白雪乌鸦》、《思考的艺术：非凡大脑养成手册》、《汇率战争》、《路西法效应：好人是怎样变成恶魔的》、《范曾庚寅新作》、《学生精解英汉词典》以及黄河出版传媒集团的《马鸿逵传》等，市场竞争力、影响力明显增强。

四是在国家出版评奖中获得大面积丰收，品牌影响力进一步提升。集团公司在第三届中华优秀出版物奖评选中获得25个奖项，其中《中国美术百科全书》、《中国学案史》、《QQ炫舞》等16种出版物分获图书奖、音像电子奖、游戏出版物奖，9篇论文获优秀论文奖。在已公示的第二届中国出版政府奖中，集团公司获奖总数39个，占公示总数的8.13%。在以上两大国家级奖项中，集团公司获奖总量均列全国各出版集团首位，创造历史新高。《儿童漫画》、《漫画大王》、《小百科》等3种期刊入选百种优秀少儿报刊。中国美术出版总社的《美男美女》、世界图书出版有限公司的《安溪铁观音：一棵伟大植物的传奇》被评为2010年度“中国最美的书”。据不完全统计，还有十余种图书荣获鲁迅文学奖、徐迟报告文学奖、国家图书馆文津图书奖、全国古籍优秀图书奖等重要奖项。在年末《人民日报》等各家重要媒体年度好书评选中，集团公司又有多家单位的多种好书入选，产生了良好的社会影响。

（二）始终把加强经营管理作为集团公司实现科学发展的基本要求，不断提高经营管理质量，实现经济效益健康较快增长

一是大力推进制度建设，不断提高经营管理的科学化水平。制定并执行《中国出版集团公司工作规则》，进一步规范了总裁班子、党组以及各部门、各单位的工作程序。对集团公司成立8年来制定的所有规章制度进行全面清理修订，印发了集团公司第一本规章制度汇编。进一步完善集团公司“双效”业绩考核制度。遵照人保部、中组部等六部门联合下发的《关于进一步规范中央企业负责人薪酬管理的指导意见》，针对“双效”业绩考核中出现的新问题，研究起草了《三年任期“双效”业绩考核办法补充规定》，明确规定各单位负责人年薪应与职工平均工资同比增长，负责人年薪增幅不得超过职工平均工资增幅，提高职工特别是一线专业人才和低收入职工的收入水平，加强对经营难度的考评，更加科学地评价企业的贡献和成长。修订完善相关财务管理、资产管理制度，并加强执行力度。积极认真配合“小金库”专项检查工作，主动进行整改，完善制度，使得财务管理更加规范有序。

二是大力抓好重点经营业务，进一步提高集约化经营能力。继续组织实施并改进“畅销书推广计划”和“常销书推荐计划”，有效提高了全集团公司的图书市场份额。统一组织各出版单位参加各类书展、图书订货会和图书交易博览会，节约了参展成本，产生了集约效应。集团公司共有303种出版物入选新闻出版总署《农家书屋必备书目》。成功举办第三届“读者大会”，社会影响广泛。2010年9月集团公司图书零售市场占有率冲高达到10.36%，实现重大突破；全年市场占有率为7%，动销品种共44 562种，两项指标均持续位列全国各出版集团第一。全年各单位的经营情况总体向好。新的中国图书进出口（集团）总公司加强业务整合和经营拓展，提高了市场控制力和竞争力。荣宝斋专注于文化艺术品经营，形成更加强劲的发展势头。各单位按照集约化经营的原则，调整经营方式和业务结构。生活·读书·新知三联书店对三联韬奋图书中心进行大幅改革，初见成效。中华书局、中国大百科全书出版社完善分社制。多家单位分别采取重组部门、划小核算单位、独立品牌子公司、实行分社制或事业部制等具体措施，搞活企业微观运行机制，经营效益都有明显增长。荣宝斋全年销售收入突破4亿元，增幅达到119.84%。东方出版中心、中国对外翻译出版公司紧紧抓住“世博年”的机遇，主营业务收入大幅提高，同比增幅分别达21.66%和19.59%。生活·读书·新知三联书店和人民音乐出版社主营业务收入增幅紧随其后，分别为13.45%和11.51%。中国大百科全书出版社、人民文学出版社、中华书局、现代教育出版社4家企业主营业务收入增幅也均在8%以上。中国图书进出口（集团）总公司实现销售收入23.6亿元，同比增加1.46亿元，增幅6.58%，占集团公司总收入的52.33%。中国图书商报社主营业务销售收入系创刊15年来最高纪录。中国大百科全书出版社在农家书屋、馆配图书等政府采购领域发货码洋达3 600多万元，回款实洋达1 400多万元，名列全国第五，进入“政府采购第一梯队”。

2010年参加双效业绩考核的企业全部超额完成全年预算指标。利润总额在5 000万元以上的有中国图书进出口（集团）总公司（1.255亿元）、商务印书馆（7 434万元），2 000万～5 000万元的有荣宝斋（4 251万元）、人民音乐出版社（3 651万元）、中华书局（2 034万元）、生活·读书·新知三联书店（2 019万元），1 000万～2 000万元的有人民文学出版社（1 600万元）。

集团公司新办公司经营状况良好。北京中版联印刷物资有限公司全年销售纸张5.7万吨，实现销售收入3.27亿元，同比增长79.74%；2010年集团公司外客户订货量接近2.1万吨，交易额

达1.25亿元。中版教材北京公司实现主营业务收入1.28亿元，同比增长134.07%，利润总额突破千万元大关。北京中新华国际旅行社有限责任公司主营业务收入突破千万元，同比增长58.77%，实现利润19万元。集团公司各单位经济实力不断壮大，发展后劲足，发展前景好。

三是坚持不懈地抓好经营管理，确保国有资产保值增值。集团公司实施经营财务动态化、常态化管理，对全集团公司的经营状况做到每月有指标任务，每季度有财务工作会议，并随时根据掌握的经营状况，采取相应管理措施。对亏损企业继续帮助减亏扭亏的同时，进一步加强管理、稳定队伍。加强各类审计工作，督促各单位健全规章制度，规范财务管理，防范经营风险，提高经济效益。全集团公司在经营规模扩大的同时，经营的控制力得到比较明显的提升。2010年，全集团公司实现营业收入47.72亿元，同比增长15.08%；资产总额达到76.66亿元，同比增长8%；所有者权益28.1亿元，同比增长11.8%；实现利润总额2.85亿元，同比增长11%；在岗员工全年平均工资约为7.8万元，同比增长6.5%。全集团公司资产负债率继续降低，同比降低1.25个百分点。集团公司较好地履行了国有资产的出资人权利，实现了国有资产的保值增值。

（三）始终把体制机制改革创新作为集团公司实现科学发展的主要动力，积极推进转企改制和股份制改造，认真抓好战略发展

一是全面完成转制工作，切实保障员工合法权益。2010年7月1日，集团公司正式加入北京市基本养老保险，以此为标志，集团公司转制单位已全部实现职工身份转换，2004年开始启动的转企改制工作全面完成。转制单位开始享受国家有关税收优惠政策，可持续发展得到有力支持。集团公司建立企业年金制度，为维护员工合法权益和企业持续健康发展提供了制度保障。

二是顺利完成组建股份公司的基础工作，为上市融资做好充分准备。积极推进股改上市工作，按计划完成了尽职调查、审计评估、清产核资、调整上市范围、“三类人员”精算、建构股份公司制度、搭建股份公司管理框架、确定股份公司发起人、研究上市募投项目等各项工作，获得了国务院对中国出版传媒股份公司名称申请的批复、中宣部和财政部对改制重组上市方案的批复，完成了财政部对股份公司资产的备案。全面推进各级单位的公司化改制和公司法人治理结构建设。目前，正按照中宣部2010年12月30日的批复精神，抓紧进行股份公司的登记注册的相关工作。

三是积极推进战略重组、资本经营，进一步加快规模扩张步伐。完成了对中国民主法制出版社重组工作，目前该社出版经营质量明显提高。切实推进与华文出版社、黄河出版传媒集团战略重组的各项工作。人民文学出版社、商务印书馆、中华书局、生活·读书·新知三联书店等单位与黄河出版传媒集团形成出版发行方面的深度合作。人民文学出版社、商务印书馆、中国对外翻译出版公司、人民音乐出版社、荣宝斋等都在跨地区跨行业合作发展方面迈出扎实步伐。新华联合发行股份公司的内部资本组合和与吸纳外部资本的相关工作有序推进。影视投资初战告捷。投资拍摄的电视剧《决战南京》2010年4月在中央电视台首播，6月即已收回集团公司的全部投资，预计后续仍有较好的利润回报，扩大了集团公司的影响力。股权投资初见成效。集团公司对人民网的500万投资在当年12月份就已经实现3倍增值。顺义物流基地、丰台文化产业总部基地、马连道发行综合业务楼、上海蓝桥文化创意产业园二期工程以及天津蓟县荣宝斋创意文化产业园区、中国图书进出口（集团）总公司国际会展中心等基础建设项目均有阶段性进展。

四是组织制定“十二五”改革发展规划，战略管理落到实处。全面开展集团公司“十二五”规划编制工作。班子成员深入各单位进行调研，并认真指导所属单位制定本单位“十二五”改革发展规划。集团公司“十二五”改革发展规划目前已形成初步方案。以制定“十二五”改革发展规划为契机，组织各单位申报国家新闻出版项目库入库项目。2010年集团公司入库项目占北京市所有出版单位入库数的58%，占全国总入库数的18%，居全国各出版集团之

首。成功举办“香山论坛·重庆峰会”，在行业内外产生了良好影响。战略管理已经成为集团公司进行科学管理的重要组成部分。

（四）始终把科技创新作为集团公司实现科学发展的重要突破口，抓好数字出版重点工程，培育新兴出版业态

一是进一步明确数字出版总体工作思路，数字出版和资源管理工作有序推进。召开第一次数字出版工作会议，提出集团公司数字出版“资源整合统一管理，研发整合统一规划，成果整合形成系列，通过集约经营壮大整体实力”的总体工作思路，较好地协调推动了全集团公司的数字出版工作。及时制定下发《集团公司数字资源管理办法》，使得数字出版的资源整合、统一管理、集约开发的工作更加有序高效。我国第一家数字出版网——大佳网建设项目入选国家“十二五”规划项目。组织专家进行论证，确定了“百科全书自动标引及问答式知识服务”等10个年度重点项目，给予政策和资金支持。2010年，新闻出版总署实施“电子书行业准入制度”，集团公司成为唯一同时拥有“电子书出版资质”、“电子书复制资质”等全部四个资质的企业。

二是以重点项目带动数字出版业务发展，数字出版取得初步成果。大佳移动阅读器和“中版闪印王”集成式按需印刷设备两个重点数字产品生产初步形成行业影响力。《手机报—文学故事报》累计出版近300期，成为中国移动手机平台上唯一的文学类手机报。中版集团数字传媒有限公司的中国图书对外推广网访问量达15.6万次。中国大百科全书出版社全面开展与三大移动运营商合作，建立了与APP Store的合作渠道，开发了《中国美景》应用程序（iPad英文版）。中版集团数字传媒有限公司的“中国可供书目数据库”和中国大百科全书出版社的《寻仙》刚刚获得第二届中国出版政府奖的网络出版物奖。在2010年度全国出版业网站年会上，集团公司网站被评为全国出版业百强网站，中版数据网被评为“十一五”突出成就网站，“中国可供书目数据库”网上样本厅获数字出版优秀产品奖。“中国可供书目网上样本厅”与近200家出版社签订加工协议，正在稳步开展运营。

三是积极承担国家重点项目，占据行业发展有利地位。积极主动参与和承担多个国家重点项目，经过努力，集团公司成为“中华字库”工程项目总体组的牵头单位，实现了集团公司数字出版的重大突破。集团公司还成为“国家电子书内容标准”项目副组长单位，承担了国家“版权保护工作组”相关任务，牵头编制《电子书内容版权保护通用规范》。认真做好全国出版物发行标准化技术委员会秘书处的大量工作，受到国家标准化委员会的高度评价。通过承担国家若干重点项目，集团公司占据了全行业科技发展的有利地位。

（五）始终把国际化发展作为集团公司实现科学发展的必由之路，加快出版“走出去”步伐，不断提高国际化经营能力

一是不断加大版权输出力度，持续开展出版物进出口经营。采用多种方式积极开展版权输出，全年共输出版权414项，同比增长86.49%，位居全国首位，引进和输出版权之比为1.94:1，同比缩小1.47。在第62届法兰克福国际书展上，集团公司共签署版权输出合同275项，居全国首位。向海外输出版权较多的单位有：中国美术出版总社输出《水浒传》等54种，世界图书出版有限公司输出《上海：1842—2010，一座伟大城市的肖像》等48种，中华书局向港澳台地区输出《文史中国》等82种。“走出去”明星产品当属中华书局的《于丹〈论语〉心得》和人民文学出版社的《山楂树之恋》。前者已经输出33个版权共23个语种，法语版自2011年初上市以来，累积销量超8万册，连续25周登上法国翻译类图书销售排行榜；后者翻译版权涉及10个语种、11个国家和地区。全年共有85种图书入选“中国图书对外推广计划”推荐书目，64种图书获得“中国图书对外推广计划”翻译资助198.36万元，同比增长67.23%。现代出版社《创新年代》（共8种）入选“中国文化著作翻译出版工程”，获得资助140万元。人民文学出版社、中华书局、中国大百科全书出版社、世界图书出版有限公司4家单

位7种图书入选“经典中国国际出版工程”，获得资助85.2万元，入选总量和资助数额在全国名列前茅。不断加大对出版物进出口的经营力度。中国图书进出口（集团）总公司、中国对外翻译出版公司获得国家文化出口补贴150万元。在国务院中国对外宣传图书采购项目中，商务印书馆、人民音乐出版社、中国对外翻译出版公司、黄河出版传媒集团4家单位9种图书被采购，销货码洋同比增长65.87%。中国图书进出口（集团）总公司出版物全年进出口额分别增长9.5%和13.3%，在国际文化交流中，既维护了国家文化安全，又取得了较好的经济效益。

二是加快海外网点建设，着力提升海外本土化运营能力。2010年先后建立了中国出版东贩股份有限公司、英国欧若拉出版有限公司等4家合资出版发行实体，使集团公司海外实体总数达到29家。海外出版实体2010年共出版中国主题图书200余种，涉及英、法、日等多个语种，其中中国出版东贩股份有限公司出版的第一批中国内容图书受到好评。海外实体还积极参与当地文化活动，中国图书进出口（集团）总公司法拉盛纽约新华书店向联合国工作人员文娱理事会中国书会捐赠了800多种精美中文图书，扩大了中华文化的国际影响力。为打造统筹开展国际业务主要是版权贸易业务的平台，新组建的中版国际传播有限公司已开始经营运作。

三是积极承办和参加国际图书会展，积极承担国家重大文化交流任务。集团公司大力支持中国图书进出口（集团）总公司承办第18届北京国际图书博览会，并统一组团参加第18届北京国际图书博览会、第8届希腊萨洛尼卡国际书展、第62届法兰克福国际书展等20个重点展会以及海峡两岸图书交易会。不断提高国际服务贸易水平。集团公司成功承办国务院新闻办公室组织的“国际出版家对话”活动，形成较大影响。中国对外翻译出版公司作为世博会指定翻译商，翻译服务业务比例占世博会全部翻译业务的80%以上，得到有关方面的好评。中国图书进出口（集团）总公司出色完成世博会进口出版物内容审读、进口代理任务和书报亭经营任务，为国家文化安全作出贡献。荣宝斋在世博会设馆演示木版水印中华金石书画传统技艺，引起中外参观者极大兴趣，获得高度评价。

（六）始终把干部队伍建设和人才队伍建设作为集团公司实现科学发展的关键和基础，抓好领导班子建设和人才工作，进一步推进分配制度改革

一是完善干部选拔任用工作中的民主程序，选好配强各级领导班子。坚持德才兼备、以德为先的用人标准，坚持扩大民主，完善程序，进一步提高了选人用人质量。在中国美术出版总社总编辑、生活·读书·新知三联书店总编辑人选推荐考察工作中，民主推荐、考察范围又进一步扩大。在中版集团数字传媒有限公司总经理人选的选拔任用工作中，采取了在集团公司范围内公开竞聘的办法，公开标准、公开程序、公开过程，产生良好影响。进一步强化干部工作监督机制，严格按照干部工作条例规定的标准和程序，对干部选拔任用全过程进行监督，不断拓宽群众监督渠道。2010年，集团公司对17家所属单位领导班子及总部3个部门负责人进行了调整补充，任免干部45人次。干部工作和选用的干部，都得到了广大干部员工的认可。

二是以思想教育和绩效考核为抓手，大力加强领导班子思想作风建设。大力加强干部思想教育，突出强调领导干部要带头践行社会主义核心价值观。抓好领导班子和领导干部绩效考核，通过考核，引导干部想干事、敢干事、努力干成事。对于个别单位领导干部在思想作风和组织纪律方面存在的突出问题，敢抓敢管，严肃处理教育，并在全集团公司进行通报，以此促进领导班子的思想作风建设。

三是以紧缺人才培养为重点，加大人才队伍培训力度。召开集团公司第一次人才工作会议，对全集团公司人才工作进行全面部署。继续认真做好学术顾问委员会和出版顾问委员会咨询工作。组织完成了“四个一批”人才、享受政府特殊津贴人员、全国新闻出版行业第二批领军人才的评选推荐工作。完成了集团公司第一批人才梯队选拔工作，建立了人才梯队信息

库。以经营管理人才、数字出版人才等紧缺人才培养为重点，加大培训力度，先后组织了“出版企业国际化”赴美培训班、国内经营管理考察团、数字出版人才培训班等10个班次，共有398人次参加培训。实行集团公司统一考试、分单位录用大学毕业生的办法，取得了较好的效果。各单位高度重视员工培训。人民文学出版社强调业务培训制度化；商务印书馆开展全员专业系列培训；中国大百科全书出版社组织开展“学在当下、每月开讲”培训活动；中国对外翻译出版公司结合业务拓展，既培训自己又培训他人；荣宝斋确立“人才队伍急抓快办”的理念并抓好落实。

四是高度重视员工收入分配问题，不断推进分配制度改革。2010年集团公司在岗员工全年平均工资约为7.8万元，比2009年增长6.5%，比2006年“十一五”开局之年增长65%。但我们仍然意识到，在企业员工的收入分配上，特别是青年员工和困难职工的收入分配上，还存在着一定的问题，需要高度重视并切实解决。为此集团公司召开专题会议，明确要求各所属单位要把提高员工收入水平作为改革发展重要任务之一，制定相关措施，不断推进改革，要发挥收入分配的激励作用，要提高企业负责人与职工在收入分配中的关联度，保障并逐步提高员工的整体收入水平。集团公司还认真做好离退休人员服务工作，按照相关政策基本完成转制单位离退休人员房补发放工作。

（七）始终把加强党的基层组织建设作为集团公司实现科学发展的核心保障，开展创先争优活动和学习型党组织建设活动，促进企业文化建设和精神文明建设

一是开展创先争优活动和学习型党组织建设活动，有力推动集团公司改革发展。党组成立了创先争优活动领导小组，把学习型党组织建设活动与创先争优活动结合起来，制定下发了两大学习实践活动的实施办法。在活动中，要求做到“四个注重”，即注重激发党员投身改革发展的积极性，注重分类指导，注重建立责任制、层层抓落实，注重典型引路、营造氛围。邀请专家作“关于学习型党组织建设”和“学习贯彻五中全会精神，提高国家文化软实力，深化出版改革”辅导报告，广泛开展“我是党员我带头”、“我为创先加一分”、“创先争优迎接建党90周年”等专题活动，召开学习型党组织建设工作交流会。在活动中注重激发党员投身改革发展的积极性，推动企业的改革发展。在第三届中华优秀出版物评奖中，集团公司员工共有9篇论文获奖，占到全部获奖论文的1/6，在全行业表现特别突出，这是我们大力推进学习型组织建设的重要收获。

二是大力开展企业文化建设，努力发挥企业文化在经营管理中的重要作用。2010年是集团公司“企业文化建设启动年”。集团公司制定下发了《企业文化建设三年工作规划》和年度工作计划，成立专门机构，组织开展工作。经过集思广益，提炼出集团公司核心理念，即“固本求新，弘文致远”。为使这一核心理念深入人心，组织开展专题演讲比赛、征文和考察调研、研讨培训等一系列活动，在全体员工中引起强烈反响。为进一步提高企业文化建设的工作水平，编制了集团公司及各单位的《企业文化手册》，设计集团公司的视觉识别系统，并组织各单位相关人员参加了全国企业文化管理师岗位资格学习培训。开展集团公司改革发展和企业文化建设的基础性资料工作，首次编撰出版《中国出版集团公司年鉴(2010)》。在中国美术馆举办庆祝集团公司成立8周年职工书画展，在社会上产生很好影响。

三是认真履行企业的社会责任，切实抓好精神文明建设。在“情系玉树、大爱无疆”大型募捐活动中，集团公司捐款1 000万元，同时组织干部职工捐款65万元。集团公司多次组织开展送文化下乡和捐赠图书活动，认真履行企业的社会责任。形式多样地开展精神文明创建活动。组织职工参加迎接世博会、亚运会的网上签名寄语活动和迎国庆歌曲征集评选活动。开展“送温暖”和“以人为本、真情关爱”活动，为困难职工发放助困金94 500元，为3 693名职工重新办理了重大疾病互助保障手续。集团公司2010年度有两位同志分别获得全国劳动模范称

号和中直机关五一劳动奖章（即荣宝斋总经理、党委书记马五一同志和中国大百科全书出版社百科全书编辑部首席编辑过茜燕同志），荣宝斋被评为首都文明单位标兵，商务印书馆、人民音乐出版社、中国图书进出口（集团）总公司被评为首都文明单位。中国大百科全书出版社“文明乘车志愿者服务队”被评为第八届中国青年志愿者优秀组织奖。

四是充分尊重职工民主权利，努力发挥企业工会的重要作用。集团公司认真支持各级工会组织召开职工代表大会，审议集团公司及各单位改制重组方案、股改上市工作方案和企业年金方案，集团公司领导出席职代会介绍情况，认真听取代表的意见并作解答。集团公司工会联合会积极开展职工之家建设和开展各项学习、培训活动，修订下发《关于评选合格及优秀职工之家实施办法》，召开“职工之家建设工作现场经验交流会”，培训各单位工会干部120多人次。工会组织在集团公司发挥了协调各方关系、保障职工合法权益的重要作用。

（八）始终把加强领导班子自身建设作为集团公司实现科学发展的根本保证，建立健全各级领导班子的工作制度，不断提高领导工作的科学化水平

一是坚持用科学理论武装头脑，开好各级理论中心组学习会。认真落实党组及各级党委的理论学习中心组学习制度，抓好《中国出版集团公司党组和各单位党委中心组学习计划》的检查落实。中心组先后组织学习了十七届五中全会、中央经济工作会议、全国文化体制改革工作会议、全国人才工作会议、全国宣传部长会议、全国组织部长会议、全国新闻出版工作会议精神。以胡锦涛同志在中央政治局第二十二次集体学习时的重要讲话为主要学习材料，围绕“以科学发展观为指导，促进集团公司科学发展”主题，组织集体学习讨论，进一步把思想认识统一到中央精神上来，找准集团公司改革发展的定位和方向，提高文化改革发展的自觉性、主动性。

二是坚决贯彻落实民主集中制，建立健全领导班子各项制度。集团公司领导班子坚持集体领导、民主集中、个别酝酿、会议决定的原则和程序，对于企业“三重一大”问题上，根据权限和分工，分别由总裁班子和党组集体讨论决定。制定《中国出版集团公司工作规则》，明确了总裁办公会议和党组会议的基本原则、职责权限、主要内容和程序要求，严格按规定开好总裁办公会议和党组会议。各所属单位领导班子也都注意加强自身建设，特别是在事关企业“三重一大”问题上，在决策过程中都注意严格按照规定进行集体讨论，并注意按照相关制度办理报批等有关手续。

三是认真贯彻落实《国有企业领导人员廉洁从业规定》，加强党风廉政建设。集团公司领导班子建立了党风廉政建设责任制，细化反腐倡廉的各项制度。围绕贯彻落实《国有企业领导人员廉洁从业规定》，在全集团公司各级领导班子和领导干部中开展了以“正作风、作表率、促发展”为主题的党性党风党纪教育活动，用党规党纪规范言行，增强自律意识。集团公司各级领导干部在日常工作中严格廉洁自律，遵守政治纪律、组织纪律、外事纪律和有关保密制度，严格执行有关薪酬管理的各项规定，并注重加强日常管理和监督。

同志们，在集团公司各级领导班子和广大干部员工的共同努力下，经过一年的艰苦奋斗，集团公司社会效益和经济效益获得了双丰收，改革发展和各项工作都取得了新成就。为此，我代表集团公司领导班子，向在座的各位同事和集团公司全体干部员工表示衷心的感谢和亲切的慰问！

在总结成绩的同时，还应当承认，我们在工作中还程度不同地存在一些问题和不足。作为集团公司领导班子，主要不足是：虽然不断加大改革发展的力度，但领导改革发展的科学化水平还不够高；虽然按集约化原则提高了经营的集中度，但一些该集中的部分集中力度还不够；虽然注意了调动发挥所属单位的积极性、创造性，但对各所属单位的服务和帮助还不够；虽然下功夫抓了干部队伍和人才队伍建设，但工作还不够深入和细致，等等。各单位的工作也还存在一些问题需要加强，主要是：出版物内容质量还需要进一步提高，特别是内容把关工作需要进一步加强；

全集团公司叫得响的标志性出版物略显不足，而原有出版资源的多次开发利用也还需要加强；尽管已经转制为企业，但在机制创新上仍相对滞后，需要进一步加大改革的力度，等等。我们要认真听取来自各方面的意见和建议，对存在的问题和不足进行认真研究，切实加以解决和改进。

二、"十一五"成就回顾与"十二五"发展展望

团结奋斗的2010年已经过去，"十一五"刚刚收官，"十二五"已经开局。在这一历史节点上，认真总结"十一五"取得的宝贵经验，科学规划"十二五"发展远景，将有助于我们理顺发展思路，明确发展方向，落实发展措施，增强发展的信心和勇气。

（一）过去五年集团公司的成就与经验

过去五年，集团公司出版主业不断壮大。2005～2010年，图书年度出版总量从7 291种增长到10 761种，增长47.6%。其中新书从3 713种增长到5 349种，增长44.1%；重印图书从3 578种增长到5 412种，增长51.3%。获国家级大奖总量100多项。国内图书零售市场占有率连年保持全国第一。

过去五年，集团公司经济总量实现了大幅增长。2005～2010年，销售收入从35.51亿元增长到47.72亿元，增长34.38%；利润总额从1.09亿元增长到2.85亿元，增长161.47%；资产总额从51.43亿元增长到76.66亿元，增长49.06%；所有者权益从17.84亿元增长到28.10亿元，增长57.51%；在岗员工平均年工资收入从4.35万元增长到7.8万元，增长79.31%。

过去五年，集团公司数字化出版和信息化建设取得突破。2005～2010年，集团公司投入数字出版和信息化建设项目共86项，项目数较2005年以前增长12%，直接投入资金1.46亿元，相当于集团公司成立之初的2倍。加大与国内外技术开发商和网络运营商的合作力度，初步形成了一批具有较高出版价值和市场潜力的数字产品，承担或参与承担多项国家级重大数字出版项目。

过去五年，集团公司"走出去"工作取得重大进展。2005～2010年，版权输出总量由2005年的72项增长到414项，增长4.7倍，其中输出到非港澳台地区的版权数量由21项增长到275项，增长了12倍。海外分支机构数量由23家增加到29家，初步形成跨国跨所有制的全球出版发行网络，为加快集团公司国际发展打下了重要基础。

过去五年，集团公司人力资源管理水平稳步提高。2005～2010年，集团公司管理的干部由71人发展到104人；员工队伍学历水平大大提升，具有研究生以上学历的由201人增长到897人；人才培训规模迅速扩大，从年培训93人次发展到398人次；建立起了集团公司第一批人才梯队。成立了学术顾问委员会和出版顾问委员会，一些重要出版单位还聘请了首席专家。

过去五年，集团公司党群工作和企业文化建设蓬勃开展。按照中央统一部署，精心搞好一系列重大学习实践活动。加强党群各级组织的组织建设和思想作风建设。启动集团公司的企业文化建设，核心理念日益深入人心。员工文化活动丰富多彩。集团公司和各单位参与社会公益事业表现突出。

五年的成绩来之不易，积累的经验弥足珍贵。通过实践，我们进一步提高了贯彻落实科学发展观能力，增强了驾驭集团公司改革发展大局和解决复杂问题能力，加深了对社会主义市场经济规律和文化产业发展规律的认识，加深了对我们所肩负的责任和使命的认识，为下一个五年的发展奠定了坚实基础。归纳起来，主要有以下几个方面的经验：

1. 坚持正确出版方向导向，既要注重围绕大局，又要注重服务人民，努力实现社会效益和经济效益的有机统一

集团公司在配合党和国家重大活动中承担了一系列重要出版任务，同时我们也明确要求各单位按照"三贴近"原则，不断创新产品和传播手段，通过开展一系列宣传营销活动，把更多的优秀出版物奉献给广大读者。围绕大局和服务人民的要求只有实现内在的有机统一，才能实现社会效益和经济效益的有机统一，才能真正实现文化产业又好又快地发展。

2. 坚持改革创新，既要注重体制改革，又要注重机制创新，不断解放和发展文化生产力

体制改革为集团公司做强做大提供了坚实基础。但体制改革最终还要落实到机制创新上来，包括经营机制、决策机制、激励机制、约束机制、人才成长机制等等。没有建立好灵活高效的运行机制，体制改革最终将流于形式。我们将继续推动企业机制创新，不断增强改革发展的内在活力。

3. 坚持科学管理，既要注重发挥集团公司整体效能，又要注重激发各单位的经营活力，不断推动企业又好又快发展

实践证明，我们把集团公司定位为战略中心、管理中心、资产中心，把所属单位定位为生产经营中心、研发中心、利润中心，对于完善两级法人治理结构，实现集团公司集约经营的最优化、所属单位经营活力的最大化，提供了科学管理的保证。这种有统有分的做法，既符合中国出版集团公司的实际，也符合出版产业规律和企业集团建设规律，有利于不断提升整体化管理的水平，实现企业整体又好又快发展。

4. 坚持发展是第一要务，既要注重挺拔主业，又要注重不断扩大经营和资产规模，不断壮大和提高集团公司的综合实力和竞争力

与国际出版产业水平相比较，我国出版企业规模普遍偏小，在国内出版产业中，中国出版集团公司规模也不是最大，长此下去，挺拔主业将失去经济实力的支撑，国际化发展也将难以为继。为此，集团公司既要坚持走务本之道，不断扩大主业优势，与此同时，也要大力扩张资产和经营总量规模，谋求更大发展。为此，要通过战略重组，优化结构，盘活资源，发展主业规模；通过开展与出版产业相关相近的多元化经营，扩大经营规模；还可以通过包括上市融资在内的资本经营，扩大资产规模，从而实现集团公司做大做强的要求。

5. 坚持以人为本，既要注重抓好领导班子和干部队伍建设，又要注重抓好人才队伍和员工队伍建设，为集团公司持续发展提供坚强的组织和人才保障

企业要发展，关键靠班子、靠干部，同时也要靠人才，靠全体员工。领导班子、干部队伍建设与人才队伍、员工队伍建设应当成为企业组织和人才工作的一个整体，做到相互配合、相互促进、相辅相成。只有优秀人才脱颖而出，优秀干部不断成长，员工素质不断提高，企业才能充满活力，实现科学发展才有坚强保证。

6. 坚持科学发展，既要注重抓好当前工作，又要注重谋划长远，不断增强企业发展战略的前瞻性和可持续性

实践证明，立足当前，谋划长远，谋定而后动，是企业实现全面协调可持续发展的重要保证。只顾眼前效益，不重视长远发展的企业是没有长久生命力的企业。几年前，我们制定了集团公司“十一五”改革发展规划，有力推动了近几年来又好又快地发展。2010 年，我们又启动编制集团公司“十二五”改革发展规划，为今后五年实现更大发展定目标、谋大局、绘蓝图。我们有雄心、有决心、有信心，既要扎实完成好每一年度出版经营任务，又要为集团公司的长远发展打牢基础，作出我们这一任领导班子应有的贡献。

（二）“十二五”时期集团公司发展展望

“十二五”时期，新闻出版业将迎来前所未有的发展机遇。国家将文化看作提供精神动力的重要途径、改善民生的重要组成部分、提高国民生活质量的显著标志，提出要使文化产业成为国民经济的支柱型产业。支柱型产业需具备几个特点：生产规模较大，占 GDP 的 5% 以上；发展较快，市场需求高；就业涵盖广；关联度大；节约资源和能源。文化产业增加值 2009 年占 GDP 总额的 2.5%，要成为支柱型产业，至少要在目前的规模上翻一番。同时，党和政府对文化产业在我国经济结构调整中所起的作用寄予厚望，内需将成为未来经济的主要驱动力，国民文化消费能力将大幅提高，文化市场规模将比“十一五”时期大大扩容。

“十二五”时期，出版产业集中度将大幅提高，几大出版集团将成为国内出版产业的主导力量。中央鼓励包括文化产业在内的服务业不断提高产业集中度。就目前看，出版产业的第一阵营正逐步拉开与追赶者的差距。目前，中国教育出

版集团已经挂牌成立，其他几家专业出版集团也都在筹备之中。随着一批大型出版集团的成立、相关集团的成功上市和既有集团的快速扩张，TOP10出版集团及TOP10出版单位的市场占有率之和总体呈持续上升态势，出版产业的集中度将迅速提高，第一阵营的领先优势将不断扩大。同时，“十二五”期间，国家将实施积极的财政政策，支持建设覆盖城乡的文化服务体系，出版企业跨地区发展获得政策利好。各出版发行集团必将加快、加大兼并重组力度，跨地区发展必将成为各集团不可遏止的发展冲动。在此背景下，最终将会形成几家龙头企业主导产业格局的新形势。

“十二五”时期，资本运作能力将成为出版企业的核心竞争力。随着上市企业的日益增多，资本将在产业格局的新一轮调整中发挥至关重要的作用。从西方出版业的发展经验来看，资本运作能力是决定企业战略成败的关键因素，是企业实现其战略意图的重要途径。上不上市、何时上市、上市后的战略选择和投资能力的高下，将决定企业在未来相当长一个时期内的产业地位。

“十二五”时期，多元化与产业链建设将成为出版产业发展的重要趋势。中央出台一系列政策，鼓励文化企业打破既有的行业壁垒与地域壁垒，鼓励建立全流通的文化产品传播体系。各出版集团根据自身情况，提出了各具特点的多元发展模式，业务触角迅速向影视、网络、金融、地产、物流、教育等领域拓展。同时，产业链建设成为各集团发展热点，发行集团与出版集团互相渗透，造纸、印刷、物流、教育培训等成为各集团产业链建设的重点领域。

“十二五”时期，出版产业将迎来新一轮产业升级和产业变革。目前，全球出版业正经历新一轮技术革命。随着数字信息技术全面普及，以数字出版为代表的新业态将成为新闻出版业发展新的战略制高点。在我国，在产业资本和政府投入的支持下，数字出版、数字印刷、数字发行等新兴业态进一步发展，出版企业自主创新能力和高科技应用水平不断提高，新闻出版产业转型及技术升级步伐将进一步加快，并在“十二五”时期取得重大突破。

“十二五”时期，国际化将成为出版产业发展的重要诉求。随着改革开放的深入以及国家实力、影响力的不断提升，我国新闻出版业“走出去”的环境越来越好，跨国发展的渠道越来越多。“十二五”期间，国际经济形势更加复杂多变，而我国总体经济形势向好，政府和文化企业更是有着强烈的“走出去”愿望，在这方面的投入力度也会进一步加大。因此，打造国际化出版传媒企业将成为我国主要出版传媒集团的重要责任和发展诉求。

当前和今后一个时期，国内国际形势、文化产业形势将持续发生深刻而激烈的变化，我国出版产业必将在新的发展阶段呈现新特征。集团公司正处于一个可以大有作为的重要时期，既面临难得的历史机遇，也面对诸多风险和挑战。我们要增强机遇意识、忧患意识、创新意识、亮剑意识，科学把握产业规律，主动适应产业变化，大胆推进产业创新，更好地实现集团公司各项工作的健康发展。

到“十二五”末，我们要做到：社会效益进一步提升，经济效益进一步提高，主要经济指标增速高于国内同期平均水平；发展方式转变基本到位，现代企业制度建设基本完成；产品和服务更加丰富，产业链条更加完善，产品结构趋于合理；出版发行、出版物进出口等传统优势业务板块继续保持并扩大在国内的领先地位；数字出版、艺术品经营、影视制作、房地产开发等战略性业务板块迅速发展，新兴业务蓬勃兴起，成为集团公司新的利润增长点；投融资水平不断加强，资本运作达到国内领先水平，重组兼并一批成长性好、盈利能力强的国有和民营文化企业，集团公司整体规模达到国内领先水平、国际一流水平。通过五年的努力，真正成为引领中国出版业改革发展的重要力量，成为建设和传播先进文化的重要阵地，成为开拓海外市场、传播中华文化的重要渠道，成为主业突出、多元经营、人才汇聚、实力雄厚，具有创新能力和可持续发展能力，跨国跨地区，资产和销售收入双过百亿的国际一流出版传媒企业，为提升国家文化软实力，实现中华民族的伟大复兴作出应有的更大贡献。

三、2011 年的工作任务

2011 年是“十二五”开局之年，同时我们也将迎来中国共产党成立 90 周年、纪念辛亥革命 100 周年、西藏解放 60 周年等重大纪念庆祝活动，围绕中心、服务大局，抓方向、保稳定、抓发展、促繁荣等各方面的任务都很重。集团公司还面临着由单一的企业集团法人转变为上市主体的第二次历史性跨越。可以说，集团公司能否抓住机遇实现新的更大发展，能否在未来五年乃至十年更好地应对挑战、发展壮大，2011 年的工作都显得至关重要。

中国出版集团公司 2011 年工作的总体要求是：以邓小平理论和“三个代表”重要思想为指导，深入贯彻落实科学发展观，深入学习贯彻落实党的十七大和十七届三中、四中、五中全会精神以及全国宣传部长会议、全国新闻出版工作会议精神，紧紧围绕科学发展这个主题和推动加快转变经济发展方式这条主线，按照中央“三加快一加强”的总体部署和“加大力度、加快进度、巩固提高、重点突破、全面推进”的总要求，继续坚持以“打造国际一流出版传媒企业”为目标，以规模扩张、产品与传播手段创新、国际化发展为主要路径，在挺拔主业、体制机制创新、经营管理、战略发展、科技进步、“走出去”、领导班子和人才队伍建设、党群工作等各方面取得新进展，为推动文化产业成为国民经济支柱产业作出新贡献，以优异成绩迎接中国共产党成立 90 周年。

2011 年工作计划的要点，概括起来就是“一二三四”。出版一大批好书：做好庆祝中国共产党成立 90 周年和纪念辛亥革命 100 周年重点出版项目的实施，以此带动一大批精品力作的出版发行。完成二件大事：第一件大事是成立中国出版传媒股份有限公司并上市，第二件大事是制定并实施集团公司“十二五”改革发展规划。创新三个亮点：第一个亮点是抓好数字出版，第二个亮点是加大“走出去”步伐，第三个亮点是开展多元化经营。抓好四项建设：第一项是制度建设，第二项是队伍建设，第三项是党的基层组织建设，第四项是基础建设。

下面，对全年工作做如下部署：

（一）坚持正确方向导向、服务大局，围绕庆祝中国共产党成立 90 周年和纪念辛亥革命 100 周年，着力打造一大批精品力作

一是围绕庆祝建党 90 周年和纪念辛亥革命 100 周年，精心组织重大出版项目和重点出版活动。以两大活动为主题，编辑出版“纪念建党九十周年书系”、《1911》、《武昌城》、《中华民国史》等 100 种重点图书，组织开展“辛亥百年——2011《中国当代作曲家曲库》音乐会”、纪念辛亥百年中国出版集团公司台湾图书巡展等十多项活动。认真组织好《中国文库》（第五辑）“纪念辛亥革命 100 周年专辑”100 种、《世界历史文库》第三批 30 种、《全国宣传文化系统“四个一批人才”文库》（第二辑）的出版工作，继续做好《中国大百科全书》（第三版）立项工作、“二十四史”及《清史稿》修订工程和《辞源》（修订版）的编辑出版工作。

二是进一步抓好出版安全，全面做好出版管理工作。严格执行三审制度、重大选题备案制度和新闻出版通气会制度，做好书号实名申领审核和选题三级论证。全面掌握集团舆情动态，做好中宣部出版局《出版舆情》的供稿工作。重点组织落实国家“十二五”重点出版规划项目。组织申报中宣部“优秀通俗理论读物推荐书目”、新闻出版总署“向全国青少年推荐书目”。认真开展集团公司第三届优秀出版物奖评奖工作。

三是大力加强产品线建设，调整优化集团公司出版结构。以 2011 年国家出版基金资助项目、国家“十二五”重点出版规划项目、集团公司“十二五”重点规划项目、集团公司年度出版专项资金项目为抓手，着力打造一批重大出版工程，着力扶持一批学术文化骨干项目，着力推出一批畅销书和常销书。进一步巩固集团公司 13 条一级产品线的竞争优势，在理论普及、文化普及、青春文学、外国文学、大众音乐、大众美术、大中专教材、职业教育、本土漫画、少儿图书以及期刊培育、书刊互动、音像定制生产等领域进一步实现重大突破，推动形成产品集群和品

牌集群。进一步优化产品结构，提高市场占有率。

四是加大营销宣传推广力度，不断提高集团公司品牌号召力。以第四届“读者大会”为重点，做好第21届全国图书交易博览会参展工作。完成2011年上海书展、第21届全国图书交易博览会、第12届祖国大陆图书展、第18届北京国际图书博览会、2011年北京图书订货会等国内书展的参展工作。持续做好2011年“双推计划”宣传推广工作。做好“农家书屋”、馆配图书等政府采购项目的申报及推广工作。组织好第五届“香山论坛”，切实将其打造成国内外知名的业界峰会平台。

（二）加快股改上市步伐，组建中国出版传媒股份有限公司，着力推动集团公司尽快成功整体上市

一是抓紧完成股改上市的各项审批手续。继续加强与有关政府部门的沟通和协调，尽快完成股份公司工商登记，尽快取得重组上市方案批复，落实税收优惠政策，完成补办土地出让手续、二次验资等一系列工作。

二是尽快完成二级单位小改制和发起人相关工作。完成二级单位的小改制，是开展股份公司二次验资工作的前提条件。要尽快完成二级全民所有制企业的公司化改制工作，取得金融债权人的同意函、国有产权变动登记、工商登记注册、改制后公司建账等。要确定发起人名单、出资比例以及折股比例，取得发起人同意共同发起设立股份公司的内部决策文件和相关资料，签署发起人协议。

三是着手进行股份公司的机构建设和制度建设。确定重组协议（草案）、避免同业竞争协议（草稿）、公司章程（草案）、三会议事规则、专门委员会工作细则等一系列规章制度。确定股份公司组织机构设置，确定股份公司董事、监事及高级管理人员的人选及其薪酬，召开股份公司创立大会及董事会、监事会会议。在股份公司设立后，还要向国务院上报三年业绩豁免申请，组织有关上市资金募投、寻找合适战投等上市的前期准备工作，力争尽快实现上市目标。

（三）加强战略研究和战略规划，确定未来五年发展目标，着力做好集团公司“十二五”规划的编制与组织落实工作

一是全面完成集团公司及所属各单位“十二五”规划的编制工作。集团公司开展的“十二五”规划调研工作已经结束，下一步要按照国家的“十二五”规划有关精神，结合集团公司实际，完成《中国出版集团公司“十二五”规划》编制工作。要精心遴选一批骨干项目和品牌工程，进入新闻出版总署和集团公司“十二五”重大项目库。各单位要在集团公司统一部署下，结合自身实际编制好各自的“十二五”规划，提高规划的前瞻性、科学性、可操作性。

二是大力提高“十二五”规划重大项目的执行力。要制定规划执行的配套保障措施，配备相应的人力资源和物质保障。实施重大项目带动战略，对“十二五”规划重大项目实施常态化管理。提高执行力，确保“十二五”国家项目、集团公司项目和战略库项目能够顺利实施、如期完成。

三是继续完善集团公司战略管理和法律事务工作。修订完善战略规划考核办法及细则。完成“1216计划”课题研究项目，推进完成其他各科研项目进展。加强法律风险控制，完善重大案件协调机制和备案管理办法，进一步推进集团公司法人治理结构建设。

（四）加强科技创新力度，探索数字出版的商业模式和赢利模式，着力提高集团公司数字出版和信息化水平

一是大力推进集团公司管理信息系统建设。按照“确立目标、总体规划、分步实施、稳步推进”的信息化建设总体思路，从集团公司财务管理平台、出版管理平台、网络安全系统入手，建立高度开放的、可扩展的、技术先进的管理信息平台，形成畅通快捷的信息流，为提高管理水平提供技术支撑。

二是加大数字资源整合力度，推进数字出版资源总库建设。认真落实《中国出版集团公司数字资源管理办法》，积极推进数字出版资源总库二期建设。完善数字资源收集、整理手段，推

动各单位配置专用存储服务器，建设统一的数字资源管理系统。实现数字资源总库和分库间的网络连接，使数字资源上缴更加安全便捷。

三是加强重点产品开发与重大项目管理。鼓励各所属单位发挥品牌优势开发数字出版产品，形成数字出版的商业模式和盈利模式。加快集团公司移动数字出版平台建设、“中版闪印王”数字设备推广、移动阅读终端研发，中国数字出版网将于4月开网。提高重大数字项目管理水平，扎实推进“中华字库”、“复合数字出版”、“电子书内容标准”等项目建设。继续做好全国出版物发行技术标准化委员会秘书处的工作。

四是提高数字产品宣传推广水平。进一步加强业内外的信息沟通与交流，认真做好2011年北京图书订货会、第21届全国图书交易博览会、2011中国义乌文化产品交易博览会、第18届北京国际图书博览会等重点展会的数字出版参展工作，充分展示、大力推介集团公司数字出版的新产品、新成果。

（五）多渠道推进出版“走出去”战略，开辟“走出去”新路径新模式，着力扩大国际出版的产品创新力和传播力

一是提高产品“走出去”质量，确保版权输出稳步增长。要坚定不移地推进“走出去”战略，结合自身发展内在需求，重视和挖掘国际市场潜力，协调好两个市场的关系，根据中长期发展规划和年度选题计划，确保外向型产品的出版品种、出版质量、翻译质量。在外向型产品输出过程中，要分清主次、灵活权衡，有意识地打造国际出版产品品牌。要增强国际组稿能力，聚集国际优秀作者，在作品的原创性和独特性上下工夫。

二是不拘一格探索实体“走出去”模式，开辟新途径新渠道。几年来，集团公司所属各单位结合专业特点和地域特点，逐渐摸索出了适合自身特色的“走出去”道路。2011年，中国图书进出口（集团）总公司要进一步加大力度，进一步扩大出版物出口总量，经营好已有海外网点，开辟新的更有文化传播能力的网点。生活·读书·新知三联书店将筹划成立股份制“三联国际出版公司”。中国对外翻译出版公司将开展英国欧诺拉出版有限公司合资出版公司重组工作，以数字出版和传统出版的形式同步推出“走出去”图书。人民音乐出版社将借助第32届法兰克福国际乐器博览会，实现版权输出和对外合作的新的飞跃。中国美术出版总社将继续扩大绘画本图书的输出力度。黄河出版传媒集团将加大面向中东、阿拉伯地区的输出力度，等等。集团公司鼓励各所属单位继续探索“走出去”方式和渠道，同时要求充分借助集团公司现有各种海外网点，节约运营成本，增加对外贸易收入。要加强29家海外机构的管理、经营和考核工作，扶植新建公司，壮大已建公司。积极发挥中版国际传媒公司的作用，开发“走出去”标志性产品和相关业务。

三是积极争取政府支持，认真做好国际书展的承办和参展工作。要继续依托“中国图书对外推广计划”、“中国文化著作翻译出版工程”、“经典中国国际出版工程”、“文化出口重点企业和重点项目”、“中国出版物国际营销渠道拓展工程”、“社会主义核心价值观海外传播计划”等政府“走出去”工程，加强与政府相关部门的沟通与交流，积极策划开发新项目，寻找新的政府采购渠道，争取更多政策支持和资金支持。中国图书进出口（集团）总公司要进一步承办好第18届北京国际图书博览会和各类国际会展主宾国活动。认真做好第43届开罗国际书展、美国新华书店集团图书联展、第22届香港书展、第63届法兰克福国际书展、第18届北京国际图书博览会等国际书展的参展工作，力争在图书销售、版权贸易、国际合作、文化活动等方面再创佳绩。

（六）继续推动战略重组和规模扩张，积极开展多元化经营，着力打造新的经济增长点

一是继续做好战略重组，抓住机遇实现规模扩张。继续做好华文出版社、黄河出版传媒集团联合重组的后续工作，在跨地区、跨行业联合重组工作上迈出实质性步伐。积极参与中央部委单位出版社的战略重组，力求把更多的优质资产或成长性好的企业吸纳到集团公司来。商务印书馆、中国图书进出口（集团）总公司、中国对外翻译出版公司、荣宝斋等单位在跨地区发展方

面已经取得了程度不同的业绩和经验，集团公司继续鼓励各所属单位根据自己的实际情况，以多种形式建立分支机构，开展跨地区、跨行业经营，从而壮大集团公司的整体实力。

二是选准突破口，积极开展多元化经营。集团公司将在成功投资《决战南京》的基础上，成立影视传媒有限公司，积极打造影视作品及同步衍生产品，实现全媒体出版。集团公司鼓励有条件的单位开展多元化经营。人民音乐出版社将加大乐谱租赁力度，建设音乐教育培训中心。生活·读书·新知三联书店将正式启动《三联生活周刊》新媒体运营。《中国图书商报》将创办“读书女孩网”。中国图书进出口（集团）总公司将加大非出版物国际贸易。新华书店总店的《新华书目报》将进一步拓展数据信息服务业务。现代出版社正在筹划成立出版商务服务公司和现代漫画学院。开展多元化经营是一种有效的产业投资组合，是抵御市场风险、实现规模扩张、壮大整体实力的重要途径。生活·读书·新知三联书店的《三联生活周刊》很好地支撑了生活·读书·新知三联书店的发展。中国图书进出口（集团）总公司的房产物业和金融资产经营很好地支撑了主业的发展。东方出版中心的房产经营收入目前仍然是其支柱性收益。中华书局的多元化经营对企业发展和品牌影响力的提升发挥了重要作用。荣宝斋的多元化经营更是显示了三百年老店旺盛的发展活力和生命力。

（七）加强基础设施和基础工程建设，大力优化企业发展环境，着力提升集团公司的整体实力

一是抓好重大基础设施建设项目。基础设施建设是集团公司实现规模化经营和可持续发展的重要基石。顺义出版发行物流基地要尽快开工建设，为集团公司发行业务整合和创意产业发展提供不可或缺的条件。推进通州国际会展中心建设，将其打造成首都重要的会展交流平台。继续推进上海蓝桥文化创意产业园二期建设，积极搭建数字出版运营实验平台、国际图书会展平台、数字内容加工平台、传统出版模式创新平台、论坛及培训平台，推动形成文化创意产业集聚效应。继续推进丰台文化产业总部基地建设，尽快将其打造成我国首个多功能、创新型、国际化的文化产业总部基地。尽快办完相关审批手续，红莲南里 30 号发行出版综合业务楼尽快开工。积极推进天津蓟县荣宝斋创意文化产业园区建设。

二是积极改善办公条件和办公环境。集团公司所属一些单位的办公楼年久失修，功能老化，甚至已被鉴定为危楼，亟待重建或改造，对此，相关单位要高度重视。要加快推进人民文学出版社、中国美术出版总社、东方出版中心等单位办公楼的新建工程或者装修改造，积极改善办公条件，优化办公环境，为进一步改革发展、提升整体实力打下坚实的硬件基础。

（八）以股改上市为契机，不断完善基本规章制度，着力提高现代企业法人治理水平和科学管理水平

一是建立股份公司“三会”基本管理制度。制定重组协议、避免同业竞争协议、公司章程。制定董事会、股东大会、监事会议事规则，以及独立董事工作细则、各专门委员会工作细则。制定募集资金管理办法和投资者关系管理办法。建立严谨的关联交易管理制度和完备的信息披露制度。

二是完善财务、会计、审计管理制度。完善财政资金管理制度，提高预算决算管理水平。完善财务监督和内部审计稽核体系，提高依法办事水平和资金使用效益。完善筹资管理制度和固定资产管理制度。完善会计核算管理办法和统计办法。提高总部财务和各单位财务管理质量。为此，集团公司将于年初全面检查现有专项资金项目和财务管理情况。

三是完善重大项目投资制度。更好地发挥集团公司重点投资“四两拨千斤”的作用，真正打造出“双效”俱佳的精品项目，不断提高投资回报率。完善房地产管理和其他固定资产管理制度，提高资产运作能力和盈利水平。

四是完善生产经营管理制度。完善生产资料采购、付款、结款制度，提高成本控制水平。完善销售结账回款制度，提高资金使用效率。完善存货管理和仓储管理制度，提高集约经营水平。

（九）大力推进领导班子和人才队伍建设，着力提供有力的组织保障和智力支持

一是不断加强各单位领导班子建设。按照干部管理权限，抓紧做好股份公司和兼并重组单位领导班子的配备工作，把人选准，把班子配强，力求班子的整体合力最大化。加大民主推荐力度，继续探索采用公开选拔、公开竞聘、公开报名等方式选拔干部，提高选人质量。加强对新任领导班子成员和各级领导干部的培训，对各单位三年来新任职的领导干部进行专题培训。研究采取有力措施，大力选拔培养后备干部，加强后备干部队伍建设。

二是扎实推进人才梯队建设工作。启动第二批人才梯队人选的遴选工作，继续做好人才梯队的培训培养工作。探索引进人才的有效办法，争取在引进集团公司急需人才、高端人才方面有所突破。加强人力资源管理队伍自身建设，提高人力资源管理工作水平。

三是切实完善薪酬管理制度。按照现代企业制度的要求改革收入分配制度。规范工资制度，健全岗位工资和绩效工资相结合的激励机制，建立职工收入正常增长机制。理顺各类职工之间的收入分配关系，缩小领导干部与普通员工的收入差距，逐步提高低收入群体的工资收入水平。建立符合现代企业制度要求的用工制度，依法订立劳动合同，加快完成企业年金的建立工作，做好转制单位职工权益保障工作。在股份公司成立后，要积极探索建立符合股份公司特点的劳动用工和薪酬收入制度。

（十）加强党的基层组织建设，深入开展争先创优活动和学习型党组织建设活动，着力推进企业文化建设

一是继续开展创先争优和学习型党组织建设活动。搞好创先争优领导点评工作，丰富争创内容，拓展争创领域。推动学习活动多样化、规范化、制度化。把创先争优和学习型党组织建设作为基层党建的经常性工作，完善基层体系，激发基层活力。深入开展廉洁从业和反腐倡廉教育，加强干部作风建设。充分发挥工会、共青团、女工组织在维护职工权益、做好思想工作、疏导化解矛盾、维护和谐稳定中的作用。

二是开展纪念中国共产党成立90周年活动。“七一”前夕，开展走访老党员、老干部工作。做好推荐、评选、表彰先进基层党组织、优秀共产党员、优秀党务工作者工作。组织开展主题突出、特色鲜明的纪念活动。促进党员干部深入学习党的理论、党的知识、党的历史、党的优良传统及宝贵经验，增强党员干部知党、爱党、兴党意识，为党分忧，为国尽责，为民奉献。

三是深入开展企业文化建设。按照集团公司《企业文化建设三年工作规划》安排，进一步规范集团公司理念识别系统、视觉识别系统和行为识别系统。加大集团公司核心理念宣传力度，提高集团公司的社会知名度和品牌美誉度。以文化管理为抓手，推动企业制度创新和管理创新，提高集团公司的企业凝聚力、文化创造力和核心竞争力。

集团公司总裁班子和党组研究决定，把2011年作为集团公司改革发展的“创新年”。继2007“改革年”、2008“规划年”、2009“布局年”、2010“发展年”之后，把2011年定为“创新年”，是因为我们正站在结束“十一五”、开启“十二五”的历史新起点上，是因为我们正处于全面完成转企改制，向着新的目标前进的关键时期。能不能圆满完成全年工作任务，能不能为实现“十二五”奋斗目标打下坚实的基础，很大程度上取决于我们的创新意识、创新勇气、创新方式和创新成效。我们要大力推动产品和传播手段创新、体制机制创新、管理方式创新、科技创新、出版“走出去”创新、人才队伍创新和党的基层组织建设创新、企业文化建设创新。希望各级领导班子提高思想认识，加强领导，完善措施，抓好落实，真正以创新的精神，切实做好2011年的各项工作。

同志们，2011年是集团公司“十二五”规划的开局之年，也是集团公司努力实现第二次跨越性转变的关键一年。让我们更加紧密地团结起来，高举旗帜，开拓创新，乘胜前进，朝着创建国际一流出版传媒企业的目标，加快改革发展，创造新的更大业绩，向党的90周年生日献礼，为推动社会主义文化大发展大繁荣作出更大贡献！

在学习贯彻十七届六中全会精神推动集团改革发展座谈会上的讲话

中国出版集团公司总裁　谭　跃

（2011 年 10 月 21 日）

我们开这个务虚会，首先要找准话题，把话题变为课题深入研究，再把课题配上举措作为目标加以推进。

我到岗时间不长，还在调研了解情况之中。最近认真研究了《中国出版集团公司“十二五”规划》，感觉规划有高度，贴近集团实际，既有务虚的内容，也有工程项目的排列。如果按照中央的要求，抓好落实，抓紧抓细抓具体，3～5 年内集团的发展前景是好的。受集团“十二五”规划和同志们发言的启发，结合前段时间的调研，我围绕集团化谈一些不成熟的想法，供同志们参考。

（一）

中国出版业正在演化着一个重大的机遇，就是未来 10 年一定会产生一个大的变局，像美国和欧洲一样，变为少数几家大集团，其他的都小型化。大变局的本质就是生产的规模化和市场的集中度。这是市场经济的内在要求，是产业发展的规律性要求，是任何行政力量都挡不住的。现在看，行政壁垒还是很强的，在这一轮改革中尤其是在上市的浪潮中，它可能还进一步加强，但它毕竟是行政行为，今后一定是资本说话。在未来 10 年，一定是重新洗牌，一定是分出大小，分出强弱，由少数几家控制着主要市场。谁的集团化做得好，集团化的程度高，谁就有力量。柳斌杰署长在 6 年前写的一篇文章提到出版改革的“三化”，其中就有集团化，我认为这是国家层面的战略思考。目前，国内出版主体的集团化程度都不高，都存在着“物理相加”而不是“化学反应”的情况。当然，一方面，集团化需要一个发展的过程；一方面，还存在着一个如何集团化的问题。

（二）

集团化第一个最重要的要素，是集团的战略和集团的意志。这需要我们集团的骨干们反复讨论形成共识，变为集团意志。

第二，集团化的本质是整合，是关于资金、资产、战略、文化、制度等重要因素的整合，更多的是生产要素的整合。整合的途径主要有两种：一是内部的资产、资金、资源为主的整合，二是外部目标资源的重组，即所谓兼并。如果集团没有这两个基本功能的话，就没有存在的意义。集团存在的意义就在于内部配置好资源，对外的兼并对于整个出版业来讲还是资源重组的问题。实践告诉我们，对外的整合确实存在风险，主要是内容风险、财务风险、投资风险、两种文化融合的风险。这方面有很多失败的例子。失败的原因主要是无效整合，是为整合而整合，是不能明确战略意图的整合。在美国，几乎没有一家大企业不是通过兼并形成的，完全靠内涵式发展成大型企业的几乎没有。但是，整合的目标应该与自身的战略目标相符合。领军人物，优秀团队，好的机制，未来好的商业计划书，都是值得企业整合的目标。再好的项目如果没有好的领导人，都要谨慎操作；有能力、有准备的人操盘的项目，才是好项目。所以，集团化中的对外兼并问题，在今后拉开产业格局，实现企业大型化、规模化发展的过程中是避免不了的，需要持有积极的姿态，需要想清楚究竟兼并什么。而这个问题的背后，应当考虑的是我们这个集团的战略意图是什么，集团的定位是什么？只有定位准确，才能形成战略思路，才能形成清晰的判断。

通用公司的经验告诉我们：①兼并的指向是专业化，规模化的指向是市场版图的控制。②专门设立审计局，审查成员单位与集团战略不符的项目，这类项目即使赚钱也会被剔除。③经营管理的本质是造就人。科学发展观的核心是以人为本，“本”就是造就人。我们对以人为本的理解是有偏差的，并非只是提高工资福利，而是以爱岗敬业为本，以艰苦奋斗为本，以建功立业为本，以造就人才为本。我们要在造福社会的同时造福员工，在造就企业的同时造就人才。集团化的核心问题是以人为本。现在，中国不少企业有很好的业绩表现和巨大进步，向西方学习了很多经营的技巧、营销的技巧以及管理理念，但是丢掉了企业的根本。企业治理好的根本，第一是认真，第二是做好人，第三是做人好了、班子好了，带动大家，其他都是“术”的层面，而不是“道”的层面。中国出版集团作为“国家队”，一定要从“道”的层面思考企业的长期发展问题，这个“道”就是人。

（三）

兼并容易，持胜难。忧患则昌，喜则亡。企业扩张当中，管理是个不可避免的难题。世界近代史上有两个大的并购案。一是曾经的大英帝国，国土面积一度接近中国，但在20世纪顷刻瓦解，其失败的根源在于管理问题。二是美国从13个英属殖民地逐步扩张到现在的版图，除宪法、意识形态、宗教、文化、外交、军队由政府统一外，其他由各州自主管理，而且更多的是依靠社会组织管理。德鲁克研究社会问题时告诉我们，四百年来先是王权当道，而后管理幅度不够，逐步开始产生众多社会组织，如学校、教会、医院、研究机构等。这些组织在无形中把王权中的一部分权力转移出来，最后产生了世界最伟大的组织——公司。公司不仅承担了很多过去王权的职能，还增加了经济功能，因此推动了社会发展。这些案例启发我们，该统一的要坚决统一起来，该放手的要坚决放手，这样社会始终有活力，有动力，始终不分裂。我们要思考的是集团在并购中该管什么，不该管什么。并购带有必然性，股份化的本质不仅是资本相互参股，而且是掌握资金的人相互联合，而这个“人”是控制资源的人，是掌握信息的人，是带来先进思想的人，这样形成的股份制公司就有活力。简单地说，股份制公司的本质是不同人的组合，而不仅仅是资金的组合。并购的本质是并购人，合作的本质是与人合作。股份化是把国有的化大而不是化小，是化活而不是化死，是化强而不是化弱。如果在控制力上不能掌握好，这“三个化”的负面影响都会表现出来。集团的管理思路应当是“管两头、问中间”，“管两头”是管年初指标、年尾考核，“问中间”是知道情况，但绝不轻易干预。如果中间插手，这个合作就一定会很快分裂。这种管理方式，表面上看是容纳了一些能人的决策，实际上看是吸纳了灵活的机制和优秀的人才。集团化的竞争不仅仅是资金、资产的竞争，甚至不仅是文化资源的竞争，而是这个集团主要干部们的观念的竞争、心胸的竞争。我们把这个问题想清楚了，中国出版集团的并购、做大的路子就会稳一些，速度也会快一点。

（四）

我们有实力的成员单位走对外扩张之路，比地方出版集团更具优势。我们可以用无形资产和品牌来进行并购，而不需花钱或者少花钱。中国改革开放30多年来的发展，靠的是三股力量，即国有经济、民营经济、外资。如果没有这三股力量形成的混合经济，就没有中国30年来的迅猛发展。中国发展的这种“混合制”现象，能不能和我们对股份制的考虑连结起来？实际上，这也是中央作出的《关于深化文化体制改革推动社会主义文化大发展大繁荣若干重大问题的决定》中加以肯定并明确支持的，也就是让社会资本介入文化领域，介入文化企业。我个人认为，国有之间的资本联合现在还意义不大，尤其在一个集团内部相互参股的效果需要把握。从管理的角度讲，股份制的本质是民主制。在一个集团内，如果股东代表的不同意见很难表达，资本该说话的时候不能说话，那就往往被行政化了。真正有意义的并购，是国有资本与民营资本的结合，但基本前提是确保政治导向、文化导向没问题。现在民营正在主动找国有，因为主要的资源和政治文化平台在国有手中，民营发展到一定程度会遇到资源的瓶颈。而国有找民营的动力在于，需要灵活的机制和创意型人才。总结起来就是，民营的活力在找国有的资源，而国有的资源也在找市场的活力。如果用资本的联合来完成要素的重组，这样的重组一般会发展得很好。一个集团如果要做大，当前这个时候是面临着重大机遇的。现在的问题，是在发展路径上，如何把握好度，如何平衡好，既能够快一点、冒一点、冲一点，又能够稳一点、实一点、不出问题。国外大型企业的发展路径告诉我们的一个经验，就是如果不走兼并之路，是很难在短时间内实现爆发性增长的。

我们的主业是图书，在现在的环境中受到各种挤压。在现阶段的条件下，我们在主业方面的增长差不多做到极致了。那么，下一步的增长点是什么呢？可以说，当前我们面临一个机遇。所有的地方出版集团基本以教材出版为主，但现在遇到了两把剑：一是政策剑在削弱教材的利润；二是中国教育出版集团在逐渐发力，这个主体一旦发展起来，地方出版集团的生存空间就会很小。一旦他们的教育出版被削弱，其大众出版、专业出版都将很困难。而这对我们中国出版集团来讲，正是底气所在，也是扩张的可能性所在。一方面，地方在加强行政壁垒；另一方面，行政力量在用政策的方式融化这种壁垒。这就是我们的机遇。我们要提前做好思想准备，每个版块并购的主体不是集团总部，而应当是重要的成员单位。集团总部的职能应该是把重要的资源配置给优质生产力，让我们的“老字号”、“国字头”、“新兴强社”做得更强。商务、中华、三联、人音、荣宝斋等单位，完全可以走并购发展的道路。

（五）

在集团化的过程中，集团总部和成员单位都要把握好两个层面的要害：在集团的层面要谋求横向的多元化，在各单位的层面要实现更加专业化；集团多元化的基础是成员单位的专业化，成员单位的专业化所提供的整合空间是集团总部实现多元化的条件。这就是集团战略与战术配合的问题。我们所有的战略都应该集中到集团总部这个层面，但如果一个战略里面不含有战术的理解，这个战略是没有用的。因此，我们成员单位的战术问题，实际上是整个集团的战略问题。集团层面应该适度展开横向多元化，甚至是做一些跟原来主业看上去没有关联、但实际上有关联的多元化，比如做影视是跟内容资源有关联。过去的计划经济体制，用行政的方式将内容资源切开了。所以，集团化必然会遇到多元的问题。成员单位的专业化也不能绝对化理解，专业化必然也包括了自己纵向的多元化。我们集团化、规模化、大型化的一个基本途径就是：一方面要对外扩张兼并，另一方面有能量的单位要实现自我裂变。中国出版集团有成功的案例，那就是荣宝斋的裂变。

集团化是现阶段中国出版业最重要的一个问题，其他都是派生出来的，因为它是研究企业主体问题。股份制实际上是集团化的组织形式，产业化实际上是集团化未来的指向。产业化主要指三点：一是规模化，二是效益最大化。这两点是“做大做强”。这次十七届六中全会作出的“决定”中有个明确说法，也是“做大做强”。过去有一段时间的说法是“做强做大”，当然不排除有的出版集团小而强。产业化的第三点就是政治导向、社会导向、文化导向，这是文化企业所特有的。

（六）

另一个与集团化有关的就是数字化，数字化是集团化未来竞争的制高点。谁抓住了今后的天下就是谁的。一定要从积极的角度看，数字化给我们开拓了一个广阔的前景。数字化改变的不是阅读本身，而是阅读方式；改变的是生产传播的方式，而不是传播的内容。我们真正的底气和优势就在这里。目前的问题是我们只能用传统的方式运用这些优势，而不是用现代的数字化技术。数字化成功的例子告诉我们，一定是内容人才、技术人才、市场人才在资本层面、业务层面的重新融合。新领域、新科技一定要相信年轻人。数字化发展的路径应当是编辑创新人才与技术人才在资本层面上融合。

（七）

再一个跟集团化相关的就是国际化。国际化是中国出版集团相对地方集团而言的一个很明显的优势，其中有几个问题值得关注。一是国外对中国的图书以及其他文化产品的需求有明显的增长，但不是普遍增长。明显的增长，是我们看到的未来和趋势；不是普遍增长，是指还不是市场的普遍需求。因此，在这个阶段，国际化处在一个尴尬的地位，即大举进攻一定大赔钱，不进攻又会失去机会。我们国际化的主要任务，不是在国外赚得多少利益，而是在国外能够占几个桥头堡，培养多少人才。让他们在国外思考，一定比在国内想得好。我们真正要下力气的是要选择一些人才，让他们置身于国外环境中，谋划中国出版集团的国际化问题。二是古代文化跟着战争走，近代文化跟着产品走，现代文化跟着资本走，中国的文化一定会跟着产业向外扩张而向国外渗透。三是国际化的内容。相比其他地方集团，中国出版集团有能力掌握两个话语权：第一是中国古代文化的现代阐释，西方文明先天的不足正好由东方文明补充。目前国人对古代文化都不甚了解，因此我们对古代文化要有现代阐释和异国阐释。第二是中国特色社会主义道路呈现给世界一条与欧美现代化路径不同的发展道路，包括经济、社会、文化、政治层面都是一条独特的道路。目前只有一些经验的总结，还未上升到学术著作和理论体系的层面。这三个问题，是我们思考国际化的阶段性、趋势性和着力点的重大问题。

股份化、产业化、数字化、国际化等，在当今中国都离不开集团化的主题。只有集团化做好了，才会具备人才、资源、资本、品牌方面的条件，才能在此基础上综合思考、运作其他的几个化。谁能综合好，谁就能领先，而综合好的基础就是集团化。集团化的基本方针是“一个中心，两个基本点”。“一个中心”是提升集团的综合实力；“两个基本点”，一是集团总部的管控力，二是所有单位的活力、竞争力。子公司的独立性不能削弱，该管的一定要管住管好，不该管的一定要放开、放活、放手、放心、放胆。

（八）

做好集团化，离不开集团总部建设。如果集团化的问题很突出，就意味着集团总部建设的问题很突出。如果没有坚强有力的总部，就搞不好集团化。总部建设主要是思想、作风、组织三个方面的建设。思想建设除了政治思想建设以外，还要有管理思想建设和经营思想建设。关于组织建设，我们马上就要面临一个问题，就是股份公司上市后，集团总部与股份公司本部是怎样的关系。如果不谨慎考虑，就会出现机构膨胀。集团总部要强化投资，逐步演化为一个投资控股公司，基本要求应当是做强做精。做精是精兵简政，做强是做好投资与资产运营，要与上市公司的发展目标区别开。凡是上市公司要做的，总部都不做；凡是上市公司该管的，总部都不管。这样才能够精兵简政，才能集中精力研究投资等重大问题。同样相联系的，上市公司的本部应该是我们的主业，主业就是要做大做实。成员单位应当是做活，配置给它经营生产各种资源。如果不能做活成员单位，上市公司就不可能做大做实，集团总部也不可能做强。总部建设的关键是作风建设，总部建设的核心是管理。管理的前提是服务，管理的本质、要诀、基本内容都是服务。集团总部要研究：第一，我们要服务哪些内容？这是服务的边界。过度服务就是越权，服务不到位就是管理失职。第二，如果要服务好，人员的素质应该是什么？这涉及到总部人员的结构问题。总部定好位后，就要考虑应该进什么样的人，应该用什么方式进人，以此来确保总部服务和管理的素质，提高总部的服务效率和水平。管理和服务是一对关系，要研究如何在做好服务的基础上，真正有效地做好管理。这是总部建设的核心。

最后，做好集团化也离不开企业文化。中国出版集团的企业文化总体做得好，有想法，有做法，有效果。把企业文化的问题单独提出来，是根据科学发展观思考企业长期发展的要求。科学发展观的第一要务是发展，第二是以人为本，第三是全面协调可持续，第四是统筹兼顾。对集团产业发展而言，最重要的是经济发展问题，但是只有经济发展还不够。我们跟其他出版集团竞争的是经济实力、内容生产、制度创新、企业文化。企业文化的基本内容，第一是鼓励创新，第二是促进和谐。鼓励创新是指富有时代感，促进和谐讲的是传承文化。企业文化的本质，是对人的思考，是对企业持续发展力的思考。因此，企业文化一定要围绕人来做文章。围绕人做文章有几个层面：第一是所谓思想工作，实际是建立思想的秩序，就是一个企业如果主要干部员工的思想秩序是乱的，生产秩序一定是乱的。第二是道德秩序。第三是精气神。如果企业文化不能激励人，那么这个企业文化是有问题的。企业文化一定要结合企业的发展，而且要强调允许失败。毛主席曾讲：我们要在战略上藐视敌人，在战术上重视敌人。在通盘运作中，我们要宽容一些失败，但是从战术上要坚持做一个、成功一个。只有战术上保持这种想法，才能保证不丢全局。回避风险就是回避成功，回避成功就是最大的风险。司马迁曾在《史记》中讲一句话，对我们尤其是领导者颇有启示：“无财作力，少有斗志，既饶争时”。如果抓住了一个重大机遇，就抓住了一个历史阶段，反过来说，失去了一个机遇，就失去了一个长长的历史阶段。抓机遇与企业文化也密切相关。抓机遇就靠抓项目，抓项目就存在投资风险。我们要谨慎做好每一笔投资，但是客观上讲没有常胜将军。有些项目不是不能做，而是要研究该怎么做，做这个项目的其他要素是否支撑好了，但最终还是归结于人的问题，归结于企业文化的问题。

时代呼唤品牌出版传媒企业

中国出版集团公司党组书记　王　涛

（2011 年 11 月）

党的十七届六中全会提出要建设社会主义文化强国，这是着眼于国家未来发展提出的重大战略任务。今天，大力推动文化建设，发展出版传媒事业正当其时。

经济发展需要品牌出版传媒

建设一个文化强国，对于当今中国的发展具有特别强的针对性。可以说，一个文化强国必然是一个出版传媒强国。一个出版传媒强国至少应该有三个重要的组成部分，就是要有影响力巨大的知名企业、知名品牌和知名企业家。这三强，缺一不可。

与世界上的出版传媒强国相比，我们最大的差距就是缺乏知名企业。美国之所以可以称为出版强国，是因为产生了时代华纳、迪斯尼、新闻集团、爱斯维尔这样的企业；也正因为有了培生集团，有了贝塔斯曼，有了讲谈社和小学馆，英国、德国和日本也可以进入世界出版传媒强国的行列。在建设社会主义文化强国之际，我们必须把培育知名出版传媒企业，置于特别重要的战略地位加以谋划和推进。

强大的出版传媒企业首先体现为在内容提供方面强劲的生产、传播和创新能力。考察国际上这类出版传媒企业，无一不是其国家和民族主流意识形态的承载者和传播者。就是花木兰、大熊猫这样的中国元素，美国的著名出版传媒企业也可以对其进行价值观上的重新再创作，并获得市场认可。中国强大的文化企业首先应表现出在传播社会主义核心价值观方面的远大理想和文化担当。一个社会的核心价值观最终要通过文化商品生产和传播的方式来进教材、进课堂、进头脑，出版传媒企业承担着不可或缺的作用。与此同时，核心价值观也将随着中国道路、中国模式逐步得到世界认可而走向世界，更需要具有强有力的内容生产和创新能力、具有强大的传播分销网络，强大的出版传媒企业需要通过商业化的方式来实现，这比起单纯的对外宣传而言，更容易被接受，更容易进入主流市场。

强大的出版传媒企业还应该具有很强的品牌经营能力。许多国外的知名出版传媒品牌，已经成为一个国家的名片。一谈到美国，人们会想到微软和通用电器，同时也会很自然地想到时代华纳和迪斯尼，而我们现在还没有一家出版传媒企业称得上是国家的名片。以中国出版集团公司为例，虽然旗下包括了中国诸多著名出版传媒品牌，商务印书馆已经有 114 年的历史，中华书局很快就要庆祝其成立 100 周年，三联书店、荣宝斋、人民音乐出版社、中国大百科全书出版社等也都承载着中国知识分子的光荣与梦想，但我们必须清醒地看到，与国际知名的出版传媒企业相比，无论是规模化、集约化的程度，还是内容生产的核心竞争能力，无论是国际化的程度，还是资产资本的经营能力，差距都是显而易见的。

出版传媒企业需要新能力

强大的出版传媒企业之所以强，核心在于其制度优势和制度力量。国际上有巨大影响力的出版传媒企业在公司力量方面最突出的特点是：经营团队的凝聚力和效能，严格的制度管理和不竭的创新能力。而这恰恰是国内出版传媒企业所缺乏的。我们的品牌与国际上的出版传媒企业所拥有的品牌相比，有这样一些劣势：大多是国内著名的品牌，还称不上国际品牌；一些品牌正在蜕变为一种历史品牌，现实的影响力已经不如往昔；有的品牌正在从大众蜕变为小众；对著名品牌的经营和管理还十分粗疏，品牌的盈利能力与品牌的影响力之间存在很大的差距。中国出版传媒企业要努力提高多品牌能力，通过市场细分和市场定位，依据战略目标确立合理的品牌结构，进行品牌组合，提升品牌市场的占有率和出版传媒企业的企业形象，培养读者对品牌的忠诚度，确保竞争优势地位。

中国社会主义制度的优势在于国家在资源配置中起着十分重要的作用。要借鉴国家在经济领域对大型国有企业改革、重组的成功经验，加大对大型出版传媒企业的支持力度。我国的出版传媒企业首先要以社会效益第一为其经营理念和追求目标，这既与有巨大影响力的国外出版传媒企业有鲜明的区别，就是与国内的一般工业企业也有所不同。因此，国家的扶持政策应该有别于一般的工业企业，要更有力度，更加有效。到2020年，中国的出版传媒业还将进入大分化、大重组的时期，这种战略性的重组将紧紧围绕品牌、资源、资本、技术、人才和管理团队而展开，中国出版传媒业分而散、小而滥的状况必将发生根本的变化，这为催生强大的出版传媒企业提供了前所未有的良好机遇，中国的出版传媒企业是可以有所作为，甚至应该大有作为的。

工作综述

GONGZUOZONGSHU

CPGC

中国出版集团公司2011年工作综述

2011年是中国出版集团公司"十二五"时期改革发展的开局起步之年，是进一步谋划发展布局、实施发展战略、夯实发展基础、完成发展任务，承前启后、开拓集团公司科学发展全新局面的重要一年，也是集团公司首个三年任期"双效"考核的收官之年和第二轮考核周期的启动之年。一年来，集团公司在中宣部、新闻出版总署和财政部的直接领导下，按照集团公司年初的各项工作部署，扎实进取、团结奋斗，圆满完成了全年工作任务，各方面工作取得了新的成绩。

（一）始终坚持正确出版导向，狠抓国家级出版工程和出版结构优化，出版主业的整体实力不断增强

一是围绕中心、服务大局，把"国家队"表率作用集中体现在出版主业上。围绕庆祝建党90周年，积极组织各单位策划167种选题，其中重点图书100种，组织召开100种重点图书新闻发布会，出书品种数位居全国各出版集团之首。其中，《庆祝中国共产党成立90周年百种红色经典连环画》、《唱响中国》等重点图书三次在中央电视台《新闻联播》和《焦点访谈》栏目报道，在全国产生广泛影响。以中国图书商报社、《三联生活周刊》为首的集团报刊策划了一批主题鲜明、反响热烈的深度报道，受到中宣部和新闻出版总署领导肯定。围绕纪念辛亥革命100周年，编辑出版《中国文库》（第五辑）"纪念辛亥革命100周年特辑"（102种），组织策划了《1911》、《中华民国史》等60种重点图书，其中《1911》作为中宣部确定的八大重点图书之一，3个月内发行10万册。围绕汶川地震灾后重建3周年和西藏和平解放60周年，组织出版了《羌山采风录》、《百年西藏——20世纪的人和事》等精品图书，中宣部出版局《出版阅评》专门为此采写了长达2000字的内参资料。

二是狠抓国家级重大出版工程，大力提高品牌影响力。《中国大百科全书》（第三版）经国务院批准正式立项，《辞源》（第三版）、"汉译世界学术名著丛书"（2 000种）、点校本"二十四史"及《清史稿》修订工程等重大工程都取得阶段性成果。在国家级项目的评选和表彰奖励中，集团公司获得大丰收，连获七个全国第一：在国家"十二五"重点出版物出版规划中，集团公司共有103个项目入选，比"十一五"增长32.05%，入选数量在全国名列第一；在2011年国家出版基金资助项目、国家古籍整理出版资助项目评选中，集团公司的《散失海外中国古籍总目》、《全球华语大词典》等40个项目入选，入选总数和资金额度都名列全国第一，这两项得到的国家出版资助总计近3 000万元；在第二届中国出版政府奖评选中，集团公司共获得39个奖项，获奖总量位居全国各出版集团首位，并创历史新高；在第八届茅盾文学奖评选中，集团公司的《天行者》、《推拿》获奖，成为本届评选中唯一有两部作品获奖的出版集团；在新闻出版总署第三届"三个一百"原创出版工程评选中，集团公司的《解放战争》（上、下）等15种图书入选，名列全国第一；在新闻出版总署2011年《农家书屋必备书目》遴选中，集团公司303种出版物入选，入选总数名列全国出版集

团之首。此外，还有《2006～2009中国最美的书》、《革命胜景图册》荣获“中国最美的书”称号，《清·孙温绘全本红楼梦》获得4项国际印制大奖，142种出版物还获得“中国出版集团公司出版奖”。

三是结构优化、精品纷呈，营销活动更加活跃。以产品线建设为抓手，巩固大众出版领先优势，做大专业出版整体规模，深挖教育出版发展潜力。13条一级产品线结构不断优化，文学、工具书、古籍、百科、音乐、成人绘本等大众图书细分市场继续保持全国第一名。积极探索新的出版领域，开辟领导干部读物、美术普及、音乐普及等新兴产品线。教材品种更加丰富多元，中小学音乐教材的市场份额达到80%，中小学美术教材的市场份额达到50%，《书法》教材在全国6个省份作为唯一版本使用。在加强产品线建设的同时，积极打造一大批在各细分图书市场占有领先地位的优秀常销书和畅销书。人民文学出版社的《解放战争》（上、下）已销售60万套，《古炉》已销售20万册。荣获历届茅盾文学奖的17种图书共计发行165万册。商务印书馆出版的“汉译世界学术名著丛书”（珍藏版）累计发行2 476套；《新华字典》（第11版）发行1 100万册，用于公益捐赠的发行达320万册。中华书局的《姥姥语录》已销售26万册，《中华民国史》已发行近4 000套。生活·读书·新知三联书店的《目送》已销售67万册，《孩子你慢慢来》销售20万册，《野火集》销售15万册，《巨流河》销售10万册。中国大百科全书出版社出版的《中国大百科全书》（第二版）已经发行15 527套，《中国幼儿百科全书》（第一辑）发行20 414套，《中国小学生百科全书》发行12 600套。圆满完成各类图书订货会的布展、新书发布、图书表彰、宣传报道等工作。品牌营销活动丰富多彩，成功举办第四届“读者大会”和《中国当代作曲家曲库》音乐会，持续推进“双推计划·书香校园”系列推广活动。全年图书零售市场占有率为7.16%，动销品种近5万种，两项指标均保持全国第一。

四是做好出版管理和服务，切实负起把握方向导向的重要责任。坚持选题论证和书号实名申领制度，认真做好重点出版项目和重点选题的梳理、把关工作，严把书号实名申领系统关口，严格执行三审制。落实重大选题备案制度和新闻通气会制度，全年审核选题9 457个，核发书号8 736个，其中79个选题履行重大选题备案；及时准确传达中宣部通气会精神，对各种苗头性问题及时预警。坚持图书、报刊、音像电子出版单位年检制度，上半年完成了图书、音像电子、报刊出版单位的年检工作，受到新闻出版总署通报表扬。坚持出版物全面质量管理制度，对17家图书出版单位开展了文学、少儿和教辅三类出版物全面质量检查工作，抽查近百种出版物。由于严格执行各项规章制度，确保了集团公司连续四年没有出现一例政治导向错误，受到中央领导同志表扬。

（二）不断提高经营管理质量，用足用好各项政策资金支持，实现经济效益健康较快增长

一是大力抓好重点经营业务，提高所属企业经营能力，确保国有资产保值增值。继续抓好图书报刊出版、出版物进出口和文化艺术品经营三大业务板块，不断提高经营质量，完善业务结构。全年所属各单位的经营情况总体良好。从主营业务收入对集团公司的贡献率来看，中国图书进出口（集团）总公司、荣宝斋继续位居所属各单位排名前两位。中国图书进出口（集团）总公司实现主营业务收入23.20亿元，同比增长11%；荣宝斋累计实现收入7.7亿元，同比增长83.11%。从出版主业来看，14家出版企业共实现主营业务收入18.47亿元，同比增长12.44%。收入过亿元的单位共有8家，分别是商务印书馆、世界图书出版公司、生活·读书·新知三联书店、人民文学出版社、中华书局、中国美术出版总社、人民音乐出版社、中国大百科全书出版社。其中商务印书馆同比增加5 122万元，人民音乐出版社同比增加5 070万元，生活·读书·新知三联书店同比增加3 318万元，增长额度在集团公司出版单位名列前三位。在集团公司新办企业中，中版教材有限公司在迅速拓展市场的同时加大回款力度，全年实现销售收入1.63亿元，

同比增长31.16%；北京中版联印刷物资有限公司实现收入4.01亿元，同比增长22.68%；中版国际传媒有限公司实现销售收入151万元。

2011年集团公司所属27家二级企业中有23家实现盈利，其中14家出版企业全部实现盈利。利润总额在1亿元以上的单位有：荣宝斋（1.98亿元）；在5 000万元以上的有：中国图书进出口（集团）总公司（7 761万元），商务印书馆（7 652万元）；在1 000万~5 000万元的有：人民音乐出版社（4 182万元），生活·读书·新知三联书店（3 300万元），中华书局（2 520万元），人民文学出版社（2 510万元），中版教材有限公司（1 684万元）。另外，新华书店总店扭亏为盈，实现利润325万元。

二是加强与上级有关部门的沟通，争取国家各项优惠政策和各类资金扶持。继续加强与中宣部、新闻出版总署、财政部、人力资源和社会保障部等上级部门的沟通，保证国家对集团公司的各项支持落在实处。文化企业国有资产监督管理领导小组办公室（简称文资办）成立后，集团公司及时做好各项工作衔接，使文资办尽快了解集团公司情况，给予更多支持。集团公司连续第三年入围“文化企业30强”，51个项目入选新闻出版总署“新闻出版改革发展项目库”。多次向人力资源和社会保障部汇报文化企业的特点，使集团公司所有企业纳入人力资源和社会保障部工资总额管理范围。

三是集中力量推进重点工程项目，夯实集团产业发展的物质基础。在集团公司层面，集中力量推进马连道中国出版传媒创意中心、顺义北小营物流发行中心、上海蓝桥文化创意产业园区三大重点基建项目，已取得不同程度的进展。马连道土地已具备进场施工的条件，中国出版传媒创意中心的规划设计方案正在进行最后的调整；顺义物流发行中心已完成土地摘牌，与江西新华发行集团共同出资4.5亿元重组股份公司；上海蓝桥文化创意产业园区联建工程已经全部竣工，商务印书馆、生活·读书·新知三联书店、人民音乐出版社、荣宝斋4家单位均已在上海组建新公司并入驻蓝桥园区。中国美术出版总社办公楼置换拆迁项目已作为重大基建项目向中宣部、财政部提交报告；车公庄135号院的规划工作已经开展前期调研；人民文学出版社办公楼联建项目、生活·读书·新知三联书店办理印刷器材厂房地产补偿金事项，以及涉及中国图书进出口（集团）总公司、人民音乐出版社、现代出版社、中国图书进出口西安公司的项目开发、土地划转、房地产置换工作，都在有序进行。

四是不断提高经营管理的制度化、科学化水平，确保国有资产保值增值。集团公司总部加强对财务经营状况的及时了解和动态管理，对各单位每月经营指标完成情况及时进行汇总和分析，提出指导性意见。根据2010年度决算情况，向有关单位下达了改进经营管理的专业建议。认真做好专项资金管理、财政预算执行、国有资本收益项目申报、集团公司内部审计以及日常的财务管理工作。完善“双效”业绩考核制度，根据三年任期业绩考核实施情况，出台了《三年任期“双效”业绩考核办法补充规定》。对所属19家单位三年来各类人员收入情况进行摸底，组织“人工成本与收入分配改革调研”，为改善经营管理和推进分配制度改革提供依据。出台《中国出版集团公司法律事务管理办法》，开展重大法律纠纷案件督查工作，为经营管理提供法律保障。据财务快报统计，集团公司2011年全年累计实现销售收入59.34亿元，同比增长17%，其中主营业务收入56.32亿元，同比增长17.51%；实现利润4.16亿元，同比增长38.80%；资产总额91.90亿元，同比增长10.07%；所有者权益36.87亿元，同比增长23.89%；资产负债率继续降低，同比降低1.86个百分点。

（三）切实抓好“十二五”规划的战略开局，全力推进股改上市工作，不断加大体制机制改革创新力度

一是成功实现股份公司挂牌，向着建立现代企业制度和上市迈出了重要一步。集团公司上市办公室根据形势变化，对原股改制上市方案进行了论证和调整，确定以2011年9月30日作为新的审计、评估基准日。与此相衔接，审计、评估

人员加班加点，按相关规定完成了有关工作；需要改制的34家二级以下全民所有制企业克服困难，按时完成了改制工商登记手续；11家单位及时完成房地产剥离工作，纳入股份公司的5宗土地按时办理了出让手续；三类人员精算工作以及转制资金的统筹安排工作也都重新启动、按时完成。在集团公司上下的共同努力下，股份公司于12月18日完成首次注资和工商登记注册，举行了股份公司设立大会；28日隆重举行了中国出版传媒股份有限公司揭牌仪式，30日完成二次验资工作。上市之前的各项准备工作正在抓紧进行。

二是编制并发布“十二五”规划，进一步明确发展目标和发展路径。《中国出版集团公司“十二五”时期发展规划》历时一年多编制而成，于2011年9月正式发布。规划对“十二五”时期的工作目标、经济指标、发展愿景等予以明确，确定了集团公司的内容创新战略、品牌经营战略、集团化战略、数字化战略、国际化战略、人才强企战略六大战略路径。各所属单位在集团公司的指导下，结合本单位实际情况，编制了自己的五年规划。通过制定规划，大家的发展目标更加明确，发展思路更加清晰，发展路径更加合理，发展信心更加充分，发展愿望更加强烈。

三是积极创新发展模式，全方位、深层次推动体制机制创新。集团公司坚持内生式发展与对外拓展相结合，总部利用自身优势搭平台、办大事，所属单位发挥各自特长调结构、促增长。目前集团公司正在加快规模化步伐，积极推进与有关企业的战略重组工作。同时，集团公司各所属单位在发展模式上也有新的探索。商务印书馆成立了成都分馆，各分馆和分公司2011年出书品种所占比例超过7%。中华书局抓住《月读》刊号获批的机遇，顺势成立“新阅读”分社和中华书局西南编辑所，积极开发外部出版资源。人民音乐出版社完善音像“定制生产”运营模式，初步形成作曲家、歌唱家、演奏家、各院校团体赛事四大产品线。读书·生活·新知三联书店在内地7省市及台北市设立分公司、图书零售店或特约经销店，同时对内实行“目标管理、总体承包、多劳多得、超收超奖”的考核机制。荣宝斋在上海成立拍卖公司并首拍突破10亿元，组织实施“五年十店”工程。现代出版社参股2家文化传播有限公司，向工业设计和文化礼品领域拓展业务。

四是切实做好职工身份转换的后续工作，确保转企改制工作平稳顺利推进。精心筹划、精密组织部分事业单位转企改制工作，顺利完成了与全体职工签订劳动合同的工作。妥善解决社保接续的遗留问题，多方协调，解决了人民文学出版社、中华书局、中国美术出版总社部分人员的补缴养老保险、养老保险接续和职称认定问题。落实国家新出台的事业单位归并津贴补贴政策，制定了事转企单位离退休人员和企业离休同志归并津贴补贴的工作方法，各事转企单位还制定了离退休人员住房补贴方案。通过这些工作，保障了职工的合法权益，消除了各种思想疑虑，提高了老同志待遇水平，实现了转企改制的平稳过渡。

（四）积极推进数字出版资源的整合与管理，抓好管理平台建设和重点工程，数字出版工作有序推进

一是进一步加强科技与数字出版工作的管理，确保数字出版业务快速有序推进。集团公司“科技与数字出版部”更名后，及时把工作重心调整到加强数字出版工作的管理上来。专门召开集团公司数字出版专题工作会议，对集团公司全年的数字出版工作进行了安排和部署。建立集团公司科技与数字出版项目库，组织专家进行两轮评审，使入库项目更加合理，专项资金的分配更加科学。推动各所属单位加快往年遗留项目的建设进度，并相继启动了一批相关项目的建设，确保项目资金的及时、合理使用。探索政策引导和资金扶持的科学模式，引导集团数字出版走上发展快车道。

二是积极推动集团公司数字资源建设，迈出数字出版战略规划的关键性一步。正式启动了“中国出版集团公司数字出版资源总库”项目建设，是集团公司数字出版战略的基础性重大工程，也是集团公司整体数字出版规划组织实施的

第一步。集团公司出版资源入库工作进展顺利，截至 2011 年 10 月，共有 16 家出版社的图书 8 696种、2 家报社的报纸 380 期、5 家杂志社的期刊 194 期，已经完成入库工作，其中 2 358 种图书资源已经完成转换，投放在集团公司数字网站上应用。

三是加快内容平台和重点科技项目建设步伐，数字产品的研发工作不断推进。“大佳网”作为集团公司最重要的数字内容推送平台，于 2011 年 5 月，在第 21 届全国图书交易博览会期间上线，目前已经聚集了 5 000 余部电子书、3. 5 万幅漫画供在线浏览阅读，点击量持续上升。加大扶持力度，继续推进数字传媒公司的“中国可供书目数据库”、中国大百科全书出版社的“百科全书自动标引及问答式知识服务”项目、商务印书馆的“百种精品工具书”项目、中华书局的“《资治通鉴》知识分析系统”和“中华经典古籍库”项目。一些单位在开发数字产品、探索盈利模式方面进行了有益探索。中国大百科全书出版社推出重点产品《中国大百科全书》“1 +2 数据库版”，多方搭建手机、网络、电子阅读器等出版平台，全年数字产品上线超过 2 000种，营业收入近 300 万元。中国对外翻译出版公司以集团公司出版资源为基础开发 APP 业务，连续推出《中国美景》、《世界遗产地图》等 iPad 应用类产品。中版集团数字传媒有限公司的《手机报—文学故事报》，年出版 300 余期。中版数字设备有限公司的“闪印王”通过自主研发，成功实现向自主品牌的重大转变。

四是积极承担国家重大数字出版工程项目建设，进一步巩固集团公司在行业中的龙头地位。继续承担“中华字库”工程、“国家数字复合出版”工程、中国图书对外推广网（CBI 网）、“电子书内容标准项目”等国家重大数字出版项目的相关工作。其中，“中华字库”工程圆满完成招标商务谈判，由中华书局、商务印书馆等单位联合承担的 2 个“工作包”也已正式进入实施阶段。集团公司继续承担“全国出版物发行标准委员会秘书处”工作，协同行业内 30 多家出版发行集团共同制定了 29 项国家或行业标准，初步建立了我国出版发行领域标准化体系。

（五）全面实施国际化发展战略，重点做好版权输出和国际文化交流工作，进一步加快“走出去”步伐

一是加大工作力度，推动版权输出和进出口业务持续发展。全年版权输出总计 498 种，同比增长 22. 36%。其中版权输出国外 411 种，同比增长 50%，增速尤为明显。版权引进和输出比为 1. 82∶1，同比缩小 0. 12。集团公司在第 63 届法兰克福国际书展上，以版权输出 275 种位居全国第一名。各出版单位中，荣宝斋版权输出国外 68 种，中国美术出版总社版权输出国外 57 种，中华书局输出 41 种，中国大百科全书出版社、中国对外翻译出版公司版权输出各 40 种，排名集团公司前列。在进出口方面，中国图书进出口（集团）总公司全年出版物进口 1. 75 亿美元，同比增长 8%；出口 1 125. 57 万美元，同比增长 20. 72%；中国图书进出口（集团）总公司保税库于 2011 年年底正式启用，这是创新出版物进口模式、推动图书国际贸易的新举措。

二是提高外向型选题策划水平，推动海外机构开展业务。依托新组建的中版国际传媒有限公司和海外专业力量，提高外向型选题策划的针对性。中版国际传媒有限公司与中国民主法制出版社联合开发的《石油大棋局——下一个目标中国》成为外向型选题的代表性产品，中央电机台财经频道作了专题报道。全年海外机构共策划出版“中国主题”图书 200 余种，创历史新高。着力做好新成立的中国出版东贩有限公司、英国欧若拉出版有限公司的海外业务落地工作，这两家公司已出版了部分“中国主题”的日文、英文图书。

三是积极申报政府“走出去”资助项目。积极组织各所属单位参加国务院新闻办公室、新闻出版总署的政府资助项目的申报工作。集团公司 53 种图书获得“中国图书对外推广计划”翻译资助，资助金额 300 万元，同比增长 50%。商务印书馆、中国对外翻译出版公司的两个系列图书获得国务院新闻办公室“中国文化著作翻译出版工程”资助，资助金额 440 万元，同比增

长214%。在国务院新闻办公室对外宣传出版选题招标中，人民音乐出版社2种图书中标，占招标选题的25%，获得50多万元资助。6家单位、9个项目获得新闻出版总署“经典中国国际出版工程”资助，占全国20%，同比增长166%，居全国出版集团之首。在商务部牵头组织的“2011年度文化出口支持资金申报工作”中，中国图书进出口（集团）总公司、中国对外翻译出版公司、中华书局因实物出口和服务出口（翻译服务和版权贸易）获得奖励共计500万元，同比增长233%。

四是积极参加国际书展和文化交流活动，全面展现中国出版业的实力和风采。中国图书进出口（集团）总公司圆满完成第18届北京国际图书博览会的承办工作，集团公司在第18届北京国际图书博览会上举办了“京港出版G2高层交流会”、“中日出版交流会”等一系列活动。统一策划组织了“纪念辛亥革命100周年精品图书海外联展”、2011宁夏国际穆斯林出版机构版权贸易洽谈会，统一组团参加了首届中国—东盟出版博览会、第43届开罗国际书展等20多个国际书展，2011年首次以独立展台、最大规模参加了第63届法兰克福国际书展。第22届香港书展销售增长42%。在为国家重大活动提供服务方面，中国图书进出口（集团）总公司承办了第26届世界大学生夏季运动会书报亭项目，中国对外翻译出版公司圆满完成第26届世界大学生夏季运动会口笔译任务，获得大运会组委会充分肯定。

（六）大力加强干部队伍和人才队伍建设，推进选拔任用和分配制度改革，不断提高干部员工队伍积极性

一是选好配强各级领导班子，探索完善考评制度和办法。2011年是所属各单位领导班子调整幅度比较大的一年。集团公司坚持德才兼备、以德为先用人标准，严格履行干部选拔任用程序，加大民主推荐力度。全年共完成14家所属单位领导班子的调整补充工作，任命34人，免去13人，调整面达1/3。谈话500多人次，发放民主推荐表、测评表1 200多份。在华文出版社、世界图书出版有限公司、现代出版社社（公司）领导班子人选推荐考察工作中，扩大考察范围，广泛听取意见，确保新组建班子单位各项工作全面有序稳定开展。2011年是各所属单位领导班子三年任期“双效”考核的最后一年。为深入了解各单位“双效”业绩目标责任书的完成情况，集团公司严格考评程序，丰富考评内容，反馈考评结果，以考评为抓手大力推进领导班子建设。中国美术出版总社、人民音乐出版社、东方出版中心、中国图书进出口（集团）总公司等4家所属单位开展了改进考评方式的试点，采取述职、评议、个别谈话等方式进行全方位摸底考评，考出了实绩，考出压力。

二是调整部分单位组织机构，切实抓好组织机构建设。各所属单位根据发展需要，及时调整组织架构，大力实施扁平化管理，努力提高组织执行能力和运行效率，确保各项决策落地。商务印书局、中华书局、生活·读书·新知三联书店、中版集团数字传媒有限公司等所属单位都根据业务变化，相应增设了专题项目部、对外合作部、数字出版中心、法律版权事务部等专业部门。华文出版社一方面大力充实编辑出版发行一线力量，按照产品线设计将原来3个编辑部裂变为8个编辑部；一方面大力压缩行政部门，实行多部门合署办公。

三是大力开展专题培训和实践锻炼，认真抓好人才梯队建设。集团公司先后组织了2次境内外培训班，即以“日本出版企业的创新之路”为主题的赴日培训班和以“内容创新与品牌经营”为主题的人才梯队培训班，102名人才梯队成员参训。各所属单位也组织了丰富多彩的专业培训。生活·读书·新知三联书店举办了25年来首届中层干部培训班。人民音乐出版社开展了全社的工作和礼仪培训，制定了比较全面的“专业出版”、“市场营销”和“企业文化”培训课程。在抓培训的同时，高度重视人才引进工作。集团公司组织相关部门和所属单位进行了主题为“高端人才引进与博士后招收培养工作”的调研，为引进人才积累了理论和实践经验。现代出版社大胆引进关键岗位人才，从中信出版集团引进了市场营销中心主任，自体制外引进畅销

书策划行家担任策划编辑室主任，引进法国留学归来人员从事企业宣传工作。此外，集团公司还注重在工作实践中锻炼培养人才，首次选派了3名干部到新疆新闻出版系统挂职锻炼；生活·读书·新知三联书店增设总编辑助理、主任助理层级，给年轻干部压担子，既锻炼了梯队，又加强了管理力量；人民文学出版社通过全员竞聘上岗，中层干部中“70后”所占比例已经超过45%。

四是改进收入分配制度和业绩考核办法，更好地调动干部职工积极性。关注普通员工的利益诉求，建立员工收入增长机制，确保员工收入持续提高。集团公司2011年在岗员工平均工资约为8.4万元，较2010年增长7.6%。人民文学出版社一年内连续4次提高在职员工的岗位工资。人民音乐出版社全年上涨岗位工资45%。为提高收入分配制度的激励作用，增强收入与业绩的关联度，集团公司围绕“人工成本与收入分配改革”主题，对所属19家单位三年来各类人员的收入情况进行了摸底，对9家不同类型、不同行业、不同规模的企事业单位进行了调研，研究出台了《三年任期双效考核补充规定》，解决了部分所属企业2011年的薪酬考核问题。中华书局针对下属中心、分社、编辑室的不同情况，分别实行利润考核和发货实洋考核，发货实洋考核再细分为旧书实洋考核和新书实洋考核，确保能干的人得利益。另外，继续推进在职员工的企业年金工作，目前已有8家所属单位开始企业年金的正常缴费工作，各事转企单位离退休人员的住房补贴已经到位，员工队伍总体上和谐稳定。

（七）深入开展“创先争优”和“走转改”主题实践活动，推进企业文化和精神文明建设，履行好国有企业的社会责任

一是深入开展“创先争优”和“走转改”主题实践活动，不断增强基层党组织活力。按照中央关于“五个好”和“五带头”的要求，以建立“党员承诺制”为抓手，引导党员把“创先争优”与日常工作结合起来，细化争创内容，创新争创形式。组织基层党组织和广大党员开展“创先争优、为民服务”活动，集团公司总部与顺义区北小营镇建立党员为民服务联系点。人民音乐出版社创建特色党支部、中国图书进出口（集团）总公司图书文献部党支部发挥党员先锋模范作用的典型经验，多次受到中直工委的充分肯定。据问卷调查，集团公司开展“党员承诺制”的群众满意率达到99%。为贯彻落实中央关于开展“走基层、转作风、改文风”活动的重大部署，集团公司制定下发了“走转改”活动方案，集团公司领导班子带头深入基层一线，对15家所属单位、8家直属公司进行了现场调研，先后有330多名干部员工参加了座谈走访。集团公司还从《三联生活周刊》、《当代》、《中国图书商报》等所属报刊社抽调22名骨干记者，组成“采访团”、“采风团”、“采编团”3个记者团分赴安徽、河北、山西等地的乡镇农村，蹲点采访基层文化需求和民间文化创新情况，产生了较好反响。

二是组织开展了庆祝建党90周年的一系列活动。评选表彰“双优一先”，集团公司表彰了先进基层党组织11个，优秀共产党员39名，优秀党务工作者12名。3个先进基层党组织、6名优秀共产党员和3名优秀党务工作者受到中直机关工委表彰，人民音乐出版社党委书记吴斌被评为全国优秀党务工作者。集团公司成功举办了庆祝中国共产党成立90周年“颂歌献给党”歌咏比赛，集团公司16个单位700余人参加了歌咏比赛。组织开展了“知党、爱党、兴党”理论征文活动、“党史知识答卷”活动、“庆祝中国共产党成立90周年集团公司书画摄影展暨全国出版界书画邀请展”和“老干部讲传统”系列讲座。

三是积极推进企业文化和精神文明建设，为改革发展营造良好文化氛围。人民文学出版社、人民美术出版社圆满完成60年社庆活动，荣宝斋积极参加“两岸万名青年大交流主题联欢会活动”，这些活动受到胡锦涛、李长春、刘云山等中央领导同志不同形式的关怀和肯定，进一步壮大了“老字号”品牌的社会影响力。编辑出版《中国出版集团公司企业文化手册》，集团公司总部还组织了企业文化建设培训班。注重把企业文化建设与精神文明建设紧密结合起来，根据

文化企业的特点，认真组织开展文明共建、青年文明号等主题活动。评选表彰一批先进集体和个人，发挥典型示范带动作用。商务印书馆、荣宝斋等4家单位分别被评为“首都文明单位标兵”或“首都文明单位”，8个单位受到中直机关文明委表彰，荣宝斋木版水印工艺坊获得共青团中央和中直机关“青年文明号”称号。

四是认真履行企业社会责任，提升集团公司社会影响力。人民音乐出版社出色地承办了2011年第二届中国出版政府奖颁奖典礼，获得新闻出版总署领导和业内同行的好评。集团公司总部及各所属单位先后向云南省腾冲县和顺图书馆、哈尔滨儿童福利院、全国宣传干部学院图书馆、北京市顺义区北小营镇村图书室等12家单位捐赠《中国文库》等图书，总码洋超过100万元。参加“百家出版社文化助残公益行动”，组织各单位捐赠图书35万码洋。赞助北京“我的梦”残疾人艺术团举办大型特殊文艺晚会。中国大百科全书出版社、荣宝斋等单位分别组织了向贫困地区捐款捐物献爱心活动。

五是充分发挥群团组织的桥梁纽带作用，尊重和维护员工合法权益。加强基层工会组织建设，人民文学出版社、中国对外翻译出版公司、中国美术出版总社等7家单位进行了工会换届改选、新建工会或增补工会委员的工作。各单位普遍组织开展“送温暖”和“以人为本、真情关爱”活动，为困难职工发放助困金12万元，为3 822名职工重新办理了重大疾病互助保障手续，其中为6名职工办理互助保障理赔6万多元。一批基层工会组织和模范职工之家受到中直机关工会的表彰。集团公司及各单位的团委、女工委也都围绕岗位成才、交往联谊、互助保障、维护权益等主题，组织开展了各具特色的活动，受到普遍欢迎。

（八）坚持抓好领导班子自身建设，贯彻执行民主决策、廉洁从业各项规章制度，不断提高领导能力和决策水平

一是强化各级理论中心组的学习，坚持不懈抓好理论武装工作。认真执行理论中心组学习制度，各级领导班子先后集体学习了胡锦涛同志“七一”讲话精神和中央经济工作会议、全国宣传部长会议、全国新闻出版工作会议精神。特别是党的十七届六中全会召开以后，各级领导班子在第一时间做好学习传达。集团公司党组中心组组织了理论学习扩大会议，集中研讨文化大发展大繁荣问题。集团公司组织了以学习贯彻六中全会精神为主题的改革发展座谈会，研究新形势新机遇，谋划新思路新办法。统一组织各所属单位领导班子成员参加新闻出版总署举办的学习贯彻六中全会精神辅导报告会，更加全面系统地把握全会精神，统一思想和行动。

二是贯彻落实民主集中制，提高民主决策水平。开好民主生活会，4月集团公司党组围绕“学习贯彻十七届五中全会精神，以创先争优的精神状态，加快推进集团公司改革发展”，召开专题民主生活会，广泛征求各单位对党组、党组成员的意见建议，认真开展批评与自我批评。落实《中国出版集团公司工作规则》中有关民主决策的制度规定，特别是对企业“三重一大”问题，严格按照原则、权限和程序，开好总裁办公会议或党组会议，集体讨论决策。各单位领导班子也都相应地加强了工作制度建设，探索建立民主决策、民主监督机制，提高了决策水平和群众公信力。

三是深入开展党性党风党纪教育，加大反腐倡廉建设的工作力度。落实党风廉政教育责任制，一级抓一级，层层抓好指导和监督。继续以“正作风、作表率、促发展”为主题，在全集团公司各级领导班子和领导干部中开展党性党风党纪教育活动。组织开展专题党务培训班，聘请多名专家讲解《党员领导干部廉洁从政若干规定》、《国有企业领导人员廉洁从业若干规定》。加强对各单位主要领导同志离任审计工作，认真抓好“小金库”专项治理工作，从严查处违规违纪行为。做好接待群众来信来访工作，调查核实了多名领导干部情况并向上级汇报。完善监督管理各项制度，重点加强薪酬制度、职务消费制度、外事工作制度、保密制度的监督执行。

（张　婧）

集团公司所属单位2011年工作综述

人民文学出版社2011年工作综述

2011年，是“十二五”规划的开局之年，人民文学出版社各项工作有亮点、有突破、有创新，紧紧围绕国家文化建设、改革和发展大局，坚持正确的出版方向和导向，以强化内容主业为核心，不断提高品牌知名度和市场占有率，荣获多种国家级奖项，发货码洋、营业收入、经营利润和员工收入再创新高，实现了社会效益和经济效益的双丰收，全面超额完成了年初制定的各项工作目标。

一、社会效益

2011年，人民文学出版社（以下简称“人文社”）图书在全国文艺图书市场上继续获得多方关注，品牌知名度不断巩固与提升，在国家和地方各种评奖中斩获甚多。在第八届茅盾文学奖评选活动中，人文社共有6部作品入围前20名，刘醒龙的《天行者》、毕飞宇的《推拿》最终获此殊荣。人文社也成为本届茅盾文学奖评选中唯一有两部作品获奖的出版社。此外，在第二届中国出版政府奖评选中，《当代》杂志获期刊奖，《解放战争》（上、下）、《国运——南方纪事》、《天行者》获图书奖提名奖。《解放战争》（上、下）、《白雪乌鸦》、《河岸》、《红鞋子》（天天出版社）4部作品入选新闻出版总署第三届“三个一百”原创出版工程奖，也是唯一有4部作品入选的出版社；《伏藏》、《悲悯大地》被新闻出版总署和国家民族事务委员会列为首届向全国推荐的百种优秀民族图书；《解放战争》（上、下）、《失落的秘符》、《我亲爱的甜橙树》（天天出版社）入选新闻出版总署评选的2010年度“大众喜爱的50种图书”。在首届萧红文学奖评选中，史铁生的《我的丁一之旅》获长篇小说奖，王安忆的《启蒙时代》获女性文学奖。《古炉》获首届施耐庵文学奖。《青春咖啡馆》获2011年第三届傅雷翻译出版奖。在第十届输出版、引进版优秀图书评选中，《赤脚医生万泉和》、《我亲爱的甜橙树》、《地球的红飘带》荣获输出奖，《沙漠》、《转吧，这伟大的世界》荣获引进奖。另外，《天行者》、《国运——南方纪事》、《鲁迅大辞典》、《柏杨全集》（1～25卷）等14个项目获第五届中国出版集团出版奖各类奖项。《黄月亮》、《彼得兔经典故事集》、《女孩四季》、《曾祖母的来信》和《山林童话》（均为天天出版社出版）获2011年冰心儿童图书奖。人文社被2011年上海书展主办方评为“最有号召力的十家出版社”之一。

在国家“十二五”规划的开局之年，人文社也相应制定了《人民文学出版社“十二五”发展规划》，对未来5年人文社的发展明确了目标，分析了发展的优势和劣势，明确了支持发展的重大项目等。在新闻出版总署公布的“十二五”国家重点图书出版规划项目中，人文社申报的“中国少数民族文学经典汉译文丛”、《曹禺全集》、《中国古代小说总目》等16个项目列选。此外，《中国诗歌通史》、《中国新诗编年史》和《1911》三个项目获2011年国家出版基金资助；《中国戏剧图史》、《山楂树之恋》等14

个项目列入“经典中国国际出版工程”项目；《瓯北诗话校注》、《毕沅诗集》、《王昶诗文集》、《邓汉仪诗文辑校》等入选国家古籍整理出版资助项目。

二、经济效益

1. 市场占有率及同比

根据北京开卷图书信息技术有限公司的全国零售图书市场占有率统计，2011 年人文社在全国总体图书零售市场占有率为 1.10%，排名第十；在全国文艺图书零售市场占有率为 6.00%，排名第二；文学图书动销品种 3 629 种，排名第一。

2. 发行情况

2011 年，全年发货码洋 44 305.50 万元，同比增长 11.32%。销售图书实洋 17 737.23 万元，同比增长 8.46%。退货码洋 7 643.5 万元，同比下降 7.31%。

3. 经营成果

2011 年主营业务收入 17 976 万元，同比增长 11.20%。主营业务成本 10 240 万元，同比增长 12.27%。图书销售费用 1 838 万元，同比增长 105.36%。管理费用 2 673 万元，同比下降 29.95%。利润总额 2 510 万元，同比增长 37.91%；净利润 2 521 万元，同比增长 38.59%。

三、重点工作

1. 坚持挺拔主业，围绕中心，服务大局，以重点、亮点图书为引领，确保人文社在全国文艺图书出版领域综合实力的领先地位

2011 年是纪念中国共产党成立 90 周年和纪念辛亥革命 100 周年，围绕这两个重大主题，在 2010 年人文社就开始谋划选题，并把它们的出版作为全年的重点工作来抓。政治抒情长诗《东方的太阳》，小说《武昌城》、《嘎达梅林》、《湖南骡子》、《铁血首义路》，纪实文学《百战归来认此身——曾志回忆录》、《1901》、《1911》，以及《铁血共和：图说辛亥革命》等已出版并产生了广泛影响。其中，《1911》被列入中宣部、新闻出版总署庆祝建党 90 周年和纪念辛亥革命 100 周年的 8 种重点选题之一，这也是其中唯一入选的文学类选题；此外，长篇小说《武昌城》也被列入重点后备选题之一（后备选题总计 4 种）。《1911》和《武昌城》还同时入选新闻出版总署公布的庆祝建党 90 周年、纪念辛亥革命 100 周年的百种重大出版选题。人文社还承担了《中国文库》（第五辑）“纪念辛亥革命 100 周年专辑”中 23 种文学类图书的编辑出版工作。与此同时，围绕上述作品组织了一系列宣传推广活动。如纪念曾志同志诞辰 100 周年暨《百战归来认此身——曾志回忆录》的出版座谈会在中央组织部举行，中共中央政治局委员李源潮参加会议并发表重要讲话；人文社与湖南省文联联合举办的《东方的太阳》首发式、与湖北省作协联合举办的《铁血首义路》首发式，人文社主办的《新文学史料》杂志与中国人民大学文学院、《读书》杂志、《文艺研究》杂志联合举办的“辛亥革命以来的文化史料研讨会”等均受到了业界的广泛关注。

其他一些重点项目如《汪曾祺全集》、《林斤澜全集》、《李国文文集》、《张洁文集》、《托尔斯泰全集》等的编辑工作都在紧张有序地进行。为做好《汪曾祺全集》的编辑工作，《新文学史料》编辑部多次召开专题编辑工作会。为扩大人文社图书的市场影响力，人文社在 2011 年中组织了多场形式多样的营销推广活动，如举办了《古炉》新书发布会及创作研讨会、《你好，新疆》的出版座谈会和向新疆贫困地区捐书仪式、《高官的良心——中国足球打黑第一斗士》出版座谈会和创作研讨会、《星球拯救者》新书发布会、《从内罗毕到深圳》新书发布暨读者见面会、《满树榆钱儿》研讨会等。新书进校园、利用微博等新媒体进行推广等形式在 2011 年的营销推广中被广泛运用。

内容的独特性加上有效的推广，2011 年人文社的重点亮点图书在市场不乏抢眼表现。如《古炉》已经销售 20 万册以上，持续占据全年文艺图书排行榜的前 20 名；《推拿》与《天行者》获得第八届茅盾文学奖后，人文社又迅速

组织了有针对性的营销活动，在短短 3 个月内，这两种图书的销量均已逼近 15 万册；此外，《1911》、《我与地坛》已经销售 10 万册以上，《天香》、《定西笔记》、《百战归来认此身——曾志回忆录》、《其实你蒙蔽世人》、《人生若只如初见》、《当时只道是寻常》等销售势头和读者反映都不错。

截至 2011 年 11 月底，人文社已向外输出版权近 20 项，“走出去”工作有新进展。人文社正在积极谋划产业链的延伸，文学作品影视改编工作有序进行，已有几部作品纳入改编计划。在数字出版方面，新组建的数字出版与科技部着手对人文社全部图书的数字版权进行清理，摸清了家底，并重点营销了《天香》、《白鹿原》、《将军》等几种图书的数字版权，累计收到版税 346 071.51元，其中支付作者版税 193 800 元，为出版社增加纯利润 152 271.51 元。

2. 循序渐进推动内部管理机制改革，管理水平稳步提高

2011 年，人文社循序渐进地推动内部管理机制改革，管理水平稳步提高。转企改制在法理层面的程序性工作全面完成，全员劳动合同顺利签订，新一轮全员竞聘上岗工作圆满完成；ERP 系统全面上线。凡此种种，皆在夯实管理基础。

2011 年，人文社正式更名为“人民文学出版社有限公司”；5 月，与全体在职员工正式签订了劳动合同，这标志着人文社转企改制在法理层面的程序性工作已全面完成。与社保接续、为在职员工建立企业年金，这一切都是为了充分保障转企改制后全社员工的合法权益不受损害。

2011 年恰逢新一轮全员竞聘上岗工作的时点，这也是人文社转企改制后的第一次全员竞聘上岗，人文社继续秉持公开公平公正、定岗定编、以岗定薪、竞争上岗、评聘分开、能上能下的基本原则。为适应形势发展，人文社新增设了数字出版与科技部和高级主管的岗位。新一轮竞聘结束后，中层干部队伍中“80 后”3 人，“70 后”11 人，“60 后”13 人，“50 后”4 人，中层干部队伍进一步年轻化，年龄梯次结构更趋合理，为人文社的事业发展增添了活力和后劲；其他岗位评聘分开、有上有下已成常态，这是进步的明显标志。

2011 年，适应现代出版企业管理的 ERP 系统的全面上线，提高效率、加强秩序、绿色办公的优势已初见端倪。

3. 以庆祝建社 60 周年为契机，全面提升企业文化建设

2011 年是人文社成立 60 周年的时点。早在 2010 年，社务会、社党委就开始筹划 60 年社庆的各项准备工作，并把它作为 2011 年企业文化建设的一项重要抓手。在 60 年社庆前夕，人文社组织出版了《怀念集》、《人民文学出版社 60 年图书总目》和社庆大型纪念画册《光荣与梦想：人民文学出版社 60 年》，并制作了纪念邮册、笔记本、徽章等纪念品，拍摄了专题宣传片，浓缩了 60 年的辉煌与梦想。

在社庆前夕，中共中央政治局常委李长春，中共中央政治局常委、中华人民共和国副主席习近平和中共中央政治局委员、书记处书记、中宣部部长刘云山分别发来贺信表示祝贺，全社员工受到极大激励和鼓舞。3 月 28 日，人文社在人民大会堂隆重举行了人文社成立 60 周年庆祝大会，全国政协副主席、中国文联主席孙家正，中宣部副部长蔡名照、翟卫华，中国作家协会主席铁凝，新闻出版总署副署长邬书林，文化部副部长杨志今，全国人大常委金炳华等领导莅临现场，王蒙、李书磊、陈晋、高洪波等作家、评论家、学者、翻译家及出版界、新闻界代表共计 600 余人参加了大会。《人民日报》、《光明日报》、新华社、中央电视台等中央和地方媒体纷纷予以报道。在庆祝大会现场，还举办了题为“人民文学出版社：一起走过 60 年”的出版成就展。

4. 建立健全员工培训制度，创建学习型企业

2011 年，人文社的员工学习培训制度持续建立健全，“雪峰讲坛”和“雪峰论坛”定期开展，取得了良好效果。4 月 26 日上午，在 2011 年的首次“雪峰论坛”上，现代文学与文化编辑室主任王培元结合人文社部分老同志的为人为

文作了题为“人文社精神传统”的主题演讲，总编室主任王海波和《新文学史料》编辑部主任郭娟结合编辑《人民文学出版社60年图书总目》及《怀念集》的感受，分别畅谈了自己对人文社精神传统的感受与理解，社长潘凯雄对人文社的精神传统进行了概括和总结。11月8日，为制定2012年年度选题计划，“雪峰论坛”有针对性地邀请北京开卷图书信息技术有限公司的蒋艳萍女士来分析全国文艺图书市场的详细情况，并对人文社一些丛书、套书的销量进行了通报；发行部主任王秋玲也就人文社2011年图书的发行情况及存在的问题进行了点评与分析。

2011年，人文社还制定了对青年编辑实施导师制暂行办法。由社团支部组织的“青年沙龙”有声有色地开展了多次活动，以业务学习为主题，吸引了众多年轻员工参加，参加人员畅所欲言，针对人文社图书及其他情况展开热烈讨论，取得了良好效果。

5. 充分发挥党政工团各级组织作用，形成合力、共谋发展

在社务会、社党委领导下，党政工团共同发挥作用，形成合力、共谋发展。2011年是中国共产党建党90周年，在社党委领导下，人文社认真落实科学发展观，以加强党的执政能力建设为工作重点，继续推进创先争优活动，认真执行党员承诺制，组织了一系列党员学习和教育活动，在提高党员素质、加强基层组织建设、服务人民群众、促进各项工作等方面取得成效。为纪念建党90周年，人文社组织全体在职党员收看了胡锦涛总书记在纪念中国共产党成立90周年大会上的讲话，向全体在职党员分别发放了学习材料；还积极参与了中国出版集团公司组织的歌咏比赛，组织全体职工观看了电影《建党伟业》。党的十七届六中全会刚一结束，社党委立即召开会议，组织全体党员认真学习全会文件，号召大家要按照中央统一部署，把学习宣传贯彻全会精神作为重大而紧迫的政治任务，以高度的文化自觉与文化自信，全力以赴做好工作，推动兴起学习宣传贯彻全会精神的热潮。在全员竞聘上岗工作结束后，人文社还对党支部进行了调整，使基层支部建设与行政部门划分合为一体，从而使党建工作更加有效务实。

7月，人文社还组织全体在职员工分两批集体休假，参观了云台山、龙门石窟、白马寺、少林寺和黄河风景区等自然和人文景观，丰富了职工的文化生活，增强了队伍凝聚力。11月，社工会召开了第四届第一次会员大会并进行换届选举。出版社的发展必须依托全社员工，全社员工以社为家的理念进一步加强。

6. 建立合理的收入增长机制，员工收入持续提高

2011年，人文社坚持共建共享的原则，在企业利润增长的同时不忘持续提高员工的收入，员工收入稳定的增长机制已经建立。2011年，人文社连续4次提高在职员工的岗位工资，极大地激发了员工的工作热情和积极性：2011年年初，岗位工资增长10%；7月，每人增长200元；8月，全员竞聘上岗结束后，岗位工资增长10%；从12月份开始，岗位工资再次平均增长4.5%。2011年，全社员工年收入平均为12.11万元，同比增长14.79%。

7. 天天出版社建设雏形初现，加速前行蓄势待发

2011年，是人文社全资组建的二级企业天天出版社（以下简称“天天社”）正式运营的第二个年头。这一年，天天社以实行全面预算制为核心，大力调整产品结构，各项工作有序推进，经营业绩显著提高，实现了大幅度扭亏。

在社领导班子及全体员工的辛勤耕耘下，在巩固了原有少儿文学出版的基础上，天天社的产品结构已成功地拓展到低幼读物和科普领域，无论是内容的拓展和形态的丰富方面已更“像”一家有模有样的少儿读物出版社，而不是单一的儿童文学出版机构，经营业绩较上年有了显著提高。

（宋　强）

商务印书馆2011年工作综述

2011年是“十二五”开局之年，也是商务印书馆转企改制后的初始之年。在中宣部和中国

出版集团公司的领导下，经过全体员工的共同努力，各项工作都取得了进步，社会效益和经济效益再上新台阶。

一、总体状况和主要业绩表现

全年列选选题1 805个，同比增长68.06%。新书发稿1 243种，同比增长70.27%。出版图书1 542种，同比增长34.20%。其中，新书1 117种，同比增长82.52%；重印书425种，同比年下降20.71%。全年生产码洋9.7亿，发货码洋8.01亿，销售收入4.29亿，实现利润7 652万，均创历史新高。另据北京开卷信息技术有限公司2011年度开卷数据统计，2011年商务印书馆在全国图书零售市场占有率达到2.26%，全年排名历史性地升至第一位。

2011年，商务印书馆荣获“十一五”国家重点出版规划工作先进单位称号；被商务部评为“中华老字号”。“汉译世界学术名著丛书”（珍藏本）荣获第二届中国出版政府奖·图书奖；《汉语方言地图集》和《新时代西汉大词典》荣获第二届中国出版政府奖·图书奖提名奖；《辞源》（纪念版）荣获第二届中国出版政府奖·装帧设计奖提名奖；《工业化和制度调整——西欧经济史研究》、《汉语方言地图集》（共3卷）、《新时代西汉大词典》3种图书获新闻出版总署颁发的第三届“三个一百”原创出版工程奖；《蔡志忠漫画·东方宇宙四部曲》入选新闻出版总署“第八次向全国青少年推荐百种优秀图书”名单；《传奇王阳明》、《信仰的力量——红岩英烈纪实》、《我们错了》、《牛津中阶英汉双解词典》（第4版）、《新华字典》（第11版）等6种图书入选2011年度中国书刊发行业协会评选的全行业优秀畅销品种；《现代汉语学习词典》、《牛津高阶英汉双解词典》（第7版）等15个项目荣获第五届中国出版集团出版奖，《新华字典》（第11版）获中国出版集团2011年度优秀畅销书奖；《囚徒天子光绪皇帝》、《万历兴亡录》、《牛津初阶英汉双解词典》（第3版）3种图书获中国出版集团2011年度优秀常销书奖。

2011年，商务印书馆完成转企改制工作，取得国家工商总局颁发的“商务印书馆有限公司”营业执照，下属各子公司的变更登记也基本完成。

二、挺拔主业，丰富产品结构，深化产品线建设

2011年，商务印书馆继续强化品牌管理意识，除了强化原有品牌的内容，特别强调要让商务印书馆的品牌吸收新的时代精神，走继承与创新并举之路。在这一思路的引导下，商务印书馆的图书产品线建设呈现出喜人景象。

1. 工具书产品线注重科研导航

2011年，商务印书馆在工具书产品线方面强调产、学、研一条龙建设，注重科研导航。在着力维护传统“拳头”产品——作者资源的同时，积极开拓新资源，如定期组办中青年语言学者沙龙等。

通用型工具书产品线优势不断强化。除《新华字典》（第11版）、《新华方言词典》等已经出版的工具书外，已完成《现代汉语词典》（第6版）8个校次的校样处理工作，于2012年推出；完成《新华词典》（第4版）所有修订编辑任务。在英语工具书方面，《牛津中阶英汉双解词典》（第4版）、《朗文当代英语大辞典》（英英·英汉双解）巩固了商务印书馆2011年英语辞书方面的市场地位。在其他外语工具书方面，出版了《东方汉日词典》、《精选俄汉汉俄词典》、《西汉汉西词典》等；与中国国际广播电台合作，开展包括克罗地亚语、僧加罗语、泰米尔语、豪萨语等近40个小语种辞书的出版合作，拓宽了商务印书馆双语辞书涉及的语种。

学生工具书产品线规模继续扩大。特别是“商务馆小学生系列辞书”品种不断增加，2011年推出《商务馆小学生名言警句词典》，《商务馆小学生图标手册》、《商务馆小学生写字手册》等。

中外语文教材与读物产品线发展良好。2011年出版了《汉语教与学词典》，《商务馆学汉语字典》即将面世；开始陆续出版幼儿汉语教材《嘻哈乐园》、《阳光汉语》、《芳草汉语》和国

家汉办考试大纲配套读物《新中小学生汉语考试（YCT）真题集》等系列产品。

2. 外语类读物产品线“再出发”

2011年推出“莎士比亚戏剧系列”（9种）、《薄冰英语时态》（6种）。同时积极做好市场调研工作，成立了“商务馆英语沙龙”。推出《西汉初级口译教程》、《中德跨文化交际与管理》、《教你学做法国菜》、《教你品味法国葡萄酒》等产品。

3. 学术图书产品线突出项目建设

以“中华现代学术名著丛书”（第一辑）和“汉译世界学术名著丛书”分科本为代表，2011年商务印书馆的学术出版产品线硕果累累。除了学术出版中心致力于学术出版产品线的建设，其他各编辑室、各分馆也都有涉及。诸如《中国语言地图集》、《国语运动史纲》、《全国城镇体系规划》、《2011中国区域发展报告》，以及《钱锺书手稿集》、《大清新法令》、“新商务系列”等大型丛书，都得到了专家、学者们的好评，巩固了商务印书馆学术重镇的出版地位。

4. 大众文化图书产品线有了长足发展

2011年，商务印书馆大众文化图书产品线有了长足发展。继续扩展“百家讲坛”系列图书，先后出版了《信仰的力量——红岩英烈纪实》、《万历兴亡录》、《囚徒天子光绪皇帝》等精品图书；推出了“名师讲堂丛书”、“国际文化版图研究丛书”，以及《往事》、《长相思》、《寻城记》等通俗读物。分馆为商务印书馆大众图书产品线增添了崭新风貌。如文津公司“世说中国系列”、《汉画像之美》，涵芬楼文化公司《发现之旅》、《荒原上的芭蕾》，成都公司《太阳的眼泪》，南宁公司《徐志摩与剑桥大学》等等。

三、重大项目出色完成

1. 出版基金和科技基金项目管理大有改进

积极组织项目申报工作，成绩显著。2011年商务印书馆报送国家“十二五”规划项目，共有15个项目入选。申报成功国家出版基金资助项目2个，资助金额1 060万元；争取到全国哲学社会科学规划办公室后期资助和成果文库项目共6个；申报中国出版集团公司出版专项基金，有4个项目获得通过，资助额100万元；与中华书局联合申请到新闻出版总署重大项目“中华字库”工程第16包。截至2011年底，商务印书馆承担的各类基金项目50多个，总资助额4 000多万元。

商务书馆积极落实和推进项目的进展。制定了《商务印书馆专项资金管理办法》。2011年，商务印书馆接受了国家出版基金规划管理办公室的专项检查，4个项目中有3个评分在80分以上，其中“中华现代学术名著丛书”项目获得中国出版集团公司受检查项目的最高分，显示了商务印书馆驾驭重大项目的实力。

2. 出色完成重大项目

倾力打造《新华字典》（第11版）。在出版传统的单色本和双色本的同时，经过精心设计，商务印书馆推出了面向农村贫困地区的平装本。《新华字典》（第11版）第一次从单纯的工具书上升到了大国文化乃至民生的高度。国家领导人、新闻出版总署和中宣部领导，以及专家、学者都对此给予了高度评价。中央电视台、30余家省级卫星电视新闻，以及国内百余家平面媒体对此进行了报道，有关新闻登上美国《时代周刊》。《新华字典》（第11版）全年发货1 100万册，其中公益捐赠部分即近500万册，实现增量1.27亿码洋，远远超出年初的预期。

高质量地按期完成“中华现代学术名著丛书”第一批出版工程。“中华现代学术名著丛书”为商务印书馆所承担的第一个国家出版基金资助项目，共100种图书。该项目2009年立项，2011年底按期完成。有关领导和专家对该套书的出版同样给予高度评价，认为这是一项可与“汉译世界学术名著丛书”相呼应的精品工程，反映了商务印书馆的出版追求，能够代表商务印书馆的出版品牌和出版实力。

设计推出“汉译世界学术名著丛书”分科本。该套丛书共500种，以软精装的形式出现。“分科本”的设计出版，使商务印书馆“汉译世界学术名著丛书”这一品牌产品品类更加丰富，得到了社会各界的肯定。2011年，商务印书馆还分别召开了“汉译世界学术名著丛书”第十三、第十四辑专家论证会，确定了100种图书的出版计划，向2 000种出版工程迈进了一大步。

《辞源》（修订版）项目取得重大进展。此为商务印书馆所承担的又一项国家出版基金资助项目，2010年立项成功，2011年试修订工作全部结束，确立了主编负责制、分集包干制、全程大流水作业等编写原则，完成了修订方案、体例编制工作，制定了厚达132页的修订手册。修订工作预计2015年完成。

3. 精心组织建党90周年和辛亥革命100周年重大题材图书

2011年，商务印书馆推出了《信仰的力量——红岩英烈纪实》、《新中国司法制度的基石——陕甘宁边区高等法院（1937—1949）》、《北洋军阀史话》（共4卷）、《中国革命纪事本末》、《大革命写真画》、《陆荣廷秘史》等一批主题性出版物。

4. 百年资源整理取得初步进展

2011年，已完成《商务老课本经典诵读》项目的全部旧版图书的数字化工作，其中《修身》、《国文》等8种图书已经出版；已完成“百年商务学术文丛”200多部图书的数字化工作；开始编辑《商务印书馆115年》；筹备复刊《商务印书馆馆史资料》。

四、子公司业务发展态势良好，战略意义初显

分馆建设在2011年又取得新进展。商务印书馆（上海）有限公司已经挂牌运营；商务印书馆（杭州）有限公司正在注册中。

跨地区、跨行业、跨所有制合作建立分馆，是近年来商务印书馆的重要战略举措，这一战略举措的重要意义在2011年得到了初步显现。分馆成为巩固和丰富产品线建设的重要力量；成为经济规模和经营业绩的有力支撑；成为商务印书馆品牌建设与传播的重要载体。

2011年，分馆共通过选题491种，与2010年相比增长21%；新书发稿319种，同比增长18%；出书389种，同比增长33%。分馆的选题、发稿和出书品种分别占全馆的27%、26%和27%。2011年，分馆的生产码洋1.3亿，销售收入3 391万，实现利润377万，分别占全馆总量的12%、8%、5%。

2011年是《英语世界》杂志创刊30周年，商务印书馆除举办了隆重的纪念会，同时以创刊30年为契机，加大内容革新，提升文字质量，确定了新的版式风格。杂志全年发行数量约41万册，总码洋243万元。《汉语世界》编辑部也对杂志内容设计进行了调整，全年开展了22场营销活动，出版《汉语世界》丛书4种。杂志社在北京和上海建立销售网点共计410家，展示网点570个。杂志还获得第五届中国出版集团出版的奖优秀栏目奖（文化档案）和优秀编辑奖。

五、坚持正确的出版导向，实现高度的文化自觉

2011年，商务印书馆继续坚持正确的出版导向，不仅进一步强调导向的责任意识，还把导向当作生命线来抓。在大力倡导内容创新、不断扩大选题和出版规模的同时，特别注重选题导向管理。审读室在重点审读有关书稿的同时，对全馆所有书稿的付型样进行审查。全年审读付型样550多部，审读重点书稿50余部，报送重大选题备案10多部，筛选出近10种不合格或不合适的选题。

六、明确树立品牌管理新思维

根据商务印书馆品牌延伸和拓展面临的情况，明确提出品牌管理不仅需要理性，更需要胆识和智慧。所谓的理性，就是要坚守和进一步强化商务的品牌形象和品牌内核。品牌形象主要体现为“工具书王国”和“学术出版重镇”；品牌内核则主要表现为品质，包括商务印书馆作为企业法人实体的“人品”和众多图书产品的品质。所谓的胆识和智慧，就是如何延伸和拓展品牌。主要的课题是如何使品牌具有时代精神，始终与时代的脉搏一起跳动。

七、基于战略的组织结构调整

为适应进一步挺拔主业、强化品牌和拓展品

牌的战略需要，2011 年，商务印书馆对组织结构进行调整，成立了大众学术和大众文化编辑室。将原著作室、译作室和经管室整合，成立学术图书中心，下设文史编辑室、政法编辑室、哲学社会学编辑室和经济与管理编辑室；成立教科文图书中心，下设教育编辑室、科技编辑室、大众学术和大众文化编辑室。明确图书中心和编辑室的五大中心地位：选题策划中心、利润中心、版权经营中心、营销策划中心和文档管理中心。版权处改组为版权与法务部，并对其职责给予了明确规定。

八、创新管理手段，坚持不懈抓好生产经营

1. 科学管理出版流程

2011 年，商务印书馆在创造效益的同时，努力控制生产成本，依靠科学筹划、周密安排，大力提高生产效率，圆满完成了多项重大项目、重点图书的生产任务。

2. 积极创新营销渠道与方式

在营销方面，积极开拓创新。一是围绕年度重点项目《新华字典》（第 11 版），探索出“小字典，大文化”的文化营销方法，关注贫困地区的学生，推出《新华字典》（第 11 版）平装本。二是创立公益营销新形式，包括与慈善机构合作组织爱心企业捐助活动，《新华字典》第 10 版和第 11 版累计捐赠近 500 万册。组织实施“小乡村大课堂”活动，在全国各地开展了 6 次丰富多彩的活动。这些创新措施在赢得较好社会效益的同时，也取得了良好的经济效益。

在销售方面，积极拓展团购业务、网店业务，与原有的实体店销售业务共同构成实现业绩增长的三驾马车。2011 年，团购业务共实现 8 010万销售码洋，比 2010 年增加 5 500 万，增幅达 219%；网店业务实现 9 300 万发货码洋，比 2010 年增加 4 800 万，增幅 106%。

3. 版权、法务工作齐头并进

2011 年 8 月，版权处改组为版权与法务部，在原有的版权业务基础上增加了法律事务的职能。法律事务职能主要是对商务印书馆的重要文件及重大经营行为进行合法性审查及提供法律意见，确保经营管理的合法、规范。全年共审查、登记、归档管理国内出版合同 504 件，起草各种出版合同 62 件；共引进外版图书 108 种，输出版权 41 种，比 2010 年有了较大的增长；重新起草了 12 种新的出版合同格式文本，并起草了《商务印书馆版权合同管理规则》，对合同的种类、适用情况和合同审查与签订流程等进行了规定。

2011 年，商务印书馆查办销售侵权盗版书店 173 家、盗版盗印窝点 7 家、盗版图书仓储库房 4 个、使用盗版图书学校 1 家；配合各地执法部门收缴盗版《新华字典》、《现代汉语词典》、《牛津高阶英汉双解词典》等工具书及半成品 40 余万册（份）。

九、全媒体出版迈出重要一步

2011 年，商务印书馆积极探索全媒体出版，在数字出版方面有了实质性的内容和形式方面的突破。确立全媒体出版的总战略：本馆和分馆立体推进战略、各编辑部门以示范项目推动战略、以品牌图书带动战略。全媒体出版取得实质性的初步进展，确定了“三库两平台”的总体规划，即辞书语料库、辞书数据库、辞书资源库和编辑编纂平台、排版平台。在此基础上启动了百种精品工具书数据库项目，2011 年完成 40 种。同年，与英国精制绘图公司合作“外国人学汉语”工具书项目；完成“中学教材语料项目”，通过了专家验收；新出版电子、音像出版物 32 个品种，品种数为历年最多，比上年增长 28%。

十、以科学管理谋发展

1. 强化生产会制度，确保重点项目、重点图书的出版周期和出版品质

全年召开各种形式的生产会 20 多次，从内容把关到生产流程安排，从装帧设计到市场营销，先后对《新华字典》（第 11 版）、“中华现代学术名著丛书”、“汉译世界学术名著丛书”分科本等在内的一系列重点图书进行生产安排，使这些重点项目能够高质量地及时出版。

2. 积极推进 ERP 的开发建设进程

选题申报子系统投入运行，彻底结束了纸质与电子选题双轨申报的状况，实现统一的在线申报，大大减轻了编辑申报选题的工作负担。同年提印子系统开始试运行；合同数据库的整理工作已经完成，为下一步的开发建设打下良好基础。

3. 启动商务印书馆规章制度修订工作

连续数次召开会议，针对企业发展的新情况，深入讨论具体管理措施，谋求企业运转有序进行、有章可循。

4. 人才的培养、引进和使用

2011 年，商务印书馆加大了人才培养、人才引进和人才使用的力度。积极选派人才梯队人员参加集团公司组织的国内外培训。派出 4 名中层管理人员到国外培训；派出 6 名生产岗位上的员工赴香港商务印书馆参加业务交流活动；派出 1 人赴美国参加宣传和营销活动；引进中层专业管理人才 4 名，引进专业人才和应届毕业生 12 人。

5. 完善职工权益保障

在集团公司人力资源部的指导下，按时完成了签订全员劳动合同的工作。制定相关配套的规章制度，配发了员工手册。继续完善科学的绩效考核制度，并纳入企业管理重要战略体系，建立了有效的激励分配机制，体现了效率优先，兼顾公平原则。

6. 充分发挥职代会作用

2011 年，商务印书馆召开三次职代会全体会议，讨论并通过了《商务印书馆有限公司劳动合同关系暂行办法》、《商务印书馆有限公司劳动工资暂行管理办法》、《商务印书馆有限公司新入馆的应届毕业生工资暂行管理办法》、《商务印书馆有限公司企业年金方案》等重要文件，通过了商务印书馆新建办公楼和在上海购置办公用房两项重大投资决定。职代会通过各种方式，广泛征求、全面了解广大职工的利益诉求，为上级决策发挥积极的作用，为全馆的和谐和平稳发展作出应有的贡献。

7. 不断改善员工的福利待遇

（1）开始落实职工住房补贴工作。对在职职工住房情况进行调查，完善职工住房档案，为下一步发放住房补贴做好基础性工作；完成了商务印书馆离退休人员住房补贴发放工作；做好职工交通费、取暖费等补贴的发放工作。（2）开办职工食堂，将午餐盒饭改为自助餐形式，并提供早餐。

十一、政治思想建设和精神文明建设常抓不懈

2011 年，商务印书馆员工认真学习胡锦涛总书记在庆祝中国共产党成立 90 周年大会上重要讲话精神，学习贯彻落实十七届六中全会精神，建设学习型党组织，开展创先争优活动，努力提高党员的政治觉悟和政治敏感性。注重党风廉政建设，进一步落实党风廉政建设责任制；多次组织各支部书记参加中国出版集团公司直属机关党委举办的讲座、培训活动。开展创先争优活动，落实党员公开承诺制。引导团员青年树立科学发展观。为庆祝中国共产党成立 90 周年，分两批组织党员赴重庆，先后参观了重庆渣滓洞、白公馆、红岩村等地，对全体党员进行重要的精神洗礼和深刻的信仰教育。

十二、继续推进企业文化建设，进一步强化对企业核心价值观和核心经营理念的学习

2011 年，商务印书馆继续推进企业文化建设，安排了一系列有声有色的活动。制定了企业文化发展规划。为深入做好企业文化培训工作，组织全馆员工分批赴兴城、北戴河等地进行集中培训。全年组织了 5 场员工业务培训讲座。各个部门也针对各自的情况，开展业务知识学习活动。同时，编辑部门还主动邀请营销与出版部门做业务讲座。配合企业文化建设，编辑出版了《商务印书馆职工摄影作品挂历》和《我眼中的世界——商务印书馆职工摄影年历》等深受员工喜爱的宣传品。2011 年，商务印书馆还积极参加中国出版集团公司工会组织的各项表演和竞赛活动，如集团公司春节联欢文艺表演和庆祝中国共产党成立 90 周年“颂歌献给党”歌咏比赛活动、“庆祝中国共产党成立 90 周年书法绘画摄影展暨全国出版界同仁书画邀请展”、第三届集团公司职工羽毛球大赛等。同时，员工长期用业余时间开展文体活动，有乒乓球、足球、羽毛球等活动，并利用业余时间举办比赛。2011年，商务印书馆还专门聘请教练，利用每周三中午休息时间教授瑜伽和健身操，参加活动的新老职工非常多，气氛和谐、热烈和轻松，为企业增加了凝聚力。（刘　禹）

中华书局2011年工作综述

2011年，是中华书局多项经济指标持续、较快增长的一年，是中华书局图书社会效益丰收的一年，全局管理水平继续提升，执行力继续加强，数字出版踏上征程，分社制探索不断深入。

一、“双效”业绩概述

（一）社会效益

2011年，作为首届中国出版政府奖先进出版单位、“全国百佳图书出版单位”，中华书局（以下简称“书局”）图书在全国古籍和社科图书市场上的品牌知名度继续巩固和提升，并被人力资源社会保障部和新闻出版总署联合评选为“全国新闻出版系统先进集体”，被新闻出版总署评为“《大中华文库》出版工程暨新闻出版走出去先进单位”，入选“2011年上海书展最有号召力的十家出版社”。书局还荣获2011年度文化出口中央奖励资金50万元。在第二届中国出版政府奖评选中，李岩获优秀出版人物奖，《新获吐鲁番出土文献》、《敦煌经部文献合集》获图书奖，《汉藏交融——金铜佛像集萃》获装帧设计奖，《太平寰宇记》获图书奖提名奖，《庄学本全集》获装帧设计奖提名奖。徐俊入选全国宣传文化系统“四个一批”人才名单。书局中华活页文选杂志社荣获全国妇联授予的“巾帼文明岗”称号。国家出版基金重点资助项目《中华民国史》以优秀成绩顺利结项，得到专家学者的一致好评。《全元诗》和《中国地域文化通览》入选2011年度国家出版基金资助项目。

在第五届中国出版集团出版奖评选中，书局《新获吐鲁番出土文献》、《敦煌经部文献合集》、《汉藏交融——金铜佛像集萃》、《太平寰宇记》、《庄学本全集》获荣誉奖，《顾颉刚全集》、《商周金文摹释总集》、《印顺法师佛学著作全集》获综合奖，《服周之冕》获优秀选题奖，《文史知识·特别关注》获优秀栏目奖，《中国佛教文化史》、《邵雍集》、《文史》、《文史知识》获优秀编辑奖，《张政烺论易丛稿》、《文史》获优秀校对奖，《顾颉刚全集》获优秀印制奖，《马未都说收藏·杂项篇》获优秀畅销书奖，《中华活页文选》获优秀经营奖，共获19个奖项，在集团公司所属出版社中名列前茅。

在中国出版协会古籍出版工作委员会主办的“第26届全国古籍出版社社长年会暨2010年度全国优秀古籍图书”评奖会上，书局多种图书获奖。其中，《琴曲集成》、《商周金文摹释总集》、《近出殷周金文集录二编》、《向达先生敦煌遗墨》、《韩愈文集汇校笺注》、《邵雍集》获“全国优秀古籍图书一等奖”，《肇论校释》、《四明文献集》（外二种）、《春秋公羊传译注》、《易学象数论》（外二种）、《二十世纪出土玺印集成》、《宋集序跋汇编》、《论衡校读笺识》获“全国优秀古籍图书二等奖”，“中华经典名著全本全注全译丛书”获“全国优秀古籍图书普及读物奖”。

此外，《甲午战争新讲》、《中国佛教文化史》入选新闻出版总署组织评选的第三届“三个一百”原创出版工程。《文史中国》系列、《一本书读懂中国史》入选2010年度全国版权输出优秀图书。《羌在汉藏之间》入选全国首届百种优秀民族图书。《奢华之色》入选第二届“紫禁城杯”全国文化遗产十佳图书。《孟子的智慧》、《一本书读懂中国史》、《活在当下》、《好诗共欣赏》入选“我最喜爱的一本书——第二届百种优秀青春读物”。《中国人应知的国学常识》、《不负我心》入选新闻出版总署组织评选的第八次向全国青少年推荐的百种优秀图书。《中国人应知的国学常识》入选新闻出版总署全民阅读活动组织协调办公室评选的2010年度“大众喜爱的50种图书”。《宅兹中国——重建有关“中国”的历史论述》分别入选《中国图书商报》“2011年度10本好书”、《中华读书报》“2011年度图书十佳”、“2011年上海书展最有影响力的十本新书”。书局开发的游戏“李小白”获搜狐读书和百道网联合评选的第一届“创意新出版”提名奖。

（二）经济效益

1. 编务统计数据

2011年出版图书1 358种（同比增长10.05%），其中新书487种，重印书871种，新书所占比例为35.9%。引进版权图书13种，输出版权图书63种，年度版税收入178.8万元，图书外贸出口额45.21万美元。

2. 生产经营数据

2011年图书发货3.34亿元，回款1.5亿元。图书生产用纸令数共计21.5万令。

3. 市场占有率排名情况

全年总体排名维持在全国市场40多名的水平上。最高排名是在5月份，为第37名；最低排名是7月份，为第66名。

二、出版主业情况

（一）国家出版基金资助项目继续有条不紊地开展

点校本“二十四史”及《清史稿》修订工程、《全元诗》、《中国地域文化通览》等国家出版基金资助项目继续有条不紊地开展。如点校本“二十四史”及《清史稿》修订工程稳步推进，坚持抓好进度管理、资金管理、信息交流、资料积累各项工作，2011年正式进入编辑审稿阶段。

（二）中华书局局庆工作积极展开

2012年是书局百年华诞。2011年，书局相继在哈尔滨、香港、南京、上海等地举办“中华书局百年再出发”沙龙。2011年12月，书局与上海图书馆在上海联合举行“中华书局百年历程暨珍贵图书文献展”和“庆祝中华书局成立100周年座谈会”。此外，书局继续全面整理历史档案资料，并形成相关出版物。《中华书局百年大事纪要》、《中华书司百年图书目录》、《中华书局百年梦想主题画册》、《中华书局百年书人书事》、《中华书局藏徐悲鸿手札》、《中华书局藏名人信札精选》等编辑工作进展顺利。并制作了相关纪念品和礼品。

（三）分社制改革成效显著，古籍学术出版中心一体化稳步推进，精心打造多条出版产品线，并取得重要成绩

书局秉承“守正出新”的出版理念，通过结构调整和资源优化配置，精心打造古籍整理及学术著作、传统历史文化普及读物、文化遗产类图书等重要出版产品线，形成多个优势品牌，在引领阅读风尚、经典普及与传播、品牌营销与推广和推动学术交流与创新等方面取得重要成绩。

1. 古籍学术出版两个效益显著

2011年，古籍学术出版板块发货码洋近1.55亿元，同比增长3 500万元。国家出版基金资助项目《中华民国史》32卷36册出版，《人民日报》、新华社等媒体持续报道，引起社会强烈反响，该书出版后1个月左右即重印。2011年销售码洋900余万元。《文献通考》、《中国国家图书馆藏清宫升平署档案集成》、“中华国学文库系列”、《丛书集成初编》、“二十四史”（精装纪念本）等大型古籍、文献资料陆续推出，形成2011年古籍出版大部头较为集中的显著特点。基础古籍如一些大型丛书——“中国古典文学基本丛书”、“道教典籍选刊”、“佛教典籍选刊”、“十三经清人注疏”、“新编诸子集成续编”等，也都增加了新的重要品种。

学术板块方面，《唐长孺文集》、《容庚学术文集》、“秦汉史论著系列”、《书目答问汇补》、《宅兹中国——重建有关“中国”的历史论述》等学术著作的出版，体现了书局出版大家名家文集、出版高端学术著作的定位。《宅兹中国——重建有关“中国”的历史论述》更是受到海内外学术界的广泛关注，获得多项年度图书奖。

此外，书局还出版中宣部“四个一批”人才培养工程图书14种、国家社科基金成果文库2种、国家社科基金后期资助项目3种、国家古籍整理出版资助项目17种。

2. 大众普及板块发展迅速，新增一个分社、一个工作室

以基础图书分社和大众读物分社为核心的大

众普及板块，2011 年发货码洋超过 1.5 亿元。其中，基础图书分社生产效率高，规模性丛书、套书成功开发；大众读物分社与上年基本持平。两个分社的发展，充分显示了书局分社制探索的实绩。

2011 年，大众普及板块出版了《走向辉煌》、《现代中国的历程》、《唐诗排行榜》等引起社会广泛关注的图书。尤其是《姥姥语录》，累计发货 28 万册，2011 年发货 20 万册。“中华经典名著全本全注全译丛书”出版渐成规模，销售势头喜人。

2011 年，书局成立新阅读分社，以及在大众读物分社内设立人文图书工作室。前者推出的《国文国史三十年》(一)，两个月销售 3.5 万册；后者则以出版内容有品味、装帧有特色的思想文化类图书为特色。

3. 艺术类图书坚持高端、高品位，成立文化遗产分社

文化遗产·史志文化编辑室在做好方志出版的同时，又开发了一批高端、高品位的艺术类图书。《中国文化遗产研究院藏西域文献遗珍》、《明清江南建筑木雕》等图书，内容和装帧均获得广泛好评，因此拓建了一条文博艺术类图书的产品线。2011 年，文化遗产分社正式成立，下设文博艺术编辑室、史志文化编辑室。

4. 期刊工作稳定中有突破，《月读》成为关注焦点，教育板块实力增强

《文史知识》2011 年全新改版，围绕纪念辛亥革命 100 周年设计了系列选题。2011 年造货码洋超过 600 万元。

中华活页文选杂志社 2011 年发货超过 4 000 万元，上了一个新台阶。此外，中华活页文选杂志社开发面向学生的传统文化类图书，也取得了初步成效。由书局申报组织实施的教育部规划课题——“中小学传统文化教育实践研究”开展顺利，正在广泛联系实验校，突破现有工作站区域，确定重点开发地区。

中华活页文选杂志社编辑的《月读》推出后，受到各级领导的高度重视。中宣部出版局的《出版阅评》对《月读》的编辑思路、内容、形式等予以高度评价，中央电视台等多家新闻媒体对它相继进行了报道。2011 年，经新闻出版总署批准，《月读》获得正式刊号。

阳光润智文化传播有限公司在面向中小学生的国学教育图书开发方面取得进展，2011 年发货码洋超过 1 000 万元。与教育部语言文字应用司、新浪网联合举办的“2011 年全国中小学生作文大赛”吸引了 37 万学生参加。“中华诵经典教育论坛”逐渐成为品牌。

5. 数字出版进入关键阶段

2011 年，书局成立数字出版中心，承担数字出版工作。书局拥有百年积累的内容资源、业内一流的编校力量、多年出版经营活动积累的品牌优势和大型数字化项目经验，这些都为数字出版业务提供了有力的整体支撑。9 月，“中华字库”工程第 16 包“现代的汉语出版物用字及专门用字、非字符号的搜集与整理”项目启动，中华书局和商务印书馆联合承担。10 月，“中华字库”工程第 12 包“宋元印本文献用字搜集与整理”项目启动并进入实施阶段，中华书局和清华大学联合承担。此外，书局自主开发的《中华经典古籍库》产品项目正式启动。旨在将书局出版的整理本古籍做数字化加工，形成可供读者使用的全文检索数据库产品。同时，系统提供给读者电子字辞典、历史年表等多种辅助阅读、研究工具。产品以局域网版为主，在销售稳定后，向互联网扩展。软件研发、数据整理已在进行中，预计 2013 年实现销售。

值得一提的是，书局独立研发的“李小白”游戏成功上线。“李小白”是一款以中国传统文化为内容的闯关游戏，适用于 iPhone 和 iPad 平台。游戏发布后，多家媒体专题报道，中央电视台的《新闻直播间》和《新闻联播》中华书局专题中均有报道。先后有 52 个国家和地区的游戏玩家下载，下载量 3 万人次。

三、管理工作情况

2011 年，书局注意发挥党委的政治核心作用，党政领导班子统一思想，形成共识，继续在加强管理方面进行探索。所取得的各项成绩，与

全局强调管理、提升执行力密不可分。

（一）目标管理、流程管理和激励措施成效明显

2011年，书局针对下属中心、分社、编辑室不同情况，分别实行发货实洋考核和利润考核，考核结果与年终效益奖直接挂钩，发货实洋考核再细分为新书实洋考核和旧书实洋考核的管理模式。

2011年，针对以往选题计划执行不力的情况，制定“营销月历”，对重点图书进度进行协调、监督。对国家出版基金资助项目等大型图书和重点项目，制定出版时间倒推计划，每半个月或一周召开一次例会，从而保证了《中华民国史》、《文献通考》等重点图书的出版。

2011年，定期召开营运例会，调控编、印、发各流程，及时发现和解决问题。加强库存监控，强调重印及时跟进，保证基础品种不断货。

近两年来，新闻出版总署管理部门对国家出版基金资助项目、国家古籍整理出版资助项目加强了资金使用和进度的管理。因此，2011年书局资金使用更加规范、时间控制更加及时。

总体来看，2011年，目标管理、流程管理和激励措施成效明显，生产效率得到较大提升。从总经理、总编辑到各部室主任，逐渐形成积极管理、强调执行力的观念，为书局建立现代企业制度进行了有益的探索。

（二）有意识地将党建工作、精神文明建设、企业文化建设与生产经营相结合，注意发挥党委的政治核心作用，形成良好的工作局面

在深入学习贯彻落实十七届六中全会通过的《中共中央关于深化文化体制改革推动社会主义文化大发展大繁荣若干重大问题的决定》的过程中，如何把握新形势、新任务，如何抓住契机、乘势发展，成为当务之急。书局党政领导班子认为，迫切需要发挥党委的政治核心作用，从战略性、前瞻性的高度思考扩大经营规模、加速发展等问题。因此，党政领导班子有意识地将党建工作、精神文明建设、企业文化建设与生产经营工作相结合，注意发挥党委的政治核心作用，促进了中心工作，形成了团结和谐、稳定发展的工作局面。2011年继续坚持党政联席会议、党群工作定期交流等会议制度，研讨带有方向性、战略性的问题，进一步明确改革发展的方向、思路和措施，形成合力抓发展，确保“两个效益”的统一。通过坚持这些会议制度，通过研讨，党政领导班子在生产、管理、经营理念等方面逐步形成共识，统一了思想。党政班子有决心、有信心带领大家朝着既定目标，积极探索，稳步前进。

6月30日，书局召开庆祝建党90周年党员大会，总经理李岩作了《热烈庆祝建党90周年，中华书局百年再出发，再造新辉煌》的主题报告。报告回顾了书局和中国共产党早期党史的密切关系，并就“百年再出发”为题，从9个方面畅谈为迎接百年庆典，如何创造新辉煌的构想。

（三）人力资源工作正常有序地开展，坚持党管干部的原则，严格遵守干部选拔任用工作的有关规定，搞好干部队伍建设

人力资源工作在书局党政领导班子的领导下正常有序地开展，注重培养年轻干部，为书局发展储备人才（截至2011年底，书局中层干部36人，主任助理19人。中层干部平均年龄43.6岁，主任助理平均年龄39.1岁）。在人才招聘和培训工作方面，严把进人关，规范招聘录用程序，精心组织实施了2011年接收应届毕业生及社会公开招聘工作，并对入局新员工进行了培训，通过培训使他们尽快融入团队、掌握基本技能，取得了很好的效果。为了保证人才培养和可持续发展，使应届毕业生尽快提高业务水平和实际工作能力，2011年继续实施导师制。

在转制工作方面，制定了《中华书局有限公司员工劳动管理条例》，并与全体员工签订了劳动合同。经和新闻出版总署人事司教育处多次沟通协调，由新闻出版总署职改办对书局2010年6月30日前离退休人员的高级专业技术职务资格予以确认，离退休人员的社保接续工作已交到北京市丰台区社保中心审核。

在健全规章制度方面，修改完善了员工手册。为规范各类劳动用工的薪酬福利项目，制定了薪酬管理暂行规定，规定了新进员工的工资标准。在收入分配上按照“绩效核定，公平公正”的原则设计书局各部门的薪酬分配制度，鼓励员工为书局多作贡献。

（四）企业文化建设取得良好成绩

书局党政领导班子十分重视企业文化建设，多次召开职代会、座谈会等，向广大员工征求意见和建议。此外，书局还积极参加集团公司羽毛球比赛，组织书局内部乒乓球、钓鱼、台球、桥牌比赛，组织员工赴北戴河集体休假等。

（梁　彦）

中国大百科全书出版社 2011 年工作综述

2011 年是“十二五”开局之年，中国大百科全书出版社在中国出版集团公司领导下，按照出版社年初的工作部署，以发展为主线，围绕中心，服务大局，整体上把握出版导向，振奋精神，团结奋斗，推进出版社改革发展和各项工作，较好地完成了既定的目标和任务。

一、多方努力，通力合作，完成《中国大百科全书》（第三版）立项工作

在社委会统一部署下，组织专门机构和专业人员，全面开展《中国大百科全书》（第三版）可行性调研、设计和立项工作。通过对国内外传统纸介质百科全书和网络化百科全书的调研，分析国际百科全书编纂新趋势，针对我国经济社会发展的新形势、新需求，设计新一代《中国大百科全书》编纂总体方案，并积极协调、推动各级立项工作。在中央领导亲切关怀下，在中宣部、新闻出版总署、中国社会科学院、中国科学院、中国出版集团公司等大力支持下，2011 年 11 月 5 日，国务院批准同意编纂出版《中国大百科全书》（第三版），指示同时开展编纂平台、网络版、纸质版的工作，抓好落实，保障质量。“三版”从内容到形式，都将发生革命性的变化，从而将引领出版社在编纂流程和生产方式、工作机制和队伍建设方面发生巨大变革。

二、坚持正确导向，大力挺拔主业，出版一系列优秀作品奉献社会

（一）发挥品牌优势，奉献精品力作，促进文化大发展大繁荣

2011 年，中国大百科全书出版社在认真总结“十一五”出版情况的基础上，由社委会牵头，几经讨论和研究，制定了社“十二五”重点选题规划。充分发挥自身的品牌优势和特长，树立精品意识，实施精品战略，出版了一批以百科全书为主的工具书，取得了良好的社会效益和经济效益，为促进文化大发展大繁荣作出应有的贡献。

①规划开发百科全书系列产品，巩固发展出版社核心产品的市场优势地位，是出版社一直坚持的工作重点。2011 年集中力量编纂出版了《中国大百科全书》（第二版简明版），这是国家“十二五”重大出版项目，是在 2009 年出版的《中国大百科全书》（第二版）的基础上，经精选浓缩、增删改编而成的一部综合性百科全书。《不列颠百科全书》是出版社另一长盛不衰的品牌，2011 年出版社修订完成了《不列颠简明百科全书》（4 卷本）。这两套百科全书是出版社在“十二五”开局之年，向广大社会读者奉献的精品力作。

②在专业百科全书、地区百科全书及百科辞典领域有序发展。截至 2011 年年底，《中国京剧百科全书》、《中国情报学百科全书》、《中国军事通信百科全书》、《南昌百科全书》、《中国少数民族古籍总目提要》（《乌孜别克族卷·塔塔尔族卷·俄罗斯族卷》、《塔吉克族卷》、《哈萨克族卷》、《维吾尔族卷》）已出版；《中国战略导弹部队百科全书》已经发稿；《中国大百科全书·电子电工》和《新疆地名大词典》已完成三审；《中国军事百科全书》（第二版）合卷本也进入收尾阶段。

③少儿百科全书不断壮大。经过多年努力，

出版社的少儿百科全书两翼齐飞，形成了以《中国儿童百科全书》为主的原创产品系列，以及以《DK儿童百科全书》为代表的引进版系列，共同构成了出版社少儿百科全书书系。2011年《中国儿童百科全书》系列出版了《中国幼儿百科全书》（第二辑）、《中国小学生百科全书》（分册版）；《上学就看》进行了内容修订和重新设计。《DK儿童百科全书》家族又增加了《DK儿童百科百问百答》和《DK儿童视觉百科全书》两个新成员。

（二）优化产品结构，打造有影响力产品集群，提升核心竞争力

2011年，出版社不断坚持社会效益和经济效益有效统一的原则，立足于出版物市场开拓，加强管理，优化选题结构，打造和丰富产品线，提高出版物质量，提升核心竞争力，力争把出版社建成品牌特色突出、出版主业挺拔、有创新能力和可持续发展能力的出版社。

①学生工具书领域继续推陈出新，以全新的角度分批次设计开发。首先，不断完善彩图版系列，新出版了《名言名句歇后语谚语词典》、《学生多功能成语词典》等产品；其次，构建了以双色版为主的综合类工具书，主要包括《初高中公式定理手册》和适合小学生阅读的语词类工具书；第三，向基础知识考典和图解词典系列方面纵深发展。总之，出版社的学生工具书由于重视整体规划和不断提升编校质量，已形成良性发展态势，保持了一定的出版规模，形成了产品集群，其品牌已获得广泛认可，市场占有率一直名列前茅。

②学术著作是近年出版社着重培育的图书板块，一直持续稳定发展，不断壮大。2011年出版社学术著作的发展进入一个相对高峰期。一是产品生产线众多，呈多元发展。除了口述历史、回忆录、传记、史学名著、史料整理等五大百科史学品牌外，还向法律、经济学、传播学、军事等系列发展。二是新品众多，如《刘继贤军事论文集》、《齐世英口述自传》、《杜月笙传》、《全球反恐论》、《中国传播学30年（1978～2008）》、《厉以宁论文选》、《“金牌”员工的十项修炼》等。

③大众读物领域，遵循出版精品的原则，在现有基础上进一步归纳提炼新的产品线，延续已有品牌，不断打造精品。在利用百科资源研发图文类产品方面，出版了《诗说中国》（6种），继续推出《中国大百科全书·名家文库》系列产品6种；在百科知识地图和旅游地理类读物方面，继续纵深开发，也形成了强大的产品集群，新品迭出，其中《中国国家地理地图》、《世界国家地理地图》、《望远镜系列地图绘本》，以及《飞羽瞬间》（2）、《梦幻大陆——南极》等出版物在社会上产生了良好的影响；在少儿科普方面，推出了《儿童目击者》、《高纬度科普》、《位梦华科学散文》，以及《科学与未来》（第二辑）等系列丛书，形成了出版社大众读物2011年的市场亮点。2011年通过打造一系列知识普及类精品读物，大众读物正以新的品牌形象接受市场的考验。

④在数字出版方面，出版了重点产品《中国大百科全书》数据库。同时整合全社资源和吸纳社会资源，搭建手机、网络、电子阅读器等出版平台，全面拓展数字阅读业务，全年上线总品种超过2 000种。

（三）做好主题出版工作，服务党和国家大局

①主题出版成果显著。2011年是中国共产党成立90周年、辛亥革命100周年。出版社按照中国出版集团公司的工作部署，提前准备了庆祝建党90周年、纪念辛亥革命100周年的重点选题安排。在社委会的高度重视下，经过编辑们的紧张工作，最终按时、高质量完成了出版任务。出版了“中国共产党与现代化使命丛书”和音像制品《百科人物——共产党员》。2011年6月19日，中国出版集团公司和上海市社会科学界联合会主办，出版社承办了“纪念中国共产党成立90周年京沪学术论坛暨“中国共产党与现代化使命丛书”出版座谈会。此外，2011年10月，还出版了《辛亥革命实绩史料汇编》以及大众历史小说《辛亥》。

②按时、高标准完成集团公司交办的出版任

务。继续完成《世界历史文库》的出版任务，至2011年年底已出版16种；圆满完成《中国文库》（第五辑）共9种的出版任务。

三、抓经营，促生产，努力完成各项经营任务

2011年，出版社图书发稿1 384种，其中，新书发稿440种，占32%；重印书发稿944种，占68%；在1 384种图书中，百科版634种，知识版750种。出版社电子出版物和音像制品发稿11种。本年营业收入总额约1.38亿元，其中主营业务收入1.2亿元。与2010年同期相比，《中国大百科全书》（第二版）销售有较大回落，对2011年收入影响较大；加大了其他品种开发和营销，提高了其他品种收入。利润总额超额完成预算目标和集团公司下达的任务。

四、贯彻“走出去”战略，积极开展海外交流和合作

2011年，出版社派人员分别参加第22届香港书展、第12届祖国大陆图书展、第63届法兰克福国际书展，到日本、韩国参加学习和培训，去印度、古巴业务考察。先后接待印度等国出版代表团，进行广泛的业务交流和合作探讨。第18届北京国际图书博览会参展工作效果良好，展出图书获得海内外出版人的关注。版权贸易工作也取得了一定的成绩，全年引进图书版权27种，输出图书版权41种，输出版权包括：《中国幼儿百科全书》（10种）蒙古文版版权输出至蒙古；《王子变小哈》泰文版版权输出至泰国；《浪花淘尽英雄：〈汉末英雄记〉里的三国往事》中文繁体字版版权输出至香港地区；《中国传统故事美绘本》（12种）英文版版权输出至美国、英国；《人物中国》系列（6种）、《中国社会生活变迁》英文版权输出至澳大利亚。

《中华文明史话——敦煌史话》（中英双语版）获第五届中国出版集团出版奖·优秀“走出去”奖和2010年度输出版优秀图书奖；《DK儿童百科全书》、《苏丹史》获2010年度引进版社科类优秀图书奖；《全球急需保护的200个地方》获引进版科技类优秀图书奖。

五、以学习贯彻党的十七大精神为重点，以纪念建党90周年为契机，扎实开展党建工作

（一）以学习贯彻党的十七大精神为重点，加强党的思想建设、组织建设和作风建设

①以学习贯彻党的十七大精神为重点，党委理论学习中心组带头学习，全面贯彻落实中国出版集团公司机关党委部署的各项工作。深入开展创先争优活动，研究制定实施措施，明确任务，责任到人，有计划、有步骤地抓好工作落实，并将其落实到实际工作中。集团公司机关党委对出版社创先争优活动工作给予了高度肯定。

②认真贯彻中国出版集团公司机关党委关于建立党员承诺制的精神。建立党员承诺制，进一步增强党员党的观念和党员意识，明确职责、任务和奋斗目标，更好地发挥先锋模范作用。根据不同岗位职责提出承诺内容，要求党员带头学习提高，带头争创佳绩，带头服务群众，积极推进工作的顺利开展。

③积极发展党员，动员一批年轻同志申请加入党组织。为了发展壮大党的力量，使广大年轻同志进一步提高责任感，出版社紧抓思想工作。2011年，出版社共有7人加入党组织，13人递交入党申请书。

（二）以纪念建党90周年为契机，开展精神文明建设和企业文化建设

①为纪念建党90周年，出版社党委先后开展一系列活动。举办了以“走进延安”为主题的党史讲座；参加中国出版集团公司举办的纪念中国共产党成立90周年征文等活动。出版社参赛节目《今天是你的生日，中国》获得中国出版集团公司庆祝中国共产党成立90周年“颂歌献给党”歌咏比赛三等奖；出版社组队参加中国出版集团公司第三届羽毛球大赛，获团体第四名；陈义望获新闻出版总署“光荣的使命——庆祝中国共产党成立90周年全国新闻出版行业书画展”书法佳作奖；陈义望等8名职工的书法、绘画、摄影作品入选“中国出版集团公司庆祝中国共产党成立90周年书法绘画摄影展暨全国出版界同仁书画邀请展”作品集。

②出版社党委开展“衣加衣大于爱”大型

送温暖、献爱心募捐活动，号召全社职工为内蒙古贫困地区人民捐献衣物及书籍。社领导带头募捐，大家积极响应，共捐出衣物1369件，为贫困地区群众献出了自己的爱心。

③做好“送温暖”工作。切实关心职工的工作和生活，关注病重职工、困难职工，做好春节前的慰问工作。社委会成员分别访问困难职工家庭，年初集团公司下发以及出版社补助的“送温暖”款13 500元，及时送到9名困难职工手中。2011年，工会继续参加中直机关工会开展的在职职工重大疾病互助保障活动，为职工提供多方的生活保障。截至2011年6月31日共计为210人办理重大疾病互助保障手续。出版社女职工向姗参加工作时间不长就身患重病，社工会的同志在集团工会的大力支持下，积极为其申请办理中直机关重大疾病保障互助金10 100元，出版社工会也先后对其予以经济补助。

④积极参加社会公益活动。出版社和北京市西城区开展共建文明乘车新秩序活动已经9年多，志愿者坚持扶老携幼，清扫站台，感动和影响了许多人。2011年“排队推动日”活动开展以来，出版社每天都派两名志愿者在单位门前的阜成门南行站和监督员们一起并肩站岗，展现出版社职工的风采。

⑤开展军民共建活动。出版社积极参加北京市西城区“爱心献功臣”行动，捐款1 800元；参加北京市西城区“建军84周年向武警部队拥军赠书”活动，向武警部队赠送图书136册，码洋合计5 670元。为纪念“八一”建军节，组织出版社复员转业军人及军属参观北京燕京啤酒厂。

⑥工会组织职工开展特色活动，使职工在活动中体现自我价值，倡导“快乐工作，快乐生活”的企业文化理念。办好社讯网，工会为“职工之家”栏目提供稿件和图片，让职工及时了解工会动态和有关信息。推广职工小家的建设活动。对外合作中心职工小家的同志自发组织职工到北京昌平的天使之家（无偿救助弃婴和孤儿的民间慈善机构）看望孩子们，大家自发捐款1 000余元，购买了孩子们需要的水果、海苔、果泥等急需食物，以及图书、玩具、大量柔湿巾等婴幼儿用品。

⑦举办庆祝建社33周年纪念日活动。组织出版社170多名职工在北京丰台南宫世界地热博览园开展“科普照亮生活、创新点燃希望”的主题活动。活动使大家感受到科技给我们的生活带来的深刻变化，激发大家创新的热情，也增强全社职工的凝聚力。

⑧继续开展争创文明部室和文明职工活动。社精神文明小组、职代会召开联席会，经过充分评议，评选出2011年度文明部室和2011年度优秀文明职工。出版社对外合作中心工会小组获“中央直属机关模范职工小家”和“中国出版集团公司工会先进集体”称号；向姗获“中国出版集团公司工会先进个人”称号。

⑨充分发挥女工组织作用，为女职工做好服务工作。组织女职工到中国国家博物馆参观《复兴之路》展览以及邀请邮政储蓄银行为出版社举办“大百科理财专场”讲座。

⑩为职工改善就餐和办公条件，2011年对餐厅和办公室窗户进行了改造。为确保全社职工身体健康，不断改进供餐质量、丰富菜谱。尤其是尊重民族习惯，专为少数民族职工增加了菜品。为改善职工的办公条件，社委会想方设法争取资金，对办公室窗户进行了更换，使冬季再也不需要开空调，明显节约了用电量，降低了办公成本。此外，随着出版社事业的发展，职工的收入较上一年有所增长。（任其忻）

中国美术出版总社2011年工作综述

2011年，作为“十二五”的开篇之年，中国美术出版总社在中国出版集团公司的领导下，紧紧围绕转企改制，加快调整，夯实发展的基础，进一步强化了体制机制改革，坚持正确的出版方向和导向，以品牌建设为核心，努力更新和优化图书结构，强化管理，创新经营机制，不断拓展市场，继续扩大总社出版物的市场份额，实现了社会效益和经济效益的稳步上升，中国美术出版总社品牌的市场影响力进一步增强，为顺利完成“十二五”规划打下了良好基础。

一、弘扬主业，两个效益进一步提高

2011年，中国美术出版总社出版了《庆祝中国共产党成立90周年百种红色经典连环画》（人民美术出版社、连环画出版社等四家出版社合作出版），《宫崎滔天家藏——来自日本的中国革命文献》、《东方既白》（9卷本）、《中国美术研究年度报告2010》、《漫画中国历史》（48卷）、《中国现代美术理论批评文丛》（10卷）等重点图书。继2009年有27种图书入选中国出版集团公司100种庆祝中华人民共和国成立60周年重点图书之后，2011年《庆祝中国共产党成立90周年百种红色经典连环画》作为建党90周年的重点图书，在人民大会堂举行了隆重首发仪式，中央电视台在《新闻联播》中作了报道。重点图书的出版，使人民美术出版社和连环画出版社在全国艺术类、少儿类出版社中的地位和影响进一步扩大。

2011年，中国美术出版总社有一批出版物获奖：《中国侗族在三江》、《女红——中国女性闺房艺术》获第二届中国出版政府奖·装帧设计奖提名奖；《宫崎滔天家藏——来自日本的中国革命文献》获得中国编辑学会颁发的第二十届优秀美术图书“金牛杯”金奖，《庆祝中国共产党成立90周年百种红色经典连环画》、《剪纸的故事》、《中山王礜器文字编》、《从〈黄河大合唱〉谈油画创作》、《从〈圆明园劫难〉谈历史画创作》、《盒子、瓶子、袋子——世界最佳包装设计》、《花果山》7种图书获得中国编辑学会颁发的第二十届优秀美术图书“金牛奖”铜奖。

此外，《中国侗族在三江》、《女红——中国女性闺房艺术》、《中国美术百科全书》（4卷）、“野孩子图画书系列”4种图书获第五届中国出版集团公司出版奖·荣誉奖，《任伯年全集》（6卷）、《国家重大历史题材美术创作工程作品集》、《万山红遍——新中国美术60年访谈录（1949~2009）》、《细节——忻东旺》、《红山诸文化玉石考》5种图书获第五届中国出版集团公司出版奖·综合奖等奖项，《中国艺术》、《艺术沙龙》、《中国中小学美术》、《漫画大王》等刊物获第五届中国出版集团公司出版奖·优秀编辑奖等5项奖项，《儿童漫画》被评为第18届北京国际图书博览会全国十佳动漫报刊，《剪纸的故事》入选上海市新闻出版局组织评选的2011年“中国最美的书”。

继2010年输出图书版权58种之后，2011年输出版权《荷花回来了》、《童话300首》、《谜语300首》、《漫画中国历史》（48卷）等55种。

同时，中国美术出版总社的常销书数量明显增加，市场占有率不断攀升。人民美术出版社图书中心2009年再版书55种，而2011年截至1月底已达122种。连环画出版社的再版书则由2009年的40种升至2011年的107种。

中小学美术教材，在面临成本上升、价格下调、利润空间缩小，国家实施循环使用政策、政府低价采购、市场竞争激烈等情况下，仍然实现了稳步增长。主要是采取了一系列主动措施，如抓好租型代理工作，加大力度推广高中教材的配套光盘，认真组织好美术教材地方内容的合编工作，重视与教师的互动，加强《书法》教材和幼儿教材的营销工作等，既提高了专业影响力、加强了市场竞争力，又开辟了新的经济增长点。

2011年中国美术出版总社年度书刊质量自查结果，优秀和良好书刊比例达到了32%。

二、全面预算管理在2011年效果显著，经营规模和经济效益明显提升

中国美术出版总社自从2006年开始实行预算管理制度，几年来经过不断的细化与完善，已经成为生产经营的重要管理手段，发挥着举足轻重的作用，各项经济指标良性发展。

2011年继续严格执行预算管理制度，如继续加强集约化的现金流管理，针对各出版经营单位的投入产出情况，科学把握现金投入方向及投入量，并且实施动态监控，以获取资金投放收益的最大化。在财务处和总社各部门的共同努力下，截至2011年9月，已还清多年来的全部银行贷款和其他单位借款。而所欠纸款及印刷费，完全在可控范围之内。这样的举措，极大缓解了社内资金和现金流紧张状况，不再依赖借款和贷款输血，完全能够实现自主扩大再生产的现金流通畅。

2011年，中国美术出版总社的经营规模和经济效益明显提升。2011年共出版新书1 236种（不含期刊）、再版书344种；出版总码洋约31 415万元（不含期刊）；发行总码洋10 861.58万元（不含期刊）；总营业收入14 084万元，同比增长3.51%；总资产23 856万元，同比增长8.3%。

三、成功举办人民美术出版社60周年庆典，进一步扩大了中国美术出版总社的社会影响力

2011年是人民美术出版社成立60周年，为了进一步扩大中国美术出版业“老字号”的品牌影响力，弘扬人民美术出版社具有深厚历史积淀的优良企业文化，中国美术出版总社倾全社之力，经过近一年的组织和筹备，在社委会领导周密安排下，通过全社超过百人的共同参与和辛勤工作，8月15日，在中国美术馆隆重举办了庆祝人民美术出版社成立60周年的系列展览，包括人民美术出版社出版成就展，沈鹏书法作品展，当代名家邀请展，人民美术出版社年画、连环画、宣传画展，人民美术出版社编辑书画摄影展5个专题展览。

这次展览，党和国家领导人李长春、刘延东、刘云山、严隽琪等亲笔写来贺信，刘云山、马凯等领导亲临参观了展览，中国文联、中国美术家协会、中国书法家协会分别发来贺信或题词。中央电视台、《中国新闻出版报》等20多家媒体进行了报道，产生了极大的社会影响。社会各界的参观者络绎不绝，展览对于人们了解人民美术出版社的历史，对宣传品牌起到了很好的作用。展览期间还举办了两场座谈会，业界专家对人民美术出版社60年的历史与成就进行了系统的回顾与高度评价。庆典工作在全社同志的共同努力下取得圆满成功。

四、确立了中国美术出版总社办公楼搬迁方案，为在“十二五”期间实现跨越式发展奠定了基础

2011年，中国美术出版总社领导班子对历经波折17年的土地置换方案再次进行了深入研究与细致论证，做了大量实地勘察工作，并召开职工代表扩大会议，审议总社土地置换方案，职工代表37人参加会议，中层干部、工会小组长40人列席会议。代表们经过认真讨论形成决议，并以签名表决方式全体同意中国美术总社与华润置地（北京）股份有限公司签署“拆迁置换框架协议”。

2011年3月，中国出版集团公司下发《关于原则同意中国美术出版总社置换办公用房的批复》（中版［2011］17号），同意中国美术出版总社签订“拆迁安置框架协议”。中国出版集团公司同时向财政部、中宣部上报《关于中国美术出版总社有限公司办公楼拆迁置换方案的报告》。

2011年4月7日，中国美术出版总社有限公司、人民美术出版社有限公司与华润置地（北京）股份有限公司、北京富恒房地产开发有限公司“拆迁安置框架协议”签字仪式在北京华润大厦“美洲俱乐部”举行。中国出版集团公司党组书记王涛、集团公司资产经营部负责人、中国美术出版总社领导班子全体出席签字仪式。中国美术出版总社社长常汝吉，华润置地副总裁、总经理陈鹰在签约仪式上分别致辞，并代表双方在“拆迁置换框架协议”上签字。北京市方正公证处公证员在现场进行了公证。

预计中国美术出版总社新大楼占地6 400平米，地上7层、地下2层，建筑面积15 000平米，按乙级办公楼设计建设装修，新楼落成后，资产将实现质和量的飞跃，这将为中国美术出版总社的发展打下坚实的基础。

五、党政一致，协调团结，共建和谐企业文化

2011年，中国美术出版总社的领导班子遵照党的十七大精神，坚持改革开放、促进社会和谐，真正做到了党政一致、协调统一、讲政治讲团结，保证了全社整体的稳定和谐，各项工作有条不紊地稳步推进。

在领导班子的带领下，进一步发挥了总社党政工团的积极作用，为全社职工扎扎实实办了不少实事。例如：根据中央创先争优活动领导小组和集团公司的安排，总社党委本着求真务实的态度及时布署组织了“党员公开承诺”活动，并且强调此项活动重在落实。全体在职党员均庄严写下自己的承诺，大部分党员都已经履行了自己的承诺。

为庆祝中国共产党成立90周年，党委组织全社党员和职工赴河北西柏坡参观学习，并在七届二中全会旧址前为4名新党员举行入党宣誓仪式。通过入党宣誓，不仅让老党员重温了入党誓词，进行了一次有意义的传统教育，也让不少入党积极分子受到一次深刻的党的知识与传统的教育，上了一堂有意义的党课。

党委支持工、青、妇工作，关心职工生活，重视职工社会保障工作。逢年过节，派人慰问离退休老干部、召开民主党派及非党员知识分子座谈会；各个节日都为职工发放福利；慰问看望生病住院的职工，给每位职工献上生日贺卡和慰问金；组织开展丰富多彩的文体活动，如组织职工参加了中国出版集团公司的庆祝中国共产党成立90周年“颂歌献给党”歌咏比赛、组织了全社职工春节联欢会等。通过这些活动，增强了总社的团队凝聚力，营造了积极健康向上的企业文化氛围。（汤　锐）

人民音乐出版社2011年工作综述

一、企业发展

（一）2011年获诸多荣誉

2011年，人民音乐出版社获第二届中国出版政府奖·先进出版单位奖，《中国当代作曲家曲库》获第二届中国出版政府奖·图书奖提名奖，人民音乐出版社党委获“中直机关工委先进基层党组织”称号，出版社连续第二年获“首都文明单位”称号。班子成员中，社长吴斌获第二届中国出版政府奖·优秀出版人物奖，被中共中央组织部评为“全国优秀党务工作者”；党委副书记郭文山获“中国出版集团公司优秀党务工作者”称号。

（二）企业持续发展，经济效益良好

2011年营业收入17 674.30万元，同比增长14.09%。其中，图书、教材直供、音像、期刊板块销售收入12 199.29万元，同比增长15.42%；教材租型、房租、培训、广告等业务收入5 514.16万元，同比增长11.32%。共完成利润4 182万元，同比增长15.6%，人均创利突破30万元。超额完成集团公司下达的3年利润8 706万元任务指标。

（三）社会效益递增，品牌影响提升

2011年，中国出版集团公司“加强经营管理工作现场会”在人民音乐出版社召开。出版社成功举办第五届《中国当代作曲家曲库》音乐会；出版了文化重建重点图书《羌山采风录》，并在人民大会堂举办了新书发布会；参加第十届Music China——中国（上海）国际乐器展览会，参展规模位居国内音乐出版机构之首；在集团公司指导下，出色地承办了2011年第二届中国出版政府奖颁奖典礼，获得新闻出版总署领导和业内同行的好评。在出版、教育、音乐领域的品牌影响和行业地位进一步增强。

二、经营管理

（一）进一步落实“精品类图书系列化、乐谱类图书层次化、普及类图书市场化、营销模式立体化”的图书发展战略，做好精品选题，优化图书结构，加强资源调配，提高出版效率

在汶川地震3周年之际，策划出版了文化重建重点图书《羌山采风录》，体现了抢救民族优秀音乐文化的责任担当，并在人民大会堂举行了新书发布会，中央电视台、《人民日报》、《光明日报》、《中国新闻出版报》、《音乐周报》等进行了报道，反响强烈。在中国共产党成立90周年前夕，全力以赴、加班加点，在8天时间里高质量、高效率地出版了《唱响中国——群众最喜爱的新创作歌曲36首集锦》，入选集团公司“畅销书系列”，得到中宣部、中国音乐家协会的表扬。策划出版的《中国钢琴曲》，在第十届Music China——中国（上海）国际乐器展览会上成为深受国外音乐出版商青睐的出版物。《中国当代作曲家曲库》的《纪念辛亥革命100周年专辑》（10册）的出版，入选国家出版基金资

助项目，获得资助70万元，实现了弘扬主旋律、繁荣民族精品文化的功能。

（二）针对教材市场的严峻形势积极应对

首先，认真研究有关政策，积极与教育部、国家发改委价格司沟通，就增加教材印张、提高装祯质量、提高循环教材印张基准价等政策提出主张。第二，创新改变经营服务模式，通过提高产品附加值，稳定和扩大市场份额，保证教材业务的稳步发展。2011年，除了在全国19个地市开展了30多场次的小学及高中音乐教师的培训工作外，还主动发起了针对各省音乐教研员、音乐教材主管部门领导的培训，产生了非常好的效果，直接或间接提高了音乐社教材的市场占有率。第三，完成中小学义务教育四册音乐教材的修订工作，努力打造“前瞻性、科研性、引领性”中国第一、世界一流的音乐教材。在教材市场竞争日益激烈的严峻形势下，2011年人民音乐出版社教材收入不但没有下降，而且有10%的增长率。

（三）打造音乐期刊方阵，实现资源统一调配

《音乐研究》依然保持全国社科类核心期刊的第一名。《中国音乐教育》、《钢琴艺术》、《歌唱艺术》2011年分别举办了高层次、高规格，具有全国影响力的大型活动。特别是2011年初创刊的《歌唱艺术》，作为国内声乐领域第一本杂志，在没有任何参照和借鉴的情况下，完成了初期建设，并于9月在沈阳成功组织举办了“第二届全国高校音乐学声乐专业教师与研究生演唱邀请赛”，知名度迅速提升，实现了完善音乐期刊学科配置、增强音乐社音乐领域话语权的办刊目标。《中国音乐教育》杂志11月底在重庆组织承办的“第六届全国中小学音乐教师优质课比赛”，报名参加比赛人数超过5 000人。人民音乐出版社的期刊方阵通过各类资源的统筹调配，真正成为了凝聚作者的重要平台、市场推介的重要阵地、提升品牌的重要载体，扩大了人民音乐出版社的跨界影响力。

（四）进一步发展音像“定制生产”运营模式

面对音像市场的不景气，2011年音像出版在保证完成本版书配盘工作的前提下，坚持“大项目、大制作、大收益”的经营思路，加大独立音像制品的开发力度。重点做重大课题的项目、社会知名度高的专家的项目、有社会影响的项目。作曲家、歌唱家、演奏家、各院校团体赛事的四大系列产品线愈加清晰完善。实践证明，音像定制服务是一种战线短、投入少、见效快、影响大的经营模式。2011年收入220万元，有100万元的毛利。

（五）加强多种渠道建设

2011年图书回款实洋突破5 000万元。主要措施：一是加强与院校图书馆等专业机构的合作。二是切实加强打击盗版力度，在山东潍坊和辽宁大连等地都取得了很好的效果。三是年初果断决策成立了政府采购小组，隶属图书发行部，截至11月已取得了销售码洋1 013万元、实洋381万元的成绩。

（六）开展形式多样的国际合作

2011年3月，人民音乐出版社第一次组团参加法兰克福国际乐器博览会，这也是中国音乐出版商第一次参加如此重大的音乐专业展会，打出了品牌，收获了信任，与外商洽谈达成了一批合作意向。在第18届北京国际国书博览会上，与外商签署了《中国艺术通史》的合作协议。10月，在第十届Music China——中国（上海）国际乐器展览会上，《中国钢琴曲》等具有传统文化价值的外向型图书成为国外音乐出版商争相引进的品种。“英皇考级系列”、“迪斯尼系列”、“音乐剧系列”、“乐队及室内乐总谱系列”等合作出版项目开花结果，在专业读者领域引起了很大的反响。

（七）筹备和启动多元化经营项目

2011年9月底，投资1 000万元，于上海中国出版蓝桥创意产业园设立注册了全资的人民音乐出版社（上海）有限公司，为开展乐谱复合出版与发行、音乐制品研发和销售等多元化业务创造条件，为提升对未来市场的掌控能力以及风险防范能力、实现可持续发展奠定基础。相应地，在2010年“中国音乐数字图书馆”项目的基础上，根据多元发展的需要，2011年初规划设立了“音乐（艺术）教育培训基地”、“音乐

（乐谱）数字出版与网络发行平台”两个新项目，使得以音乐产业为核心的多元化发展思路进一步得以明确和落实。以上3个项目均已经列入新闻出版总署的新闻出版产业发展项目库。

（八）坚持科学管理

坚持实施“威信管理”、“危机管理”、“制度管理”、“精细管理”、“杠杆管理”、“品牌管理”、“齿轮管理”、“文化管理”等8项管理制度，结合企业文化建设，进一步完善公司制法人治理结构。同时，进一步加强规范化管理，完善了《人民音乐出版社公章使用管理办法》等规定。

（九）全面加强队伍建设

首先，在集团公司的指导和支持下，2011年初配齐了社领导班子，形成老中青干部梯队。其次，进一步积极引进、培养骨干人员，继续调整人员结构。2011年，陆续招聘新员工十余人，新进人员基本具有硕士研究生以上学历。出版社本科学历以上人员所占比例已达70%以上。第三，继续抓好中层培训。围绕胡锦涛同志“七一”讲话、十七届六中全会精神，组织了全社中层干部的学习培训，继续强化“忧患意识”、“管理意识”和“目标意识”，有效推动了重点工作和各项指标的达成。第四，搞好全员培训教育。在全社范围内开展工作礼仪培训；举行了为期5天的新员工专题培训；制定了比较全面的“专业出版”、“营销”和“企业文化”培训课程。第五，队伍建设与创先争优活动结合，与“我是党员我带头”、“党员承诺制”等活动结合，无论是编辑中心，还是发行部门，充分发挥党员的战斗堡垒作用，充分发挥先进带后进效应。

（十）及时完成转企改制相关工作

在集团公司的支持指导下，高效地完成了人民音乐出版社有限公司、中国音乐教育杂志社有限公司的设立与注册工作。完成了全员劳动合同的签订，适时重新建账等转企改制工作，得到集团公司以及相关部门的表扬肯定。实施企业年金计划，完成企业年金的缴纳工作，进一步完善了员工保障体系。根据集团公司要求，完成股改上市的审计、验资工作。

三、党建工作与企业文化建设

（一）深化党建工作的科学化

根据党的十七大报告和胡锦涛同志“七一”重要讲话精神，结合创先争优活动，人民音乐出版社2011年进一步推进党建的科学化。内容上，党建工作更加结合中心，融入中心，服务中心；形式上，力求轻松多样，简便易行；在时间上，结合业务工作安排，同步去做，不另搞一套；效果上，结合中心任务完成情况进行考察，党员用业绩说话，单位用效益说话。

（二）促进企业文化建设的大众化

一是推动人人参与、人人享受的企业文化建设。让所有员工参与到各项活动之中，在参与中得到快乐、得到提高。

二是推动遍地开花、丰富多彩的企业文化建设。2011年，在组织全体员工深入学习领会集团公司“固本求新，弘文致远”核心理念的基础上，结合实际，大力营造浓厚、温馨、雅致的文化氛围，让员工在潜移默化中提高自觉性和自信心。

三是推动人人维护、自觉践行的企业文化建设。在员工发挥文化建设高度自觉性的同时，利用精神文明小组监督检查的形式推动企业文化的维护。

（三）以人为本，关心民生

社委会充分认识到和谐发展的重要性，要让员工共享改革发展成果。2011年，在坚持执行“一把尺子量到底”等管理机制的同时，提倡制度管理基础上的人性化管理。一方面，重视员工思想，重视员工的尊严感和幸福感，保持员工队伍思想稳定；另一方面，关心员工福利，关注员工生活，积极研究解决有关民生的热点问题。另外，社委会、社党委还坚持“对每一位员工负责”的态度，不但在薪酬待遇、发展空间、组织氛围等不同层面予以关注，还经常对员工思想状态进行逐个分析衡量，通过与员工谈心、根据员工性格特点和专业优势调整工作岗位等方式，解决员工的思想问题。（吴明静）

生活·读书·新知三联书店 2011年工作综述

一、2011年"双效"业绩概述

（一）社会效益

2011年是"十二五"开局的第一年，也是生活·读书·新知三联书店（以下简称三联书店）深化改革、加快发展、继续攀登高峰的一年。2011年三联书店继续把实施品牌战略作为重点，努力提高三联品牌的影响力、穿透力。在3月18日举行的第二届中国出版政府奖颁奖大会上，三联书店荣获单位、图书、期刊、装帧设计等六项大奖，荣登"状元榜"，是全国获奖最多的出版社。继被评为"全国百佳图书出版单位"、"全国优秀出版单位"之后，三联书店在11月公示的"全国新闻出版系统先进集体"名单中也榜上有名。

《明式家具研究》、《北京跑酷》、《灵魂深处的乐思——西方音乐与观念》、《1944：松山战役笔记》4种图书获第五届中国出版集团出版奖·荣誉奖，《巨流河》、《鲁迅箴言》、《孩子你慢慢来》、《继承与叛逆——现代科学为何出现于西方》、《一脉文心——书画中的陈乐民》等6种图书获中国出版集团出版奖的综合奖、优秀编辑奖、优秀畅销书奖等多种奖项。在中国出版集团公司2011年度优秀畅销书、常销书奖的评选中，三联书店的《一路走来一路读》、《罗摩桥》、《万水朝东》榜上有名。《继承与叛逆——现代科学为何出现于西方》入选全国第三届"三个一百"原创出版工程，《中国文化史通释》入选中国图书评论学会组织评选的2011年度15本好书和2011年"深圳读书月"十大好书。《巨流河》获第十届引进版优秀图书奖，《老子十八讲》、《唯一的规则》获第十届输出版优秀图书奖。《布衣：我的父亲孙犁》被《中国新闻出版报》列入年度优秀畅销书榜单。《我在故宫看大门》等5种图书被《中国读书报》列入2011年100种年度好书。

（二）经济效益

1. 市场占有率

据北京开卷信息技术有限公司的全国零售图书市场占有率统计，截至2011年12月底，三联书店在全国图书市场码洋占有率为0.26%，动销品种占有率为0.22%，前者排名第111位，后者排名第127位（以上数据不包括网上销售，如果加上网上销售排名会大幅靠前）。

2. 发行情况

全年图书发货1.84亿，同比增长27.99%；回款8 173万元，同比增长27.1%。

3. 经营成果

2011年三联书店全年主营业务收入达到1.94亿元，较2010年的1.61亿元增长20%；利润在2010年突破2 000万元以后，2011年达到3 300万元，增长57%。图书出版继2010年扭亏为盈之后，2011年在提足减值准备金和支付社会养老保险金之后，仍获得456万元利润，较2010年增加420万元。

二、出版主业情况

（一）借助品牌力量，打造精品力作，努力推出大批畅销书、亮点书，推动图书板块效益大幅增长

2011年三联书店共出新书235种，同比增长3.52%；重印图书285种，同比增长13.55%。新书、重印书合计520种，同比增加42种，增长8.79%。总造货码洋1.68亿，同比增长17.41%。《金克木集》、《鲁迅箴言》（中日双语版）、《杨振宁传》、《早年毛泽东》、《太平轮一九四九》、《万水朝东》、《辛亥年》、《我在故宫看大门》、《沟口雄三著作集》等一批图书受到读者好评。制定了"十二五"图书出版规划，并在2011年11月28～30日召开的选题研讨会上确定了2012年图书出版重点。《三联经典文库》（第一辑）100种图书完成发稿任务。

在期刊出版方面，《三联生活周刊》、《读书》围绕中国共产党建党90周年、纪念辛亥革命100周年、鲁迅诞辰130周年，组织了一批重点选题，产生了良好的社会反响。《三联生活周

刊》获第五届中国出版集团出版奖·荣誉奖，持续受到读者好评；《读书》获第五届中国出版集团出版奖·优秀栏目奖，相当数量文章被《新华文摘》等重要刊物转载。

（二）营销与宣传力度进一步加强，有力促进三联版图书社会知名度的提升

2011年三联书店对于图书的营销宣传与发行工作更为重视，采取多种方式、利用各种途径对重点图书进行宣传，除积极组团参加2011年北京图书订货会、第21届全国图书交易博览会、2011年上海书展、第18届北京国际图书博览会外，还主动出击，面向社会，以三联版图书为桥梁进一步加强与文化界、学术界的联系与交流，如与清华大学国学研究院联合举办《陈来学术论著集》出版座谈会，举办《金克木集》出版座谈会，与日本平凡社、鲁迅博物馆共同举办《鲁迅箴言》（中日双语版）出版座谈会，在北京华侨大厦主办“作家孙犁逝世九周年纪念会暨《布衣：我的父亲孙犁》出版座谈会”，联合孙冶方经济科学基金会在京召开“徐雪寒百年诞辰纪念会”等。

（三）“走出去”工作取得显著成绩

2011年三联书店图书“走出去”工作成绩显著。全年图书版权引进79种，输出21种，一批优秀图书如《百年衣裳》、《鲁迅箴言》、《何处是“江南”：清朝正统观的确立与士林精神世界的变异》、《我仍在苦苦跋涉——牛汉自述》、《福建土楼》等输往港台地区和韩国等国家，一些大众图书如《金刚师》、《梅雨怪》等还输往法国等。在力争“走出去”、利用和开拓国外市场的同时，三联书店2011年也从海外引进了很多双效俱佳的图书版权，如《凯恩斯传》、《中国文化史通释》、《中国建筑文化讲座》等。

三、管理工作

2011年是三联书店的经营管理年，为此三联书店专门于3月底在北京顺义召开经营管理工作会议，集中讨论三联书店在经营管理、工作流程、图书发行与效益等方面存在的问题。会议统一了思想认识，在降低库存、提高工作效率、提高图书选题的经济效益等方面提出了具体建议和措施。经过一年努力，三联书店的经营管理工作取得明显成效，为整体效益的提升打下了良好基础。

（一）改革发展加快步伐

2011年，三联书店仍把改革作为着力点。在对编辑部门实行新的考核办法之后，重点对发行部门的考核进行改革，建立了“目标管理、总体承包、多劳多得、超收超奖”的考核机制，极大地调动了发行部门和发行人员的积极性。发货回款大幅度增加，退货率同比降低2.25个百分点。库存量明显下降，库存1.5亿，而年发货1.84亿，发货量高于入库量。三联韬奋书店的改革收到明显成效，减员增效成果显著，明确的考核指标调动了书店人员的积极性。店堂整洁，职工服务意识增强。全年营业收入995万元，实现利润34万元，在长期亏损之后扭亏为盈，在图书市场许多实体书店倒闭之际逆风上扬，更加焕发生机活力。

在重点进行发行改革的同时，明确进一步完善编辑部门考核办法，实行双效目标责任制，明确考核目标，面向部门考核，建立奖罚机制，鼓励编辑既多出好书，又进一步面向市场多创效益。2011年年底三联书店开始尝试“分社制”，决定成立学术分社和文化分社，从2012年1月正式运行；内部增设专题项目部、对外合作部。向外拓展建立三联书店（上海）有限公司，成为三联书店扩张战略的“桥头堡”，改革的“试验田”，两个效益的增长点。三联书店（上海）有限公司于2011年11月运行，显示出良好发展势头。三联书店的固定资产大幅度增加，经职代会研究通过并报中国出版集团公司批准，三联书店投资8 300万元购买马连道7 500平方米新办公楼，补偿中国印刷集团公司2 670万元，获得其原有的1 085平方米房产，而在上海投资的500平方米办公用房已交付使用。三项投资合计1.147亿元。虽然为此承担了巨大的经济压力，但对三联书店的长远发展有利，是值得的，得到了全店员工的支持。固定资产规模的大幅增加彰显了三联书店改革发展的经济成果。

（二）人才培养更见成效

人才是兴店之本，2011 年三联书店更加重视人才培养和队伍建设。加强对编辑等业务人员的培养，通过支持读博、考研、境外学习考察和组织参加培训班等方式，提高各方面素质，并组织全体编辑到黑龙江出版集团学习交流，开拓视野。顺利进行中层干部换届，一些同志得到提拔和重用。加强对管理层梯队的培养，选拔了两名总编辑助理，使他们能更好地发挥作用。设立了主任助理这一层级，既形成了梯队，又加强了管理力量。中层干部提拔调整面达到70%，实现了新老交替且更有活力。对《三联生活周刊》主编实行特殊待遇，明确新老交替的时间和人选，既稳定了队伍，又有利于刊物的长远发展。

为了提高中层干部的素质，使之更加适应岗位和三联书店事业发展的需要，11 月份举办独立建制 25 年来首届中层干部培训班，各部门、各刊物、韬奋书店主管等 30 余人参加培训。集团公司领导、有关专家及三联书店领导授课，并进行了深入讨论。还组织了 CS 拓展训练，参训人员在增强基本素质，培养团队精神，增强责任感，加强协作观念，融洽人际关系，提高竞争意识、意志力、执行力和解决问题的能力，强化创造性思维等方面都得到了提高。

（三）党的建设进一步加强

以中国共产党成立 90 周年为契机，以创先争优活动为抓手，三联书店全面加强党的建设。加强组织建设。2011 年 9 月顺利进行党委换届，选出新一届党委委员、纪委委员，所属六个支部全部进行了改选、充实。加强了理论学习，集中组织学习了党的十七届六中全会通过的《中共中央关于深化文化体制改革推动社会主义文化大发展大繁荣若干重大问题的决定》。围绕建党 90 周年开展了一系列活动。一是组织 50 名员工组成合唱队，参加中国出版集团公司组织的庆祝中国共产党成立 90 周年“颂歌献给党”歌咏比赛，并荣获二等奖。二是组织一次学习参观活动。组织全店员工赴河北白洋淀爱国主义教育基地参观学习，近距离感受革命文化，缅怀革命先烈，继承和发扬革命传统。三是安排一次有纪念意义的学术报告。请《早年毛泽东》的作者刘统为全店员工作《毛泽东的领袖之路》的报告。四是组织看一场电影。组织全店在职党员观看了《建党伟业》，组织全店离退休党员观看了《杨善洲》。这些活动激发了广大党员和全店员工的积极性，以更加饱满的热情投入到实际工作中。

党委始终坚持“发展是硬道理”，围绕生产经营这一中心开展党建工作。一是明确企业发展目标，通过号召、动员和深入细致的思想工作，把员工的注意力集中到一心一意谋发展上来。二是通过富有三联特色的企业文化建设，教育员工“爱店如家，爱事业如生命，爱同志如手足”，共同努力打造“和谐三联、文化三联、活力三联”，进一步激发推动企业发展的积极性。三是提倡团结，消除隔阂，保持单位的和谐稳定，为发展创造前提条件。四是充分发挥党员在编辑出版与生产经营中的带头作用，党员做表率，人人作贡献。一些成绩突出的党员受到上级表彰，樊希安荣获中央国家机关工会联合会颁发的中直机关“五一”劳动奖章，张作珍被评为中直机关优秀共产党员，还有两名同志被评为集团公司优秀共产党员。三联书店党委被集团公司评为优秀基层党组织。党委重视发挥职代会、工会和共青团的作用。定期召开职代会，通报有关重要改革措施、重大对外合作项目、生产经营情况、职工收入分配情况、招待费使用情况等，马连道办公楼投资项目、支付中国印刷集团公司 2 670 万房产款扩大编辑业务楼面积事宜、评选上报先进集体和先进个人等事项，都经职工代表讨论通过，实行民主决策、民主管理、民主监督。重视工会和共青团工作，支持工会和团组织为职工多谋福利，开展多项文体活动，活跃和丰富职工生活。三联书店工会被评为中国出版集团公司“模范职工之家”，一些职工被评为中直机关和集团公司工会的先进个人。（戴云波）

中国对外翻译出版公司 2011 年工作综述

一、总体经营情况

2011 年，中国对外翻译出版公司主营业务收入完成 7 767 万元，同比减少 44 万元，减幅 0.57%。其中，翻译业收入 4 295 万元（含上海中版翻译有限公司 288 万元），同比减幅 4.9%；出版业收入 3 472 万元，同比增幅 5.4%。实现利润 530 万元。

二、重点工作情况

（一）完成深圳第 26 届世界大学生夏季运动会翻译项目

深圳第 26 届世界大学生夏季运动会期间，公司共派出 10 个语种的翻译 495 人次，完成口译任务 267 场次，完成笔译任务 74.5 万字，涉及大运村、国际大学生体育联合会酒店及主媒体中心等非竞赛及竞赛场馆的领导陪同、新闻发布会等各类口笔译任务。深圳第 26 届世界大学生夏季运动会组委会执行局特别致信肯定中国对外翻译出版有限公司的工作："中译大运会语言服务团队积极发扬专业水平和协作精神，组织高效、协调顺畅、响应迅速，以高质量的语言服务圆满完成了各项任务，得到了相关领导和部门的认可和肯定。"

（二）巩固和开拓联合国业务

2011 年组团对联合国日内瓦办事处、维也纳办事处、巴黎教科文组织总部及世界知识产权组织和国际原子能机构总部进行了工作访问。先后接待了联合国总部、维也纳办事处、日内瓦办事处和国际货币基金组织语言技术服务局等联合国有关机构官员的来访；完成联合国日内瓦办事处招标工作，签订翻译、编辑和相关打字排版服务三年期合同；在联合国全球采购网中升级为联合国采购司的四级供应商，取得承揽 500 万美元以上合同的资格。

（三）突出特色，加强产品线建设

先后出版双语类图书《外国儿童文学精译》、"中译经典文库 · 世界文学名著（英文版）"等，翻译理论图书《口译训练指南》、《口译理论概述》、《释意学派口笔译理论》等，社科文艺图书《永远感恩毛泽东》；畅销书有《高考战斗手册》、《动动手指唱歌谣》等。地方教材教辅出版物、农村书屋工程图书和网站销售图书的出版种数同比增长幅度较大。

（四）改制上市工作

按照上级要求，积极开展股改上市前期的准备工作。完成了法律尽职补充调查工作；完成改制后的工商、税务登记等手续变更，公章更换，各类许可证手续变更。

（五）"小金库"治理工作

按照上级关于"小金库"治理工作精神，公司设立"小金库"专项治理机构，成立领导小组，按期完成"小金库"自查、复查和总结工作。

（六）企业文化建设工作

确定企业文化核心理念内容；编制《中国对外翻译出版有限公司企业文化手册》。推进网站建设、翻译流程信息系统建设，完善局域网功能。

三、业务工作情况

（一）翻译方面

1. 联合国翻译业务

2011 年完成联合国文件翻译约 1 300 万字，外派翻译和审校人员 12 人次，完成的重要翻译稿件有《贸发会议报告》、《海运述评》、《全民教育报告》、《国际服务贸易统计手册》、《水环境经济核算体系》等。获得国家文化重点出口企业奖励 150 万元。

2. 国内翻译业务

2011 年完成中国银行、工商银行等各大银行年度报告、董事会报告和财务报告；完成深圳第 26 届世界大学生夏季运动会、红河哈尼族申请世界文化遗产、《广州亚运会赛后报告》、《广州残运会赛后报告》和《中国 · 四川依然美丽》电视系列片等重大翻译项目。开发的重要客户有：中国航空技术国际控股有限公司、中国机械设备工程股份有限公司、国家开发投资公司、北京建工集团、国务院发展研究中心等。

3. 会议口译业务

2011 年完成会议口译任务 714 场次，承接的大型国际会议口译项目有：第三届亚太商业地产国际峰会、第五届航运科技国际会议、第六届中国海洋汽油国际峰会、中美联合联络小组反腐败工作会议等。此外，还为联合国妇女组织、世界卫生组织、中宣部、教育部、中国互联网络信息中心、英国培生及诺和诺德制药（中国）有限公司多个国际组织、国家部委、国际知名大企业提供了优质的口译服务及多语种视频、听译等多方位的语言服务。

4. 培训业务

与华人翻译家林超伦合作打造“无与伦比”系列高端同传课程；组织召开北京高校学生社团代表座谈会；先后在北京大学、北京外国语大学等 30 余所高等院校开展“2011 年度高校系列宣讲”活动。

5. 行业合作

参加中国翻译协会六届三次常务理事会议、中国翻译协会翻译服务委员会三届三次全体委员会议和 2011 年中国翻译服务产业论坛暨第八届全国翻译经营管理工作研讨会。与北京航天航空大学共同主办 2011 年度中国职业翻译交流大会；分别与北京大学外国语学院、北京语言大学高级翻译学院、中国翻译行业发展战略研究院等签订战略合作协议，进一步加强与高校产学研方面的深入合作。受邀参加 2011 年全国翻译专业教育与翻译产业发展论坛、2011 年博雅翻译文化沙龙年会。参加人力资源和社会保障部组织、中国外文局实施与管理的翻译资格（水平）考试阅卷以及质量检查工作。

（二）出版方面

1. 完善管理制度

组织修订了一系列管理制度：《中国对外翻译出版有限公司图书出版管理办法》、《中国对外翻译出版有限公司关于加强图书质量审读工作的规定》、《中国对外翻译出版有限公司出版稿酬管理办法》。

2. 图书质量检查和评选工作

2011 年抽检图书 25 种，图书差错率平均为 0.94/万。参加中国出版集团公司和行业各类评奖活动，其中《南极印象》荣获第五届中国出版集团出版奖的优秀印制奖和优秀设计奖；《首都科学讲堂·名家讲科普》（第 4 辑）荣获荣誉奖，“‘唱歌啦’（Wee Sing）儿童歌谣系列丛书”入选“中国书刊发行业协会组织评选的 2011 年度全行业优秀畅销品种”。

3. 图书选题完成情况

2011 年度选题计划列入 565 种；获得中国出版集团公司出版专项补贴 20 万元，《中国通史》（多媒体版）获得“中国图书对外推广计划”资助 180 万元。

4. 参加书展活动

2011 年参加了第 63 届法兰克福国际书展、第 18 届北京国际图书博览会、2011 年上海书展、第 21 届全国图书交易博览会和各地图书馆配书订货会等。书展期间，举办了“中国的世界遗产系列”和《中国帝王图》的 APP 产品首发式，签署了《永远感恩毛泽东》、《中华文明博物馆》数字化产品和《外事实用词典》、《汉英成语词典》、《中国的世界遗产地图》、“中译经典文库·中华文化精粹系列”图书的版权输出协议。

5. 履行社会责任

2011 年累计向中国光华科技基金会和贫困地区捐赠图书 156 万码洋。

6. 期刊出版运转正常

2011 年公司下属《长三角》杂志出版稳定，坚持原有的办刊风格及导向；《动感》全彩印刷，图片精美，内容品质提升明显；《东方壹周》全新改版，一刊三册，分别为《视野》、《风尚》和《财讯》，同时开发了 iPad 和 iPhone 版。

四、管理工作情况

①编制《中国对外翻译出版有限公司五年发展规划（2011 ~ 2015）》。

②完成中国对外翻译出版公司领导班子2010年度工作考核、2011年度中层干部聘任、2011年度应届毕业生招聘及新员工培训、2011年度专业技术职称审核和聘任工作。

③推进企业劳动用工、干部人事和工资分配三项制度改革，为全体员工普调工资；发放养老保险补贴、住房补贴和取暖补贴；组织员工参加企业年金。

④明确2011年经营目标任务，与部门负责人签订年度目标责任书。完成2010年度财务决算、年度审计工作。完成图书业增值税退返审查和企业所得税减免税备案登记工作。修订《中国对外翻译出版有限公司财务管理规定》。

⑤完成ISO9001国际质量管理体系监督审核工作，完成办公区域改造，完成员工住房补贴核算，完善员工住房档案。

⑥设立中国对外翻译出版公司温州办事处。

五、党群工作

①积极推进学习型党组织建设，学习胡锦涛总书记在庆祝中国共产党成立90周年大会上发表的重要讲话，学习贯彻落实党的十七届六中全会精神，学习贯彻落实集团公司改革发展座谈会精神。

②深入开展创先争优活动，公开党员承诺书内容，接受广大群众监督。组织党员、入党积极分子赴延安，接受革命传统教育。在中国出版集团公司“双优一先”表彰活动中，1个党组织和2位党员分别被表彰为中国出版集团先进基层党组织、优秀共产党员。1人被评为中直机关优秀党务工作者。

③参加集团公司纪念建党90周年系列活动。《长征组歌——四渡赤水出奇兵》荣获中国出版集团公司庆祝中国共产党成立90周年“颂歌献给党”歌咏比赛第一名；在集团公司举办的“知党、爱党、兴党”征文活动中，2篇论文获特别奖，多篇论文分别获一等奖、二等奖、三等奖，党委获组织奖；在集团公司举办的“庆祝中国共产党成立90周年书法绘画摄影展暨全国出版界同仁书画邀请展”中，1件作品入围参展。组织广大党员参观《复兴之路》展览，收看杨善洲同志先进事迹。参加集团公司举办的“党史知识”竞赛答题、“老干部讲传统”讲座、党务干部培训班。

④发展党员工作。7名同志按期转正，4名同志被吸收为预备党员。

⑤召开工会换届选举会员代表大会，并通过系列管理制度。在中国出版集团工会联合会组织开展的创先争优活动中，1个部门和多名职工分别被授予“模范职工小家”、“优秀工会工作者”、“优秀工会积极分子”和“优秀工会之友”称号。

⑥团委在党委领导和支持下，协助工会组织开展各种文体活动。

⑦积极推进精神文明建设。1个部门被表彰为中国出版集团公司文明单位，2名职工被表彰为中国出版集团公司精神文明先进个人。

⑧关心员工生活。为职工购买健身卡，组织员工休假，开展慰问走访工作。（刘黎黎）

东方出版中心2011年工作综述

2011年是东方出版中心实施“十二五”事业发展规划的起步之年。在中国出版集团公司和上海市委宣传部的领导下，党政领导班子认真把握形势和任务要求，坚持从中心实际出发，带领干部、群众积极做好出版、经营和管理工作，努力加强精神文明建设和企业文化建设，较好地完成了各项任务。

一、编辑出版工作

出版编辑工作继续坚持正确的导向，保持原来的出版品味和特色，切实加强三审三校，确保了出版物的质量。2011年出版新书160种，完成年度计划的106.7%；发稿图书165种；图书造货入库4 920余万元码洋，发货码洋5 085万元；图书销售收入2 860万元。概括起来，2011年出版工作有如下特点。

1. 重大选题出版工作取得喜人成绩

配合庆祝建党90周年和纪念辛亥革命100

周年等重大活动，推出了一批有分量的精品力作。如“上海市社会科学界纪念建党九十周年书系”25种图书，既有对党的历史经验的总结，又有前瞻性的探索，具有重要的学术价值和出版价值。与上海市文学艺术界联合会合作，组织出版了乐震文、刘小晴原创的《革命胜景图册》，还在中国共产党第一次代表大会会址纪念馆等地组织了4次相关的展览活动，在媒体和上海地区产生了积极影响。出版了大型画册《浴火存真——名辈版画联展画集》。承办“纪念辛亥百年上海美术作品展”，同时推出了4种画集——《纪念辛亥百年戴敦邦绘人物谱》、《纪念辛亥百年名家印存》、《纪念辛亥百年名家书法集》和《纪念辛亥百年美术作品集》，并先后在2011年上海书展、上海展览中心、台湾台北市和日本长崎县举办了4次大型展览和新书发布活动，其中在日本长崎县的相关活动还列入长崎纪念辛亥革命100周年和上海市与长崎县建立友好城市15周年的重点活动。上海市委、市政府、市人大、市政协有关领导观摩了展览，产生了积极的影响。相关书画册90%已售出，取得了良好的社会效益和经济效益。

2. 后世博图书出版工作再创佳绩

2011年4月出版了《中国2010年上海世博会论坛文集》（10卷）。4月末，上海市举行了隆重纪念上海世博会开园一周年暨《中国2010年上海世博会论坛文集》新书发布会。上海市委副书记殷一璀和中国出版集团公司总裁聂震宁出席了活动。11月初，出版了《上海手册》(英文版)，上海市政府为此举行了隆重的发布会，市长韩正、联合国副秘书长沙祖康以及国际展览局秘书长洛塞泰斯出席。11月中旬出版了画集《上海世博外事》(上、下集)。该书由外交部部长杨洁篪作序，是一本史料性、观赏性很强的世博图书。

3. 中国出版集团公司重点项目和国家出版基金资助项目《世界历史文库》任务完成过半

由东方出版中心等单位承担的集团公司重点项目《世界历史文库》，2011年新出8个品种所承担的出版任务已完成过半。

4. 常规图书出版工作进展顺利

积极推进精品战略，根据专、精、特、深的出版思路，做好学术图书和文化读物的出版工作。出版了《巨齿鲨》、《窥视中国——美国情报机构眼中的红色对手》、《村上春树去见河合隼雄》、《给未来的记忆——河合隼雄回忆录》、《一代名儒——柯璜评传》、《中国现当代乡土文学研究》（上、下卷）、《长歌当啸》（著名中学师生推荐书系）等一批新书。经过努力，图书的设计质量和印制质量也有了明显的提高。《中国2010年上海世博会官方图册》，分别获得了美国国家金墨奖、美国印制大奖·优异奖卓越印廊大奖·银奖。上述奖项是世界印刷行业中极具分量的奖项。此外，《2006～2009中国最美的书》和《革命胜景图册》2011年双双荣获“中国最美的书”称号。

5. 加强对《大都市》、《中国广告》的经营管理

《大都市》杂志进一步提升内容质量，努力做好引进内容与本土文化的结合，实现了发行和广告的双效益。《中国广告》杂志完成了杂志社的企业化登记，并提出了后续发展计划。2011年继续完善杂志、论坛、网络三位一体互动共生的格局，实现传统杂志与媒体创新的结合。

6. 精心组织参加各类书展

分别参加了2011年上海书展、第21届全国图书交易博览会、2011年北京图书订货会、第18届北京国际图书博览会、全国美术出版社联合体订货会等活动。其中在2011年上海书展上，东方出版中心以21.5万元销售实洋位列集团公司参展单位首位，《巨齿鲨》以700余册的销量位居集团公司参展图书单本销售排行榜首位。

7. 积极解决影响图书出版发展的问题

2011年初，围绕学习落实上海市委领导关于要抓问题导向、需求导向和工程导向的要求，联系东方出版中心出版工作实际，抓住大众选题如何进一步开发、生产成本如何进一步控制、发行渠道如何进一步拓宽等影响图书出版发展的问题，积极开展调研和讨论，发动群众为解决出版方面的这三个关键问题献计献策，达成了共识，

并形成了《关于加强图书发行渠道建设的若干意见》、《关于加强大众图书选题策划的若干意见》和《关于加强出版成本管理的若干意见》3个重要文件。截至2011年年底，一些工作已得到落实。如在发行方面，参加了全国美术出版社联合体订货会，加强了与网上书店的合作，积极开展馆配图书订货工作；在印务方面，调整了部分印刷厂；在大众读物出版方面，加大了开发新读物的力度。

二、经营工作

以预算管理为中心，以开源节流为手段，一手抓图书、杂志发行，一手抓实业经营，超额完成了全年预算指标。

2011年面临的经营压力较大。东方出版中心领导班子继续抓住经营不放松，每月召开经营汇报会和发行专题会，检查落实情况，发现问题及时调整，制定对策。发行部门积极开拓渠道，加大发货和收款力度。各经营公司经理和业务主管也想方设法挖掘潜力。2011年，中心营业收入8 054万元，比2010年的7 698万元增长4.62%，为年度预算7 200万的111.86%。其中，图书销售收入2 858万元，比2010年的2 557万元增长11.77%，完成2011年预算2 345万元的121.88%；东昊物业管理有限公司736万元，比2010年的690万元增长6.67%，完成2011年预算680万元的108.24%；东怡房地产经纪有限公司1 723万元，比2010年的1 650万元增长4.42%，完成全年预算1 665万元的103.48%。

全年实现利润1 014万元，比2010年的726万元增长39.67%，大幅度超额完成650万元的预算。其中图书出版部门、下属东昊物业管理有限公司、东怡房地产经纪有限公司3家单位效益有明显增长。

2011年支出3 516万元，为全年预算3 429万元的102.54%，比2010年的3 247万元增长8.28%。造成增长的主要原因是财务费用支出的增长。

此外，东方出版中心投资和参与经营的东方维京大厦全年出租率已达到100%；销售收入6 700万元，比2010年的5 344万元增长25.37%；净利润2 500万，比2010年的1 462万元增长71%。2011年投资收入明显高于2010年。

三、改革和管理工作

1. 认真做好集团公司股改上市相关工作

按照集团公司关于把集团公司股改上市工作列入重中之重的指示，东方出版中心高度重视，层层抓落实。9月份以来，相关职能部门加班加点，精细化操作，基本完成集团公司重启股改上市尽职调查的相关工作，包括财务调整，资产、物资和往来账务的复核，图书仓库盘点和人员的审核。

2. 扎实做好中心转企改制相关工作

基本完成了转企改制后东方出版中心工商、税务、印鉴、银行账号等的登记，并完成其他相关的事务性工作。

3. 制定完成《东方出版中心“十二五”事业发展规划》

东方出版中心在回顾总结“十一五”的基础上，加强调查研究，反复听取群众意见，集思广益，形成了“十二五”规划草案，并提交职工代表大会审议通过。上报集团公司以后，根据集团公司职能部门及专家提出的修改意见，东方出版中心再度进行了修改。修改后的规划，根据解放思想、实事求是的工作思路，适度调高了“十二五”指标，去除了部分难以落实的项目，完成了定稿。规划分四大部分近万字，包括两个重要的附件：《东方出版中心“十二五”期间重大出版项目》和《东方出版中心“十二五”规划主要财务指标预测表》，规划了未来的发展战略和工作目标，提出了任务和措施。

4. 加强管理部门建设，充分发挥管理部门的作用

2011年，东方出版中心总编室在组织图书立选、出版及相关活动方面，财务部门在加强运营和监管尤其是清理小金库和股改上市工作方面，办公室在行政和党务管理及后勤保障方面，

资产部在资产管理和设备维护方面，人事部在人才培养、劳动工资、老干部管理方面都各司其职，在做好服务和监管方面发挥了较好的作用。

5. 认真抓好治理“小金库”专项工作

这是集团公司2011年布置的一项重要工作。东方出版中心对此十分重视，成立了工作班子，组织传达学习文件精神。按照要求，认真开展了自查和自纠工作，产生了积极效果。尤其在规范财务支出方面，受到了教育，改进了管理。

6. 积极解决职工群众关注的住房补贴问题

东方出版中心在2010年工作的基础上形成住房补贴方案，于2011年3月在内部公示，听取群众意见。在出版集团公司领导的关心支持下，比较顺利地解决了有关问题。10月份给396位退休职工下发了住房补贴，总计1 996万元，人均5万余元。

四、精神文明建设和企业文化建设

1. 精神文明创建活动取得新成效

东方出版中心继续推进精神文明创建活动，年内开展了创建活动检查评比工作，评选出了年度“精神文明创建活动流动红旗”5个单位。下属东昊物业管理有限公司被上海市委宣传部授予“宣传系统文明单位”称号。东怡房地产经纪有限公司被上海市长宁区人民政府授予“长宁区文明单位”称号。这是该公司连续三届获得此项荣誉。

2. 推进企业文化建设

根据企业文化建设三年规划，2011年，东方出版中心积极推进企业文化识别系统建设，在职工中开展了企业精神、企业核心价值、企业口号的征集工作，得到了大家的积极响应，为下一步制定完成中心企业文化手册奠定了基础。

3. 开展庆祝建党90周年征文活动

2011年，东方出版中心工会结合庆祝建党90周年，组织了“党在我心中”征文活动，广大员工积极参与，用自己的笔，热情歌颂党、歌颂祖国、歌颂社会主义。

4. 创造条件提高职工的收入

2011年，东方出版中心尽管现金流十分紧张，还是尽了最大努力，从10月份开始，提高了在职职工的收入。在职员工年平均收入达到9.56万元。对退休的局级领导干部、退休职工的共享费以及困难职工的补助收入，也予以适度提高。

5. 抓好员工队伍建设

2011年有一些员工“跳槽”到其他行业。为了补充中心的后备力量，10月份做了专题研究，拟加快招聘新员工。同时，拟修订企业工效工资分配办法，给以后新进的年轻同志以适度的倾斜。

（张洁民）

新华书店总店2011年工作综述

2011年，新华书店总店（以下简称总店）经济情况略有好转，企业总体状况向好的方向发展。在中国出版集团公司领导的关心和集团公司各部门的大力支持下，在总店总经理室的领导下，企业以保持企业稳定，保持职工心态平稳为最大目标。依靠全店上下团结，艰苦努力，克服困难，在持续5年的亏损状况下，第一次实现账面盈利，为总店下一步平稳发展奠定基础。

一、主要经营指标

2011年总店共实现商品销售总收入13 317万元，比2010年的13 192万元增加125万元，增长0.95%。其中，主营业务收入9 417万元，其他业务收入3 900万元。净利润为325万元，继续减亏1 627万元。超额完成集团公司下达的指标任务。

全年三项费用总计为8 401万元，比2010年的6 537万元增加1 864万元。其中，营业费用支出4 220万元，比2010年的1 943万元增加2 277万元，增加的原因是处理马连道报损图书损失；管理费用3 978万元，比2010年的4 177万元减少199万元；财务费用203万元，比2010年的417万元减少214万元。

二、企业重点工作

2011年，是企业主营业务经营停顿的第四个年头，资金压力已迫使企业放弃恢复传统的图书批发业务。总经理室根据企业具体情况，从加大物业租赁投入与开发，提高物业收入，压缩经营与办公成本，减少开支入手，带领企业稳定过渡，确保企业、职工双稳定。2011 年，经过总经理室与全体干部、职工的共同努力，重点完成了以下几方面工作。

（一）积极做好企业维稳工作

鉴于企业的特殊情况，2011 年企业与职工的稳定仍放在各项工作的第一位。近年来，总店业务上基本停顿，职工心态不稳，怨气颇多。为保持企业局面稳定，平稳职工情绪，总经理室建立了与基层员工直接交流的快速通道，定期联系职工，收集信息，充分做好对职工的解释说明工作，及时解决企业及职工的相关问题。由于沟通及时，行动落实，使职工了解企业状况，理解企业困难，干群关系趋向和谐，企业局面基本稳定。

鉴于企业处在一个敏感期，对企业的任何问题，总经理室都给予高度重视，积极研究并制定相应方案，必要时及时向上级请示、汇报。特别是在配合集团公司马连道工程开发准备上，预案在前，工作为先，遇有大事、急事随时请示，使问题得到及时解决，为工程开发的准备就绪提供了保证。以文件或内部通知形式及时公布各种规章制度和工作通知，使工作有布置，落实有监督，进度有检查，保证了企业在困难情况下，秩序不乱，同心协力做好工作。

（二）2011 年信息中心经营持续发展

多年来，信息中心按照“打造行业完整信息产业链，建设行业信息大中盘”的战略目标，不断朝建设信息服务系统平台，扩大信息服务内容和品质，建设信息服务专业队伍的方向而努力。

2011 年，信息中心进一步明确业务主体不再仅限于“信息传播”一个项目，信息的数字化加工业务、信息传播中新媒体的使用及其市场价值的实现，规范化、标准化电子信息的服务，以及读者、行业、产品信息的分析与反馈等都成为信息中心业务主体的一部分，成为信息中心主营业务收入的几个重要方面。

信息中心努力在电子数据方面全方位服务于图书馆、经销商、新华书店系统，对下游客户信息进行全面整理，全年调研并发表了《新华书店年度发展报告》等十余个专项调研报告。

信息中心加强市场推广力度，扩大行业品牌影响力。成功举办了“2011 年北京图书订货会馆社高峰论坛”等一系列活动。

信息中心发行及广告业务在困难中保持稳定发展。全年完成销售收入 1 849 万元，比 2010 年增长 1.09%；实现利润 742 万元，增长 0.28%。

（三）想方设法挖掘潜力增加收入，提高房屋使用率

2011 年中，停止了特价书的亏损经营，将西城区 135 号院内七号库一层出租；2011 年 11 月将连年亏损的 135 号院食堂关闭，二层楼房对外出租。租金收入增加，为企业维持平稳运行补充了资金。

2011 年，总店对外出租物业已完成 7.09 万平米，年租金收入达到 4 100 万元。物业收入已成为总店收入的重要来源。在配合马连道开发工程上，无论是库房拆除，供热站的移址改建，还是因工程影响与马连道办公大楼租户索赔的持续谈判，物业部门都做了艰苦努力，保证了企业的利益，完成了企业下达的任务。物业经营管理上有新的发展：一是规范化管理；二是加强物业出租收入的计划性管理；三是用法律武器维权；四是积极利用国家政策的支持对所属宿舍区进行维修。总店 2011 年的物业工作比较规范，在极端困难的情况下为企业提供了重要的资金支持。

（四）认真解决出版社欠款问题

总店、新华出版物流通有限公司几年来积累下来的欠款甚多。在数亿元欠款中，向出版社开具税票的应付款就有 1.97 亿元。出版社因欠款问题常将集团公司告上法庭。针对此种情况，总经理室认真研究，抓紧清理现有库存书的可退社图书。在双方确认可退书基础上，重新核对欠款。同时，对已开票的应付款提出以应付实洋的 40% 分期付款；对未开票的应付款，按付款实洋

的20%分期承兑。在相关协议签订后，2011年陆续付款。2011年5月起，经集团公司批准，除对《江泽民文选》存货340万码洋、《中国文库》947万码洋，合计1 287万余元的图书全部做退社处理外，其余近8 000万元的年久污损库存以打折、捐赠和化浆处理等方式进行处理，收回资金152万元。

截至2011年底，总店已付清81家出版社及供应商货款总额1 552万元；解决债务额4 530万元。

（五）加强人员管理和服务工作

2011年12月底，总店共有在册员工119人，外聘员工46人（主要在信息中心），内退员工211人，新公司在岗人员222人，合计598人。有离休干部34人，退休职工528人，合计离退人员562人。人员的管理和服务任务较重。人教处老龄科在人员较少的情况下，全心全意为老同志服务，赢得了老同志们的理解和赞誉。在集团公司的关心支持下，2011年，总店建立了企业年金制度，为企业职工提供了部分福利保障。

（六）加强财务管理，提高经营管理水平

总店坚持统一办公用品采购，节约各项费用开支。进一步强调计财处对总店及新公司的宏观经营与财务的调控，行使总店资金统筹运作和财务监督的管理职能，严格规范各部门、各级领导的审批权限。在总店和新公司资金极度紧张的情况下，为总店合理调配资金，维持企业的基本运转，发挥了保障作用。严格按照集团公司的要求，开展清理小金库的工作，对内部经营部门的收支、资金往来认真核对，自检自纠，互查互纠。对存有隐患的环节和部门，加强监督，强化管理。对发现的问题逐一解决，并建立起严格的规章制度，保证了企业整体经营活动的健康有序推进，对企业提高工作质量和经营管理水平产生了推动作用。为加强对外投资管理，设立专门的对外投资管理机构，对总店下属投资公司加强管理，对严重亏损和没有市场前景的公司予以关闭，并对关闭公司人员作妥善安排。年内，注销了新华音像租赁发行有限公司。

（七）加强企业精神文明建设，调动职工的积极性

总店党委、工会等党群组织坚持以经济工作为中心，坚持以加强和改进思想政治工作，提高职工队伍素质为基点，通过开展各种文化活动强化职工的集体荣誉感和企业主人翁精神。在企业困难时期，更加重视年轻人对企业的信心和对组织信赖感的培育。年内，总店党委组织党员学习党的十七届六中全会文件精神，结合企业现状，研究总店今后的发展方向。同时，总店党办和工会还对店内困难职工发起职工捐款活动。因地制宜地开办了老年之家，为企业离退休老职工提供联络、沟通和娱乐场所。

（八）强化法治观念和意识，利用法律武器保障企业合法权益

2011年，总店充分利用法律武器为企业争取和保障权益。继续延聘法律顾问，法律顾问除参与应对各种诉讼外，还负责审核重要合同、协议、文件，并在总店各部门普及法律常识。（张雅山）

中国图书进出口（集团）总公司2011年工作综述

一、“双效”业绩概述

（一）社会效益

2011年，中国图书进出口（集团）总公司坚持社会效益为首位，加强“走出去”，获得商务部2011年度文化出口支持资金300万元。中国图书国际会展中心荣获全国新闻出版系统先进集体称号。中国图书进出口深圳公司出色完成第26届世界大学生运动会书报亭项目，得到国家有关部门表扬。中国图书进出口（集团）总公司积极参与公益事业，认真完成扶贫任务，资助湖北省大悟、孝昌两贫困县20万元。

（二）经济效益

2011年，中国图书进出口（集团）总公司超额完成了中国出版集团公司下达的各项经济指标：总资产达27.29亿元，所有者权益10.73亿

元，主营业务收入达23.79亿元，利润总额7 761万元。

二、进出口主业情况

2011年，中国图书进出口（集团）总公司继续以“建立创新机制、做强做大主业、构建和谐企业、实现科学发展”为指导思想，围绕主业创新发展，公司核心竞争力得到进一步增强。

（一）出版物进口市场地位稳固提升

中国图书进出口（集团）总公司积极参与市场竞争，出版物进口实现持续增长，2011年实现进口1.75亿美元，同比增长8%。其中，中国图书进出口上海公司坚持抓主业、争市场、谋发展，进一步增强了区域竞争力。中国图书进出口广州公司业务企稳回升，发展态势良好。中国图书进出口西安公司积极开拓西北市场，进口数据库业务有较大增长。中国图书进出口深圳公司坚持精耕细作，根据市场变化积极开拓新业务，公司创利能力不断增强。中国图书进出口（集团）大连公司完成子公司注册登记，进行机构整合，业务经营状况有所改善。

（二）出版物出口保持持续增长

中国图书进出口（集团）总公司及国内分支机构加强贯彻落实出版“走出去”战略，通过“以进带出”等方式，不断开拓出口市场，2011年实现出口1 125.57万美元，同比增长20.72%。

（三）国内外会展服务品牌实力彰显

中国图书进出口（集团）总公司已形成以承办北京国际图书博览会等书展，组织海外书展中国主宾国活动和中国代表团参加海外书展为主的国内外会展服务业务。其中，第18届北京国际图书博览会在参展商数、展场规模、展会内容和形式等方面均取得较大进步，版权贸易达2 397项，同比增长19.48%，输出版权1 412项，同比增长22%，引进和输出比为1∶1.46；先后组织完成2011年埃及国际书展中国主宾国活动及10多个海外书展的中国代表团参展任务，为提高中文图书和中华文化的国际认知度和影响力作出了贡献。

（四）海外出版布局取得成效

中国图书进出口（集团）总公司继续坚持以低成本运作、本土化经营为原则，加强海外出版布局建设，进一步加强选题策划工作，充分利用国内出版资源和海外出版资源两种优势，策划出版“中国主题”图书，2011年8家海外出版公司出版图书200余种。

（五）海外网点全球布局稳步实施

2011年，中国图书进出口（集团）总公司继续加强海外网点建设。海外网点已遍布美国、加拿大、澳大利亚、英国、法国、德国、韩国、新加坡以及香港等国家和地区，共有26个海外机构，其中6家分公司、8家出版公司、12家书店和合资发行公司，初步形成了集进口、出口、出版、批发、零售为一体的功能齐全、布局合理的海外营销网络，成为中国出版业最大的跨地区跨国跨所有制经营的全球出版发行网络。

（六）非出版物国际贸易规模扩大

中国图书进出口（集团）总公司及国内分支机构注重加强非出版物国际贸易对扩大公司销售的带动作用，全年实现销售收入1.22亿美元，同比增长103%。

三、管理工作情况

2011年，中国图书进出口（集团）总公司加强经营管理，增强创新发展能力，企业管理、企业文化建设和精神文明建设取得了新成绩。

（一）重大项目带动创新发展

中国图书进出口（集团）总公司2011年为优化资源配置，增强创新发展能力，先后确立实施了五大重点项目（数字产品进出口、“中图在线”运营、外籍人员服务网点全国布局、现代书店连锁经营、出版物进口专用保税库建设），四大重点工程（中国图书国际会展中心、中国出版蓝桥文化创意产业园、中国图书进出口西安公司西郊文化创意产业园和中国图书进出口广州公司文化创意产业楼），并按计划取得了进展，对做强做大主业和实施多元化经营起到了带动作用。

（二）经营管理水平不断提高

中国图书进出口（集团）总公司2011年加强集约化经营和集团化运作，如进一步加强出版物进出口、外籍人员服务网点全国布局、现代书店连锁经营、出版“走出去”等工作，发展战略得到贯彻，内部协同能力得到提高。

（三）职工生活得到改善

中国图书进出口（集团）总公司2011年先后出台多种政策，通过多种方式调整收入分配制度，出台职工最低工资标准，建立工资持续增长机制，当年总公司职工人均工资同比增长8.49%；恢复员工带薪休假。同时，提高职工福利，如增加节日补助，降低医疗报销起付标准，提高困难和大病补助，向员工发放制装费，增加体检项目，持续开展关心女工健康体检工作；进行大楼内外装修，全面改善办公环境，更换工位等；先后发放装修噪音和污染补贴等。

（四）企业文化建设和精神文明建设取得新成绩

中国图书进出口（集团）总公司党委、纪委、工会、团委2011年围绕企业经营开展工作，为公司发展提供了强有力的组织保障和思想保障。其中，党委深入开展学习实践科学发展观，持续抓好学习型党组织建设，开展创先争优活动，组织党群工作部开展“三情”（党情、群情、青情）动态调研活动，组织庆祝建党90周年系列活动，企业党组织的战斗堡垒作用得到加强。纪委加强党员干部廉洁自律建设，公司一年来无重大违法违纪行为，党群、干群关系日趋和谐。团委本着“服务青年，助力企业”的宗旨，创新工作方式，提高了青年团员的凝聚力和创新力，2011年公司团委被评为中直机关优秀团组织。工会不断提高维护职工权益、促进企业发展的工作水平，坚持每年召开一次职工代表大会，持续开展送温暖活动，注重女工工作，并组织春游、秋游及多种文体活动，丰富了员工的生活。

（朱宝元）

现代教育出版社2011年工作综述

2011年，现代教育出版社以邓小平理论和“三个代表”重要思想为指导，落实科学发展观，在党的十七届六中全会精神指引下，在中国出版集团公司的领导和集团公司各部门的鼎力支持及全社工作人员的共同努力下，认真贯彻落实党和国家的出版方针、政策、法律和各项管理规定，取得了较好的发展业绩，实现了预定的发展目标。

一、“双效”业绩

（一）社会效益

2011年，现代教育出版社出版的图书《清·孙温绘全本红楼梦》荣获第五届中国出版集团出版奖·优秀印制奖、美国国家金墨奖、第八届亚洲印刷大奖·表面整饰艺术复制铜奖、第三届中华印制大奖·金奖等国内外奖项。

此外，“牛津经典童书系列丛书”荣获中国出版集团公司2011年度优秀常销书奖；《白话精华二十四史》荣获中国出版集团公司2011年度优秀常销书奖。

（二）经济效益

截至2011年12月底，现代教育出版社资产总额达到2 289.95万元，同比增长了22.27%；营业收入达到2 063.58万元，同比增长了6.37%；利润总额106.70万元，同比增长了17.25%。

2011年，现代教育出版社的经营情况比2010年有了很大的改善，各项经济指标有了显著的提高，资金情况明显好转，完成了集团公司下达的利润指标。

二、产品生产

（一）传统图书出版

2011年，现代教育出版社全年总发稿710种。其中，教材类图书172种，占全社发稿总数的24.25%；少儿类图书70种，占全社发稿总数的9.86%；教辅类图书331种，占全社发稿总数的46.62%；学术著作类图书50种，占全社发稿总数的7.04%；其他类图书87种，占全社发稿总数的12.25%。全年出书品种1 006种，其中新版图书617种，重印版图书389种，重印率38.67%。现代教育出版社充分发挥了自身出版特色，出版了一批优秀图书，在社会及同行业中产生了很好的影响。

1. 教育类图书

教材图书方面，现代教育出版社在大中专教材的出版上逐步形成了出版规模，形成了具有自主知识产权的高校教材拳头产品。2011年出版了“高校旅游管理精品规划教材”、“高职高专公共课”、“大学计算机”、“财务管理”等系列教材。另外，面对“国学热”的文化趋势，现代教育出版社社委会经过反复研究后，专门组织了一支以北京大学、中国人民大学、北京师范大学、中国社会科学院等院校和科研单位的著名学者为骨干的专家队伍，共同编撰中小学《国学》教材，2011年年底，初稿已经完成。

教辅图书方面，现代教育出版社出版了一批符合读者需求的教辅读物，其中以高中生使用的“优化方案”、“创新课堂”等系列为重点。

2. 少儿类图书

经过多年的实践，现代教育出版社在少儿图书出版上探索出一条以引进为主，自主开发为辅的出版新道路。所引进的少儿图书主要以牛津大学出版社、企鹅出版集团、兰登书屋、DK出版公司等国际知名出版机构出版的图书为主。

2011年，现代教育出版社陆续出版了“牛津经典童书系列丛书”16种，“国际大师绘本文库系列丛书”3种，“萤火虫绘本系列丛书”5种，“动物宝宝成长系列丛书”4种，“奥列弗系列”4种等少儿类图书。其中，“牛津经典童书系列丛书”在卓越网的销售排行榜上连续两个月位列前五位，该系列多种图书已多次重印，为现代教育出版社带来了良好的社会效益和经济效益。

3. 传统文化的现代诠释类图书

2011年6月，现代教育出版社与高等院校、研究院所的专家学者积七年心血，共同打造的《白话精华二十四史》（40本）正式出版，该书深受广大读者的喜爱，在卓越网的历史类图书排行榜上连续几个月位列前十位。另外，此套图书已列入全国新农村书屋征订目录，截至12月底，全国已有十多个省份征订。此套图书荣获中国出版集团公司2011年度优秀常销书奖。此套图书产生了良好的社会效益和经济效益，提升了现代教育出版社的核心竞争力和影响力。

鉴于《白话精华二十四史》的成功，现代教育出版社与有关专家、学者共同研究讨论，计划出版《彩色全译本前四史》。

4. “走出去”图书

现代教育出版社一直在积极策划“走出去”图书。为使海外读者更深入地了解和熟悉中国传统文化，结合“国学热”，现代教育出版社2011年策划了《英汉世界中国国学基础知识读本》。全套书共48本，分儒、道、兵、佛四卷，中英文对照。截至2011年12月底，儒、道、兵三卷初稿已经完成，进入翻译阶段。

（二）数字出版

2011年5月，现代教育出版社成立了数字出版事业部，大力发展数字出版。事业部与集团公司大佳网保持紧密的合作，为大佳网图书库提供图书577种，其中55种图书支持在线阅读。

2011年6月，现代教育出版社与苹果商城（APP store）建立合作关系，拥有独立账户。截至12月底，共成功上传图书72种，总下载量已超过11万次，下载地已经延伸到多个国家。其中，《十万个为什么》等系列图书，上线后久居排行榜前十位。《海外学生汉语常用字典》、《清·孙温绘全本红楼梦》等更是在国外市场中引起了强烈的反响，为现代教育出版社开拓国外市场打下了良好的基础。

三、产品营销

2011年，现代教育出版社充分发挥品牌的力量，围绕出版社的重点图书开展营销宣传，组织多种形式的活动，都取得了良好的效果。

2011年1月9日，现代教育出版社出版的《我是西单女孩》在2011年北京图书订货会上举行了首发仪式。1月15日，在北京图书大厦举行了《我是西单女孩》签售活动。

现代教育出版社营销策划中心为配合重点图书——《白话精华二十四史》更好地在卓越网

销售，制定了详细的营销方案。对张传玺、岳庆平、陈琳国、刘后滨、毛佩琦等十余位专家进行了视频访问，后期制作整理后上传至卓越网，取得了良好的宣传促销效果。《清·孙温绘全本红楼梦》也采用此模式在卓越网进行宣传，效果显著。

四、人力资源与党群工作

（一）组织编辑业务培训，增强责任意识

在编辑培训方面，现代教育出版社主要采用“内外结合”的方式，不仅在社内举办各种培训、讲座，还多次派员工参加集团公司举办的各种培训、辅导活动。

为加强新编辑的业务能力，提高业务水平，6~8月，现代教育出版社共组织7场新老编辑座谈会。座谈会上，老编辑从选题策划到编辑加工，从受众群体分析到图书销售模式，从出版行业发展形势到编辑应具备的素质等多角度与新编辑进行了交流，使新编辑受益匪浅。

7月14日，现代教育出版社邀请屯蒙（北京）数码科技有限公司技术专家范文涛来社，就目前数字出版形势及未来发展趋势和电子图书制作流程等与编辑进行了座谈。

9月18~23日，现代教育出版社2011年新招收的大学生参加了集团公司统一组织的新员工培训。

（二）加强理论学习和培训，增强政治意识、大局意识

2011年，现代教育出版社在全社职工中广泛开展深入学习十七届六中全会精神活动，深入学习“胡锦涛在庆祝中国共产党成立90周年大会上的讲话”活动，通过参加集团公司直属机关党委开办的学习辅导班或是组织学习讨论等形式，使职工加强了政治意识、大局意识。

（三）积极参加集团公司组织的各项党群活动

①参加集团公司开展的“学习贯彻集团公司核心理念”征文活动。

②参加集团公司党委、工会联合开展的“庆祝中国共产党成立90周年书画摄影展览”。

③参加集团公司党委、团委联合开展的“知党、爱党、兴党”征文活动。

④参加集团公司党委、工会联合开展的庆祝中国共产党成立90周年“颂歌献给党”歌咏比赛活动。

⑤参加集团公司党委、团委联合开展的“庆祝中国共产党成立90周年党史知识竞赛”。

（四）关心职工生活，为职工“送温暖”

2011年，社领导、工会、人力资源部负责人共同看望、慰问患癌症的职工；开展生日祝福活动，为每位过生日的职工送上最真挚的祝福；逢年过节为职工发放福利。

五、改革和创新

2011年是现代教育出版社推进全面改革的一年，本着求真、务实的原则，在充分考虑现代教育出版社实际状况的前提下，在充分听取各个部门领导、员工意见的基础上，进行了一系列的改革和创新。

（一）提出“打好五张牌，下好一盘棋”的发展思路

2011年，现代教育出版社为了在不断变化的出版环境中找到新的突破口，在大打“三张牌”总体思路的基础上，对业务结构和核心资源进行了梳理，根据业务发展需要及自身的优势，提出“打好五张牌，下好一盘棋”的发展思路。“五张牌”指教育图书、少儿图书、传统文化的现代诠释图书、“走出去”图书和数字出版；“一盘棋”指资产兼并重组，主要是教辅图书公司，中职、高职、大学教材图书公司和少儿图书公司的资产兼并重组。

2011年现代教育出版社的工作主要围绕着如何“打好五张牌，下好一盘棋”而展开，充分利用自己的平台、借助社会力量发展，把发展作为第一要务，不断提高现代教育出版社在教育类和少儿类图书出版市场的竞争力和市场占有率。另外，在图书出版形势严峻的情况下，在做好教育图书、少儿图书和传统文化的现代诠释图书的基础上，现代教育出版社积极寻找新的经济增长点，加大系统图书的开发力度。

（二）构建科学实际的规章制度和保障体系

2011年，现代教育出版社提出“选题最优化、成本最小化、服务最佳化、时效最快化”的管理模式，并构建了与编、印相适应的一整套科学实际的规章制度和保障体系，扎实推进以教育、少儿、传统文化现代诠释、“走出去”、数字出版五大板块为核心的精品战略，推进现代教育出版社迈入可持续发展轨道。（杨　静）

荣宝斋2011年工作综述

2011年是“十二五”规划的开局之年。一年来，在集团公司的正确领导和支持下，荣宝斋干部职工认真贯彻落实中央和集团公司的工作部署和要求，加快改革创新，真抓实干，积极落实各项工作任务。在全面完成企业“十一五”规划的目标任务基础上，制定了企业“十二五”规划。年度计划得到认真落实，企业管理水平不断提高，内部环境和谐，经济快速发展，职工收入实现较快增长。改革工作积极稳妥推进，业务整合、重组和并购稳步实施，控股并纳入财务合并范围的企业已达11家，集团构架搭建基本完成。成功设立了荣宝斋（上海）拍卖有限公司并首拍突破10个亿，成功设立了荣宝斋礼品店、中国出版集团公司荣宝斋书店。荣宝斋被列入第一批“国家级非物质文化遗产生产性保护示范基地”名单，汶川地震援建项目圆满完成。荣宝斋的综合实力又跨上一个新台阶。

一、重点工作开展情况

2011年荣宝斋启动了若干牵动全局的重点工作，这些重点工作的实施，为2011年全局工作的顺利完成发挥了重要作用，也为企业今后的发展打下了良好基础。

（一）制定《荣宝斋“十二五”发展规划》

荣宝斋结合“十一五”期间的发展情况，遵循“管理升级、全面开放、保持领先、构建和谐”的思路，制定了《荣宝斋“十二五”发展规划》，确定了“十二五”的战略目标为“成为国内领先，世界知名，具有强大品牌影响力和市场竞争力的大型文化企业集团”，并将“厚积薄发，成为美术事业的王者”作为荣宝斋长期发展的愿景。《荣宝斋“十二五”发展规划》在集团公司评审中获得第一名。

（二）荣宝斋被列入首批“国家级非物质文化遗产生产性保护示范基地”

2011年8月，荣宝斋被列为首批“国家级非物质文化遗产生产性保护示范基地”，这是国家和社会对荣宝斋在“非遗”的保护和发展方面做出努力和取得成绩的充分肯定。6月12日，北京市文化局与荣宝斋联合主办“首届北京非物质文化遗产代表性传承人作品拍卖会”，是促进“非遗”传承与发展新的探索之举，有力地助推了传统文化市场的发展与繁荣。

（三）荣宝斋（上海）拍卖有限公司首拍超过10亿元

2011年7月28日，荣宝斋（上海）拍卖有限公司在上海注册，并于11月21～25日举行首场拍卖，成交额（含佣金）10.18亿元。荣宝斋（上海）拍卖有限公司的成立，将与北京荣宝拍卖有限公司形成南北呼应的格局，为实现拍卖业务跨入中国书画类拍卖排名前三强、跨入艺术品综合拍卖前六强的宏伟目标迈出了坚实的一步。

（四）加强文化交流，努力做好“走出去”工作

随着传统文化的升温，荣宝斋进一步加强书画传统文化“走出去”的力度，“走出去”工作包括书画艺术品、文房用品、木版水印“走出去”和图书“走出去”两方面。

书画传统艺术“走出去”方面：参加2011年5月在美国举办的“中文图书暨辛亥革命100周年精品书画巡展”、9月在台湾举办的“中文图书暨辛亥革命100周年精品书画巡展”、10月在德国举办“第63届法兰克福国际书展”，参加6月在澳门举办的“国风·中国非物质文化遗产展演”、10月在澳门举办的“第16届澳门国际贸易投资展览会”。12月1～6日，在葡萄牙与中国美术家协会合作举办“水墨中国——中国当代国画精品展”，现场进行了木版水印技艺表

演，受到当地民众和媒体的广泛关注，有力地促进了国际文化交流。

图书“走出去”方面：荣宝斋出版社进一步加强版权输出的工作计划，设立了版权中心，调入专人负责版权工作。2011年成功签约输出版权88种，取得集团公司“走出去”第一名的成绩。截至2011年底，实现版权输出88种，其中国外68种、港澳台地区20种，超额完成集团公司下达的年度任务指标。签约输出国包括英国、法国、意大利、美国等，意向合作范围涵盖亚洲、欧洲、美洲等主要图书市场。2011年9月，在第18届北京国际图书博览会期间，成功签约输出版权58种，与8家出版机构建立起业务联系；9月，在第12届祖国大陆图书展期间，成功签约输出版权20种，与5家港台地区出版机构建立起业务联系。

二、经营情况

2011年荣宝斋进一步挺拔主业，加大投资，继续发挥品牌优势，超额完成了年初制定的各项经济指标，多项指标创历史新高。2011年实现营业总收入7.70亿元，同比增长83.11%。实现利润总额1.98亿元，同比增长347.4%。实现净利润1.5亿元，同比增长410%。企业资产总额11亿元，同比增长66.73%。人均收入11万元，同比增长20%。荣宝斋首次实现利润总额和净利润超亿元的跨越。

在数字快速增加的背后，反映出企业经营结构的合理、赢利能力的显著提高和竞争力的快速提升。7.70亿元的营业收入中，书画经营业务收入占65%，拍卖业务收入占15.69%，典当业务收入占5.93%，文房用品业务收入占4.1%，出版业务收入占3.9%，木版水印及装裱业务收入占2.62%，其他占2.76%，进一步改善了前些年书画收入占企业总收入90%以上份额的独大局面。收入、利润、资产、人均创利等经济数据的快速增长，体现了荣宝斋良好的赢利能力和市场竞争力。收入结构的变化，降低了经营风险，表明荣宝斋的发展模式是健康和可持续的。人均收入的快速增长，体现了企业以人为本、发展成果共享的发展理念。

（一）书画经营

2011年书画经营一部和二部密切配合，全年共实现销售收入4.87亿元。书画经营一部继续保持与当代著名书画家的良好关系，成功举办“范曾卯年新作展”、“崔如琢画展”、“蔡祥麟诗书合璧展”、“韩天衡书画展”、“马海方古都风情画展”、“孔维克人物画展”、“秦剑铭新作展”、“张登堂画展”、“任重国画作品展”等展销活动，全年实现销售收入2.72亿元。

书画经营二部以高端经营为特色，采取多元化进货渠道，积极参加北京、上海、杭州、济南等地以及香港地区的拍卖会，加强同国内外收藏家的联系，2011年共收购名家书画精品193件。通过开展书画评估工作，统筹好短线作品和长线作品，逐步提升画廊整体品质，全年实现销售收入2.15亿元。

（二）文房用品经营

2011年文房用品部拓宽思路，加强管理，建立重点客户档案，开展“连带销售”，突出荣宝斋特制、监制等特色商品，积极开发高档成扇、高档文具等商品，满足高端客户需求。全年实现销售收入3 163万元，同比增长43.7%。

（三）木版水印工艺坊

2011年木版水印工艺坊承担了“中文图书暨纪念辛亥革命100周年精品展”、“国风·中国非物质文化遗产展演”等展销活动和数十次接待任务，在拓展业务、树立企业形象、弘扬传统文化方面做了大量工作。全年实现销售收入2 013万元，同比增长48.7%，更好地实现了以发展促传承。

（四）木版水印中心

木版水印中心全年共印制完成木版水印作品71版次，其中新品种12个。通过设立传承人工作室、师带徒、印制重点作品等措施，培养队伍，提高技艺。全年共完成产值1 772万元。

（五）装裱修复中心工作

2011年装裱修复中心狠抓管理，继续加强包括传承人、高级技师、技师在内的质量把关小组的工作，装裱质量有了较大提高。注重装裱人才队伍的建设，继续开展传承授徒培训计划。做好重点加工任务，全年完成产值673万元。

（六）机械装裱部

机械装裱部以荣宝斋传统装裱工艺为标准开展机裱工作。2011年共装裱1 800多件作品，实现产值113万元。

（七）展览部

2011年展览部策划组织了“姜宝林特展”、“刘正成书法精品展”等25场较有影响力的书画展览，实现展览收入113万元。

（八）古典家具部

2011年古典家具部积极同艺术银行、元亨利、龙顺成、紫檀博物馆、观复博物馆、宣明典居、爱家红木等家具知名品牌及行业典范交流经验，做好市场定位。同时到河北霸州、雄县、涞水、青县等家具集散地进行实地考察，全年共筹备家具、文玩近600件，实现销售收入766万元。

（九）新产品研发中心和礼品店

2011年7月荣宝斋礼品店开业，礼品店与新产品研发中心合并管理。礼品店设置了“非遗作品专柜”，经营“非遗”作品、“北京礼物”及文化衍生产品。新产品研发中心继续致力于“荣宝制作”高仿真书画的研发工作，“荣宝制作”品牌已经有122种商品。同时积极进行“北京礼物”等新产品的设计和研发，开发插屏、文具瓷、千年普洱等产品。2011年新产品研发中心和礼品店完成营业收入899万元。

（十）荣宝斋书店

荣宝斋书店于2011年12月8日开业。设立书店是荣宝斋完善出版发行业务的举措。书店设置了“商务印书馆”、“人民美术出版社”、“生活·读书·新知三联书店”、“中华书局”、“中国大百科出版社”、“人民音乐出版社”等集团公司所属单位的专柜，成为在琉璃厂展示集团公司产品、提升集团公司和所属单位品牌形象的重要场所。开业1个月已实现销售收入9万元。

三、出版业务

2010年底经过集团公司批准，荣宝斋对原有的图书和期刊出版业务进行了整合，三块业务合一，整合后的荣宝斋出版社包括图书和期刊出版业务，实行社长负责制。2011年荣宝斋出版社拓展思路，用大美术的视野开展出版经营工作，策划并启动了《张大千全集》、《荣宝斋书谱》、《黎雄才全集》、《吴作人全集》等重点选题。

2011年完成销售收入1 417万元，超过1 280万元预算137万元。图书发稿165种，其中再版19种。完成出版入库图书160种，同比增长81.82%。其中，新书141种，同比增长85.53%；再版图书19种，同比增58.33%。总印数39万册，总印张3 996千印张，总码洋3 782万元，用纸量340吨，均比2010年有了显著提高。《荣宝斋》期刊完成了12期的出版任务。《艺术品》期刊的创刊准备工作基本完成。《荣宝斋》期刊发行总收入554万元，其中广告及版面收入485万元。

四、所属公司

截至2011年底，荣宝斋控股并纳入财务合并范围的企业已有11家，初步形成了大型文化企业集团的架构。

（一）拍卖业务

荣宝斋设立了北京荣宝拍卖有限公司和荣宝斋（上海）拍卖有限公司，开展拍卖业务。2011年北京荣宝拍卖有限公司坚持品牌和精品路线，成功举办5场拍卖会，拍品成交4 473件，总成交金额12.46亿元，实现营业收入1.11亿元，利润总额4 161万元。2011年度在中国拍卖行业协会的行业排名中名列第七位。荣宝斋（上海）拍卖有限公司的情况在前述“重点工作开展情况”中已有说明。

（二）典当业务

荣宝斋设立了北京荣宝典当公司和淄博荣宝典当公司，开展典当业务。2011年北京荣宝斋典当公司坚持以艺术品典当为重心，全年共承接典当抵押业务40余笔，借出典当本金2.1亿元，实现营业收入3 660万元，实现利润3 562万元。淄博荣宝典当公司拓展优质客户，强化风险控制，实现营业收入901万元，实现利润560万元。

（三）分店业务

荣宝斋设立了荣宝斋天津分店和荣宝斋淄博分店，开展连锁经营。天津分店2011年实现销售收入488万元。

（四）荣宝斋画院

2011年荣宝斋画院春、秋两季共招生200多人，比上年翻了一番多。全年实现营业收入278万元，比上年增长了46%。共开设刘大为、程大利、郭石夫等11位书画家工作室，促进了画院办学质量的提高。画院全年举办展览10余次，提高了画院的学术氛围和社会影响力。

（五）银冠电子出版公司

银冠电子出版公司以出版CD－ROM多媒体光盘为主。2011年出版电子出版物31种；监管网络游戏15款。全年实现销售收入263万元。

承担了荣宝斋文化商务平台建设项目，截至2011年底已完成荣宝斋网站的改版工作，新网站于2011年12月30日上线，每天点击量达2 000余次。

（六）燕泰美术制版印刷有限公司

2011年5月，荣宝斋完成对燕泰美术制版印刷有限公司的重组，并纳入财务合并管理范围。全年燕泰美术制版印刷有限公司完成产值1 500万元。

五、党的工作和精神文明建设

围绕纪念建党90周年，荣宝斋党工团共同开展创先争优系列活动。2011年5月17日，组织党员、发展对象、入党积极分子和团员代表到培智学校进行慰问。7月1日，为4名新党员举行了隆重的入党宣誓仪式。“八一”前夕，荣宝斋给36名复转军人职工送去慰问信和慰问金。这些活动的开展，教育了广大党员，树立了企业形象，取得了良好的社会效益。

为了推进企业当前的改革发展工作，实现跨越式发展，荣宝斋结合企业发展中的实际，全面推进企业文化建设工作，完成了《企业文化手册》和《企业视觉识别系统》的编制工作，并着手编写《企业员工手册》和《企业制度汇编》。

自觉履行社会责任，用实际行动回报社会是荣宝斋精神文明建设的重要内容。在2011年“冬衣送暖”社会募捐活动中，荣宝斋组织职工捐款12 450元，捐物525件。2011年，荣宝斋筹集1 027万元善款援建的汶川地震灾后重建项目也顺利竣工并投入使用。（刘　芳）

中国图书商报社2011年工作综述

2011年是中国图书商报社各项工作持续全面推进、取得新的跃进的一年。在全球性平面媒体经营下滑的大趋势中，在业界媒体普遍不景气和书业广告竞争日趋白热化的媒体环境中，中国图书商报社（以下简称“商报”）继2010年取得创刊以来最好经营业绩后，2011年又有新的突破，再创历史最高水平，圆满完成集团公司下达的各项指标。2011年，商报又两次获得令人振奋的社会评价和荣誉：一个是在中国传媒论坛学术委员会、史坦国际等机构举办的“中国传媒投资年会”上，与《理财周报》等3家行业报刊一道，被评为“2011中国最具影响力行业媒体品牌”；另一个是在由中国人民大学、复旦大学、北京大学、清华大学、中国传媒大学等10所大学的新闻学院主办的中国品牌媒体高峰论坛上，列选“2010～2011中国品牌媒体百强·全国商报媒体十强”。在2011年中国出版集团公司出版物评奖中，商报获得优秀栏目奖、设计奖、印制奖、经营奖4项大奖。2011年，商报被评为中直机关精神文明先进单位。

一、持续坚持“五化”办报，大力推进“五结合五转变”，全面提升商报办报水平和传播力

（一）坚定不移地坚持正确舆论导向，大力探索规定动作与自选动作完美结合的成功办报之路

2011年，商报领导班子一如既往地抓好导向建设，将坚持党的领导、坚持正确的舆论导向，增强政治意识、大局意识、责任意识、意识形态安全意识，作为办报工作的重中之重，全面增强政治家办报意识。继续坚持逢会必讲，关节点时大讲特讲，强调在大是大非问题上“一票否决”，时时警钟长鸣。2011年，继续保持新班子上任以

来从未发生过一起导向错误的记录。

在坚持正确舆论导向的前提下，商报领导班子更注重创造性地做好重大新闻宣传工作，努力做到将规定动作与自选动作紧密、完美地结合起来，巧借东风，紧扣实际，推进工作。2011年，无论是“杜绝虚假报道”专项活动还是“走、转、改”专项活动，都坚决本着这一原则进行。如开展“杜绝虚假报道”专项活动时，报社主要负责人就借此机会进行“坚持新闻真实性原则，坚决杜绝虚假失实报道”专题业务讲座，在全社查问题、找失误、挖隐患，并切实进行制度建设。报社组织采编、广告人员梳理查摆近年来，特别是新出现的问题和隐患，查找薄弱环节，分析产生的原因。着重查找记者采访作风是否扎实深入，新闻来源是否权威可靠，稿件内容是否严谨规范，报道立场是否客观公正；着重查找报社发稿流程中各环节责任是否落实到位，是否有执行不力、把关不严现象；着重检查报社《采编质量保障体系》、《采编流程》等规章制度中是否有不完善之处。并修订完善报社《采编质量保障体系》、《采编流程》等规章制度。

对于2011年新闻界、文化界的中心工作“走、转、改”，商报同样本着这一原则进行。全面贯彻商报面向行业、面向产业、面向基层、面向实际的办报方针。2011年10月，按照集团公司的部署，商报牵头组织了集团公司其他5家媒体，对河北新华集团所属物流中心、新乐中学等进行了“走、转、改”调研采访，当地宣传部门、新闻出版管理部门、对口单位都极其重视，采写的稿件也有较高的专业深度和鲜活气息，受到中宣部、集团公司的充分肯定。11月初，又利用报社召开异地工作会议契机，组织全社员工对泉州新华书店进行实地“走、转、改”调研考察，现场学习、走访，受到当地政府和新华书店的高度重视和热情欢迎，当地媒体也给予了积极报道。

（二）坚持持续推进内容创新不动摇，明确提出“三大革命”、“六大工程”，继续大力推进商报新闻采编能力和内容生产能力建设

商报新领导班子成立以来，在办报上坚持创新，坚持每年都有新构想，每年都有新改进，每年都有新突破。2011年，进一步提出以选题革命、文风革命、传播革命“三个革命”为指导，以“六大工程”为抓手。六大工程是：①品牌提升工程——更改商报名称和更改几个主要板块名称，使商报更贴近国内外书业发展实际；②优质专栏工程——新辟商报封面人物专栏和商报封面优案专栏；③形式优化工程——标题字形字号、栏头区域、专栏设计重新定位；④精致写作工程——以现代新闻写作模式为蓝本，创新写作风格，文章短小精悍，生动活泼，喜闻乐见；⑤外稿作者队伍建设工程——广泛调动业内外专家学者和热心读者的积极性，尽快培养起一支对商报有信赖感、忠实度、合作心的写作队伍；⑥资源再造工程——突破商报单一办报瓶颈，CBBR、读书女孩网站、中国传媒网站三大网站强行起飞，积极推进商报报刊群建设。这些办报思想，都在2011年的办报实践中予以落实并成就斐然。如新推出的“封面人物”专栏，开办一年来，浓墨重彩，集中、突出报道了44位业界领军人物，在业界引起强烈反响，短短一年内，成为商报响当当的新品牌专栏；又如2011年新创办的《中国编客》、《中国馆配》两个周刊，因为定位准、角度好，专业性、创新性强，都是一炮打响。已经形成风格特色的三大展会专刊、法兰克福书展英文版专刊等，既形成风格又力主创新，年年有新面孔，年年有新设计，在业界媒体竞争中始终独占鳌头，起引领作用。

（三）强力推进影响力建设，大大提升商报的品牌影响力和传播力

商报新的领导班子成立以来，一手抓内部内容建设，一手抓外部传播推广。2011年这方面尤为突出，进展显著。一是举办各种论坛活动推广商报品牌。如2011年北京图书订货会期间举办的几大论坛，吸引、团结业界大腕，影响广大。二是做好内容的同时做好向社会推广，形成广泛社会反响、社会效应。如2011年3月全国两会期间商报关于《不要让实体书店一个个倒掉》的报道，引起业界上下高度关注，新闻出版总署副署长阎晓宏约谈商报记者探讨因应之

规范》，作为工程管控的依据。经过总体组联席会议及管控研讨会的讨论修改，已形成了送审稿。三是研制并下发若干急需标准暂行稿。其中《资源著录总则》与《图像采集标准》的征求意见稿已发至各单位参照执行；《基础字形表》完成了初步整理，并建立了数据库。

此外，总体组还派人员参加“国际标准化组织表意文字工作组会议”和“中日韩汉字工作组会议”等相关会议，为“中华字库”成果未来进入国际标准做好准备。（严　可）

《当代汉语词典》编写论证会举行

2011 年 2 月 21 ~ 22 日，商务印书馆召开《当代汉语词典》编写论证会。鲁东大学张志毅、北京教育学院王汉长、生活·读书·新知三联书店黄华、中国社科院语言所王健慈出席，商务印书馆副总编辑周洪波主持。

通过讨论，与会者一致认为，《当代汉语词典》的编纂要注意以下几点：一是利用语料库编写，包括词目的提取、释义的归纳、例词和例句的选用。二是利用元语言词进行释义，编写过程中要控制释义用词。三是充分吸收《牛津英语词典》等国外学习型词典的特点。四是兼顾学习和查考功能。五是注意收词的时代性，所收词语必须是当代汉语中的常用词语。鉴于此词典的特色主要体现在汉语核心词语上，会议决定，先用一至两年时间编写一部以 6 000 个核心词为主、释义详尽、有学习功能的《当代汉语学习词典》。（李智初）

中国出版集团公司召开 2011 年选题工作会议

2011 年 2 月 23 日，中国出版集团公司召开 2011 年选题工作会议。集团公司总裁聂震宁出席会议并讲话，中国出版集团公司副总裁刘伯根主持会议并讲话，集团公司出版业务部主任张贤明通报了 2011 年选题计划制定工作情况并布置近期重点出版工作。

聂震宁高度肯定了集团公司各单位 2011 年的选题计划制定工作，强调指出 2011 年是庆祝中国共产党成立 90 周年和纪念辛亥革命 100 周年，是国家“十二五”规划开局之年，各单位要从五个方面抓好出版工作：一是抓导向。作为出版“国家队”，要在 2011 年的重大活动中有重要表现。二是抓“双效”。要正确处理好服务大局和市场经营的关系，要善于抓“事件营销”。三是抓重点。要坚持重点项目带动战略，以明星产品带动整体发展，以畅销书带动常销书。四是抓营销。要增强忧患意识，善于借鉴先进单位的营销经验，积极探索新的营销模式，开辟新的营销渠道。五是抓人才。用好一个人，会带好一个刊物，带活一个企业。要优化选题运作机制和市场激励机制，积极营造渴望创新、人才辈出的企业文化氛围。

刘伯根就做好 2011 年的出版工作提出了六点具体要求：一是坚持正确出版导向，做到“出彩”而不添乱。二是保证重点出版，做到出众而不平庸。三是进一步推进产品线建设，做出特色，创新品牌，持续保持市场领先地位。四是强化出版管理，多出精品，维护品牌，保持在读者中的美誉度。五是重视宣传营销，提高经济效益。六是搞好服务，做好出版配合。

会上，各单位分管选题的负责人介绍了本单位承担的国家“十一五”项目、国家古籍整理项目、国家出版基金项目的落实情况，国家“十二五”项目的安排情况，以及本单位庆祝中国共产党成立 90 周年和纪念辛亥革命 100 周年选题开发情况。

截至 2011 年 2 月底，除集团公司总部主持的《中国文库》（第五辑）“纪念辛亥革命 100 周年专辑”（100 种）、商务印书馆主持的“中华现代学术名著丛书”（100 种）外，集团公司已开发了 224 种服务大局的选题，其中庆祝中国共产党成立 90 周年的选题 161 种，纪念辛亥革命 100 周年的选题 63 种。有《1911》、《武昌城》、《厉以宁经济论文选》、《百年辛亥研究论文集》、《中华民国史》、《中国当代作曲家曲库》、《毛泽东诗词》、《中共党史十讲》、《曹禺全集》、《汪曾祺全集》、《共和国的部长们》、《中国军事百科全书》、《澳门百科全书》等重点图书。

（何　奎）

中国美术出版总社召开2011年出版工作会

2012年2月23～24日，中国美术出版总社在北京燕龙生态度假酒店召开2011年出版工作会。领导班子成员及全体中层干部参加了会议，职代会代表列席了会议。

总社社长常汝吉就总社的中长期发展规划做了详细解析，并提出在“十二五”开局之年，在重点图书选题策划和出版工作方面应抓好三方面工作：①编辑出版庆祝中国共产党建党90周年和纪念辛亥革命100周年的重点图书。②做好列入“十二五”规划及国家出版基金资助项目等重点图书的编辑出版工作。③做好列入新闻出版总署和中国出版集团公司出版规划的重点图书出版工作。针对转企改制后所面临的形势、挑战和机遇，常汝吉强调了几点：首先，要继续做好经营管理的改革和发展工作。其次，要积极应对全国同行业竞争中的资源整合以及资本兼并等严峻考验。再次，在转企改制工作中全体中层干部要具备全员人力资源管理意识，出版社要进行多元化经营，延伸出版社的产品链，包括艺术品经营、艺术培训等方面。与会人员就人力资源管理、行政管理、编辑流程等方面进行了热烈的讨论，献计献策。

（汤　锐）

《辞源》（第三版）修订工作启动

2011年3月1日，商务印书馆召开《辞源》（第三版）修订工作会议。会议全面启动了《辞源》（第三版）修订工作，向何九盈、王宁、董琨三位主编颁发聘书，并围绕2015年出书的目标，就《辞源》（第三版）修订方案、修订编写体例、百科条目修订计划和第三版修订分工等问题展开了讨论。中国出版集团公司党组书记、副总裁王涛出席并讲话。王涛从出版的角度对《辞源》（第三版）修订工作作出重要指示：一是编辑人员要积极协同配合主编、分主编，承担好后勤服务工作，起到参谋助手的作用。二是商务印书馆要提供良好的修订资金保障，切实做好国家项目基金申请和立项工作。三要确保人员稳定，重视出版技术质量，进行一定的科学研究，更好地为读者服务。四是考虑出版《辞源》网络版和数字版。商务印书馆总经理于殿利在致辞中阐明了《辞源》修订的重大意义，明确了商务印书馆对《辞源》（第三版）修订的决心，进一步强调主编负责制是2015年出书的重要保障，并责成项目组全力以赴配合主编、分主编做好修订的服务工作。

周洪波、史建桥、乔永先后主持会议，三位主编、全国19位修订专家及相关人员参加会议。

（乔　永）

中国民主法制出版社召开全国人大常委会和地方人大常委会联合工作委员会宣传出版联谊会

2011年3月3日，中国民主法制出版社召开全国人大常委会和地方人大常委会联合工作委员会宣传出版联谊会，全国人大常委会副秘书长李连宁出席并讲话，中国出版集团公司总裁聂震宁出席并致辞，出版社领导、人大图书分社以及出版社相关人员，全国23个省、自治区、直辖市人大的领导参加了会议。为了继续发挥出版社原隶属全国人大常委会办公厅的便利，充分依托全国人大和地方人大资源优势，深入开发出版社三大出版板块中人大工作图书，贯彻集团公司对中国民主法制出版社人大图书出版工作提出的“坚持人大特色，做精、做强人大图书”的总体要求，根据人大系统业务特色突出、渠道统一的特点，把人大类图书做成出版业内无法替代的专有品牌，更好地完成全国人大发布的法律单行本和人大工作用书的出版任务，以及自主开发的人大类图书选题，中国民主法制出版社人大图书出版分社在第十一届全国人民代表大会第四次会议召开前夕，举办了此次宣传出版联谊会。联谊会

的召开，为今后与全国人大和地方人大工作联系的顺利开展开了个好头。（尹宇平）

第一届《文史知识》论坛召开

2011 年 3 月 4 日，由文史知识杂志社主办的第一届《文史知识》论坛在北京召开。本次论坛的主题是“历史中的中国女性”。论坛邀请了全国妇女联合会、国家博物馆、中国现代文学馆、中国人民大学、中国语言文化大学、首都师范大学、天津师范大学等国内从事女性研究的专家学者，从儒家文化与女性、传统文史领域中的女性研究以及近代女权等角度，围绕以孔子为代表的儒家学说在中国古代性别制度的建构中所起的作用、阴阳学说对于两性的性别规范、宋代理想性别制度的构建、贤妻良母观念和传统女德规范的现代价值、“女性”和“性别”观念在近代中国的建构、辛亥革命与民国初期婚姻文化的变革、当代中国妇女史研究的价值取向及发展走势、如何文史结合拓展妇女史研究等论题，对历史中的中国女性进行了较为全面的考察和深入的探讨。《新京报》、《中国社会科学报》、《中华读书报》、《中国妇女报》、《妇女研究论丛》等报道了此次会议。（梁　彦）

《中国图书商报》“封面人物”专栏首次开栏

2011 年 3 月 4 日，《中国图书商报》“封面人物”专栏首次开栏。一生致力于我国辞书事业、辞海编辑委员会常务副主任巢峰，成为此栏目第一个亮相的书业人物。

在筹备《中国图书商报》“封面人物”专栏过程中，有关人员一致认为，在由出版大国向出版强国迈进的艰难历程中，中国出版业需要一大批卓尔不群的领军人物。他们既有立足国内的气度，又有恢宏世界的目光；既能深谙出版行业规律，又精通文化经济之道；既有脚踏实地的品格，又有联想想象的浪漫情怀。为了在总结、张扬出版领军人物精神中有所作为，《中国图书商报》2011 年于头版重磅推出“封面人物”专栏，并将致力将其打造成一个著名书业形象品牌。专栏以专业眼光，精选出版产业有影响、有作为、有思想、有业绩、有故事的产业人物，用大幅图片、长篇文字浓墨重彩隆重推出，以期从人才入手描摹当代中国出版产业人物画卷，切实推进中国出版产业健康发展。文章体例可以是人物特写、人物侧记、专访、问答录、对话、访谈等多种形式，力求凸显专业深度，凸显人物亮点。文风鲜活，文笔灵动。从开栏伊始，原则上每期呈现一位人物，遇重大专题报道任务后延。

截至 2011 年 12 月，“封面人物”专栏共推出老编辑家，以及出版和发行集团、各种类型的大社名社、期刊、民营书业等领域的领军人物巢峰、聂震宁、李朋义等 20 多位。（郭是海）

中国出版集团公司 2011 年度数字出版专题工作会议召开

2011 年 3 月 7 日，中国出版集团公司召开 2011 年度数字出版专题工作会议。会议主题：加强集团数字出版工作管理，推进集团数字资源建设。会上有关领导和人员就集团公司数字出版机构设置、中国数字出版网建设的有关情况、“中版闪印王”的有关进展情况进行了说明，对集团数字资源使用的办法进行了解释，对下一步资源上缴和产品建设等工作提出了具体要求。集团公司领导、科技与数字出版部有关人员、各单位分管数字出版工作的领导、负责数字出版工作和数字资源建设的部门负责人等共计 40 余人参加了本次会议。（唐贯军）

中国对外翻译出版公司与北京大学翻译协会共同举办高端会议口译系列讲座

2011 年 3 月 8 日，中国对外翻译出版公司与北京大学翻译协会共同举办了高端会议口译系列讲座。讲座内容包括国际会议同声传译和提高口译素养。英国外交部首席翻译林超伦受邀讲课，来自北京 20 所翻译硕士（MTI）试点高校的300多名师生参加了讲座。

林超伦鼓励同学们不要畏惧口译，指出任何一名翻译都是在挫折中成长起来的，译后每一次的回顾，都能找到自己的不足，经过不断总结和提高，就能取得更大的成功。他强调口译人员必须具备三方面素质：良好的身体素质、承受压力的能力和不断完善知识结构的能力。他认为练就高水平口译能力的秘诀就是多看、多听、多说、多练、多学，如此反复训练，就可以有质的飞跃。

讲座还介绍了中国对外翻译出版公司的发展概况，服务2008年北京奥运会、中国2010年上海世界博览会等重大国际活动的翻译案例和成功经验，以及培训课程。（刘黎黎）

《郦波评说曾国藩家训》作者讲座活动举行

2011年3月10日，中国民主法制出版社与南通市委宣传部共同举办《郦波评说曾国藩家训》作者讲座活动。活动在南通市崇川区江海世纪大讲堂举行。对于听众和粉丝们提出的问题，郦波都一一做答，现场气氛活跃。讲座当天下午，在南通书城卖场举行了现场签售活动，郦波为现场一位读者亲自画了一幅海瑞的肖像并赋诗一首，赢得阵阵掌声。南通市新华书店对这次活动做了很好的宣传，当地几家热点媒体记者前来采访，及时报道了活动情况，之后相关媒体用较大版面报道了本次活动的宣传文章。

（尹宇平）

商务印书馆中小学教材语料库中学教材语料项目验收会议召开

2011年3月11日，商务印书馆召开中小学教材语料库中学教材语料项目验收会议。中国社科院语言所研究员李志江、中国传媒大学教授侯敏、北京教育学院教授王汉长、北京大学副教授常宝宝、国家语言文字工作委员会语言文字应用研究所副研究员肖航和副研究员戴红亮等专家出席。

中小学教材语料库中学教材语料项目由商务印书馆委托厦门大学中文系教授苏新春课题组承担语料加工处理任务。项目成果是：人教版11科教材的原文语料和分词标注语料、11个分科字表、1个总字表、11个分科词表和2个总词表。专家验收小组听取了项目汇报，查看了项目技术资料，抽查、检验了部分语料。专家验收小组对项目成果给予了高度评价，一致同意该项目通过验收。（王永耀）

中小学思想品德西部特色教材立项准备研讨会召开

2011年3月12～13日，由中版教材有限公司组织的“中小学思想品德西部特色教材立项准备研讨会”在人民出版社召开。会议由中版教材有限公司总经理罗争玉主持，小学《品德与生活》和《品德与社会》教材主编、山东师范大学副校长戚万学，初中《思想品德》教材主编、北京师范大学教育学部公民与道德教育研究中心教授檀传宝，以及他们各自带领的编写团队、人民出版社教材编辑人员、西部各省一线教育专家20余人参加了会议。

研讨会主要就如何在教材编写过程中体现“西部特色”进行了探讨。小学组、初中组分别确立了各自编写方案，并力求在教材编写上形成一致特色。这次会议为专家们提供了相互交流、相互借鉴的平台，有利于集合教育专家、编辑力量，共同打造一套适合西部地区的德育教材。

（宫　源）

世界图书出版西安有限公司参加“3.15”教材教辅质量监督检测活动

2011年3月15日，世界图书出版西安有限公司参加了陕西省新闻出版局关于开展2011年“3.15”教材教辅质量监督检测活动，围绕新闻出版总署和陕西省新闻出版局党组2011年工作部署，通过在全省范围内开展对教材教辅质量监督检查和技术检测，进一步推动和促进关乎青少年学习成长的教材教辅产品质量水平的提高，推动绿色印刷技术的应用，完善质量管理体系。

（薛春民　赵亚强）

2011中国广告与品牌大会暨《中国广告》杂志创刊30周年颁奖典礼举行

2011年3月17日，2011中国广告与品牌大会暨《中国广告》杂志创刊30周年颁奖典礼在上海隆重举行。来自政府、企业、媒体以及广告行业等各界嘉宾500多人参加了会议。中国广告与品牌大会由中国广告杂志社创办于2001年，至今已为1 000多家企业、广告公司和媒体的近4 000位人士提供了一个了解并探讨中国广告与品牌发展的平台，大会始终致力于挖掘中国市场丰富的潜能并强力为业界搭建更为实用、有效的沟通平台。

2011中国广告与品牌大会的召开，正值《中国广告》创刊30周年，与会嘉宾共同回望了《中国广告》走过的30年风雨历程，展望了下一个30年中国广告行业的发展前景。

大会期间，还隆重举行了中国广告年度大奖颁奖典礼。中国广告年度大奖分品牌传播和广告实践两个方面，对品牌拥有者、广告公司、媒体、个人进行评选和表彰。本次颁奖共设置了广告公司奖、作品奖、媒体奖、人物奖、品牌奖5大类奖项。为中国广告业发展作出突出贡献的杨培青、刘保孚、宋秩铭、李倩玲等8人赢得人物大奖，中央电视台与分众传媒分别获得媒体与新媒体大奖。

中共上海市委宣传部副部长宗明，上海市新闻出版局局长焦扬，中国广告协会会长李东生，上海市原副市长、上海市现代服务业联合会会长周禹鹏，上海市工商管理局副局长钟民，上海市广告协会会长孔祥毅，东方出版中心总经理祝君波等领导出席了大会有关活动。（张洁民）

人民美术出版社组织召开2011年全国美术教材工作会议

2012年3月18日，人民美术出版社教材出版中心在北京召开2011年全国美术教材工作会议。教材出版中心总编辑赵国瑞主持，中国美术出版总社副总编辑欧京海在会上介绍了教育部课标修订情况和教材修订工作的方案，并对教材发行各省代理单位为迎接2012年教材选用所需做的工作提出了新的要求。赵国瑞对地方教材编写工作和光盘的发行工作进行了布置安排。

（汤　锐）

“书香中国——第二届中国出版政府奖”颁奖典礼举行

2011年3月18日，“书香中国——第二届中国出版政府奖”颁奖典礼在北京北展剧场举行。中共中央政治局委员、中央书记处书记、中央宣传部部长刘云山，中共中央政治局委员、国务委员刘延东致信祝贺，全国政协副主席孙家正、新闻出版总署署长柳斌杰等出席颁奖典礼。第二届中国出版政府奖颁奖典礼由人民音乐出版社具体承办。

为成功举办本次颁奖典礼，人民音乐出版社成立专项工作小组，由社长吴斌挂帅，总编辑、副社长莫蕴慧为总执行，党委副书记郭文山为副总执行，统筹承办工作。社办公室胡健等7人为小组成员，负责各项工作落实。工作小组成立后，即进入前期筹备阶段，并按照时间表阶段推进、抓紧实施。

筹备阶段，新闻出版总署副署长孙寿山、人事司司长余昌祥、出版管理司司长吴尚之、直属机关党委常务副书记孙文科，以及中国出版集团公司领导多次听取关于第二届中国出版政府奖颁奖典礼工作的汇报并进行指导。

颁奖典礼上，《马克思恩格斯文集》等60种图书，《求是》等20种期刊，《辉煌六十年》等20种音像制品、电子出版物、网络出版物，《季羡林全集》（1～12卷）等10件印刷复制作品，《北京跑酷》等10件装帧设计作品，上海科学技术出版社等50家单位、王明亮等70个出版人物以及238个提名奖获得表彰。

颁奖典礼展示了党和国家对出版业的重视，

展现了文化体制改革形势下出版行业改革发展的成绩，展现了出版产业做强做大的良好发展势头，反映了出版业改革发展中行业的突出变化。同时，典礼将精彩的文艺节目和富有出版特色的颁奖环节有机结合，有效烘托了典礼的主题。颁奖典礼得到领导和业界的认可和好评，并在中央电视台第三频道播出。（吴明静）

“汉译世界学术名著丛书”第十三辑专家论证会召开

2011年3月19日，商务印书馆召开“汉译世界学术名著丛书”第十三辑专家论证会。商务印书馆总经理助理陈小文主持，商务印书馆总经理于殿利致欢迎辞。专家代表梁志学教授代表哲学组、刘北城教授代表历史学组、方福前教授代表经济学组、谢立中教授代表政治社会学组发言。经过集中讨论和分组讨论，各学科的专家从备选书目中确定了“汉译世界学术名著丛书”第十三辑正式列选书目，共计50种。其中，哲学类包括《示教千则》、《悲剧的诞生》等共计17种；经济类包括《官僚体制的政治》、《企业论》等共计8种；政治类包括《华盛顿选集》、《美洲三书》等共计13种；历史类包括《德国的浩劫》、《作为思想和行动的历史》等共计8种；语言类包括《语言》、《语言类纲要》等共计4种。（王　曦）

《你好，新疆》座谈会召开

2011年3月24日，人民文学出版社与中国作家杂志社、中华文学基金会联合在北京举办了王蒙新疆题材作品集《你好，新疆》座谈会。全国政协副主席阿不来提·阿不都热西提，全国人大常委会原副委员长司马义·艾买提，中央党校副校长李书磊，中国出版集团公司总裁聂震宁，中国作协副主席、书记处书记何建明，人民文学出版社社长潘凯雄等出席座谈会。

座谈会上，来自文学界、出版界、教育界的多民族人士围绕《你好，新疆》的独特魅力展开讨论。与会者认为，《你好，新疆》通过小说、散文、诗歌等体裁，较完整地反映了王蒙在新疆16年间与当地各族人民结下的深厚情谊，作品朴实幽默，具有很强的纪实性。（宋　强）

《清史稿》修订工程专家座谈会召开

2011年3月26日，《清史稿》修订工程专家座谈会在北京友谊宾馆召开。会议就《清史稿》修订工程的工作方式、修订目标进行了交流。会议由中华书局总编辑徐俊主持，房德邻、陈其泰、程歗、潘振平、黄爱萍、杨珍、郝秉健、赵晨岭等学者出席，中华书局编审陈铮、许逸民、何英芳，修订工程办公室张文强、王芳军和历史编辑室李静等参加。（梁　彦）

《陈来学术论著集》出版座谈会召开

2011年3月26日，生活·读书·新知三联书店学术出版中心与清华大学国学研究院在清华园举办《陈来学术论著集》出版座谈会。清华大学副校长谢维和、三联书店总编辑李昕、凯风公益基金会理事长段伟红等出席座谈会并讲话。来自北京大学、清华大学、中国人民大学、北京师范大学等高校的知名学者在座谈会中认为《陈来学术论著集》是改革开放30年来中国哲学史研究领域的典范，将有力推动国学研究、儒学研究和中国哲学史研究的进一步深入。据了解，《陈来学术论著集》是继2010年5月清华大学国学研究院推出首批重要成果——梁任公、陈寅恪先生年谱长编之后，在百年校庆之际推出的第二批重要学术研究成果，也是继陈寅恪、钱钟书之后三联书店推出的第三位清华学者的文集。（戴云波）

中国民主法制出版社16种图书入选2010年“中国图书对外推广计划”

2011年3月31日，中国民主法制出版社16种图书入选2010年“中国图书对外推广计划”。

经“中国图书对外推广计划”工作小组办公室组织推荐及专家评审，中国民主法制出版社《于丹〈庄子〉心得》、“国宝档案丛书”（5种）、《复兴之路》（上、中、下）、《钱文忠解读〈三字经〉》（上、下）、《日志中国：回望改革开放30年》（6种）、《大唐西游记》、《末代皇帝溥仪》等16种图书列入“中国图书对外推广计划”2010年推荐图书目录，这是中国民主法制出版社第一次入选“中国图书对外推广计划”。

（尹宇平）

中国出版集团公司相关人员到各所属单位开展数字资源收集与整理调研活动

2011年3月，集团公司科技与数字出版部和中版集团数字传媒有限公司对集团公司所属各出版单位的电子图书种类和数量进行情况调研，先后走访了15家在北京单位。调研期间，向有关单位介绍了电子图书销售、运营计划，就有关内容加工、平台展示与销售、版权应用等相关工作进行交流沟通，建立了相互信息联络、内容协作的工作机制。

（唐贯军）

《我们错了》出版

2011年3月，商务印书馆出版了《我们错了》一书。当年发行量已近10万册，并获2011年全行业优秀畅销书奖。该书集纳了广西日报传媒集团旗下《广西日报》、《南国早报》、《当代生活报》、《南国今报》近十年来近百个有代表性的虚假、失实报道及其他差错案例，简要叙述每个案例的差错之处，分析造成差错的原因及其后果，部分案例还包括报社的处理决定，同时总结教训，指出改进办法。该书还以“总编辑手记”的形式收录了9篇报社总编辑对于杜绝虚假、失实报道和报道差错的心得体会，以利将来少犯错或不犯错误。

该书正式出版前，2月16日，中央电视台《焦点访谈》节目以“向虚假新闻说不”为题，报道《我们错了》一书的积极意义。节目认为，作为全国媒体自查自纠的典范，《我们错了》全面反映了正在全国新闻战线开展杜绝虚假新闻活动的社会意义和现实成效，引起了强烈反响。

广西壮族自治区党委宣传部要求将该书作为广西新闻战线深入开展杜绝虚假报道专项教育活动的警示教材。3月19日，全国部分省级都市报总编辑座谈会在广西日报社举行，与会中央驻桂媒体、全国较有影响的10家省级都市报主要领导高度评价《我们错了》一书。

《我们错了》一书的出版，引起了全国的广泛关注，中央有关领导同志予以充分肯定。中央人民广播电台、中央电视台、新华社、《人民日报》、人民网、《光明日报》、光明网、中国文明网、《中国新闻出版报》、《新闻战线》等媒体纷纷报道，给予高度评价。百度网·百科频道还将“我们错了”列为一个词条，介绍《我们错了》一书的来龙去脉。

（谢仲礼）

中版教材有限公司《书法》教材立项工作会议召开

2011年3月，中版教材有限公司《书法》教材立项工作会议在首都师范大学召开。著名书法家、书法教育家、教材主编欧阳中石教授，中国出版集团公司总裁聂震宁，教材副主编叶培贵教授，中版教材有限公司总经理罗争玉及编写人员、编辑团队共30余人参加了会议。会议由中版教材有限公司总经理罗争玉主持。

会上，以欧阳中石教授为该书主编、叶培贵教授为副主编的编写团队，确定了该套教材“识字和写字结合”、“书法与生活结合”、“学习与应用结合”的三个编写原则，围绕“硬笔与毛笔”、“知识与技能”等关系构建了一个科学而又系统的书法学习和认知体系。会议计划在2011年5月出版全部学生用书和教师用书，同年夏天开展全国暑期书法师资培训班。

（宫　源）

纪念曾志同志百年诞辰座谈会举行

2011年4月1日，人民文学出版社与中央组织部党建研究所在北京联合举办纪念曾志同志百年诞辰座谈会，由人民文学出版社刚刚出版的《百战归来认此身——曾志回忆录》在座谈会上与读者见面。中共中央政治局委员、书记处书记、中央组织部部长李源潮与会并对此书作出高度评价。人民文学出版社社长潘凯雄与会并发言。

《百战归来认此身——曾志回忆录》是老一辈革命家曾志同志的回忆录，由人民文学出版社于2011年3月出版发行。李源潮在讲话中指出，曾志的一生，“是革命的一生，战斗的一生，奉献的一生。她的革命精神和高尚品德是一笔宝贵的精神财富，永远激励着广大党员干部尤其是组工干部为党和人民的事业不懈奋斗”。（宋　强）

《唱响中国——群众最喜爱的新创作歌曲36首集锦》出版

2011年4月7日，人民音乐出版社、学习出版社合作出版《唱响中国——群众最喜爱的新创作歌曲36首集锦》。

曲集收录的歌曲来自“‘唱响中国——群众最喜爱的新创作歌曲’征集评选活动”选出的36首入围歌曲。该评选活动由中央电视台、中央人民广播电台、中国音乐家协会、中国艺术研究院共同举办，自2010年7月14日启动以来，社会各界广泛关注，踊跃投稿。活动组委会从来自全国各地18 132件投稿歌曲中，多次筛选后评选出500首歌曲进入初评。通过公证抽签产生的33位专家评委，又对500首歌曲进行了4轮评选；同时，组织社区居民代表与大学生代表认真参与听评。综合专家评委和群众代表意见后，《走向复兴》、《迎风飘扬的旗》等36首歌曲脱颖而出，入围进入终评。

中宣部出版局和文艺局、中国音乐家协会、中国出版集团公司对该歌曲集的出版工作给予了高度重视和大力支持。中宣部领导对出版时间、生产质量、装帧设计、宣传推广等工作进行了具体指导和周密部署。中国音乐家协会对曲集的出版、发行工作提供了较好的建议和大力的帮助。中国出版集团公司从各个方面为人民音乐出版社参与歌曲集的出版工作提供了坚强后盾。

这些入围歌曲风格形式多样，旋律优美动听，充分体现了唱响时代主旋律，歌颂党、歌唱祖国、讴歌美好生活的主题与要求。入围曲目分别在《光明日报》、《中国艺术报》与中国网络电视台等各大媒体公示，中央电视台以及各地电视台对36首歌曲每天进行滚动式展播，极大推动了图书的销售。该书第一版第一次印刷5 000册，5天之内行销全国；出版后第七天，第二次印刷5 000册；出版一个月后第三次印刷20 000册。

（吴明静）

人民美术出版社召开高等教育“十二五规划教材”工作会议

2011年4月9～21日，人民美术出版社分别在四川、广西、山东三地召开了高等教育“十二五规划教材”工作会议。中国美术出版总社社长常汝吉、副总编辑胡建斌、营销中心总经理吴本华及相关人员同当地美术院校教师、从事艺术教育专业的专家学者等出席会议。常汝吉、胡建斌在发言中对各地教材的成果进行了充分肯定，同时也感谢各院校教师们的大力支持。吴本华详细介绍了人民美术出版社60年来的发展历程，艺术教材编辑室主任王远汇报了现阶段人民美术出版社“十二五”高校教材编辑出版成果。与会代表在发言中感谢人民美术出版社所搭建的教材建设平台，表示要加强在“十二五”期间与人民美术出版社的精诚合作，希望通过高校教材建设平台可以不断推出高质量和有影响力的精品教材，继续努力打造出适合本地区高校教学特色的艺术类教材，为艺术教育作出贡献。

（汤　锐）

《文史知识》创刊30周年庆祝大会召开

2011年4月15日，《文史知识》创刊30周年庆祝大会在北京召开。新闻出版总署副署长李东东、中国书刊发行业协会会长杨牧之、中国出版集团公司总裁聂震宁、中宣部出版局副局长刘建生等领导和冯其庸、蔡美彪等各界专家学者100余人出席了庆祝大会。

庆祝大会上，新闻出版总署副署长李东东代表新闻出版总署和柳斌杰署长，向《文史知识》杂志创刊30周年表示了热烈的祝贺，向30年来艰苦奋斗、开拓进取的杂志社全体工作人员致以诚挚的问候，向一直给予杂志关心、支持的各位专家学者表示衷心感谢。在肯定了杂志办刊宗旨和成绩的同时，李东东副署长还提出了三点希望：一是刊物要有大目标；二是通过多种方式探索扩大期刊影响；三是注重在数字化时代的创新发展。

中国出版集团公司总裁聂震宁代表中国出版集团公司，向中华书局和《文史知识》编辑部表示祝贺，向出席会议的学者们致以崇高的敬意。回顾30年历程，聂震宁指出，《文史知识》开辟了一条追求知识的道路，坚持高尚的学术旨趣和高雅的文化品位，逐步成长为著名的学术文化品牌，希望它及时总结宝贵经验，继续做好文化普及的倡导者，保持向上的生命力和发展态势。

中宣部出版局副局长刘建生将《文史知识》的特点概括为"五实"：朴实，质朴而尤显刚健的作风；厚实，体现厚重而沉稳的文化精神；踏实，大胆设想、有一说一；忠实，编辑们忠诚于事业、读者们忠诚于刊物；欢实，知识性、学术性与趣味性兼备。刘建生副局长寄语《文史知识》：要有世界眼光，要有灌输意识，飞入寻常百姓家。会议由中华书局副总经理黄松主持，总经理李岩、总编辑徐俊出席会议。（梁　彦）

2011年汉语多元化教学手段研讨会举行

2011年4月16日，世界图书出版公司北京公司和华东师范大学国际汉语研修基地共同举办的"2011年汉语多元化教学手段研讨会"在上海召开，来自上海各个高校及江浙部分高校的教师，以及上海地区的中学、社会培训机构、国际学校的许多一线教师共130人应邀参会。与会的老师先后发言，他们从自己的领域和角度阐释了对视听说教学及视听说教材的一些看法。

（潘　虎）

《中国图书商报》子刊《中国编客》与《中国馆配》创刊

2011年4月19～26日，《中国图书商报》子刊《中国编客》与《中国馆配》创刊。

《中国编客》，旨在为编辑们搭建一个活跃的平台，瞩目"编业"，聚集"编术"，关注"编客"，让那些优秀的当代编辑从幕后走出来，述说自己的经验、感慨、要求和期盼。主要栏目有"编辑文化"、"编客学堂"、"特别策划"、"编辑专栏"、"本期聚焦"等。创刊初期为每月一期。《中国馆配》意在有效梳理资源，搭建一座沟通图书馆—馆配—出版商之间的专业平台，破解彼此之间的界限与偏见，共同应对中国出版业的未来。主要栏目有"馆配文化"、"热点聚焦"、"卷藏数据"、"馆外观察"、"业内万象"等。创刊初期为每月一期。（郭是海）

《高官的良心——中国足球打黑第一斗士》出版座谈会举行

2011年4月20日，人民文学出版社在北京举办了《高官的良心——中国足球打黑第一斗士》出版座谈会，浙江省文联副主席、杭州市文联党组书记和主席陈一辉，浙江省体育局原局长陈培德，北京体育大学教授、体育理论家卢元镇，杭州市作协副主席、文联创研室主任王连生，杭州市作协主席、西湖杂志社社长兼总编嵇亦工，文学评论家梁鸿鹰、雷达、白烨、李炳银，以及本书作者朱晓军等参加了会议。人民文学出版社社长潘凯雄与会并讲话。

《高官的良心——中国足球打黑第一斗士》以细腻的笔触生动地表现了有良心和有操守的高官陈培德与中国足坛高层腐败势力斗争的心路历程和艰难曲折的反贪打黑经历。（宋　强）

《汪曾祺全集》编辑工作会举行

2011年4月20～21日，人民文学出版社在办公楼四楼会议室组织召开《汪曾祺全集》编辑工作会，孙郁、季红真、解志熙和王风等在汪曾祺作品研究、佚文搜求、编辑出版等方面有成绩的专家学者及汪曾祺先生的亲属参加了会议。人民文学出版社总编辑管士光出席会议并讲话。

会上，大家就佚文收集、版本校勘、编辑体例等议题展开讨论，提供了多篇珍贵佚文，开拓了编辑视野，并在《汪曾祺全集》的编辑体例上达成了共识。（宋　强）

中国对外翻译出版公司首次组织召开北京高校学生社团代表座谈会

2011年4月28日，中国对外翻译出版公司首次组织召开北京高校学生社团代表座谈会，北京20所翻译硕士（MTI）试点高校学生社团代表出席座谈会。

会上，有关人员介绍了中国对外翻译出版公司的历史沿革、业务领域和发展战略，详细介绍了在高校将陆续开展的“中译名师高校巡讲”、“中译杯全国翻译技能大赛”、“全国高校翻译协会联盟建设”等系列活动。交流讨论环节，与会代表对活动表示出浓厚的兴趣和热情，希望与中国对外翻译出版公司进行深度合作，借势提高本校学生学习外语的热情和能力。会后，代表们参观了中国对外翻译出版公司的办公环境和“翻译服务上海世博会图片展”。（刘黎黎）

《茶文化学系列教材》（3种）第三次研讨会举行

2011年4月，《茶文化学系列教材》（3种）第三次研讨会在杭州召开。出席研讨会的专家学者有：系列教材编委会顾问，包括中国工程院院士陈宗懋、中国农科院茶叶研究所原所长程启坤、著名茶叶史学专家朱自振、中国茶叶学会顾问施兆鹏等；编委会主任，包括中国茶叶学会副理事长刘仲华、湖南农业大学客座教授林治；编委会副主任，包括福建武夷学院校长杨江帆、中国国际茶文化研究会学术部主任姚国坤教授、浙江大学茶学系屠幼英教授、山东大学茶学系主任张丽霞教授、湖南农大肖力争教授、云南农大周玲教授、南京农大房婉萍教授，等等。

《茶文化学系列教材》是世界图书出版西安有限公司“十二五”规划重点项目，共计13种。2011年出版了《中国茶道》、《中国茶艺学》、《茶与健康》3种。《茶文化学系列教材》是茶学界首套系统、权威的专业教材。

（薛春民　赵亚强）

“学习型工具书与小学生语文素养提升研讨会”召开

2011年5月6日，商务印书馆在西北大学召开“学习型工具书与小学生语文素养提升研讨会”。来自陕西师范大学、陕西教育学院等单位的专家柯西钢、牛文明和西安市城区小学语文教研员王晓纲、张华、刘婷、仲维健、于红梅、房庆元、薛蕴婷、杨巧娥，以及参赛学校代表共计30余人参加了研讨会。

与会专家对商务印书馆在我国语言学界的地位给予了充分肯定，在回忆商务印书馆对个人成长历程的巨大影响后，指出选择商务印书馆的辞书就意味着选择了高品质。商务印书馆资深辞书编辑陈玉庆通过大量严谨、翔实的资料向与会人员介绍了商务印书馆的历史沿革，阐述了“学习型词典”的编写理念与独特优势，重点推介了小学生系列辞书和《现代汉语学习词典》，并结合中央电视台关于广西地区工具书盗版泛滥的报道，指出语文教师有甄别和推荐高质量工具书的义务，引起了参会教师的强烈共鸣。商务印书馆教育论坛副秘书长、教育学博士后孙照海向与会人员详细宣讲了本次查字典比赛活动细则，并详细回答了代表的提问，与代表就比赛中的一些难点问题进行了深入探讨。西安市教科所小学语文教研员王晓纲做了总结发言，她充分肯定了工具书作为“无言之师”对小学生语文素养提升的积极作用，享有“工具书王国”美誉的商务印书馆过去曾为学生的健康成长提供了丰厚的精神食粮，相信通过本次查字典比赛，一定可以更好地提升学生对工具书的使用能力，并为促进学生的可持续发展奠定良好的基础。（唐　敏）

“二十一世纪中国竹笛高峰论坛”举行

2011年5月16～19日，由人民音乐出版社、上海音乐学院、杭州文化广电新闻出版局联合主办，杭州艺术学校承办的“二十一世纪中国竹笛高峰论坛”举行。全国42家高校及院团的150多名专家学者到会，另有一百多名列席代表参加。开幕当天，九十高龄的笛子演奏家陆春龄，八十高龄的笛子演奏家王铁锤、刘森，文化部科教司司长刘玉普，浙江省音协主席翁持更，杭州市文化广电新闻出版局局长陈建一，上海音乐学院副院长杨燕迪，人民音乐出版社副编审张辉，杭州市音协主席宋家明等业界名人及领导出席。

会议就竹笛音乐的创作、教学、教材等问题进行了较充分的研讨。论坛组委会决定，将收集到的论文组织理论界专家进行评价筛选，最后交人民音乐出版社出版。同时，大会还就20世纪优秀竹笛作品（部分）进行了认真的讨论并达成一致意见。组委会决定，会后由曲作者本人进行仔细的校正，组委会统一编辑整理，交人民音乐出版社出版。

与会人员一致称赞人民音乐出版社为笛界做了一件大好事。此次论坛盛况空前，如此大规模的学术研讨在笛界还是第一次，这充分说明了人民音乐出版社对音乐事业的关心，尤其是对民族音乐发展的支持。近年来，人民音乐出版社出版了一批较为系统的民乐教材，如“《华韵》民族音乐精品教材系列”、“《名师》民乐教学示范系列”、“‘哆唻咪’快乐音乐教与学丛书”、“全国民族器乐社会艺术水平考级系列丛书”，使民乐界看到了民乐教材建设的系统化、系列化的方向，相信在人民音乐出版社与广大竹笛界同仁的共同努力下，竹笛教材的科学化、规范化指日可待。

（吴明静）

《中国大百科全书》数据库出版发布会举行

2011年5月18日，《中国大百科全书》数据库出版发布会举行。《中国大百科全书》的数字化出版，是对《中国大百科全书》（第一版）和《中国大百科全书》（第二版）的传承、创新和超越。该数据库共计逾20万条目，包括80多个学科、近100万个知识点，文字量达2亿，并配有10万幅高清图片、地图及多种附录数据。在技术上，数据库的检索引擎可供多名读者同时在线检索使用，设有相关条目深阅读功能。国家图书馆原副馆长孙承鉴、北京大学图书馆党委书记高倬贤、首都图书馆副馆长陈坚、中国人民大学图书馆副馆长宋姬芳、北京理工大学图书馆馆长张永发、中央民族大学图书馆馆长李德龙、澳门图书中心协会理事长陈秉松以及北京国图书刊服务有限责任公司董事长赵维屏等领导、专家出席，同时，来自《人民日报》、《光明日报》、《中国新闻出版报》、《中国图书商报》、《出版商务周报》、《图书馆报》、新浪网、搜狐网、百道网、新华社、《中国教育报》、《中国文化报》等数十家媒体参会。主办方中国大百科全书出版社社长龚莉致辞，副总编辑刘杭介绍《中国大百科全书》数据库有关情况，高倬贤、孙承鉴、宋姬芳、李德龙等分别发言。发布会由中国大百科全书出版社副社长刘晓东主持。（王　瑜）

《中国图书商报》发表“红色读物专刊”系列报道

为庆祝中国共产党建党90周年、纪念辛亥革命100周年，一批“红色图书”相继上市，占据各大书店的重要位置。为了及时宣传推荐这批红色读物，《中国图书商报》于2011年5月20日至7月29日特别策划了“红色读物专刊”

系列报道。第一波报道在5月20日第1748期，4个版；第二波在6月28日第1758期，8个版。系列报道旨在让读者在阅读中缅怀先烈的光辉业绩，继承和发扬光荣传统、坚定理想信念。

第一波和第二波“红色读物专刊”在读者中引起良好反响，不少读者建议商报继续关注红色读物的出版和阅读脉络。在8月1日建军节和8月15日抗战胜利纪念日到来前，商报推出“红色读物专刊”第三波（7月29日第1766、1767期合刊，4个版）。这一波关注的是军事读物，尤其是军旅文学、国防和军队建设类图书，进一步扩大红色读物在读者中的影响，继续以更加丰富的信息量引导大众寻找、阅读优秀红色读物。

《中国图书商报》“红色读物专刊”系列报道，除随正报发行外，还特别赠发各地大书城、图书馆以及部分专家学者，引起良好反响。

（郭是海）

《金克木集》出版座谈会举行

2011年5月21日，生活·读书·新知三联书店在中国出版协会会议室举办了《金克木集》出版座谈会。座谈会由三联书店总编辑李昕主持，新闻出版总署副署长邬书林，中国出版集团公司总裁聂震宁，三联书店总经理樊希安，三联书店副总经理兼副总编辑翟德芳，中国艺术研究院徐城北，北京大学教授厉以宁、陈平原以及一些金克木先生生前在北京大学的同事、学生，还有金克木先生的女儿金木婴等出席了座谈会。

与会的各位专家学者回顾了金克木先生的聪明、博学与淡于名利的个性及独特的治学风格，对于三联书店出版的《金克木集》的高质量表示赞赏，同时也提出了一些很好的意见和建议。樊希安在发言中表示，金克木先生生前对三联书店关爱有加，出版《金克木集》是三联书店的荣幸，也是三联书店为构建学术高地、传承和积累优秀思想文化所做出的一种努力。聂震宁在讲话中认为，出版《金克木集》是三联书店的荣幸，也是中国出版集团公司的荣幸，时代需要学术大家，文化体制改革最终要落实到出精品、出优秀作品上来，要抓好这项工作。邬书林在讲话中指出，出版界要多出版像金克木先生这样的文化大家的著作，出版一批像《金克木集》这样的好书，并对出版界更好地做好学术文集出版工作提出希望和要求。

（戴云波）

中国对外翻译出版公司参加翻译教育发展国际学术研讨会

2011年5月21～22日，中国对外翻译出版公司参加翻译教育发展国际学术研讨会。此次研讨会在北京外国语大学举行，中国对外翻译出版公司副总经理陈炳发、张高里以及多名高级翻译参加了研讨会。来自联合国、欧盟、欧洲议会口笔译总司等18个国家的38个成员单位的代表，国内设有翻译专业的院校代表以及部分国内外翻译企业代表共300余人参加了会议。会议围绕“经济发展与专业翻译服务所发挥的作用”这一主题进行了深入的交流和探讨，旨在加强中外翻译教育界的交流，逐步建立中国高校翻译学院在国际翻译教育界的学术地位和国际影响。

与会期间，陈炳发、张高里还与出席会议的联合国副秘书长沙班、国际高校翻译学院联盟主席 Hannelore Lee-Jahnke、联合国日内瓦办事处口译处处长李正仁、联合国纽约总部逐字记录处处长傅鹏辉亲切会面，就共同关心的问题进行了交流探讨。

（刘黎黎）

2011年“楚天杯”全国中小学生帅作文大赛正式启动

2011年5月23日，由人民文学出版社、《楚天都市报》和《帅作文》周报联合主办，由著名作家王蒙和曹文轩担任大赛顾问的2011年“楚天杯”全国中小学生帅作文大赛正式启动。

大赛分征题、初赛、省级决赛和全国总决赛四个阶段，面向全国中小学语文教育工作者、文学爱好者和社会培训机构公开征集初赛、省级决赛和全国总决赛作文题。《帅作文》周报是人民文学出版社和湖北日报传媒集团联办的一份语文学习类周报，2011年创刊以来全国发行量已达10万余份。（宋　强）

“百年再出发——中华书局文化沙龙”活动举行

2011年5月28日，中华书局邀请黑龙江省部分文史哲专家学者，在哈尔滨举行“百年再出发——中华书局文化沙龙”活动。与会嘉宾就中华书局的出书情况及与中华书局编辑的交往等，具体而充分地展开交流，回顾历史，展望未来。中华书局总经理李岩出席，副总编辑顾青主持沙龙活动。（梁　彦）

中国对外翻译出版公司承办2011年中国翻译职业交流大会

2011年5月28日，由博雅翻译文化沙龙主办、中国对外翻译出版公司与北京航空航天大学联合承办的中国翻译职业交流大会在北京召开，从事翻译教学和研究的专家学者、翻译企业代表及民间自由译者等400余人参加了大会。大会集学术性、行业性和公益性为一体，旨在网聚国内外译界精英，洞悉译界动态，关注翻译教育和翻译产业的结合，努力为我国翻译教育和人才培养进行积极的探索。

中国对外翻译出版公司副总经理陈炳发、张高里，总调度室主任董敏出席了大会。作为大会承办方之一，中国对外翻译出版公司协助完成各项组织策划工作；张高里主持了中华文化对外传播论坛板块，并邀请《于丹〈论语〉心得》的策划人顾青、《狼图腾》的策划人安波舜出席并发言；董敏作了题为《翻译人力资源培养与管理》的主旨发言。（刘黎黎）

“企鹅经典丛书”新闻发布会举办

2011年5月31日，人民文学出版社与上海九久读书人有限公司在北京联合举办“企鹅经典丛书”新闻发布会，企鹅集团全球CEO约翰·马金森、上海九久读书人有限公司总经理黄育海、著名作家阎连科、中国社会科学院外国文学研究所所长陈众议等参加了发布会。

该丛书以企鹅出版集团授权使用的“企鹅”商标作为标识，并采用了企鹅原版图书的编辑体例与规范，延续了“企鹅经典”书系“简装，而不简单”的一贯风格。“企鹅经典丛书”首辑收入了《茶花女》、《少年维特之烦恼》、《城堡/变形记》等10部经典名著。译本均选自声望卓著的翻译家译本，务求贴近作者的语言风格。每部书都精选了名家撰写的导读文字，以及必要的注释。丛书封面特邀中国书籍设计师丁威静和英国书籍设计师Jason Pym携手设计，呈现出东方水墨气质与西洋油画技法的融合。（宋　强）

《鲁迅箴言》（中日双语版）出版座谈会举行

2011年5月31日，生活·读书·新知三联书店、日本平凡社、北京鲁迅博物馆在鲁迅博物馆共同举办了“《鲁迅箴言》（中日双语版）出版座谈会”。中国社会科学院副院长李慎明，中国出版集团公司副总裁刘伯根，鲁迅博物馆馆长杨阳，三联书店总经理樊希安，三联书店总编辑李昕，小学馆社长、日本中国文化交流协会顾问相贺昌宏，平凡社总编辑下中美都，日本驻华大使馆新闻文化中心参赞臼井将人，北京日本文化中心副所长高桥耕一郎，鲁迅研究专家赵京华、董炳月、许金龙、张梦阳，以及中国鲁迅研究界学者、中日出版界代表等60余人与会，共同就纪念鲁迅先生诞辰130周年、中日文化交流和出版合作等话题展开了讨论。座谈会由鲁迅博物馆副馆长黄乔生主持。

与会代表对于《鲁迅箴言》（中日双语版）由三联书店与日本平凡社同步推出表示祝贺。樊希安在发言中回顾了与日本平凡社合作出版《鲁迅箴言》（中日双语版）的缘起，下中美都女士衷心祝愿通过出版促进中日两国的幸福。刘伯根认为，三联书店与平凡社合作，是强强合作，以同步出版、同步上市、共同宣传的方式推出《鲁迅箴言》（中日双语版），不仅对于出版、合作模式有一种积极的探索意义，对于“走出去”的模式也是一种积极的探索。李慎明则建议三联书店和平凡社能接着再编译《鲁迅箴言》（中日双语版）之二、之三等，使之走进千万中日两国的青年人心灵中间。（戴云波）

中国出版集团公司入选“新闻出版改革发展项目库”数量居全国之首

2011 年 5 月，新闻出版总署下发通知，批准中国出版集团公司申报的《世界历史文库》等 51 个项目入选 2010 年和 2011 年“新闻出版改革发展项目库”。按照新闻出版总署要求，全国各省市新闻出版机构踊跃申报，经新闻出版总署组织专家严格评审，全国共有 542 个项目入库。集团公司入选项目数量占全国近十分之一，居各大新闻出版机构之首。

集团公司对“新闻出版改革发展项目库”等全国重大出版项目的申报工作一向高度重视。“十一五”时期，集团公司通过组织实施《中国文库》、《中国大百科全书》（第二版）等重大出版项目挺拔出版主业，通过组织实施“畅销书推广计划”、“常销书推荐计划”等重大市场营销活动加大品牌建设力度，通过组织实施专业数据库建设、“中版闪印王”等重大数字出版项目推动产业创新，通过组织实施中国民主法制出版社、华文出版社、黄河出版传媒集团有限公司的重组等重大战略措施加速跨地区发展步伐，通过组织实施“香山论坛”、“读者大会”等重大社会活动实现集团公司与国内外产业同仁的深度合作与交流。

在集团公司“十二五”规划中，《中国文库》、《世界历史文库》、《中国大百科全书》（第三版）等一批重大出版项目，“中国数字出版网”、“中华基本史籍知识库”等一批重大科技项目，“中国数字出版中心”、“中国出版集团公司文化创意产业基地”等一批重大基地建设项目，“中版传媒股份有限公司组建及上市”、“组建中版影视传媒公司”等一批重大改革发展项目，作为集团公司“十二五”规划的重要内容。

此次入选的 51 个项目，已全部纳入集团公司“十二五”改革发展重大项目之中，集团公司将对这些项目的落实给予多个层面的支持，并定期组织检查其实施进度和项目质量。

（仝冠军）

中国数字出版网（大佳网）开网上线

2011 年 5 月，中国数字出版网（大佳网）在第 21 届全国图书交易博览会期间开网上线。一期一阶段上线的包括 18 个频道、37 个主栏目、100 余个二三级栏目，实现了包括专题系统、图书连载系统、原创写作系统、出版社自助宣传平台、用户系统、垂直微博、敏感词控制等门户网站的所有基本功能。同时推出的“大佳网直播间”在第 21 届全国图书交易博览会期间通过对新闻出版总署领导、中国出版集团公司领导、作家等的专访，做了很好的宣传和推广，得到了中央电视台新闻频道、新华社、《人民日报·海外版》、新浪网、搜狐网等诸多主流媒体的关注与报道。（唐贾军）

《古炉》作品研讨会举行

2011 年 6 月 2 日，人民文学出版社、陕西省委宣传部和陕西省作协在北京联合举办了贾平凹长篇小说《古炉》作品研讨会。中国出版集团公司总裁聂震宁，中国作协党组成员、书记处书记李敬泽，陕西省委宣传部文艺处处长、省文艺评论家协会副主席齐雅丽，陕西省作协党组成员、秘书长王芳闻，以及京内外著名评论家 20 余人参加了会议。研讨会由人民文学出版社社长潘凯雄主持。

聂震宁在讲话中指出，人民文学出版社肩负着“三加快、一加强”的重要使命，即加快文化体制改革，加快公共文化事业建设，加快文化产业发展，加强文化产品创作生产，要实现这一使命，需要拥有更多像贾平凹这样的作家和《古炉》这样的作品，要在这方面继续履行应尽的责任和做出努力。

与会者围绕《古炉》的独特内涵与艺术价值展开了讨论。新浪微博和腾讯微博频道对研讨会进行了现场直播，众多网友也通过这个平台交流了阅读感受和看法。（宋　强）

《高官的良心——中国足球打黑第一斗士》作品研讨会举行

2011年6月8日，人民文学出版社与浙江理工大学联合主办的《高官的良心——中国足球打黑第一斗士》作品研讨会在杭州举行。浙江省原省长沈祖伦、浙江省人大常委会原副主任毛昭晰和杨彬、浙江省教育厅副厅长鲍学军、中国作协创研部主任胡平、浙江新闻工作者协会名誉主席江坪、浙江省作协党组副书记郑晓林、浙江省文联副主席陈一辉、主人公陈培德等领导、专家、学者受邀参加研讨会，浙江理工大学党委书记费君清、校长裘松良、副校长陈文兴，作者朱晓军等出席研讨会。人民文学出版社社长潘凯雄与会并讲话。

《高官的良心——中国足球打黑第一斗士》以足坛的腐败现象为题材，通过对浙江省体育局原局长陈培德打黑斗士形象的塑造，表达了对真理、对公正的寻求，在国内引起强烈反响。

（宋　强）

《书目答问汇补》出版座谈会举行

2011年6月8日，《书目答问汇补》出版座谈会在北京举行。著名学者刘梦溪、冯尔康等出席会议，中华书局总经理李岩、总编辑徐俊参加会议，古籍学术出版中心主任尹涛主持会议。《书目答问汇补》凝结了作者来新夏70年的研究成果。来新夏20世纪40年代在辅仁大学读书时，就在目录学大师余嘉锡的指点下研究《书目答问》，在研究的同时，十分注重收集前人的成果。60年代以来，来新夏开始为《书目答问》作汇补，汇集各家研究成果，历经多年，终于编成《书目答问汇补》。（梁　彦）

《复兴之路》（上、中、下）列入中宣部、新闻出版总署200种优秀图书书目

2011年6月13日，中国民主法制出版社重点图书《复兴之路》（上、中、下）列入中宣部、新闻出版总署200种优秀图书书目。这是该书入选中共中央组织部和中共中央宣传部联合推荐的“第三批中央向党员干部推荐学习书目”后再次获得的殊荣。（尹宇平）

《后汉书》修订会召开

2011年6月18～19日，《后汉书》二次样稿讨论会在西安召开。会议由中华书局总编辑徐俊主持，《后汉书》修订小组主持人周天游及小组全体成员，审定委员许逸民，修订办公室张文强、王芳军，中华书局历史编辑室王勖、王勇参加讨论。之前，3月18日，《后汉书》修订小组主持人周天游到访中华书局，总编辑徐俊和修订办公室工作人员就《后汉书》修订情况与周天游进行沟通。（梁　彦）

纪念中国共产党成立90周年京沪学术论坛暨“中国共产党与现代化使命丛书”出版座谈会举行

2011年6月19日，纪念中国共产党成立90周年京沪学术论坛暨“中国共产党与现代化使命丛书”出版座谈会在北京举行。会议由中国出版集团公司和上海市社会科学界联合会主办，中国大百科全书出版社承办。此次会议的宗旨是：隆重纪念中国共产党成立90周年，在全国学术界引起更为深入的对中国共产党成立90周年的学理探讨，对相关成果进一步总结和提升。

会议围绕“中国共产党与现代化使命丛书”的出版，围绕建党90年来，我国政治、经济、社会各方面理论发展的脉络和思想价值，京沪专家学者进行了讨论和对话沟通。京沪专家学者一致肯定了上海学术界在国家发展理论方面探索创新的气魄和实力，以及中国大百科全书出版社一如既往，积极搭建学术交流平台，积极转化理论创新成果的出版方向。新闻出版总署出版管理司和中宣部出版局图书处有关领导、中国出版集团公司总裁聂震宁等到会致辞。会议由中国出版集团公司副总裁刘伯根和上海市委宣传部副部长潘世伟主持。上海社会科学院副院长、研究员及华东政法大学博士生导师沈国明介绍了“中国共产党与现代化使命丛书”立项、组织及落实工作，中国大百科全书出版社社长龚莉就丛书的策划、出版等工作做了介绍。复旦大学副校长、教授林尚立，中国社会科学院学部委员、社会学研究所所长、研究员李培林，北京师范大学经济与资源管理研究院书记、教授张琦，上海社会科学院常务副院长、研究员左学金代表京沪专家学者发言。

（王　瑜）

中国出版集团公司召开庆祝中国共产党成立90周年“百种红色经典连环画”新闻发布会

2011年6月20日，庆祝中国共产党成立90周年“百种红色经典连环画”新闻发布会召开。中宣部副部长蔡名照、新闻出版总署副署长邬书林、中国出版集团公司总裁聂震宁出席会议并讲话，集团公司副总裁刘伯根主持会议。中国编辑学会会长桂晓风，新闻出版总署出版管理司司长吴尚之、印刷发行管理司司长王岩镔，中宣部出版局副巡视员张拥军，中国出版协会连环画艺委会主任姜维朴等出席会议。天津出版传媒集团董事长荣新海，中国美术出版总社社长常汝吉、天津人民美术出版社社长刘子瑞、上海人民美术出版社社长李新，集团公司出版业务部、对外合作部、党群工作部和所属18家出版单位主要负责人，连环画界专家学者、丛书编创代表、读者代表，以及中央电视台、新华社、中新社等20多家中央新闻媒体记者参加新闻发布会。

蔡名照在讲话中说，受云山同志的委托，他代表中宣部对《庆祝中国共产党成立90周年百种红色经典连环画》的编辑出版发行表示热烈祝贺，向为新中国连环画出版事业作出贡献的同志们表示崇高敬意。他指出，通过出版物开展爱党、爱国教育，让人们更多地了解中国共产党为国家解放、民族富强所作出的伟大功绩，是出版界义不容辞的责任。这套精编、精选、精用的《庆祝中国共产党成立90周年百种红色经典连环画》，通过众多英雄人物和故事深刻阐明了只有共产党才能救中国，只有共产党才能发展中国的道理，一定会得到广大读者的喜爱，并对我国连环画事业发展发挥重要作用。他对进一步推动连环画繁荣发展提出三点意见：第一，要按照云山同志要求，认真总结经验，从改革开放30多年的现实生活中挖掘素材，提炼主题，塑造形象，打造精品，引导广大青少年坚定理想信念，树立正确世界观、人生观、价值观，做改革开放建设事业合格接班人。第二，要适应阅读需求变化，推进表现形式创新。在弘扬民族连环画优秀传统，充分挖掘中国元素的同时，要大力借鉴国际上流行的表现形式，取其所长，为我所用，让连环画焕发新的生机和活力。第三，要创新传播手段，积极开展网络出版和手机出版。加快开发数字化连环画产品上线传播，积极引导网民和手机用户参与连环画创作平台，更好满足广大网民对连环画的阅读欣赏需求，更快推动我国连环画出版走出低谷，实现新跨越，续写新辉煌。

邬书林在讲话中指出，《庆祝中国共产党成立90周年百种红色经典连环画》在建党90周年这一重要历史时刻出版，很有意义。小人书也能发挥大作用，承担大使命。《庆祝中国共产党成立90周年百种红色经典连环画》的出版，必将在广大青少年和人民群众中进一步唱响共产党好、社会主义好、改革开放好、伟大祖国好、各族人民好的时代主旋律。对于进一步做好连环画出版工作，他提出三条要求：一是大力挖掘连环画的内容资源。要挖出中华优秀传统文化的深厚资源，挖出党领导全国人民在改革开放伟大实践中涌现出的新鲜资源。二是大力加强连环画形式的创新。要充分运用高新技术手段，将其与原创动画、漫画、小说绘画创作相结合，大胆进行表现形式、传播方式、经营模式的创新，努力开创连环画出版的新路子。三是不断增强连环画出版的国际影响。要系统组织中国故事、中国形象的连环画选题开发，提高连环画的国际地位，让连环画走向世界，提高中华文化国际影响力和感染力。

聂震宁在讲话中指出，在庆祝中国共产党成立90周年之际，在中央领导同志的亲切关怀下，在中宣部的直接部署和新闻出版总署的大力支持下，集团公司组织人民美术出版社、连环画出版社，与上海人民美术出版社、天津人民美术出版社通力合作，共同编辑出版了《庆祝中国共产党成立90周年百种红色经典连环画》。这套丛书作为集团公司庆祝建党90周年图书的重中之重，全面展示了中国共产党成立90年来在革命和建设中的丰功伟绩，生动表现了中国共产党人大公无私的高风亮节，对于促进我国连环画出版事业的发展具有重要作用，对于在广大青少年中间开展党史教育和爱国主义教育具有重要意义。

《庆祝中国共产党成立90周年百种红色经典连环画》共104种、170册，统一开本、纸张、封面设计。每本都标有“庆祝中国共产党成立90周年百种红色经典连环画”字样。该书已入选2011年国家出版基金资助项目，获得300万元资助，并入选新闻出版总署2011年“农家书屋”重点图书。（何　奎）

“版权沙龙”第一次活动举行

2011年6月21日，“版权沙龙”第一次活动在中国出版集团公司11层多功能厅举行，中版国际传媒有限公司常务副总经理刘忠主持了活动。参加这次活动的有集团公司对外合作部、人民文学出版社、商务印书馆、中华书局、中国大百科全书出版社、人民美术出版社、人民音乐出版社、生活·读书·新知三联书店、中国对外翻译出版公司、中国民主法制出版社、现代教育出版社、荣宝斋、现代出版社、华文出版社、中国图书进出口（集团）总公司、中国图书进出口（集团）总公司海外出版中心和中版国际传媒有限公司等单位分管对外合作的领导和版权业务负责人共30余人。中国图书对外推广计划领导小组办公室原副主任王凤应邀参加了此次活动。

刘忠首先对与会单位的代表表示热烈的欢迎和衷心的感谢，并对举办“版权沙龙”的目的做了说明：拟在集团公司内部建立一个民间版权贸易和对外合作出版的专业研讨机制和信息交流平台，让大家以轻松的心情、平等的身份，畅所欲言，沟通版权和对外合作信息，交流思想感情，集思广益，共同探索集团公司“走出去”的新模式。另外，也拟邀请国内出版版权专家和海外出版同仁进行交流互动，拓宽视野，提高能力，从而凝聚和培养一支外向型的出版队伍。

王凤作了题为“CBI与中国出版‘走出去’”的发言。王凤对CBI（中国图书对外推广计划）的起源、工作模式、海外专家组、工作程序、评审程序、翻译资助的工作流程和考核办法作了详细介绍，并建议各出版单位把精力放在文化著作翻译出版工程的申报上。王凤还重点介绍了“剑桥中国文库”的有关情况，并介绍了2011年4月召开的中国图书对外推广工作小组会议的相关精神和“十二五”期间的工作重点。她还根据自己的工作经历对做好图书对外推广工作提出了建议。

顾青介绍了中华书局出版“走出去”的经验。他首先阐述了中华书局“走出去”的工作思路，即“巩固港台，扩大日韩，突破欧美”。还着重介绍了中华书局运作《于丹＜论语＞心得》的经典案例，并与大家分享了《于丹＜论语＞心得》对外推广全过程中的值得借鉴的经验和教训。他还根据自己多年从事版权工作的经历谈了四点体会：一是一定要对中国文化充满信心；二是“走出去”工作要力求实效；三是翻译工作一定要做深做透；四是读者取向决定畅销书的走势。

孙牧就2011年参加第八届希腊萨洛尼卡和第17届布拉格国际书展的情况作了精彩的介绍，与大家分享了参加书展的感受和体会。刘忠介绍了参加2011年伦敦书展的相关情况，还重点对中版国际传媒有限公司承办第63届法兰克福国际书展的相关参展事宜作了介绍，并对2012年伦敦书展中国主宾国的相关活动作了展望。

大家普遍认为，此次“版权沙龙”活动内容丰富、高效务实。希望今后多举办这类活动，增加互动交流时间，形式上更生动活泼一些。

（刘　忠）

中国出版集团公司召开庆祝中国共产党成立90周年100种重点图书新闻发布会

2011年6月27日，中国出版集团公司召开庆祝中国共产党成立90周年100种重点图书新闻发布会。新闻出版总署出版管理司司长吴尚之、中宣部出版局副巡视员张凡、中直纪工委副书记梁潮平、中直工会联合会常务副主席郭洪美出席会议，集团公司总裁聂震宁主持会议，集团公司副总裁刘伯根介绍了集团公司庆祝中国共产党成立90周年的出版工作情况。

聂震宁在讲话中指出，集团公司庆祝中国共产党成立90周年的出版工作具有三个特点：第一，启动时间早，准备比较充分。自2010年4月以来，集团公司召开总裁办公会专题部署庆祝中国共产党成立90周年的整体工作，并多次在专题会议上作出具体安排。第二，坚持精品战略，高度重视原创。集团公司开发了近170种选题，按照优中选优的原则遴选出100种重点图书，其中绝大部分是原创图书。第三，坚持两个效益的有机统一，满足不同层次读者的阅读需求。他对进一步做好集团公司庆祝中国共产党成立90周年的出版发行工作提出了三条要求：第一，继续加强重点图书的宣传发行工作，积极拓宽发行渠道，力争全部图书“双效”显著；第二，坚持横向整合和集约利用资源，做好全媒体出版，通过大佳网等新平台加强传播。第三，继续发扬围绕中心、服务大局的传统，开发更多精品力作，形成新的阅读推广热潮。

刘伯根指出，自2010年4月以来，围绕庆祝中国共产党成立90周年，在中宣部和新闻出版总署的指导下，集团公司已经在图书出版、新闻报道、出版活动三个方面取得重要成果。今天发布的100种重点图书表现出四个显著特色：第一，紧扣主题，真情颂党。《庆祝中国共产党成立90周年百种红色经典连环画》、《唱响中国》由衷地表达了对党的热爱和赞美之情，中央电视台《新闻联播》予以了报道，在全国产生了广泛影响。《信仰的力量——红岩英烈纪实》、《重访·红系列》是根据中央电视台相关栏目推出的影视同步书，用新的视角解读了英雄故事和党史细节。第二，名家领衔，打造精品。长篇小说《武昌城》由著名作家方方创作；“党员领导干部能力素养大课堂系列丛书”由俞可平、葛剑雄等名家领衔编撰；《建设学习型机关博学文库》（第二辑）由著名学者艾四林领衔编写，对《共产党宣言》、《资本论》等12部马列经典著作重新导读。第三，内涵丰富，突出系列。“中华现代学术名著丛书”（100种）遴选诸多学科开山之作和经典之作。“中国共产党与现代化使命丛书”、“上海市社会科学界纪念建党九十周年丛书”从不同角度深入分析中国模式，探讨党的执政能力、党内民主、干部教育、基层建设、人代会制度等热点话题。第四，凸显原创，风格多样。《纪委书记》、《嘎达梅林》是原创长篇小说，《中外马克思主义经济思想简史》是原创学术著作，《中共党史青年读本》是原创党史普及读物。

刘伯根指出，集团公司的一批报刊踊跃刊发新闻报道。其中，《三联生活周刊》已推出1期“1921年的中国：领袖们的青春年代”封面故事报道；《读书》杂志发表多篇文章，讲述了斯诺到延安采访毛泽东的过程，探讨解放前夕中国共产党如何团结民主知识分子组成统一战线；《连环画报》推出了“纪念中国共产党90周年专栏”；《中国图书商报》连续推出两个“红色读物专刊”，并刊发了系列深度解读文章；《新华书目报》推出了“建党90周年图书专刊”。同时，集团公司相继成功举办第四届“读者大会”、《百年西藏——20世纪的人和事》中英文同步出版发行仪式、纪念中国共产党成立90周年京沪学术论坛暨“中国共产党与现代化使命丛书”出版座谈会、《庆祝中国共产党成立90周年百种红色经典连环画》新闻发布会、“风展红旗如画——荣宝斋藏现代绘画作品展”、集团公司庆祝中国共产党成立90周年书画摄影展暨全国出版同仁书画邀请展等近10个出版文化活动。（何　奎）

《版权信息交流》创刊

2011年6月27日，由中版国际传媒有限公司创办的《版权信息交流》创刊。该刊物为内部刊物，是为加强中国出版集团公司内部各单位版权贸易和出版合作经验的交流，沟通了解国内国际版权最新信息和发展趋势，学习海内外出版同仁的成功做法和案例，不定期出版。设有“最新趋势”、“重要精神”、“合资合作”、“书展信息”、“会议培训”、“经验交流”等栏目。

（刘　忠）

《新英雄谱》高仿真复制完成

2011年6月，荣宝斋为庆祝中国共产党成立90周年，采用高仿真复制完成《新英雄谱》100册。《新英雄谱》原是荣宝斋20世纪60年代用木版水印出版的一本书画集，由著名画家顾炳鑫绘画，邓拓先生（左海）配词并亲自书写《浪淘沙》8首，歌颂了赵一曼、刘胡兰、董存瑞、杨根思、罗盛教、杨连弟、黄继光、向秀丽8位英雄人物，展现了英雄们当年为了革命和社会主义建设事业的胜利，永往直前，奋不顾身的英勇事迹。他们勇于自我牺牲的行为，体现了中国人民崇高的道德品质和坚强的斗争精神。当年画集的出版受到了极大的欢迎。今天，荣宝斋用高仿真印刷技术重新制作发行此书，让读者有机会再一次重温英雄的事迹，从英雄们光彩照人的伟大形象中接受生动的爱国主义教育。

（刘　芳）

海内外中国语言学者联谊会——第二届学术论坛召开

2011年7月3日，商务印书馆与教育部语言文字信息管理司、中国社会科学院语言研究所联合举办的“海内外中国语言学者联谊会——第二届学术论坛”在商务印书馆礼堂召开。此次论坛的主题为“中国的语言学教学：过去、现在和将来”。来自北美、欧洲以及日本，中国香港地区、中国大陆的42位著名语言学者参加了此次论坛。

商务印书馆总经理于殿利、中国社科院语言所原所长沈家煊、教育部语言文字信息管理司副司长田立新分别致辞。香港中文大学教授李行德、美国威斯康星大学教授李亚非、香港教育学院教授朱庆之、北京语言大学校长崔希亮、暨南大学教授郭熙、中国社科院语言所研究员胡建华先后作了题为《语言学与国民教育》、《美国高校的语言学教育：兼及有关中国未来语言学教育的一些思考》、《香港高等院校中文与语言学专业本科教育的基本情况》、《对外汉语的基础研究与应用研究》、《华语教学的语言学意义》、《大学的语言学课程》的主题发言。

与会学者分别就语言学教学与本土化、语言学教学与语言学术语、语言学教学与跨语言/跨学科研究、语言学教学与大学通识教育、大学的语言学课程、语言学教学与中学语言教育等话题展开了讨论。中国社科院语言所副所长刘丹青对此次联谊会作了总结。（陈丹丹）

中国出版集团公司召开2012年度出版专项资金项目论证会

2011年7月4～5日，中国出版集团公司召开2012年度出版专项资金项目专家论证会。经集团公司组织专家论证遴选、集团公司总裁办公会审定，共确定了19个出版单位的55个项目，其中图书项目50个，报刊项目5个。这些项目同时上报财政部审批。人民文学出版社的《列夫·托尔斯泰文集》(17卷)、《话剧百年典藏》(15卷)，商务印书馆的《当代汉语学习词典》、《20世纪中国史学编年》，中华书局的《商周金文辭類纂》、《宋元学案补遗》，中国大百科全书出版社的“中国海洋文化丛书”、《中国新闻传播学大辞典》，中国美术出版社的《设计学概论》、《儿童漫画》杂志，人民音乐出版社的《中国当代作曲家曲库》(交响乐总谱)，生活·读书·新知三联书店的“三联·哈佛燕京学术丛书”(第十四辑)、《剑桥中国文学史》，中国对外翻译出版公司的《拉丁美洲通史》，东方出版中心的《中国共产党实践创新发展书系》，中国民主法制出版社的“人大代表培训丛书”，现代教育出版社的《彩色全译本前四史》，新华书店总店的“书目信息立体化建设项目”，华文出版社的《纪晓岚全集》，现代出版社的《“绘世界”系列原创动漫》，世界图书出版公司的“东南亚研究丛书”(第一辑)、《百种购权重印世界医学名著》(第四辑)，荣宝斋的《京剧法式》，中国图书商报社的“中国出版集团公司畅销书常销书推广项目”，商务印书馆国际公司的“中国古代绘画鉴赏辞典丛书”，天天出版社的《院士推荐外国新科普书系》等项目入选。为便于各单位尽早统筹安排立项项目的出版进度，确保立项项目按时顺利完成，集团公司提出了四条要求：第一，立项项目基本参照了集团公司产品线及各单位出版特色。各单位要重点考虑安排这些项目，保证按时、保质、保量完成。第二，各单位不得擅自变更项目内容，要严格按照专款专用的原则使用项目资金，禁止随意调剂使用或挪作他用。因特殊情况需要变更项目的，必须严格履行报批手续。第三，各单位要本着节约、合理、有效的原则使用资金，不断提高资金的使用效率。要加强对专项资金使用情况的监督检查，实行追踪问效。第四，集团公司将组织专人对所有立项项目和资金使用情况进行检查和验收，评价其质量和效益。一旦发现有违反项目资金使用相关规定者，将严肃处理，并等量核减该单位下一年度项目资金总额。 (何　奎)

《新华字典》(第11版)
出版座谈会举行

2011年7月5日，商务印书馆在人民大会堂隆重举办《新华字典》(第11版)出版座谈会。

全国人大常委会副委员长严隽琪，中宣部副部长蔡名照，教育部副部长、国家语言文字工作委员会主任李卫红，新闻出版总署副署长邬书林，中国出版集团公司党组书记、副总裁王涛出席会议并讲话。会上，商务印书馆总经理于殿利介绍《新华字典》(第11版)有关出版情况；中国社会科学院原副院长、中国辞书学会会长江蓝生介绍《新华字典》(第11版)有关修订情况；专家代表、北京大学教授、国家语言文字工作委员会咨询委员会委员陆俭明和教师代表、北京史家胡同小学校长、语文特级教师王欢先后发言；文化界代表、中国曲艺家协会副主席、中国文学艺术基金会秘书长姜昆，公益组织代表、中国宋庆龄基金会党组书记、基金会常务副主席常荣军先后讲话。

会议由中国出版集团公司副总裁刘伯根主持。中宣部出版局局长陶骅，民进中央副秘书长兼办公厅主任高友东，教育部语言文字信息管理司副司长田立新，中国社会科学院语言研究所原所长沈家煊，中国社会科学院语言研究所党委书记、副所长蔡文兰，民进中央出版委员会主任、人民出版社副社长李春生等出席会议。中国出版集团公司有关部门和所属单位的领导，词典编写单位中国社科院语言所的相关专家参加了会议。商务印书馆的孟传良、周洪波、李平、陈小文、刘禹、白纬、孙晓晖、余桂林及总编室、总经办、汉语出版中心、营销中心相关人员也参加会议。

《新华字典》是新中国成立后出版的第一部用白话释义、用白话举例的字典，自1953年初版以来，至2011年已近60年，发行量已超过4

亿册。《新华字典》（第11版）在出版传统的单色本和双色本的同时，经过精心设计，推出了面向农村贫困地区的平装本，第一次从单纯的工具书上升到了大国文化乃至民生的高度。国家领导人、新闻出版总署和中宣部领导，以及专家、学者都对此给予了高度评价。

新华社、中新社、中央电视台、中央人民广播电台、《人民日报》、《光明日报》、《中国青年报》、《中国教育报》、人民网、新华网、新浪网、《中国新闻出版报》、《中国图书商报》、《中国社会科学报》、《中华读书报》、北京电视台、《北京日报》、《北京晚报》等近40家媒体到会报道，有关新闻登上美国《时代周刊》。

（刘　禹）

《高路入云端》研讨会举办

2011年7月10日，由人民文学出版社和中国作家协会创作与研究部联合举办的刘上洋散文集《高路入云端》研讨会在北京举行，新闻出版总署副署长邬书林，中宣部出版局局长陶骅，中国作家协会党组成员、副主席高洪波，中国作家协会副主席陈建功，中国作家协会党组成员、书记处书记李敬泽，中国出版集团公司总裁聂震宁，中宣部出版局副巡视员张拥军，江西省委宣传部常务副部长陈东有，江西省广播电影电视局党委书记、局长黄晔明，人民文学出版社社长潘凯雄，以及有关方面的专家学者出席了研讨会。

与会者对刘上洋的散文写作给予了较高评价，大家一致认为，作者在创作中把文学性和思想性、形象性和思辨性有机结合起来，一个突出特点就是注重思想内涵，总能站在时代的高度，或对历史人物，或对现实生活，或对自然生态，或对人类命运引发出自己的思索和感悟，呈现出一种独特的风格和魅力。　（宋　强）

“作家孙犁逝世九周年纪念会暨《布衣：我的父亲孙犁》出版座谈会”举行

2011年7月12日，由生活·读书·新知三联书店主办的“作家孙犁逝世九周年纪念会暨《布衣：我的父亲孙犁》出版座谈会”在北京华侨大厦二楼会议室举行。会议由三联书店总编辑李昕主持，中国作家协会主席铁凝，中国出版集团公司总裁聂震宁，三联书店总经理樊希安，孙犁先生的女儿、《布衣：我的父亲孙犁》一书作者孙晓玲及一批著名作家、文学评论家、学者出席。

樊希安在致辞中说，孙犁先生作品的魅力是超越时代的，出版《布衣：我的父亲孙犁》一书对研究晚年孙犁起到重要的填补史料的作用。聂震宁在讲话中对孙晓玲女士将《布衣：我的父亲孙犁》一书放在三联书店出版表示感谢，认为该书充满真情实感。铁凝在讲话中表示、是孙犁先生引领自己去体悟文学审美的本质。著名作家、文艺评论家从维熙、肖复兴、阎钢、孙郁、冉淮舟、吴泰昌、李敬泽、卫建民等在发言中深情追忆了孙犁先生淡定朴素的为人处世、深怀大爱的心灵世界与勤奋无止境的艺术追求，同时对《布衣：我的父亲孙犁》一书不溢美、不虚饰的实录精神也给予了高度评价。　（戴云波）

商务印书馆与中国国际广播电台合作汉外辞书项目启动仪式举行

2011年7月14日，商务印书馆与中国国际广播电台合作汉外辞书项目启动仪式在中国国际广播电台报告厅举行。商务印书馆总经理于殿利，中国国际广播电台副台长胡邦胜、人才处处长王磊，商务印书馆外语室副主任张文英、外语室全体编辑，以及中国国际广播电台“汉外分类词典”项目的编写者参加了项目启动仪式。此合作项目是中国国际广播电台“人才工程”项目之一，计划出版匈牙利语、印地语、僧伽罗语等18个稀缺语种的汉外分类词典，其中9个语种将填补商务印书馆在此领域的空白。

胡邦胜和于殿利先后发表重要讲话。胡邦胜鼓励编者们珍惜商务印书馆这个平台，积极参与编写工作，奉献出高水平的作品。于殿利在介绍了商务印书馆一贯的出版方针和风格后，希望外语室编辑发扬商务印书馆严谨的传统，做好编辑和服务工作。

启动仪式后，张文英公布了项目时间表和分工，冯华英编审作“如何编纂好的辞书”的报告，数字出版中心的工程师讲解了技术支持问题并回答编者提问，外语室编辑与中国国际广播电台词典编写人员进行了一对一的交流。

（张文英）

“地铁世界”新闻发布会召开

2011年7月20日，商务印书馆与英国精制绘图公司在北京华侨大厦共同召开“北京、上海、广州、香港、台北，以及新加坡6城市地铁线路图数字版”（简称“地铁世界”）新闻发布会。此次发布会标志着商务印书馆这一百年老店在数字出版方面的探索正在稳步推进。

2010年7月12日，随着上海世博会的举办，商务印书馆与英国精制绘图公司在北京涵芬楼书店召开了“数字出版战略合作暨上海地铁线路图数字版”新闻发布会。2010～2011年，上海地铁线路图数字版在苹果系列产品上的全球下载量已达3万多次，显示了良好的发展态势。为此，双方扩大合作内容，增加北京、广州、香港、台北，以及新加坡5城市地铁线路图的数字版，与上海地铁线路图数字版一起简称“地铁世界”。对于新版“地铁世界”，用户可以根据需要单份下载、多份下载或整体下载。“地铁世界”2011年7月4日上线，半月内下载量已超过8 000次。

此次新闻发布会由商务印书馆数字出版中心主任孙述学主持，商务印书馆副总编辑李平、英国精制绘图公司首席执行官罗宾·伍兹（Robin Woods）先后致辞。英国精制绘图公司首席技术官戴维·马斯特斯（David James Masters）从用户角度，具体演示了数字版的6城市地铁线路图在iPhone、iPad等苹果系列产品上的功能与特点、付费下载与使用。

《人民日报》（海外版）、《北京晚报》、《新京报》、《京华时报》、《中国新闻出版报》、《中华读书报》、《中国图书商报》、人民网、新浪网、搜狐网、网易、中文在线、豆瓣网等平面和网络媒体，以及中国联通公司应邀出席本次发布会。

（冯建民）

中国出版集团公司完成2002～2010年度集团出版专项资金项目执行进度调研追踪

2011年7月中旬，按照集团公司领导指示，集团出版业务部对2002～2010年集团出版专项资金项目执行进度展开调研追踪。调研追踪结果表明，自从2003年以来，集团公司已经累计资助了741个项目，其中骨干项目300多个，资助资金总额达1.037 4亿元。总体来说，各单位普遍高度重视资助项目的编辑出版工作，力争按时保质保量地完成项目，努力创造较好的“双效”业绩。绝大部分单位的绝大多数项目执行情况良好，基本做到了项目如期顺利出版。

在调研中也发现如下问题：一是少数大型项目出版周期太长。如《鲁迅译文集》、《萧伯纳文集》、《辞源》（修订本）、“夏商周断代工程丛书”等项目规模大，组稿难度大，版权协调难度大，导致出版周期延长。二是部分中小型项目执行力不强。如“中国当代美术理论批评丛书”、《中国工艺美术断代史》、“名译评介丛书”、《国外翻译学文库》、《现代手术技巧图谱》等项目因不同原因未能够在规定年度内完成。三是版权问题成为一个重要障碍。《加西亚·马尔克斯全集》、《罗素全集》、《蒙古山水图》等仍处于版权洽谈阶段。四是项目变更、撤销情况频繁发生。极个别单位的项目规划和项目管理粗放，选题撤销较频繁。五是日常监督检查不够。如“中国茶文化丛书”7年过去后仍没出版，承担单位也没有提出变更或撤销。

针对项目执行中存在的问题，集团出版业务部拟采取如下措施：一是加强项目管理的制度化建设。2010年4月曾下发《中国出版集团公司年度出版专项资金项目管理办法（试行稿）》，对项目申报、论证、立项、审批、执行、监督、评估等各环节的注意事项予以明文规定，今后要完善并严格执行此办法，依法办事。二是加强督导检查和整改力度。定期或者不定期深入各单位全面督导检查2010年之前的项目。对没有完成的项目，要求相关单位整改，制定完成计划。对于推进较慢的项目，要求相关单位增派力量，确保及时按质完成。整改不力者，将在全集团通报批评。三是建立项目完成质量档案。各单位也要建立项目申报、执行和管理档案，以备查询和审计。各单位还要将拟变更、撤销的项目逐一向出版业务部报批。对完成质量不佳者，列入黑名单。四是开展年度项目执行效果评估。出版业务部将对各单位2010年前的项目执行效果进行评估，并以此作为2011年项目资助的批复依据。执行效果差的，下年度的资助项目数量和资助金额都要递减；执行效果好的，则在下年度的资助项目数量和资助金额给予倾斜。（何　奎）

第八届“商务印书馆·语文报杯”全国中青年课堂教学大赛举行

2011年7月26日，第八届“商务印书馆·语文报杯”全国中青年课堂教学大赛在安徽省黄山市开幕。本届大赛得到了中国教育学会的指导，由中国教育学会中学语文教学专业委员会和语文报社主办，安徽省教育学会中学语文教学专业委员会协办，商务印书馆提供独家赞助。在为期3天的比赛中，全国各省、市、自治区和新疆生产建设兵团的教育学会中学语文教学专业委员会、教研室经过层层选拔、脱颖而出的32位选手现场赛课，各地踊跃前来观摩的听课代表近2 000人。

自1995开始，全国中青年教师课堂教学大赛先后在太原、大同、昆明、南京、杭州、沈阳、西安举办过七届，均取得了圆满成功，已被誉为“语文教育界的奥林匹克盛会”。本届大赛的32位参赛选手分别来自30个省、市、自治区和新疆生产建设兵团，分别决出了一、二、三等奖和最佳板书奖、最佳朗读奖、最佳创意奖3个新增单项奖。大赛同时为推荐单位颁发金伯乐奖、银伯乐奖、铜伯乐奖。

大赛期间，组委会还特邀著名特级教师余映潮、尤立增执教读报示范课，商务印书馆副总编辑周洪波和上海师范大学教授、博士生导师王荣生作学术报告，并举行新型学术组织“全国中语会语文名师教研中心”成立仪式。

新浪网、中华语文网对大赛进行专题聚焦，并开通微博现场直播。《安徽日报》、安徽电视台、《黄山日报》、黄山电视台以及一些国家级媒体也对大赛进行了及时报道。（唐　敏）

“中华字库”工程研发工作启动大会召开

2011年7月26～28日，由中国出版集团公司承担的新闻出版总署重大科技项目“中华字库”工程研发工作启动大会在北京友谊宾馆召开。本次大会是“中华字库”工程的一个重要里程碑，标志着“中华字库”工程由启动阶段正式转入实质性研发阶段。

新闻出版总署副署长、重大科技工程项目领导小组副组长孙寿山，中国出版集团公司党组书记王涛，新闻出版总署科技与数字出版司司长、重大科技项目领导小组办公室主任张毅君，新闻出版总署科技与数字出版司副巡视员、重大科技项目领导小组办公室副主任谢俊旗，中国出版集团公司副总裁、“中华字库”总体组组长宋晓红，工程首席专家裘锡圭等出席了会议。会议由总体组专职副组长张力伟主持。参加本次大会的还有复旦大学、北京师范大学、吉林大学、中国社科院人类学与民族学研究所、中国科学院软件研究所、商务印书馆、中华书局、北大方正电子有限公司、中版集团数字传媒有限公司等28家承担单位的100多位代表。新华社、《人民日报》、《光明日报》等8家媒体到会报道。

会上，副署长孙寿山作了题为《增强使命感，明确责任，做好“中华字库”工程建设》的重要讲话，要求承担单位要充分认识到工程的重大意义，从国家的角度出发，同心协力，力争保质、保量、高效地完成任务。王涛代表总体组牵头单位表态：中国出版集团公司将一如既往地支持“中华字库”工程研发，为工程更快更好地开展创造有利条件。

会后，总体组还陆续指导工程的多个项目包召开了项目启动会，以确保各项目包按部就班地进入实质性研发阶段。（严　可）

人民音乐出版社参加全国图书编校质量工作研讨会

2011年8月4～6日，人民音乐出版社参加了中国出版协会在长春召开的全国图书编校质量工作研讨会。会议的主题是探讨在转企改制的形势下，出版单位如何做好编校工作，加强编校质量管理，把新闻出版总署关于2011年出版物质量管理年的工作部署落到实处。中国出版协会副理事长李宝中和新闻出版总署出版管理司图书处副处长洪勇刚在会上讲话。

根据会议的安排，人民音乐出版社、人民教育出版社、高等教育出版社的代表先后就转企改制后如何加强质量管理，做好产品质量监督工作在大会上发言。人民音乐出版社质量管理中心主任王建卫以《为构建现代出版企业发展需要的质量管理体系不懈努力》为题，介绍了人民音乐出版社在“质量第一”的发展战略原则指引下，在专业化的机构设置、体系化的制度建设、富有活力的机制创新等方面进行质量管理工作改革和探索的情况与经验，受到了与会者的广泛好评。（吴明静）

《语言与国家》学术研讨会举行

2011年8月5日，由商务印书馆与武汉大学联合主办的“《语言与国家》学术研讨会”在商务印书馆举行。教育部语言文字信息管理司司长李宇明、副司长田立新、处长陈敏出席，赵世举、屈哨兵、赵蓉晖、冯学锋、王建勤、苏金智、周庆生等专家、学者参加。与会专家讨论了《语言与国家》一书的宗旨提纲、篇章结构及具体写法。商务印书馆副总编辑周洪波及汉语出版中心部分成员参加会议。（蔡长虹）

《艺术沙龙》创刊5周年“人美甲子”沙龙展暨人民美术出版社书画家联谊会举行

2012年8月5日，为庆祝人民美术出版社成立60周年，《艺术沙龙》创刊5周年“人美甲子”沙龙展暨人民美术出版社书画家联谊会举行。中国出版集团公司总裁聂震宁，中国书法家协会名誉主席沈鹏，中国美术出版总社领导常汝吉、汪家明、林阳、欧京海、胡建斌，以及部分人民美术出版社老艺术家等出席。

集团公司总裁聂震宁讲话，他希望中国美术出版总社领导和全体员工要继承和发扬以国家艺术建设为己任，以主流艺术为主导，兼容并包、精益求精，坚持高质量出版追求的精神，使人民美术出版社越办越好。常汝吉在讲话中总结了人民美术出版社60年的丰厚积淀，他希望人民美术出版社员工要接过老前辈留下的接力棒，继续保持人民美术出版社品牌，努力使人民美术出版社不断发展壮大，更加辉煌。林阳在讲话中介绍了近几年中国美术出版总社在图书出版、获奖等方面所取得的成绩。中国书协名誉主席沈鹏也在会上致辞。活动中，人民美术出版社老中青画家挥毫泼墨，联手创作了书画精品。（汤　锐）

《中国图书商报》荣膺“中国最具影响力行业媒体品牌”

2011年8月26日，《中国图书商报》荣膺“中国最具影响力行业媒体品牌”称号。这是《中国图书商报》继2009年与《中国汽车报》一起获得中国广告精确投放奖及“最受广告主、广告商青睐的行业报”称号后，又获得的一个殊荣。

由中国传媒论坛学术委员会、史坦国际STANCHINA等知名机构联合举办的“2011中国传媒投资年会”于8月26日在北京举行。会上揭晓了“2011中国最具投资价值媒体”和“2011中国最具影响力行业媒体品牌”等奖项评选结果，《中国图书商报》、《理财周报》等4家媒体从全国众多报刊网媒中脱颖而出，荣获“中国最具影响力行业媒体品牌”称号。

自2005年《中国图书商报》新领导班子成立以来，持续开展了核心价值理念和企业文化建设，形成了“惟优惟新，利业利世”,“目标：持续打造中国书业第一媒体”的核心价值理念，以及“同心同德，共创共赢”，“既要最好，又要更好”的企业文化。在报纸采编工作中坚持实现“五化”（即主流化、新闻化、专业化、实用化、精品化）和“五结合五转变”（即新闻发布和新闻整合相结合，由发布向整合转变；刊载新闻和观点相结合，由新闻向观点转变；传播定位B to B和定位B to B + C相结合，由B to B向B to B + C转变；传播和服务相结合，由传播向服务转变；发布平台和营销推广渠道相结合，由平台向渠道转变。在中国出版行业媒体中形成了权威、专业的书业报道、重大报道与重点专刊、特色专刊并举的独特媒体模式；成功打造了2011年北京图书订货会、第21届全国图书博览会、第18届北京国际图书博览会专刊以及第63届法兰克福国际书展专刊、俄罗斯专刊、韩国专刊、德国专刊、奥运读品专刊、助学读物专刊、高校教材专刊、童书专刊、美术专刊、图书馆专刊等系列专刊。2011年，在全国纸媒行业普遍不景气的背景下，商报通过不断创新，再次实现发行、广告逆市增长。

在8月获得上述奖项后，10月，在由中国人民大学、复旦大学、北京大学、清华大学、中国传媒大学等10所大学的新闻学院主办的中国品牌媒体高峰论坛上，《中国图书商报》入选“2010~2011中国品牌媒体百强”、“全国商报媒体十强”。

（郭是海）

第三届中国图书馆馆长与国际出版社高层对话论坛举行

2011年8月29日，中国图书进出口（集团）总公司、中国图书馆学会专业图书馆分会、中国图书馆学会高校图书馆分会、中国图书馆学会交流与合作专业委员会共同主办的第三届中国图书馆馆长与国际出版社高层对话论坛在北京举行。国家科技图书文献中心主任袁海波，国家图书馆副馆长陈力，中国科学院国家科学图书馆馆长张晓林，中国图书进出口（集团）总公司副总经理吴伟，上海世纪出版股份有限公司董事长、总裁陈昕以及来自国内近200家公共、大学和专业图书馆的馆长，出版集团高层，施普林格出版集团、牛津大学出版社等国际知名出版机构的高管和代表出席论坛。中国图书进出口（集团）总公司副总经理袁水仙、中国化工信息中心副主任揭玉斌分别主持论坛。论坛主题为“数字出版与数字资源长期保存”。

论坛围绕数字出版的发展与创新服务，尤其是电子图书和电子工具书的应用、保存，科学数据的应用、关联与保存，期刊中的科学数据出版与关联等热点话题开展对话和讨论。

论坛达成了共识，认为电子图书在出版业和图书馆服务中所占的比重逐年增大，数字图书的服务创新需要出版界和图书馆界的深度合作；瞄准科学数据服务，丰富工具书的服务功能，保存和利用人类共同的文化遗产，开发利用人类共同的学术研究成果是图书馆的重要历史责任。对长期保存问题，与会专家一致认为，数字资源的长期保存、电子图书的长期保存与合理利用已逐渐成为各方共同关注的问题，创新电子图书服务具有重要意义。在数字出版及其服务方面，各方应加大科研投入的力度，开展有效的学术交流与合作，形成研发、引进、再加工、服务的新型互动服务链。数字资源长期保存将是图书馆界、出版界的共同利益所在，需要通过双方紧密合作形成良性合作与协作机制，共同促进人类文化的广泛传播。

（高哲峰）

《中华民国史》出版座谈会召开

2011年8月30日，中华书局出版的纪念辛亥革命100周年重点图书、反映中华民国史研究几十年来重要学术成果的《中华民国史》通过国家出版基金规划管理办公室结项验收后召开出版座谈会。中国社会科学院、中央党史研究室、中央文献研究室、国家档案局、北京大学、复旦大学、中国人民大学等单位的专家学者参加了出版座谈会。

《中华民国史》由当代著名史学家李新任总主编，是2010年度国家出版基金资助项目。全书分《中华民国史》、《中华民国史大事记》、《中华民国史人物传》三部分。其中，《中华民国史》（全16册）是民国兴亡的历史长卷。该部分以重大历史事件为核心，按“中华民国的创立和南京临时政府统治时期”、“北洋政府统治时期”、“南京国民政府统治时期”的历史时段，分为12卷16册。《中华民国史大事记》（全12册）纪事范围既包括政治、军事、外交等重要方面，又涉及文化、教育，甚至天灾地变等社会生活层面。《中华民国史人物传》（全8册）则选取民国年间，政治、经济、军事、外交、文化、科技等领域的代表人物近千人，撰写人物简传。

会上，章百家、金冲及、李文海、张海鹏、耿云志、吴景平、陈铮等学者、作者，以及中国出版集团公司副总裁刘伯根分别作了发言。中华书局总经理李岩、总编辑徐俊、副总编辑冯宝志和古籍学术出版中心历史编辑室部分编辑参加会议。（梁　彦）

《妈妈爸爸在线》数字期刊上线大佳网

2011年8月，世界图书出版上海有限公司的《妈妈爸爸在线》数字期刊上线大佳网。《妈妈爸爸在线》是母婴数字期刊，其每篇文章皆由专家撰文，并引入微博、在线问答等互动模式，区别于目前市场上的母婴纸质刊的网络摘选本样式。“原创、互动、专家撰文”是《妈妈爸爸在线》的突出特点，它的宗旨是用爱孩子的真诚之心，搭建一座具有全球视野，科学、权威、专业、实用的新知传播平台，和年轻的妈妈爸爸一起互动、分享生儿养儿育儿的理念、知识、方法以及深挚无私的爱。（章　怡）

“中外儿童百科全书论坛”举行

2011年9月1日，中国大百科全书出版社主办的“中外儿童百科全书论坛”在第18届北京国际图书博览会上举行。中国大百科全书出版社社长龚莉，英国企鹅出版集团DK公司国际出版及版权销售与市场总监艾玛·詹姆斯，卓越亚马逊副总裁白驹逸，北京师范大学教授、儿童文学理论家王泉根等出席论坛。本次论坛的主题为“儿童百科全书——影响一生的工具书”，目的是进一步引起社会、学校、家长对儿童百科全书的关注，引起大家对儿童阅读儿童百科全书的重视。与会嘉宾认为，中外优秀的儿童百科全书在编纂上都有一些相似之处。在编纂理念上都坚持为孩子服务，培养他们追求知识的兴趣，获得寻找知识的方法，养成寻找知识的习惯。基于这样的编纂理念和目的，儿童百科全书的编纂者们在图书内容设置上会充分考虑儿童的知识基础，找到孩子兴趣点和知识点的最佳结合点。

（王　瑜）

“困境与逃离——中奥德四作家一席谈”活动举行

2011年9月2日，在第18届北京国际图书博览会期间，人民文学出版社与德国柏林文学之家联合主办“困境与逃离——中奥德四作家一席谈”活动，就困境与逃离、孤独与现代人的精神创伤等主题进行交流探讨，并同时发布了图书《黑暗船》与《一个人》的中译本。伊拉克裔德国作家舍尔克·法塔、奥地利作家诺伯特·格施泰因、中国作家王刚与李兰妮结合各自作品，在会上进行了对话。（宋　强）

中国出版集团公司配合国家出版基金规划管理办公室调研检查

2011年9月6~9日，国家出版基金规划管理办公室在中国出版集团公司总部召开调研会议，并检查了商务印书馆、荣宝斋、连环画出版社承担的国家出版基金资助项目的进展情况。中国出版集团公司党组书记王涛出席会议并讲话，国家出版基金规划管理办公室主任李潞、副主任颜永刚、财务总监祁德树，集团公司出版业务部主任张贤明、计划财务部处长张西森出席会议。集团公司各所属单位分管出版工作的负责人、总编室主任、财务处负责人参加会议。

王涛在讲话中指出，国家出版基金设立以来，热情扶持了一大批代表国家意志、体现国家水平的大型出版项目，为我国出版界、学术文化界办了很多好事和实事。王涛强调，在操作过程中，集团公司努力将基金项目与集团公司的出版实际做到“六个结合”：第一，在实施目标上，与集团公司履行出版“国家队”的神圣文化使命相结合，努力做到代表国家水平，彰显国家品牌；第二，在产品布局上，与集团公司产品线建设相结合，努力做到术业有专攻；第三，在选题规划上，与集团公司的年度选题计划三级论证会相结合，努力做到提前策划，精心论证，尽早实施；第四，在项目申报上，与集团公司的精品战略相结合，努力做到优中选优、精益求精；第五，在项目责任人遴选上，与集团公司的“人才梯队”计划相结合，努力做到通过项目锻炼人、培养人、提升人；第六，在宣传推广上，与集团公司的“双推计划”和读者大会相结合，努力将项目打造成持久不衰的常销书和具有标志性意义的品牌书。通过“六个结合”，不仅发挥了集团公司各单位的专业优势和品牌优势，还遴选出一批立得住、叫得响、传得开的优质项目和重点工程。在项目资金的使用上，集团公司也要求“专款专用、专项审计、专门监督”，努力把每一分钱花在刀刃上、见在实效上。

李潞在讲话中指出，能否得到国家出版基金的资助，关键在于准确定位。集团公司已获资助的26个项目，基本都是定位准的好项目，如《中国诗歌通史》、《鲁迅大辞典》等都具有重要的文化传承积累价值，充分体现了集团公司的文化创新精神。

在随后的项目检查中，国家出版基金办检查组一共检查了3家出版单位的7个出版项目。检查组指出，集团公司项目总体进展良好，基本都建立了严格的图书质量保障体系，财务资金使用比较合理；但同时也存在着没有“一对一”地制定财务管理办法、部分经费列支范围不妥等问题，并提出了项目整改意见。（何　奎）

《满树榆钱儿》专家研讨会举行

2011年9月8日，人民文学出版社在北京举办马平来京味小说《满树榆钱儿》专家研讨会。著名评论家梁鸿鹰、郑伯农、白烨、陈福明、王升山、张昊，青年导演吴健、著名演员郭政建等参加了会议。人民文学出版社社长潘凯雄与会并讲话。

《满树榆钱儿》以民国初至新中国成立前的历史为背景，以京城名门学士府的兴衰及少主人齐月轩的人生经历、爱情经历为主线，全面展现了老北京几十年的社会风貌和变迁，描述了老北京各阶层人们的生活和命运。与会专家学者围绕它的独特故事与艺术魅力展开了讨论。

（宋　强）

“中华现代学术名著杯”学术论文大赛颁奖典礼举行

2011年9月8日，“中华现代学术名著杯”学术论文大赛颁奖典礼在商务印书馆举行。中国出版集团公司党组书记、副总裁王涛，国家出版基金规划管理办公室主任李潞，北京师范大学历史学院陈其泰，中国社会科学院文学研究所研究员石昌渝，北京大学政府管理学院教授江荣海，商务印书馆总经理于殿利、党委书记孟传良和获奖代表出席了本次颁奖典礼。商务印书馆素来以“扶助学术”为己任，2011年初推出了“中华现代学术名著丛书”，既有文、史、哲经典著作，如章太炎的《国故论衡》、钱穆的《国史大纲》、熊十力的《新唯识论》

等，更在政治学、经济学、法学和社会学领域融入了新的血液，其中不少名家名作为建国后第一次出版，如陶孟和的《北平生活费之分析》、唐庆增的《中国经济思想史》、罗玉东的《中国厘金史》等。

学术论文大赛自2011年3月启动以来，得到全国各大高校青年学者和在校学生的广泛关注和积极参与，共收到来自全国的100余篇参赛论文，经海内外学者的严格书面评审，从全国征文中共推荐出14篇论文，涵盖文、史、哲、政、经、法等学科。（唐　敏　倪咏娟）

中国辞书学会百科全书专业委员会、中国编辑学会工具书和百科全书专业委员会2011年年会暨学术讨论会召开

2011年9月15日，中国辞书学会百科全书专业委员会、中国编辑学会工具书和百科全书专业委员会2011年年会暨学术讨论会在京召开。中国大百科全书出版社社长、中国辞书学会和中国编辑学会副会长、中国辞书学会百科全书专业委员会和中国编辑学会工具书和百科全书专业委员会主任龚莉对两个专业委员会的工作进行了全面总结。中国军事科学院副院长刘继贤中将到会，并作重要讲话。中国辞书学会副会长韩敬体也出席会议并讲话。来自全国15家出版、科研单位的近50名代表参加会议并进行了学术交流。本次学术讨论会学术研讨的成果，主要集中在四个方面：①大型工具书的编纂应该走不断创新的道路。②工具书的优质资源应该给予充分开发利用。③军事百科全书的发展已蔚为大观。④百科全书及其他工具书的数字化势不可挡。

（王　瑜）

商务印书馆参加2011宁夏国际穆斯林出版机构版权贸易洽谈会暨中国—阿拉伯合作出版交流论坛

2011年9月20～25日，商务印书馆派人赴宁夏银川参加2011宁夏国际穆斯林出版机构版权贸易洽谈会暨中国—阿拉伯合作出版交流论坛。期间，向前来商务印书馆展台参观的国际穆斯林出版机构的出版商介绍了商务印书馆的历史、品牌、出版专长等情况。商务印书馆在此次洽谈会中展出的《商务馆世界少儿汉语系列教材》、《汉语图解词典》、《汉语图解小词典》等世界汉语教学图书，以及介绍中国民俗和风土人情的《中国风土人情》、《汉语世界》杂志等受到较大关注。期间，商务印书馆工作人员与埃及出版商协会主席、埃及雅思出版社社长、约旦麦那哈出版社社长等人在商务印书馆展台就商务版图书的版权输出和图书出口进行了业务洽谈。

2011年9月26日，参加中国—阿拉伯合作出版交流论坛的穆斯林出版机构贵宾到商务印书馆进行参观访问。期间，商务印书馆向国际穆斯林出版机构的来访贵宾播放了介绍商务印书馆的视频短片，总经理于殿利就双方合作的前景作了发言。

（张仲彬）

“商务印书馆杯”全国小学生查字典大赛决赛暨小学生语言学习专题报告会举行

2011年9月23日，商务印书馆与语文报社、西安市教科所联合主办的“商务印书馆杯”全国小学生查字典大赛决赛暨小学生语言学习专题报告会在古城西安举行。西安站比赛在6月份进行了初赛，9月份举行决赛，共有陕西师大附小、高新第二小学、行知小学、远东二小、西一路小学、西安实验小学、雁塔路小学、西安工大附小、西航三校、范家小学、东前进小学、西韦小学、长安区实验小学等15所小学近万人参与。在西安站决赛中，来自西安市13个区县和沣渭新区17所学校的200名学生参加了比赛，共产生一等奖8名，二等奖16名，三等奖32名。赛后，西安市教科所副所长、语文特级教师贾玲作了关于语言学习的专场报告。本次比赛旨在推动校园语言文字使用规范化建设，促进小学生语言

学习不断地发展。同时举办的语言学习报告会，旨在使小学生了解如何能在生活中学习鲜活的、生动的语言，并能规范地使用现代汉语。

（唐　敏）

中国民主法制出版社第一次数字出版工作会议召开

2011 年 9 月 23 日，中国民主法制出版社第一次数字出版工作会议召开。会议由社长（代）肖启明主持，社领导和全体员工参加了本次会议。

为了开好这次数字出版工作会议，社领导责成总编室做了充分的调研、统计分析等前期准备工作，梳理了数字出版工作的脉络，并形成了有关数字出版情况报告。

会议认为，出版社应该集中精力进行一次总的盘点，摸清家底，首先在销售既有的图书电子资源方面下功夫，并在此基础上逐步从选题源头开发数字出版资源，进而研究包括内容、形式适合与纸质出版物同步出版或单独、不完整出版的数字资源，并逐渐过渡到完全自主的数字出版的开发销售等，形成出版社特色的数字出版体系。会议对出版社数字出版工作进行了分工。

（尹宇平）

“百年再出发——中华书局文化沙龙”之南京站举行

2011 年 9 月 24 日，中华书局“百年再出发——中华书局文化沙龙”之南京站举行。24 日上午，在南京大学仙林校区举行以“百年中华与一个民族的精神世界”为主题的沙龙，莫砺锋、程章灿、徐雁、叶兆言等著名学者、作家出席并发言，中华书局总编辑徐俊主持。下午，在先锋书店举行以“传统让生活更美好”为主题的沙龙，沈卫威、薛冰、余斌等著名学者、作家出席并发言，中华书局副总编辑顾青主持。其间，徐俊和中华书局市场部相关人员还对周勋初、郁贤皓先生作了专访。

（梁　彦）

“中华字库”工程第 16 包项目启动会召开

2011 年 9 月 28 日，由中华书局、商务印书馆联合主办的“中华字库”工程第 16 包：现代的汉语出版物用字及专门用字、非字符号的搜集与整理”项目启动会在商务印书馆文津厅召开。

“中华字库”工程是列入《国家“十一五”时期文化发展规划纲要》的重大建设项目，也是国家《文化产业振兴规划》中特别指出的具有带动作用的重大文化建设项目。中华书局作为责任承担单位与商务印书馆联合承担的本项目，已完成竞标、谈判及各项准备工作，项目资金总额达 2 000 余万元。

出席本次启动大会的有新闻出版总署重大科技工程项目领导小组办公室副处长武远明、中国出版集团公司副总裁宋晓红、“中华字库”工程总体组专职副组长张力伟、商务印书馆总经理于殿利、中华书局总编辑徐俊及相关工作人员。特邀专家有全国科技名词审订委员会研究员王宝瑄、教育部语言文字应用研究所研究员黄佑源、中国社会科学院语言所方言室主任周磊。

项目负责人、中华书局古籍资源开发部洪涛就项目筹备情况、研发计划、管控措施以及民国文献、非字符号的研发思路作主题报告，技术负责人、商务印书馆魏励就项目质量管理及新中国一般出版物用字、专门用字的研发思路作主题报告。本次会议标志着由中华书局和商务印书馆联合承担的这一国家级重大建设工程第 16 包项目正式进入实施阶段。

（梁　彦）

《晚清秘史——西藏抗英百年祭》入选 2011 年“全国首届百种优秀民族图书推荐活动”推荐书目

2011 年 9 月 28 日，在新闻出版总署与国家民委共同组织开展的 2011 年“全国首届百种优秀民族图书推荐活动”中，中国民主法制出版社《晚清秘史——西藏抗英百年祭》入选推荐书目。副社长刘明清参加新闻出版总署与国家民委共同组织的“首届向全国推荐百种优秀民族图书”座谈会，并代表出版社领奖。

该书入选，是中国民主法制出版社转企改制后第一次在同类评选活动中获此殊荣。

（尹宇平）

中小学传统文化教育实践研究2011年会召开

2011年10月17～19日，由中华书局主办、《中华活页文选》和北京市延庆县教委承办的“中小学传统文化教育实践研究2011年会”在北京延庆召开。来自全国近200位校长和老师参加了会议。课题负责人、中华书局副总编辑顾青介绍了课题一年来的工作情况及本次年会的主要内容。“中小学传统文化教育实践研究”课题于2010年12月在湖北武汉开题以来，形成了北京延庆、天津、浙江、吉林、湖北武汉、河南焦作等若干试验区，有子课题项目组二十余个，课题实验校两百余所。教育部语言文字应用管理司副司长张世平出席开幕式并致辞。他充分肯定了“中小学传统文化教育实践研究”课题一年来所取得的工作成绩，并勉励大家在十七届六中全会精神的指引下，继续推进对传统文化走进中小学课堂的实践和研究。大会邀请了陶继新、徐健顺、朱传世三位专家，分别从中小学经典教育、经典吟诵和经典读本三个角度作专题报告，并重点推介浙江省陈琴老师的“经典素读法”以及北京延庆“中华经典进课堂”的优质课程模式。

（梁　彦）

中国出版集团公司召开纪念辛亥革命100周年重点图书新闻发布会

2011年10月9日，中国出版集团公司召开纪念辛亥革命100周年重点图书新闻发布会。受集团公司副总裁刘伯根委托，集团公司出版业务部主任张贤明通报了集团公司纪念辛亥革命100周年的出版情况。

张贤明介绍，自2010年4月以来，集团公司在中宣部和新闻出版总署的领导下，按照“高举旗帜，围绕大局，服务人民，改革创新”的总要求，从图书出版、新闻报道、出版活动等三个领域，努力为纪念辛亥革命100周年营造昂扬积极、安定和谐的社会舆论氛围。今天发布的60种图书具有五个突出特色：第一，名家领衔，独树一帜。人民文学出版社的《1911》是著名作家王树增最新力作，也是入选中宣部、新闻出版总署纪念辛亥革命100周年的8种重点选题。9月下旬起印10万册，立即受到市场追捧。世界图书出版有限公司的《壹玖壹壹：从鸦片战争到军阀混战的百年影像史》是第一部全面反映清末民初百年沧桑的大型历史画册，并在香港特区和台湾地区同步推出2个繁体字版和2个英文版。第二，重现经典，突出系列。集团公司总部主持的标志性工程《中国文库·第五辑》(100种）以“汇集民国经典，弘扬百家学术”为总领，具有四大特点：①应时而生，收录众多辛亥革命元老的代表作，如《孙中山著作选编》、《黄兴集》、《宋教仁集》等10部作品，构成“民国政治人物作品系列”。②复活经典，收录一批研究民国政治外交的稀见经典，如《民国政党史》、《武昌革命史》、《辛亥革命与袁世凯》等，构成“民国政治研究系列”。③建宗立派，第一次整体推出《南社诗选》等20世纪20多个著名文学流派作品集，构成“近现代著名文学流派作品系列”。④众星拱月，第一次集中推出我国近代三大著名出版机构创始人的代表作《陆费逵文选》、《张元济论出版》、《韬奋文录新编》，构成“近现代著名出版家作品系列”。第三，内容厚重，富有新意。中华书局的《中华民国史》是1971年由周总理指示启动的重大工程，历经40年编撰而成，代表内地民国史研究最高水平。中国大百科全书出版社的“辛亥革命实绩汇编丛书”对辛亥革命过程和典章制度进行集大成式的整合。第四，凸显原创，还原历史。人民文学出版社的长篇小说《铁血首义路》

"填补了中国文学史上以长篇小说反映武昌起义历史的空白"。中国民主法制出版社出版的《辛亥·国运1911》展示1911年波澜壮阔的历史画卷。华文出版社的《清末立宪研究》是国内学者研究立宪运动的最新代表性学术著作。第五，聚焦传记，风格多样。商务印书馆的《百年国士》介绍民国时期48位文化大师的奇人奇事、妙言妙语，并由漫画大师丁聪绘制画像。此外，人民美术出版社的《宫崎滔天家藏——来自日本的中国革命文献》、东方出版中心的《纪念辛亥百年名家书法集》、《纪念辛亥百年名家印存》展现一批名家画作和珍贵史料。

张贤明指出，集团公司的一批报刊踊跃刊发新闻报道，其中《三联生活周刊》陆续推出《孙中山为什么革命》等5期纪念辛亥革命的封面故事专刊，揭示中国近代社会转型的内在动力和深层力量，探讨中国革命的基本路径和正确模式。《读书》发表近10篇文章，客观揭示清末宪政改革、辛亥革命、国民革命没有取得最终成功的原因，表现中国共产党成为国家统一和政治整合的核心力量的历史必然性。《中国图书商报》介绍2011年香港书展、第18届北京国际图书博览会、第12届祖国大陆图书展上的辛亥革命主题图书。《新华书目报》出版16版"集团专刊"和"阅读专刊"。同时，集团公司在美国纽约、新泽西、圣地亚哥，中国香港、澳门、台湾地区成功举办"纪念辛亥革命100周年精品图书联展"，并在内地成功举办《中华民国史》出版座谈会、《壹玖壹壹：从鸦片战争到军阀混战的百年影像史》新书发布会、《1911》新书发布会、"2011《中国当代作曲家曲库·纪念辛亥革命专辑》音乐会"，还将在2011年年底前召开《中国文库》（第五辑）（100种）新书发布会暨出版座谈会。（何　奎）

《书法》教材工作总结会议召开

2011年10月9日，中版教材有限公司《书法》教材工作总结会议在首都师范大学召开。著名书法家、书法教育家、教材主编欧阳中石教授，中国出版集团公司原总裁聂震宁，教材副主编叶培贵教授，华文出版社社长、中版教材有限公司总经理罗争玉及编写人员、编辑团队共30余人参加了会议。会议由罗争玉主持。

教材副主编叶培贵教授对教材的研发、编写工作进行了总结。他说，《书法》教材的成功出版，首先要感谢聂震宁先生，是他高屋建瓴的视角促成了本套教材的问世；要感谢教材主编欧阳中石先生，是先生在书法教育领域的领袖风范与赤子之心，吸引和凝聚了众多致力于书法教育的有志之士，奠定了本书的良好根基；要感谢所有的编写人员、编辑人员、发行人员，是他们的辛勤付出成就了《书法》在短短数月所取得的成绩。《书法》教材各分册主编也在会议上纷纷发言，大家一致表示，愿意为《书法》教材下一步的研发、修订工作继续努力。

罗争玉对教材推广、发行、后期规划等具体工作进行了介绍。他说，教育部提出2011年秋有条件的省份可以开设书法课，新开发的《书法》教材同年秋已在四川、湖南、新疆等7个省、自治区率先使用。华文版《书法》教材是目前最符合教育部规定和中小学书法教育教学实际的教材，相信它将对未来全国书法教育教学的全面展开起到引领和示范作用。

聂震宁作了总结发言。他对《书法》教材的开发工作给予了充分的肯定，对教材的编写质量表示了高度的赞赏，对教材主编、副主编及整个编写团队表示了衷心的感谢，并对《书法》教材的宣传推广、培训服务以及后期完善工作提出了指导性意见。

最后，教材主编欧阳中石对编写团队的辛勤付出表示了感谢，并深情告勉大家："汉字是科学的和艺术的结晶，是前人向世人的展示。能够向世界宣布汉字的艺术和文化，我们的工作很有意义。"（张　博）

人民文学出版社等联合举办"辛亥革命以来的文化史料国际学术研讨会"

2011年10月15～16日，由人民文学出版社《新文学史料》编辑部与中国人民大学文学院主办，《读书》杂志、《文艺研究》杂志协办的“辛亥革命以来的文化史料国际学术研讨会”在北京香山饭店隆重举行。来自美国、日本、新加坡、韩国等国家及国内各大高校、科研机构的学者70余人与会，这是一次多学科学者的聚会。

在为期两天的时间里，与会者围绕辛亥革命以来语言文字学、现代文学、哲学等诸多学科的史料研究的新问题、新视角进行了深入的讨论，并取得了丰硕成果。（宋　强）

《金史》、《史记》、《旧五代史》修订座谈会等会议召开

2011年10月15～16日，中华书局总编辑徐俊及修订办公室许逸民、张文强、王芳军赴吉林，与吉林大学历史系《金史》修订小组成员座谈，就《金史》修订工作的进展和问题做了全面沟通。18日、19日、21日，修订办公室组织召开《史记》、《旧五代史》审稿工作会议。徐俊、张文强、樊玉兰、王芳军及古学中心编辑王勖、王勇、鲁明参加讨论，并对审稿工作做了安排。（梁　彦）

中国美术出版总社与中国人民大学艺术学院合办“中国连环画插图硕士课程班”

2011年10月17日，由中国美术出版总社与中国人民大学艺术学院合办，人民美术出版社、上海人民美术出版社、连环画出版社协办的“中国连环画插图硕士课程班”在北京举行开班式。中国美术出版社领导欧京海与连环画出版社总编辑倪延风等出席了开班式，参加开班式的还有姜维朴、沈尧伊、庞邦本、高荣生、赵华胜、汪国新等美术界、出版界的领导、专家学者和部分学员。

欧京海代表中国美术出版总社致辞，他感谢各位专家对中国美术出版总社及总社所属《连环画报》多年来的支持，并对课程班提出了四点希望：①希望学员们继承和发扬现实主义传统，努力开拓连环画创作新天地。②希望学员们珍惜这次学习深造的大好机会。③希望学员们认真研究专家、老师的艺术成果，借鉴多种艺术手法，努力探索连环画新的表现形式。④希望学员们把理论学习和创作实践紧密结合，多出好作品。姜维朴、沈尧伊、庞邦本、汪国新等领导和专家也先后在开班式上发言。（汤　锐）

《钱锺书手稿集·中文笔记》（全20册）新书发布暨出版座谈会举行

2011年10月18日，商务印书馆与首都图书馆共同举办“品读手稿集——走进钱锺书的读书生活”座谈会。当日，由杨绛先生精心整理、商务印书馆影印出版的《钱锺书手稿集·中文笔记》（全20册）在首都图书馆报告厅首次与大众见面。商务印书馆总经理于殿利介绍了《钱锺书手稿集·中文笔记》成书的艰辛历程和重要意义，他说这套书呈现了钱锺书先生的学术思想及其发展轨迹，不仅为《谈艺录》、《管锥编》等钱氏著作的研究提供了可信赖的一手材料，更为中外文化研究，尤其是国学研究提供了很多新命题、新材料和新方法，有着难以估量的学术价值。曾与钱锺书先生一起工作过的著名翻译家李文俊、叶廷芳、薛鸿时、张佩芬等好友共同回忆了钱锺书先生的读书生活。百岁高龄的杨绛先生虽未出席座谈会，却令人意外地发来一段录音，“钱锺书生前对我说，‘我平生志气不大，就想竭尽毕生精力，做做学问……’承商务印书馆的杨德炎同志有胆有识，为他立项出版一部不太可能热销的手稿集。他今天准是又高兴，又得意，又惭愧，又感激。我是他的老伴，能体会他的心意”。（陈　洁）

《英语世界》创刊三十周年纪念会暨第二届“《英语世界》杯”翻译大赛颁奖会举行

2011年10月18日，商务印书馆举办《英

语世界》创刊三十周年纪念会暨第二届“《英语世界》杯”翻译大赛颁奖会。新闻出版总署副署长李东东，新闻出版总署新闻报刊司副司长丁以绣，中国翻译协会副会长、中央编译局副局长王学东，中国出版集团公司党组书记、副总裁王涛，以及中国翻译协会等机构的领导、英语教学界的代表、《英语世界》顾问和编委、翻译比赛评委和获奖选手、新闻记者共200余人出席了会议。大会由商务印书馆党委书记孟传良主持，总经理于殿利讲话。

商务印书馆主办的《英语世界》杂志创刊于1981年。该刊是一本面向大学师生及英语爱好者的阅读学习类刊物，系中国第一家英汉对照的英语学习杂志。该刊的宗旨是开拓视野、励志助学，一向以内容新颖、形式活泼而著称。创刊以来，由于选文隽永雅致，刊中文章经常被《读者》、《青年文摘》等杂志转载，先后荣获“编校质量奖”、“全国百种重点社科期刊”、“国家期刊奖提名奖”、“优秀期刊奖”等荣誉。2009年，中国期刊协会授予该刊“新中国60年有影响力的期刊”称号。

纪念会上，副署长李东东发表重要讲话，在向商务印书馆表示祝贺的同时，要求英语世界杂志社“与时俱进，锐意进取，为推动社会主义文化大发展大繁荣作出新的贡献”。中国出版集团党组书记、副总裁王涛讲话，希望《英语世界》在已经取得成绩的基础上，解放思想，转变观念，在管理体制、运营机制、发行方式等方面，不断深化改革，创新图强。商务印书馆总经理于殿利在讲话中回顾了《英语世界》的发展历程，分析了杂志的优势，表示要以更多优秀栏目，更多美文，回报读者厚爱。

大会向第二届“《英语世界》杯”翻译大赛的获奖选手颁奖。南开大学教授刘士聪对此次比赛的组织、评奖过程进行了总结。一等奖获得者、广东外语外贸大学的谢培瑶代表参赛选手作了发言。

纪念会和颁奖会结束后，《英语世界》顾问、北京外国语大学原副校长何其莘，南开大学外国语学院原院长刘士聪，中国出版集团原副总裁周洪立，人民文学出版社原副总编任吉生，北京外国语大学庄绎传，外交学院潘绍中，北京大学辜正坤，洛阳解放军外国语学院姚乃强，以及《英语世界》编委、洛阳解放军外国语学院孙致礼，中国科技翻译工作者协会会长、中国翻译协会副会长李亚舒，人民邮电出版社副总编辑李长海，北京外国语大学中国外语教育研究中心副主任陈国华，清华大学翻译与跨学科研究中心主任罗选民等进行了座谈。

中宣部出版局期刊处副处长倪轶，香港浸会大学文学院翻译课程前主任谭载喜，厦门大学外国语学院院长杨信彰，天津师范大学翻译研究所所长李运兴，北京外国语大学研究生处处长陶家俊参会。商务印书馆相关人员和英语世界杂志社全体人员参会。

（冯　雪）

《张大千全集》出版研讨会举行

2011年10月18日，《张大千全集》出版研讨会在荣宝斋大厦举行。这标志着《张大千全集》编辑出版工作正式启动。《张大千全集》拟收录张大千作品4000余件，以绘画、书法印章、文献著述、年谱为序编辑12卷。作品将由国内外各大博物馆、美术馆、艺术收藏机构和部分私人藏家提供，经专家委员会遴选后入编，以保证所有收录作品均为张大千真迹。与会专家认为，《张大千全集》的编辑出版有助于推动中国艺术与世界的交流。该书对张大千艺术的梳理将对当代中国画发展起到示范作用，为后学提供丰厚的借鉴资源。该书预计2014年正式出版。

（刘　芳）

《战争史笔记》出版座谈会举行

2011年10月20日，由人民文学出版社与中国人民解放军总装备部联合举办的朱增泉将军五卷本《战争史笔记》出版座谈会在北京召开。中央军委委员、中国人民解放军总政治部主任李继耐发来了贺信，中国作家协会主席铁凝、中国人民解放军总装备部原政委迟万春、中国人民解放军总装备部副部长刘国治、中国出版集团公司原总裁聂震宁、军事科学院原副院长糜振玉、人民文学出版社社长潘凯雄、中国人民解放军总政治部宣传部副部长黎国如、解放军报社总编辑黄国柱、北京卫戍区原副政委陈根法等出席了座谈会。出席座谈会的还有军事专家钟少异、姚江宁，著名作家周大新、周涛、李西岳、乔良、王树增等，以及著名评论家朱向前、何振邦、梁鸿鹰、王必胜、阎连科、白烨、雷达等。座谈会由潘凯雄主持。

座谈会上，与会专家、学者一致认为，《战争史笔记》是一部用文学的笔法来描述中国古代战争史的“全书”，也是一部通俗的战史读物。全书把中国五千年来的著名战争、战役、战事，包括农民战争，一一串连起来，给人以贯通上下五千年的整体感，读起来流畅、清晰，让读者有了整体的“史路”感。（宋　强）

“中华字库”工程第12包项目启动会召开

2011年10月21日，由清华大学、中华书局联合承担的“中华字库”工程第12包：“宋元印本文献用字搜集与整理”项目启动大会在清华大学召开。清华大学副校长谢维和、著名学者傅璇琮、新闻出版总署重大科技工程项目领导小组办公室副处长武远明、中国出版集团公司“中华字库”工程总体组工程管理部负责人申作宏、中华书局副总编辑冯宝志出席启动大会并发表讲话。

启动大会由项目负责人、清华大学中文系主任刘石主持。冯宝志代表项目合作承担单位发表讲话并作了情况介绍。项目组就中华书局参与承担的“中华字库”工程第12包：“宋元印本文献用字搜集与整理”课题二“宋元印本文献底本获取与图像制作”作了情况汇报。此次大会的召开标志着中华字库工程第12包：“宋元印本文献用字搜集与整理”项目正式启动并进入实施阶段。（梁　彦）

《太阳的眼泪》研讨会举行

2011年10月22日，由商务印书馆（成都）有限公司制作出品的刘海星诗集《太阳的眼泪》研讨会在中国作家协会10楼会议厅举行。研讨会由中国作家杂志社、商务印书馆联合举办。中国作协党组成员、副主席、书记处书记何建明出席会议并讲话，严家炎、叶延滨、梁鸿鹰、王必胜、孙德全、何向阳、任芙康、谢有顺、王山、殷实、陆建、侯军、萧立军、王青风、程绍武、陈亚军等国内著名评论家、作家、诗人、学者参与了研讨。研讨会由中国作家出版集团党委副书记和管委会副主任、《中国作家》主编艾克拜尔·米吉提主持，商务印书馆陈小文、丛晓眉出席并发言。与会专家在肯定作者的创作给诗坛带来一股清新之风的同时，也对商务印书馆多年来在出版工作上体现出的文化自觉与社会担当给予了高度肯定。国内众多媒体对研讨会进行了详细的报道。（丛晓眉）

《现代汉语词典》（第6版）审订委员会第二次会议举行

2011年10月23～24日，商务印书馆与中国社科院语言所联合举办《现代汉语词典》（第6版）审订委员会第二次会议。与会人员听取了《现代汉语词典》（第6版）修订主持人江蓝生所作的修订情况汇报，并就义项排列、异形词、字音等问题展开了讨论。大家充分肯定了项目组所做的各项工作，认为他们的工作体现了历次修订所提倡的“学术领航”思想。《现代汉语词典》（第6版）审订委员苏宝荣、苏培成、张志毅、周明鉴、蔡文兰、董琨、韩敬体、沈家煊、谭景春，特邀专家符淮青、郭锡良、王福堂、王洪君，中国社科院语言所副所长曹广顺，商务印书馆江远、周洪波出席。中国社科院语言所词典室全体人员和商务印书馆《现代汉语词典》（第6版）责任编辑参加了会议。（余桂林）

中华书局百年局庆之桐乡纪念活动举行

2011年10月28日，中华书局百年局庆之桐乡纪念活动在浙江桐乡举行，同时举行了中华书局百年历史图片展、中华书局精品出版物展开幕式。中华书局总编辑徐俊代表中华书局向桐乡市图书馆授予“中华书局版本图书馆”铜牌。新闻出版总署原副署长杨牧之、浙江大学历史系教授龚延明、北京大学现代出版研究所所长肖东发、上海辞书出版社社长彭卫国、上海出版博物馆（筹建）馆长林丽成、复旦大学图书馆古籍部主任吴格、复旦大学历史系教授邹振环、《光明日报》记者庄建等出席活动。中华书局文学编辑室主任俞国林在当日下午为嘉兴教育学院师生作了题为《中华书局百年历史》的讲座。（梁　彦）

《万历兴亡录》新书发布暨出版座谈会召开

2011年10月29日，商务印书馆在首都博物馆召开《万历兴亡录》新书发布暨出版座谈会。《万历兴亡录》作者、“百家讲坛”主讲人、中国明史学会副会长、江西师范大学博士生导师方志远教授出席，并与“百家讲坛”主讲人毛佩琦、制片人聂丛丛及首都博物馆馆长郭小凌等就“我眼中的万历时代”进行了精彩而深入的对谈。商务印书馆副总编辑周洪波出席并致辞，商务印书馆相关人员参加。

商务印书馆出版的《万历兴亡录》并非局限于万历皇帝一人，而是描绘出整个既自由奔放又充满悲情的万历时代。本书选取了最能反映时代症结的皇帝怠政、君臣否隔、国本之争、矿监税使、倭虏猖獗、边务废弛等根本性事件，讲述了贵妃要作秀、流氓忙捞钱、武官求文名、洋僧要传教、矿监遍天下、山人满天飞、将军百战死、北士不复归等社会现象，刻画出万历年间鲜活生动的人物群像，如张居正、申时行等重臣，王阳明、胡应麟等山人，戚继光、李成梁等名将，李卓吾、何心隐等异端，王世贞、汤显祖等文人，王朝佐、葛成等义士。

《人民日报》、中国新闻社、中央人民广播电台等多家媒体进行报道。搜狐网、新浪网、凤凰网、人民网等17家门户网站及独立论坛，均在读书频道首页焦点图位置推荐《万历兴亡录》。（冯　雪）

点校本《文献通考》出版座谈会召开

2011年10月30日，中华书局与上海师范大学古籍整理研究所、华东师范大学古籍研究所在上海师范大学联合召开点校本《文献通考》出版座谈会。会议由中华书局总编辑徐俊主持，中华书局总经理李岩和上海师范大学党委副书记茅鼎文、华东师范大学古籍所所长严佐之分别致辞，上海师范大学古籍整理研究所所长戴建国代表整理者讲话。全国高校古籍整理研究工作委员会秘书长杨忠与会。参会的还有王文楚、陈先行、陈尚君、刘永翔、虞云国、苏智良、严文儒等专家学者。（梁　彦）

沪台两地文化艺术出版界座谈会举行

2011年10月31日，由上海市文史资料研究会主办，东方出版中心承办的“沪台两地文化艺术出版界座谈会”在台北喜来登酒店举行。“凸显文化议题，聚焦文史研究与出版合作，实为影响两岸最深远的课题。”本次座谈在主持人、《旺报》社长黄清龙先生的引言中拉开帷幕。

此次交流座谈邀请到上海市政协文史资料委主任暨文史专家孙颙、上海市政协文史委副主任陈汝南、世界书局董事长阎初及台湾孔子协会理事长孔维勤等与会主讲，使人们更深入了解两岸文史研究在不同层面上的影响以及文史研究与出版在近代的意义和价值。座谈会上，上海书法篆刻艺术家高式熊、中华文物学会陈筱君、《大观》杂志顾问熊宜敬及东方出版中心总经理祝君波，也就两地书画的创作特色和交流合作分别作了发言。

座谈会自始至终发言热烈，观点鲜明，引人入胜，受到听众的热切关注。会终，上海市文史资料研究会和东方出版中心向台北地区同业赠送了图书，世界书局也回赠了《涓滴成洪流》（4卷本）珍贵史料。次日，台北《旺报》以整版篇幅报道了此次会议。（张洁民）

《中印文化交流百科全书》编纂工作会议举行

2011年11月2日，《中印文化交流百科全书》编纂工作会议在中国大百科全书出版社举行。此书为中印两国政府领导人确定的两国文化交流项目，由两国联合组织编纂。中方牵头部门为新闻出版总署，总署委托中国大百科全书出版社具体负责；印方牵头部门为印度外交部。

此次会议为中印双方联合会议，就有关编纂事项进行会谈。参加会谈的中方人员有：中国社会科学院亚洲太平洋研究所研究员薛克翘，中国大百科全书出版社社长龚莉、副总编辑马汝军、社科人文分社社长滕振微、对外合作中心主任蒋丽君、社科人文分社编审韩知更。参加会谈的印方人员有：印度外交部公共外交联合秘书苏瑞先生，尼赫鲁大学语言学院教授米特拉，印度驻华大使馆一等秘书安伯尔，印度外交部东亚处副处长斯瑞瓦斯塔。中国大百科全书出版社在会前积极组织筹备，对相关领域专家学者的情况、已有研究成果等作了充分调研，并在认真研究的基础上拟订了会谈纲要。经过坦诚认真的会谈，中印双方就《中印文化交流百科全书》的编纂目标、编纂原则、全书总体构想、工作模式等重要事项达成了共识。（王　瑜）

徐雪寒百年诞辰纪念会召开

2011年11月6日，生活·读书·新知三联书店联合孙冶方经济科学基金会在北京召开徐雪寒百年诞辰纪念会。著名经济学家、国务院发展研究中心研究员吴敬琏等经济学界专家，两家主办单位负责人，以及徐雪寒的亲友等50余人参加了纪念会。

徐雪寒一生坎坷，几经牢狱之苦，却始终坚持原则，抱定一颗为国为民的赤子之心。吴敬琏在讲话中说，徐雪寒对自己、对党、对政府的反思很深刻，他坚持改革的立场鲜明，认为只有市场化、民主化的改革才能建立民主、富强的国家。他也是一个相当有原则的人。吴敬琏对徐雪寒十分敬重，认为他是后辈学习的榜样。三联书店总经理樊希安用"传奇的一生，伟大的一生"来评价徐雪寒，指出徐雪寒创立并开拓了三联书店的进步传统，出版发行了一大批宣传进步思想的著作，也为出版事业培养了大量专业人才。作为三联人，只有以深切的责任感和使命感，延续前辈的精神血脉，"有所作为，为我国文化大发展大繁荣作出新的贡献"，这样"每天在办公大楼见到徐雪寒先生等三联创始人的照片，内心才会有几分安然"。（戴云波）

《新华大字典》编写工作会议召开

2011年11月12日，商务印书馆召开《新华大字典》编写工作会议。会议在前期论证和研究的基础上，决定把书稿分为通用字部分和生僻字部分编写，编写工作会议一般按此两组分别召开。会议再次明确，《新华大字典》是一本市场需要的实用字典，要强调实用性和简明性。会议还对编写人员的具体编写内容做了分工，争取2012年年底完成初稿，2013年年底出版。

（余桂林）

2011年"博雅翻译文化沙龙"活动举行

2011年11月12～13日，中国对外翻译出版公司与博雅翻译文化沙龙共同承办2011年"博雅翻译文化沙龙"活动，来自全国高校、语言服务企业和翻译行业的专家等50余人出席。

中国对外翻译出版公司对活动进行了全程赞助，总经理林国夫、副总经理张高里参加了活动。林国夫致开幕词，张高里详细介绍了中国对外翻译出版公司与博雅翻译文化沙龙合作出版项目的策划构想，总经理助理于洋对“严复杯”笔译大赛的策划与合作办学等情况进行介绍。

通过此次盛会，中国对外翻译出版公司不仅与全国的翻译专家进行了广泛的接触和交流，同时借助这个平台开拓学术界作者资源、大力发展出版业务，争取与翻译教育界强强联手，共同发展。

（刘黎黎）

中国辞书学会辞书编纂现代化专业委员会第五届年会暨学术研讨会召开

2011年11月15～19日，由商务印书馆和上海辞书出版社、同方知网（北京）技术有限公司共同主办的中国辞书学会辞书编纂现代化专业委员会第五届年会暨学术研讨会在广东珠海举行。来自全国各地高校、出版社、研究机构和技术公司的近40位代表参会，收到论文24篇。

会议邀请了中国辞书学会副会长、广东外语外贸大学教授章宜华，澳门理工学院教授周荐，上海辞书出版社副总编乐嘉民作学术报告；与会代表就辞书数字出版的理论问题、辞书数字出版的实践与探索、语料库及数据库的开发和建设、学术或词典网站的建设等主题分别作了大会发言，进行了充分的学术交流。商务印书馆副总编辑李平出席会议并致辞；孙述学主持会议闭幕式，并演示“商务印书馆百种精品工具书数据库”；王永耀提交了论文并发言。

本届年会进行了改选，商务印书馆被选为中国辞书学会辞书编纂现代化专业委员会副主任委员单位。

（王永耀）

《中国京剧百科全书》出版座谈会召开

2011年11月16日，由中国出版集团公司主办，中国大百科全书出版社承办的《中国京剧百科全书》出版座谈会在全国政协礼堂召开。全国人大常委会副委员长陈至立发来贺信，全国政协副主席孙家正、文化部副部长王文章、新闻出版总署副署长邬书林、中国文联副主席廖奔、中国出版集团公司总裁谭跃出席会议。中国戏剧家协会主席、京剧表演艺术家尚长荣，中国戏曲学院院长杜长胜，国家京剧院院长宋官林，戏曲理论家、《中国京剧百科全书》编委会主任郭汉城，中国大百科全书出版社社长龚莉，分别代表京剧表演界、教育界、专业团体、理论界以及出版单位等发言。会议由中国出版集团公司副总裁刘伯根主持。

《中国京剧百科全书》共2卷，内容涵盖京剧史、京剧文学、京剧音乐、京剧表演、京剧舞台美术、京剧导演等相关艺术门类，收有条目2371条，释文约240万字，配图约4000幅，附表25个，设置内容主题索引近3000条。《中国京剧百科全书》的编纂出版，对于认识京剧艺术本体，发扬京剧优秀传统，保存京剧珍贵史料，丰富京剧教材资源，深化京剧研究，普及京剧知识，培养扩大京剧观众，提升京剧界的自豪感和振兴京剧的历史责任感，加强海内外华人以京剧为精神纽带的文化认同和民族凝聚，推动京剧艺术进一步走向世界，都将起到积极作用。

（王　瑜）

“詹福瑞诗集《岁月深处》研讨会”召开

2011年11月19日，由人民文学出版社和国家图书馆、中央民族大学少数民族语言文学学院、首都师范大学中国诗歌研究中心联合举办的“詹福瑞诗集《岁月深处》研讨会”在北京召开，人民文学出版社总编辑管士光出席了研讨会。

詹福瑞是著名古代文学研究专家，其诗集《岁月深处》2011年3月由人民文学出版社出版，诗集分四季、故乡、旅途三辑，收录了近60首新体诗。诗集出版后获得学界广泛关注和高度评价。

（宋　强）

中国民主法制出版社2012年度选题论证会召开

2011年11月25日，中国民主法制出版社召开2012年度选题论证会。会议特邀中国出版集团公司对外合作部主任周群、出版业务部处长何奎，中版国际传媒有限公司常务副总经理刘忠，河北大学政法学院副院长孟庆瑜，中国公安大学副教授李春雷等领导和专家出席了会议。

会议首先由社长（代）肖启明介绍出版社2011年选题落实及2012年选题规划情况，其他社领导也从分管业务的角度介绍了2011年图书选题完成情况和2012年选题思路，各个编辑室以及其他部门的负责人总结了本室、本部门2011年选题落实情况，对2012年选题提出了具体意见。会议认为，从整体的出书情况来看，出版社人大、法律和人文社科三大图书板块均有出色表现，出版了一批高质量的精品力作，但产品线建设和板块内的优势还不明显，今后还需要在以下方面努力：加强选题定位，把社会效益放在首位，兼顾经济效益；充分利用人大资源，把人大、法律图书做到国家层面，社科类图书应该关注重大政治选题，以主旋律为主，面向当代，面向社会；要加强数字出版的选题策划，等等。与会的领导和专家学者也都发了言，提出了许多有独到见解的宝贵意见。（尹宇平）

生活·读书·新知三联书店2012年度选题研讨会召开

2011年11月28～30日，生活·读书·新知三联书店在北京昌平区静之湖度假酒店召开了2012年度选题研讨会。三联书店领导班子成员、各编辑中心（包括专题项目部）全体编辑与新成立的对外合作部、三联书店上海分公司主要负责人及总编室、美编室、出版部、发行部、市场推广部、人力资源部等部门的负责人参加了会议。中国出版集团公司出版业务部何奎、杜宇参加了会议。

会上，副总经理翟德芳传达了由中宣部、新闻出版总署组织的学习贯彻党的十七届六中全会精神研讨班上有关领导对出版工作的指示和要求。总编辑李昕就三联书店2011年图书出版的总体情况和存在的问题作了专题报告。学术出版中心、文化出版中心、大众出版中心、综合编辑室、《读书》编辑部的负责人对于本部门2012年度选题规划从宏观思路到具体分工作了详细阐释。其中一些颇具亮点的选题，如《剑桥中国文学史》，宇文所安的《汉魏诗：中国早期古典诗歌的产生》，杨振宁的《六十八年心路》，《我的父亲梁漱溟》及“闲趣坊”系列，《王世襄集》，吴敬琏、马国川的《中国改革二十讲》，冯象的《好人缘何受苦》等都令人期待。

会上，三联书店新成立的专题项目部、对外合作部、三联书店上海分公司的主要负责人就本部门目前的工作进展情况与2012年的工作计划作了汇报。（戴云波）

“21世纪年度最佳外国小说（2011）·微山湖奖颁奖典礼暨十周年庆典”举行

2011年12月1日，由人民文学出版社与中国外国文学学会联合主办的“21世纪年度最佳外国小说（2011）·微山湖奖颁奖典礼暨十周年庆典”在北京隆重举行，荣获本届微山湖大奖的英、法、俄三国作家赴京领奖。本届“21世纪年度最佳外国小说”是此奖项成功举办的第十年。在颁奖典礼暨庆祝大会上，各国作家和评委、专家、读者纷纷发表感言表示祝贺。

本次入选“21世纪年度最佳外国小说”的作品共3部，分别是德国作家克里斯塔·沃尔夫的《天使之城或弗洛伊德博士的外套》、智利作家埃尔南·里维拉·莱特列尔的《复活的艺术》和韩国作家申京淑的《哪里传来找我的电话铃声》。英国作家理查德·弗朗西斯的《古泉酒馆》、法国作家让－克里斯托夫·吕芬的《卡迪巴》、俄罗斯作家的奥利加·斯拉夫尼科娃的《脑残》则荣获了本届“21世纪年度最佳外国小说（2011）·微山湖奖”。

自2002年第一届评选揭晓到2011年，“21世纪年度最佳外国小说”评选活动已成功举办10届，共有19个国家的62部优秀作品获奖，为中外作家搭建了一个文学思想上沟通交流的平台。“21世纪年度最佳外国小说”总评选委员会主任聂震宁、陈众议，人民文学出版社社长潘凯雄分别撰文寄语，各文学分评委会主任也书写文章对十年评选过程作了回顾与梳理，为评选活动在专家层面作了良好的阶段性总结。（宋　强）

“中国的近代化与传统法的转型——《大清新法令》点校本出版座谈会”举行

2011年12月2日，商务印书馆与华东政法大学联合举办的“中国的近代化与传统法的转型——《大清新法令》点校本出版座谈会”在商务印书馆隆重召开。中国出版集团公司党组书记王涛莅临会议并讲话。来自京沪两地的法学专家张晋藩、何勤华、杨一凡等30余人出席。专家学者围绕《大清新法令》所呈现的中国法律与社会近代化的诸多方面展开讨论，对重新点校出版《大清新法令》的意义及其社会效应给予高度评价。中国近代法律的变革始于1901年的清末新政。清王朝在最后十年中，实施了大规模的宪政改革和修律变法，前后颁布生效的新政法令多达两千余件，极大地推进了宪政、外交、内政与实业各个领域的深刻变革。1910年，为了整理和传播改革的成果，商务印书馆主持出版了《大清（光绪）新法令》、《大清（宣统）新法令》，产生了极大的社会影响，先后多次再版，对于新政成果的普及起到了关键作用。尽管辛亥革命结束了清政府的统治，但《大清新法令》中记录下来的改革成果依然为后继的民国法律所吸收，成为今天重新审视晚清法律近代化变革的珍贵史料。（王兰萍）

中华书局2012年度选题工作研讨会召开

2011年12月5～6日，中华书局2012年度选题工作研讨会召开，中华书局领导李岩、徐俊、沈致金、顾青、余喆、黄松、冯宝志出席。会议由徐俊主持。顾青对中华书局2012年度选题及出版计划作了整体介绍。各编辑部门负责人借助PPT形式，对本部门2012年度选题计划作了说明，并阐述了本部门产品线建设的相关情况。会议邀请汪学群、刘石、沈锡麟、柴剑虹等局内外专家出席，围绕中华书局2012年度选题和出书计划进行了认真深入的研究论证。与会专家对中华书局近年的发展思路和2012年度选题计划给予充分肯定，同时对如何进一步完善出版计划、提高出书质量等，提出了许多具体意见和建议。（梁　彦）

“渊源与流变——晋唐楷书研究论坛”举行

2011年12月6日，“渊源与流变——晋唐楷书研究论坛”在中国艺术研究院研究生院举行。荣宝斋出版社出版的论文集《晋唐楷书研究》同步首发。与会的专家学者指出，魏晋至唐代是楷书艺术由发展到成熟的主要历史时段，由无数书法名家和普通写手创造了丰富的书法资源，它们以刻石与墨迹形式构成了主要的两个大类。这些资料远未被当代书法界充分利用和研究，尚有极大的开发空间。通过举办论坛，结合当代书法创作的理念，必将开拓出书法艺术创研结合的新方向和新途径。《晋唐楷书研究》一书收录论文18篇，基本涵盖了与晋唐楷书相关的各个方面——书法理论、书体演变、书法艺术特点、书写材料、对后世影响等的综述性研究或个案研究，反映了书法界在该领域的最新研究成果。（刘　芳）

华文出版社2012年度选题计划研讨会召开

2011年12月12日，华文出版社2012年度选题计划研讨会在河北沧州召开。中国出版集团公司副总裁刘伯根，沧州市政协副主席王元芳，沧州市政协副主席何香久，中国青年出版社原古籍部主任刘艳丽，中华书局原副总编辑熊国祯等出席会议。华文出版社社长罗争玉、副社长兼副总编辑李红强带领华文出版社全体员工参会。

会上，华文出版社各部室分别报告了2012年度选题计划，选题共计352种，内容涵盖传记类、文史类、艺术类、哲学宗教类、政治类、文化教育类、经济类、古籍整理类8个类别。有关负责人对各部室的选题计划分别进行了点评。

刘伯根在会上就选题等方面工作作了重要指示：第一，关于选题的题材，要满足国家社会需要、文化传承和发展需要、一般读者多形式文化需要，还要考虑海外市场需求；第二，关于产品线，要着力提高产品和资源的集中度，对产品进行符合产品线的改造；第三，关于品牌产品，要注重整理与创新、质量与风格、品味与格调，形成核心竞争力；第四，关于品牌企业，要注意对外合作方式，有所掌控，加强机制保障，用好各种资源；第五，关于名牌企业，要有标志性产品、精品书和畅销书，有著名编辑出版人和大牌作者。（陆虹宇）

“商务馆中学英语教师沙龙”举行

2011年12月14日，商务印书馆举行了以“优质中学英语教辅和读物的开发”为主题的“商务馆中学英语教师沙龙”。为了密切同中学英语教师的联系，掌握中学师生使用英语教辅和读物的具体情况，征求他们对中学英语教辅和读物类图书的需求信息及具体的编写意见或建议，特举办此次中学英语教师沙龙。来自北京四中、北京师范大学附属中学、北京工业大学附属中学和北京三十五中的7名初、高中英语教师受邀参加此次沙龙活动。其间，商务印书馆编辑和来自一线的中学英语教师进行了广泛的交流，为开发非词典类选题、加强教辅和读物类产品线的建设，以及扩大商务印书馆此类图书的市场份额，获得了大量相关信息。（刘军怀）

“汉语盘点2011年度流行语、年度新词语、年度字词”发布仪式举行

2011年12月14日，商务印书馆举行“汉语盘点2011年度流行语、年度新词语、年度字词”发布仪式。来自教育部、国内相关高校的专家、学者揭晓、点评了相关词语，并为获奖网友代表颁奖。著名学者汤一介、冯骥才为活动泼墨题字。

“2011年度中国媒体十大流行语”榜单由国家语言资源监测与研究中心、北京语言大学、中国传媒大学、华中师范大学、中国新闻技术工作者联合会、中国中文信息学会、商务印书馆联合发布。入选的十大流行语是：中国共产党建党90周年、“十二五”开局、文化强国、食品安全、交会对接、日本大地震、欧债危机、利比亚局势、乔布斯、德班气候大会。十大流行语真实记录了2011年度的世界万象与社会变迁，客观映照了时代发展中国际和国内社会的诸多热点。

“2011年度中国媒体十大新词语”榜单由国家语言资源监测与研究中心、中国传媒大学、北京语言大学、商务印书馆联合发布。“伤不起”、“起云剂”、“虎妈”、“政务微博”、“北京精神”、“走转改”、“微电影”、“加名税”、“淘宝体”、“云电视”列选十大新词语，它们真实记录了2011年度中国出现的新事物、新概念，反映了一年中百姓心理、观念上悄然发生的变化。

“2011年度字词”榜单由国家语言资源监测与研究中心、商务印书馆、新浪网、《中国青年报》联合发布。在经过网民推荐、专家评审、网络票选三个阶段之后，“控”、“伤不起”、“债”、“欧债危机”最终脱颖而出，分列年度国内字、国内词、国际字、国际词第一。

“汉语盘点”活动全新扩容，从“年度字词”的单体发布，到与“十大流行语”、“十大新词语”的一体发布，表明“汉语盘点”活动已成为一项国内颇具影响力的品牌活动，也使“汉语盘点”活动的内容更加饱满，更体现出年度汉语的盘点特色。

教育部语言文字信息管理司司长李宇明，中国出版集团公司党组书记王涛，华中师范大学副校长李向农，国家数字化学习工程技术研究中心副主任、华中师范大学教授刘延申，语文出版社社长王旭明，中国社会科学院近代史所研究员雷

颐，首都女记者协会副会长、中国青年报社原副社长谢湘，人民网舆情监测室秘书长、《网络舆情》执行总编辑祝华新，中央电视台“百家讲坛”制片人聂丛丛，中国传媒大学教授、博士生导师于根元等到场，商务印书馆周洪波等相关人员参加。

中央电视台、新华社、中新社、《人民日报》、《光明日报》、《中国青年报》、《中国新闻出版报》、《中华读书报》、《中国图书商报》、《京华时报》、《新京报》、人民网、新浪网等近40家媒体进行报道。（刘　禹）

现代教育出版社2012年度选题工作研讨会召开

2011年12月16日，现代教育出版社2012年度选题工作研讨会召开，会议由副总编辑沈悦苓主持，相关部门负责人参加会议。会上对2012年度选题计划作了说明，并阐述了产品线建设的相关情况。会议邀请北京大学新闻传播学院教授李常庆等人出席，与会专家对现代教育出版社2011年的发展思路和2012年度选题计划给予充分肯定，同时对如何进一步完善出版计划、提高图书质量等，提出了许多具体意见和建议。中国出版集团公司出版业务部有关人员应邀参加。（杨　静）

“《当代》年度最佳长篇小说（2011）”评选活动举行

2011年12月21日，人民文学出版社在北京举行了“《当代》年度最佳长篇小说（2011年）”评选活动，贾平凹、雷达、王刚、笛安、孙睿、梁鸿、崔曼莉、白烨、孟繁华、陈福民、邵燕君等作家、评论家、媒体记者和读者百余人与会，人民文学出版社社长潘凯雄、总编辑管士光出席。

经过现场投票，选出了“《当代》长篇小说年度五佳（2011）”，分别是贾平凹的《古炉》、格非的《春尽江南》、刘慈欣的《三体Ⅲ·死神永生》、王安忆的《天香》和严歌苓的《陆犯焉识》。在这5部作品中，又选出“《当代》长篇小说年度最佳（2011）”——贾平凹的《古炉》。（宋　强）

庆祝中华书局百年华诞系列纪念活动举行

2011年12月28～29日，庆祝中华书局百年华诞系列纪念活动在上海举行。

28日，中华书局百年历程暨珍贵图书文献展及“1912，中华书局从这里出发”庆祝中华书局成立100周年座谈会在上海图书馆举行。该活动由中华书局、上海图书馆联合主办，上海辞书出版社、上海中华印刷有限公司协办。上海文化界、学术界、出版界知名人士济济一堂，共贺中华书局百岁生日。图书文献展的展览内容包括中华书局百年局史展板，以及中华书局出版的珍贵版本书籍、名人手札及早期印刷设备等，具有很高的历史价值。在展览开幕式上，中华书局向上海图书馆捐赠了《中华大藏经》（汉文部分）、《顾颉刚全集》等精品古籍和学术著作。众多知名学者、出版人在座谈会上畅谈中华书局对其治学和人生带来的影响，展望中华书局在新时代的发展。新闻出版总署和上海市新闻出版局相关领导参加了此次活动。

同一天，与中华书局一脉相承的上海中华印刷有限公司制作的陆费逵铜像在其印刷博物馆内，由中华书局与上海中华印刷有限公司负责人共同揭幕。

29日，中华书局在上海复旦大学光华楼举办“百年再出发——中华书局文化沙龙”（上海站）活动，主题为“近代书业与现代中国的历程”。复旦大学中国历史地理研究中心教授周振鹤，华东师范大学中文系教授陈子善，上海社会科学院副院长、教授熊月之就上海近代书报业、中华书局、民国教科书、新知与新民、国民知识体系重构、中国文化、融合国粹西学、教育家与出版业、新知识的普及等话题进行了主题演讲和现场交流。（梁　彦）

中国出版集团公司推出一批数字产品

2011年，中国出版集团公司各所属单位推出了一批数字出版产品。这些产品主要包括：

①中国大百科全书问答式百科知识服务平台。平台依托百科全书丰富的语料资源，尝试挖掘百科知识，进一步为计算机信息处理提供结构化知识资源的支撑，完善问答式系统，为用户提供精确的知识服务。

②中华动漫资源库。它是以中国原创漫画精品为基础，立足传承中华文化，具有全面性和权威性的内容资源库。是一个具有国家品牌，全新的权威漫画展示平台、漫画包装营销平台、漫画版权保护与托管平台。

③中华书局“资治通鉴分析系统”。该系统依托中华书局多年积累的优质古籍语料资源，将《资治通鉴》中的人名、地名、职官、事件等分类检索和分析。提供了基于语义的查询检索、基于信息重组的分类导航、基于扩展知识服务的阅读浏览功能。

中国出版集团公司结合读者的阅读习惯，还推出了一批“移动终端阅读新产品”，如中国大百科全书出版社的“中国美景”、中国对外翻译出版公司的“中华遗产”、中华书局的“李小白”、中版集团数字传媒有限公司的“红色经典”等等。

（唐贯军）

营销活动

《三言二拍看明朝》签售活动举行

2011年1月2日，中华书局在北京图书大厦举行《三言二拍看明朝》签售活动。中华书局总经理李岩出席，营销中心、大众读物分社相关人员参加。《三言二拍看明朝》将白话小说《三言二拍》按照题材分为历史故事、财富传奇、家庭婚姻、感情故事等12个主题，以一两个特别富有代表性的名篇为例，深刻挖掘其社会、历史、民族心理等文化内涵，并揭示其所含有的能为现代社会所汲取的价值。（梁　彦）

中国民主法制出版社参加第17届经济、法律社店洽谈会

2011年1月5~7日，中国民主法制出版社参加了在北京召开的第17届经济、法律社店洽谈会。这是北京图书订货会前的经济、法律出版社和专业书店的一次业务交流，中国民主法制出版社精心挑选了145个品种在此次会上进行重点推荐，法律类图书和人大类图书都相应推出新品种。其中出版社与中央电视台合作打造的“百家讲坛”10周年重点图书《郦波评说曾国藩家训》在此期间做了专门推介，该书分上、下册，签约印数28万套，与中央电视台“百家讲坛”播出时间同步上市。出现在洽谈会上的图书，除了传统板块外，又新增了评论中国系列、法制文学系列和大众健康类图书。订货码洋达300万左右。

1月6日，出版社召开了“中国民主法制出版社2011年度客户招待会”，答谢全国客户对出版社的支持，表彰了2010年度优秀客户。出版社领导及相关人员出席了招待会，社长（代）肖启明发表了热情洋溢的致辞，重点介绍了出版社改制后的基本情况以及未来发展思路，向客户展示了出版社各方面的资源优势，并表达了与客户进一步精诚合作的美好愿望。（尹宇平）

2011中国民营书业峰会暨2010年度中国民营书业颁奖盛典举行

2011年1月6日，由中国图书商报社与全国工商业联合会书业商会联合主办的“2011中国民营书业峰会暨2010年度中国民营书业颁奖盛典”在北京国际会议中心举行。这是中国图书商报社第二次与全国工商业联合会书业商会合作举办全国性民营书业高峰论坛。

这场预示着“十二五”开局之年“开门红”的民营峰会，除了民营书业实力机构外，还广泛吸引新闻出版管理部门、出版单位、发行单位领导和代表参加。新闻出版总署印刷发行司司长王岩镔受副署长阎晓宏委托在大会上致辞，高度肯定了民营书业为中国出版业发展作出的突出贡献，同时指出，“许多民营书业在积极准备上市，上市只是资本运作和规范发展的一种重要方式，但企业上市至少可以表现出它的公信力和规范性得到了保证，处于更开放和公众的监督之下，这将有利于民营书业的健康发展”。原新闻

出版署署长、中国出版工作者协会主席于友先在讲话中指出："民营书业要总结经验，充分利用好现在国家给的政策。创新是你们的优势，竞争是你们的活力。"中国出版集团公司总裁聂震宁在致辞中说，中国出版集团公司与民营公司合作的良好状况，预示着中国出版业将在国有与民营进一步合作中开创崭新局面。中国图书商报社社长、总编辑孙月沐代表主办方致辞时说，本届峰会吸引各领域高层嘉宾与会，使峰会规格大大提高，这个规格不仅仅是身份的变化，而且是一种对中国民营书业的认同和肯定。这种肯定能推动中国民营书业进一步发展。中华全国工商联书业商会会长刘战，中华全国工商联书业商会执行会长、志鸿教育集团董事长任志鸿，和君咨询集团合伙人贾彦海，和君咨询集团资深分析师李国华，天津华文天下图书有限公司总经理杨文轩，北京益华鼎泰科技发展有限公司负责人冯兵等，围绕"中国民营书业如何布局下一个五年"论题，展开精彩演讲和对话。

本次峰会年度奖项包括教育图书类和社科图书类的2010年度民营书业实力品牌机构奖、2010年度民营书业实力榜、2010年度民营实力出版策划人、2010年度民营实力分销商、2010年度民营实力零售商、2010年度民营最佳系列奖。

（郭是海）

2011书业营销创新论坛、全国新华书店"一网通"开通暨2010中国图书榜中榜揭榜盛典举行

2011年1月7日，由中国图书商报社与中国新华书店协会联合举办的"2011书业营销创新论坛、全国新华书店'一网通'开通暨2010中国图书榜中榜揭榜盛典"，在北京高等教育出版社举行。这是中国图书商报社第五次举办以营销创新论坛为主旨的专题会议。新闻出版总署副署长阎晓宏，总署印刷发行管理司副司长谭汶，中国教育出版传媒集团有限公司党委书记、总经理李朋义，中国新华书店协会会长、中国出版集团公司副总裁王俊国，辽宁、山东、江西、四川、内蒙古、河南、陕西、河北、江苏等全国近30家新华书店集团负责人以及其他业界嘉宾共300多人参加会议。

中国图书商报社社长、总编辑孙月沐宣布"2011书业营销创新论坛、全国新华书店'一网通'开通暨2010中国图书榜中榜揭榜盛典"开幕，并代表主办方致辞。阎晓宏发表主题演讲《"一网通"为产业发展注入新活力》，对营销创新论坛举办和"一网通"开通给予高度评价。随后，阎晓宏、王俊国、孙月沐一起为"中国书业营销创新论坛"揭牌。

全国新华书店"一网通"的启动是本次论坛的焦点，阎晓宏、谭汶、李朋义、王俊国及北方出版传媒有限公司副总裁、辽宁省新华书店总经理卜景春同时按下"一网通"水晶球启动按钮，与现场嘉宾共同分享开通喜悦。随后，王俊国就"一网通"给书业带来的变化进行了深刻的阐述。李朋义就资本、资源、技术这三个影响出版产业的三大元素，围绕国外出版巨头的扩张路径发表了自己独到的见解。外语教学与研究出版社社长于春迟、江苏凤凰新华发行股份有限公司总经理周斌分别以"出版生态圈的变化与走向"和"新华书店的新型营销"为主题进行精彩演讲。在论坛的圆桌对话环节，来自出版、发行、民营和业外代表，对2011年的出版热点进行了精彩对话。

穿插在嘉宾演讲中的"2010中国图书榜中榜揭榜盛典"公布获奖名单及颁奖成为与会者在脑力激荡中的一个"调剂"。东方出版中心的《中国2010年上海世博会官方导览手册》、长江文艺出版社的《小时代2.0——虚铜时代》、中国科技大学出版社的《防灾避险二百招》等10部"2010年十佳畅销书奖"的出炉，博得了与会者阵阵掌声。

（郭是海）

《古炉》新书发布会举行

2011年1月8日，人民文学出版社在北京图书订货会开幕前举行了贾平凹长篇小说《古炉》新书发布会。发布会以社长潘凯雄与贾平

凹围绕着《古炉》写作中的诸问题展开对话的方式进行。《古炉》是著名作家贾平凹历时四年，以文字为笔，记忆为墨，勾勒出一幅中国基层“十年浩劫”的全景图。在对话结束后，贾平凹和潘凯雄回答了现场记者的提问。人民文学出版社副总编辑曹剑参加了发布会。

（宋　强）

2011 北京图书订货会高层论坛举行

2011 年 1 月 8 日，由北京图书订货会组委会与中国图书商报社联合主办，海澜天韵集团协办，新浪文化读书网支持，以“数字出版：下一个五年的竞合策略”为主题的 2011 北京图书订货会高层论坛，在北京皇家大饭店举行。中国出版工作者协会主席于友先，新闻出版总署印刷发行司司长、订货会组委会主任王岩镔，中国出版工作者协会常务副主席兼秘书长刘波，中国出版工作者协会常务副秘书长、订货会组委会秘书长黄国荣，中国书刊发行业协会秘书长吴修书，以及来自产业链各方的 300 多位业者参加了高层论坛。

中国图书商报社社长、总编辑孙月沐主持论坛并致辞，他指出，我们有一个基本的判断，未来的传统出版要向三方面转型，即阅读产业、传媒产业、创意产业。未来，我们期待传统出版与数字出版一起成长，我们也感到，特别是以数字出版为代表的新兴业态将更加蓬勃，这也是今天高层论坛的主题——数字出版，下一个五年的竞合策略。

王岩镔在主题演讲中强调，未来五年出版发行业的产业格局和业态都将发生重要变化，其对文化产业的贡献度也将继续上升，在整个文化产业的综合实力版图中占有重要地位。刚刚闭幕的全国宣传部长会议强调，2011 年是我国文化改革发展加速推进的关键一年，我们一定要着力破解文化发展的难题，着力转变文化发展方式，促进文化体制改革迈出新的步伐。

论坛对话环节，剑桥大学出版社大中华区总裁袁江，清华大学出版社社长宗俊峰，中国轻工业出版社社长杨西京，企鹅出版社中国区执行董事周海伦，凤凰出版传媒集团出版部副主任俞慧洵，新加坡大众控股有限公司董事、总经理周璜，中国图书商报社常务副总编辑伍旭升，海澜天韵集团董事长蔡东等围绕数字出版创新和盈利模式发表了各自见解。

《中国图书商报・要闻版》执行主编金霞主持的现场采访环节，与中国版协常务副秘书长黄国荣、中国大百科全书出版社社长龚莉、知识产权出版社社长白光清、中文在线董事长童之磊、汉王科技有限公司副总裁王邦江、京东商城图书音像副总裁石涛、广州金蟾科技公司总裁杨洪、四川新华文轩出版传媒股份有限公司文轩在线董事长张践等就传统出版如何应对数字出版展开生动活泼的现场采访。（郭是海）

《我是西单女孩》首发式举行

2011 年 1 月 9 日，由现代教育出版社出版的《我是西单女孩》在 2011 年北京图书订货会上举行了首发式。该书作者任月丽，中国出版集团公司副总裁刘伯根，现代教育出版社社长宋一夫、副社长仇正伟、副总编辑沈悦苓、党委副书记纪双鼎出席了首发式，众多媒体也参加了首发式。

任月丽是一位在北京西单地下通道唱歌成名的农村女孩，凭着对音乐的执着，在地下通道坚守 4 年，从漂泊不定的通道歌手，到网络媒体的红人，再到承载众多漂泊人们的梦想，“西单女孩”成为一个时代的标榜，成为 2010 年中央电视台春节联欢晚会上万众瞩目的草根歌手。首发式上，任月丽用她独特的声音为大家展示了她的坚持与执着，吸引了众多读者，受到了嘉宾们和读者们的高度称赞。（杨　静）

中国出版集团公司举办“双推计划”新书推介暨 2010 年度优秀图书颁奖大会

2011 年 1 月 10 日，中国出版集团公司在北京皇家大饭店举办了“双推计划”新书推介暨2010年度优秀图书颁奖大会。30种图书荣获了2010年中国出版集团公司优秀畅销书和优秀常销书。

中国出版集团公司副总裁刘伯根发表讲话，并宣布集团2010年优秀常销书、优秀畅销书获奖名单，中国出版集团公司出版业务部主任张贤明介绍了“双推计划”评选情况及2011年重点出版项目。集团公司所属人民文学出版社社长潘凯雄、商务印书馆总经理于殿利、生活·读书·新知三联书店总经理樊希安、中华书局副总经理沈致金、中国大百科全书出版社副社长刘晓东、现代出版社总编辑臧永清分别推介了各自单位2011年的重点产品。《我等不到了》、《毛泽东最后七年风雨路》、《康震评说唐宋八大家·韩愈》、《庄子的快活》等10种图书获“中国出版集团公司2010年度优秀畅销书奖”，《鲁迅大辞典》、《巨流河》、《现代汉语学习词典》、《中国人应知的国学常识》等20种图书荣膺“中国出版集团公司2010年度优秀常销书奖”。

（何　奎）

2010年中文图书馆配年度分析报告暨战略合作签约仪式举行

2011年1月10日，中国图书商报社与武汉卷藏信息技术有限公司主办的2010年中文图书馆配年度分析报告暨战略合作签约仪式在北京举行。本着“创新合作、和谐共赢”的理念，中国图书商报社社长、总编辑孙月沐，武汉卷藏信息技术有限公司总经理杨春芳，代表各自单位签署了战略合作协议，“商报·卷藏馆配数据”将在《中国图书商报》定期发布。

“签约只是开始，好戏还在后头。”孙月沐表示，馆配市场是中国书业做大做强的重要管道，合作双方志在建设好馆配图采数据库，为出版业提供信息服务平台，推进中国馆配图书市场的发展。《中国图书商报》也一直致力于建设影响中国书业渠道的新华书店和民营以及馆配两个市场数据库。湖北省新闻出版局副局长姚德新认为，合作是互利双赢之举，一定会得到出版社和图书馆的欢迎。与会代表对此充满期待。签约仪式上还发布了《2009年、2010年中文图书馆配年度分析报告——以800所图书馆为例》，是国内首份有关中文图书馆配市场潜在规律和竞争格局的分析报告。

（郭是海）

《中国古代书画鉴定实录》上海新书发布会举行

2011年1月13日，东方出版中心在上海图书馆隆重举行《中国古代书画鉴定实录》上海新书发布会。上海市委宣传部部长杨振武和副部长宋超、上海市新闻出版局长焦扬、上海市作家协会党组书记孙颙、上海市文联党组书记杨益萍、上海市版协主席曹培章等领导到会祝贺。

新书发布会由东方出版中心副总编辑祝新刚主持，总经理祝君波介绍了《中国古代书画鉴定实录》出版过程和文化价值。宋超作重要讲话，高度评价了《中国古代书画鉴定实录》的出版意义和社会意义。焦扬发表了热情洋溢的贺辞，祝贺《中国古代书画鉴定实录》出版发行圆满成功。作者劳继雄在会上满怀深情地回忆了8年书画鉴定的难忘经历和编著此书的艰辛。收藏家代表陆牧滔充分肯定了此书出版的意义，并当众宣布个人认购200套以馈赠同好。发布会上，杨振武和宋超共同为新书揭幕。孙颙和杨益萍向上海市博物馆、上海市图书馆赠送了此书。文博界、书画界、收藏界、出版界等知名人士100多人参加发布会。

《中国古代书画鉴定实录》立足于文献和学术，全书记录了长达8年的中国书画巡回鉴定工作，全书共9卷300余万字，收录全国公藏古代书画4万余件，附图3 000余幅，具有极高的历史文献价值、艺术价值和出版价值，是中国古代书画鉴定学科不可或缺的工具书和研究中国古代书画艺术发展的重要史料。

发布会后，上海市委宣传部领导决定订购《中国古代书画鉴定实录》50套。专程前来参会的台湾地区资深发行人王承惠决定担任此书在台湾地区发行总代理，承揽300套的发行责任。

（张洁民）

《我是西单女孩》签售活动举行

2011年1月15日，现代教育出版社在西单图书大厦举行了《我是西单女孩》签售会活动。本书作者任月丽现场签名售书，现代教育出版社副社长仇正伟、副总编辑沈悦苓和党委副书记纪双鼎参加了签售活动。现场气氛热闹，吸引了很多粉丝、读者前来。此次签售活动共签售图书200余本。（杨　静）

《姥姥语录》签售及讲座活动举行

2011年1月16日，中华书局在北京图书大厦举行《姥姥语录》签售活动。中华书局总经理李岩、副总经理沈致金出席，营销中心、大众读物分社相关人员参加。签售现场气氛热烈，读者踊跃购书，共销售图书1200余册，多家电视及平面媒体进行采访和报道。2月13日、20日、27日，中华书局分别在青岛、天津、石家庄举行《姥姥语录》签售及讲座活动。13日下午，在青岛书城举办签售活动，共销售图书5 000多册。20日上午，在天津图书大厦举办签售活动，共销售图书500多册。下午，作者倪萍又赴天津《今晚报》市民大讲堂，与读者进行了交流。27日下午，在石家庄图书大厦举办签售活动，共销售图书4 000多册。（梁　彦）

《中国古代书画鉴定实录》北京新书发布会举行

2011年1月20日，中国出版集团公司及东方出版中心在中国出版集团公司11楼会议厅，隆重举行《中国古代书画鉴定实录》北京新书发布会。全国人大常委、全国人大教科文卫委员会副主任委员金炳华，中国文物保护基金会理事长马自树，中国出版集团公司总裁聂震宁，中国收藏家协会会长阎振堂等领导出席。

新书发布活动由中国出版集团公司副总裁刘伯根主持。金炳华和聂震宁为新书会发布揭幕。东方出版中心总编辑宋焕起介绍了《中国古代书画鉴定实录》出版过程和文化价值。金炳华在讲话中高度评价了《中国古代书画鉴定实录》的出版意义和社会意义，鼓励出版单位要为继承和弘扬中国传统文化多作贡献。马自树从文博的专业角度，就文物保护的艰难和《中国古代书画鉴定实录》对文物鉴定的指导意义作了演讲。作者劳继雄在发布会上回顾了8年书画鉴定的难忘经历和编著此书的艰辛。人民美术出版社副总编辑林阳、中国书店总经理于华刚分别作为首都出版界代表和发行界代表发言，充分肯定了《中国古代书画鉴定实录》出版的意义，并祝贺《中国古代书画鉴定实录》发行成功。聂震宁对东方出版中心出版《中国古代书画鉴定实录》的意义作了积极的评价，同时希望集团公司所属各出版社多出类似《中国古代书画鉴定实录》这样的“绕不过去的唯一性”精品图书，并尽早将其数字化。

首都文博界、书画界、收藏界、出版界、发行界等知名人士及媒体记者60多人参加发布会。

（张洁民）

《乱翻书》作者接受搜狐视频访谈

2011年1月21日，中国民主法制出版社新书《乱翻书》作者“五月散人”接受搜狐视频访谈，副社长刘明清陪同作者参加了在搜狐大厦录制的搜狐《文化客厅》第137期栏目专访。访谈节目话题类型设计和现场把握到位，作者与网友互动气氛活跃。访谈专题网页做出后，在搜狐读书首页进行了推荐。

2011年1月24日，搜狐网启动《乱翻书》书友会活动，活动期间号召网友对《乱翻书》写一篇500字以上的书评或读后感，投稿由搜狐读书频道图书编辑选评，并设有包括奖励《乱翻书》图书、社区虚拟礼物在内的多种奖项。

此次活动对该书的促销起到了很好的效果。

（尹宇平）

《郦波评说曾国藩家训》“网易读书公开课”举行

2011年1月26日，《郦波评说曾国藩家训》“网易读书公开课”举行，郦波在网易开设的专题交流网页上解读曾国藩家训的智慧与思想，与网友进行了主题为“从家训解读大变局夹缝中的曾国藩”的交流活动。

《郦波评说曾国藩家训》“网易读书公开课”很多人踊跃参与，互动活跃，短短两个多小时，郦波回复粉丝和网友提出的问题多达1 700余个。通过“网易读书公开课”的活动，达到了较好的新书提前预热宣传效果。（尹宇平）

《阿诗玛》木版水印复制出版发布会召开

2011年1月29日，著名画家黄永玉木刻《阿诗玛》木版水印复制出版发布会在荣宝斋大厦多功能厅召开。黄永玉等40多位著名画家出席了发布会，荣宝斋总经理马五一在发布会上作了发言。1954年，黄永玉创作了民族史诗《阿诗玛》插图10幅，在创作中画家运用了不同的刀刻技法，发挥了水墨套色的特点，把这个优美的民间传说描绘得更加美丽悲壮，特别是《阿诗玛》像，已成为家喻户晓的木刻经典之作，《阿诗玛》可以说是中国版画史上的一个里程碑。此次荣宝斋推出的是采用国家级非物质文化遗产——木版水印技艺精美再现《阿诗玛》的艺术品。该木版水印作品得到了作者本人和众多艺术家的充分肯定和高度赞誉，具有较高的艺术价值和收藏价值。（刘　芳）

《非常识》网易微博读书公开课举行

2011年3月4日，中国民主法制出版社《非常识》网易微博读书公开课举行。公开课的主题为：“评论家谢勇：非常识时代，吹捧韩寒的人是庸众吗?”消息发布后，网易网友和《非常识》作者谢勇以及出版社部分职工参与了此次活动。为了突出重点图书的网络宣传，出版社还与新浪、网易两家网站协商，建立了出版社微博群，出版社大部分职工申请了微博，通过微博从不同角度进行图书宣传。（尹宇平）

“心能量·新生活”心理读书沙龙创办

2011年3月5日，世界图书出版北京公司“心能量·新生活”心理读书沙龙在北京创办。此沙龙是世界图书出版北京公司利用其在心理学出版领域的优势，着力打造的心理学作者、读者与出版社之间交流沟通的平台，提高了世界图书出版公司心理学图书在读者中的认知度和美誉度，受到读者的欢迎。截至2011年末已举办沙龙20场，内容包涵职场、婚恋、亲子教育等心理学主题。沙龙通过专家引领和互动分享的方式，帮助读者真正将心理学中深奥的理论与现实生活相结合，获得更多阅读乐趣与有益知识。随着沙龙品牌的提升，有读者从河北保定、廊坊等周边城市专程赶来参加活动，活动受到多家媒体关注。

（朱利伟）

《末代皇帝溥仪》作者讲座和签名售书活动举行

2011年3月6日，中国民主法制出版社与吉林书城在吉林省吉林市图书馆松花江文化讲坛举行《末代皇帝溥仪》作者喻大华讲座和签名售书活动。喻大华在松花江文化讲坛以“末代皇帝溥仪”为题作演讲，全方位、多角度为听众剖析溥仪这一人物形象，其中不乏溥仪许多鲜为人知的故事，既有朴实生动的例子，又有站在历史文化高度深入浅出的客观总结。讲座进行了两个半小时，整个会场挤满了听讲座的各界群众。

讲座结束后，喻大华现场为购书读者签名，

许多余兴未尽的热情读者围着喻大华合影留念。活动结束后，喻大华接受了《江城晚报》、《江城日报》、吉林市电视台、吉林广播电台等媒体的专访。（尹宇平）

新版《高考战斗手册》推介会举行

2011年3月25～26日，中国对外翻译出版公司在河南郑州举行了新版《高考战斗手册》推介会。本书作者林白、责任编辑宗颖与郑州市十一中学正在全力备战2011年高考的学生进行了交流，并做客广播电台进行高考咨询，还在郑州新华书店举办了签售活动。

新版《高考战斗手册》是中央人民广播电台“夜空守望者·高考百天总动员”节目主播林白针对高考考生以及其他应考生写就的心理辅导书。作者结合多年主持高考节目的经验，切中青少年读者的心理。新书增加了林白连续五年“高考百天总动员”节目光盘，还补充了新的文字和图片，使该书更加丰满、实用。（刘黎黎）

《幸福“心”帮助》首发式举行

2011年3月26日，《幸福“心”帮助》首发式在北京图书大厦举行，中华书局大众读物分社宋志军、刘树林参加。作者杨凤池教授现场向广大读者讲述了《幸福“心”帮助》的主旨：“不管你生在哪里，不管你住在何方，不管你贫穷还是富有，也不管你年轻还是年长，你都可以拥有属于自己的幸福。换一个想法，换一种态度，换一种方式处理眼前的问题，也许会出现另外一番景象，从此你的生活大不相同。”（梁 彦）

中国大百科全书出版社举办“工具书进学校，做讲座”活动

2011年3月27日，中国大百科全书出版社在北京昌平一中组织了“工具书进学校，做讲座”活动。本次活动的宗旨是：借出版社小学生新双色版系列工具书上市之机，进一步扩大出版社工具书在学生中的影响，进一步宣传出版社工具书品牌。本次活动的嘉宾是著名辞书专家晁继周，学生及家长、相关媒体100多人参加。晁继周讲座题目是《巧用工具书，帮孩子提分》，讲座主要详解小学生如何使用工具书，消除小学生使用工具书的误区。到场的小学生及家长认真听讲，踊跃提问。（王 瑜）

《陆荣廷秘史》首发座谈会召开

2011年3月30日，《陆荣廷秘史》首发座谈会在南宁召开。广西政协文史委员会主任韦克义，广西文联副主席林万里，广西作家协会常务副主席严风华、副主席罗传洲，广西电影制片厂一级导演鲁冬青等文化艺术界和新闻界30多位专家、学者参加了会议。

2011年2月，商务印书馆为纪念辛亥革命100周年推出《陆荣廷秘史》一书。传记作家陈仲良、王云高对这个功过参半、毁誉交加的争议性历史人物善恶必书、秉笔实录，以严肃与宽容相结合的客观公允态度描绘了陆荣廷不同寻常的一生，全面揭示了他在辛亥革命、反袁世凯、反张勋复辟等重大历史事件中的谋略与风采，客观评价了他的历史贡献。广西电视台、南宁电视台在座谈会当日晚播出新闻，众多媒体包括人民网、广西新闻网、《广西日报》、《南国早报》、《南宁日报》、《南宁晚报》、《左江日报》等次日刊发座谈会消息。此书作为纪念辛亥革命100周年重点图书在各个书展、书市上展示，引起读者兴趣。（谢仲礼）

中国大百科全书出版社举办“科普进校园讲座”

2011年4月17日，世界读书日到来之际，为了响应新闻出版总署的“全民阅读”号召，中国大百科全书出版社在北京昌平一中举办“科普进校园讲座”。讲座主题是“核辐射的泄漏与危害”，讲座嘉宾是中国科学院的专家沈乃澂。来自天通苑社区的热心读者也参加了本次讲

座。本次讲座内容主要针对近期日本宫城县发生3次地震，核泄漏事故被界定为最高级9级的情况，由专家解答读者心中疑问。具体讲解什么是核素同位素？核辐射的种类分为哪几种？核电站发电原理是什么？核泄漏事故的等级，发生核泄漏事故后如何应对，如何判别谣言减少恐惧，等等。到场的听众纷纷与专家互动交流，很多读者还就当前的食品安全进行了提问，现场气氛热烈。讲座现场，出版社陈列了科普类重点图书《分子共和国》、“儿童百科全书系列”等品种，以方便前来听讲的读者选购。（王　瑜）

《先秦诸子还原》四书发布会暨文化经典研究座谈会召开

2011年4月22日，澳门大学和中华书局在北京国际饭店联合召开澳门大学教授杨义的《先秦诸子还原》四书发布会暨文化经典研究座谈会，郑欣淼、袁世硕、詹福瑞、陈洪、陆建德、刘跃进、管士光等学者和出版界人士及《人民日报》（海外版）、《光明日报》等多家媒体记者与会，共品杨义《先秦诸子还原》四书的学术建树，并就新世纪人文学术如何开拓新境界展开研讨。中华书局副总编辑顾青和尹涛、罗华彤代表中华书局出席会议，顾青还主持了下午的分场讨论会。（梁　彦）

生活·读书·新知三联书店与江苏、山东、河南、黑龙江及青岛四省一市新华书店战略合作联席会举行

2011年4月26～27日，生活·读书·新知三联书店、江苏凤凰出版传媒股份有限公司、山东省新华书店集团、河南省新华书店发行集团有限公司、黑龙江省图书音像发行集团、青岛新华书店有限责任公司共同在青岛召开战略合作联席会，探讨在出版发行业市场竞争日趋激烈的新形势下，如何打破上下游、隶属关系、地域等多种限制，在更广阔的领域建立新的合作平台和互利共赢的合作新机制。在充分磋商之后，“一社五店”签订了战略合作协议书，决定建立每年一次的战略合作联席会制度，旨在为出版发行领域的改革发展作出探索性贡献。这一举措得到业界的关注和肯定。中国书刊发行业协会会长杨牧之、中国新华书店协会会长王俊国致信对会议表示祝贺。

三联书店总经理樊希安、总编辑李昕和副总经理、副总编辑潘振平，江苏凤凰出版传媒股份有限公司总经理周斌，山东出版集团副总经理兼山东新华书店集团董事长刘强，山东新华书店集团总经理王黎明、副总经理巩兰芳，河南省新华书店发行集团有限公司总经理周卫滨、副总经理林疆燕，黑龙江省图书音像发行集团副总经理李中孝，青岛出版集团总经理吴宝安，青岛新华书店有限责任公司总经理袁淑琴、副总经理陆皎等20余人出席会议。会议由生活·读书·新知三联书店主办，青岛新华书店有限责任公司承办。

（戴云波）

《星球拯救者》新书发布会举行

2011年4月27日，人民文学出版社在俄罗斯驻华大使馆举办了俄罗斯当代作家维克多·斯里宾丘克的科幻新作《星球拯救者》新书发布会，俄罗斯驻华大使馆托米希恩公使，来自俄罗斯金融界、商业界及在华企业的代表，北京的俄语专家学者等参加了发布会。人民文学出版社总编辑管士光与会并作了主题发言。

维克多·斯里宾丘克的《星球拯救者》由人民文学出版社于5月正式出版，它秉承了俄罗斯文学道德探索的优良传统，探讨了全球化背景下人们对于物质的过分追求而导致的精神的虚空，对于人类的历史、现实和未来命运给予了深切的关注和深刻的思考，体现了一位知识分子坚守正义和良知的高尚品质，也表现了一位作家恪守社会道德责任的毅力和勇气。（宋　强）

《宪益舅舅的最后十年》新书首发式暨书外文献展开幕式举行

2011年4月28日，生活·读书·新知三联

书店在北京鲁迅博物馆举行“《宪益舅舅的最后十年》新书首发式暨书外文献展开幕式”。该书用日记的形式记录了著名翻译家杨宪益最后十年的生活，是迄今为止独一无二的杨宪益的“起居注”。作者赵蘅是杨宪益的外甥女，与舅舅情逾父女，她既是作家又是画家，在书中穿插了大量速写作品，意趣横生。书外文献展持续到5月8日，展品包括杨宪益的译著原件、诗稿手迹、老人与家人友人的照片，以及作者赵蘅的绘画等。

鲁迅博物馆馆长杨阳，三联书店总编辑李昕，著名翻译家文洁若、叶廷芳，著名导演谢飞等出席开幕式并发言。杨宪益之妹、赵蘅之母杨苡，著名画家、作家陈丹青作了书面发言。

（戴云波）

《胡适：徽州之符》书友会举行

2011年4月28日，网易微博为中国民主法制出版社出版的《胡适：徽州之符》作者陶方宣举办“从批判到回归——胡适浮沉60年的书友会”，本书作者、责任编辑、出版社综合编辑室以及宣传策划室部分人员参加了此次活动，部分网易微博用户积极参与了互动。（尹宇平）

《中国2010年上海世博会论坛文集》新书发布会暨赠书仪式举行

2011年4月29日，由东方出版中心出版的《中国2010年上海世博会论坛文集》新书发布会暨赠书仪式在上海世博文化中心举行。

中国出版集团公司总裁聂震宁出席发布会并致辞。聂震宁在致辞中说，集团公司自成立以来，一直以国家文化建设为己任，坚持围绕大局、服务人民、深化改革、加快发展。在上海世博会筹备和举办过程中，集团公司带领所属单位，把服务世博放在重中之重的位置。东方出版中心承担了上海世博局的出版任务60余项；中国对外翻译出版公司成为上海世博会笔译口译项目赞助商并提供优质高效的翻译服务；中国图书进出口上海公司承担上海世博会进口出版物业务代理及相关服务；荣宝斋在上海世博会驻场展示木版水印和字画装裱修复等我国传统技艺。各单位均积极主动参与世博会，并出色完成了所承担的任务。聂震宁表示，今后期待与上海市更多机构、团体密切联系和合作，为上海的改革发展和文化建设作出更多贡献。出席文集发布会的领导有中共上海市委副书记殷一璀，上海市委常委、常务副市长杨雄，上海市委常委、宣传部部长杨振武，上海市政协副主席周汉民，中国贸促会副会长王锦珍，上海市委副秘书长姚海同，上海市政府秘书长、世博局局长洪浩。出席发布会的还有世博局领导和部门负责人，官方电影摄制方中央新闻电影纪录制片厂相关人员，世博论坛合作方代表，论坛咨询委员会专家及媒体记者等。东方出版中心总经理祝君波、总编辑宋焕起、副总编辑祝新刚也出席了发布会。

会上还举行了赠书仪式。殷一璀等上海市领导向“长三角”地区六城市领导赠送论坛文集。世博论坛是上海世博会的重要组成部分，是上海世博会十分重要的学术文化成果。论坛自2009年4月正式启动，至2010年10月结束。世博会期间，全球各地的国家元首、城市管理者、专家学者、企业代表和国际组织官员参与世博系列论坛。《中国2010年上海世博会论坛文集》的出版正值上海世博会一周年之际，意义深远。丛书由中共中央政治局委员、上海市委书记俞正声作序，全套书共9种10卷，16开，总字数450余万，中英文对照，是对上海世博会上举行的60余场论坛的忠实记录和整理。不仅能为从事世博会和相关专业研究的学者们提供第一手资料，也能给中国乃至全球的广大城市管理者们提供解决城市发展问题的鲜活案例，更能为未来的城市建设与长远规划提供参考。（张洁民）

《郦波评说曾国藩家训》（下）新书首发式暨作者签名售书活动举行

2011年5月1日，中国民主法制出版社

《郦波评说曾国藩家训》（下），在北京中关村图书大厦举行了首发式暨作者签名售书活动。本书作者、“百家讲坛”著名主讲人郦波到场与粉丝做互动交流，“百家讲坛”著名主讲人阎崇年也到场助阵，中国民主法制出版社副社长刘明清、副总编辑刘海涛等参加了此次活动。郦波在现场为粉丝和读者就曾国藩家训及现代社会教育问题进行了演讲，生动阐释了曾国藩家训中修身、养性、自立、自达以及识人、用人、立人、达人等思想教育精华，对比古代家训和现代家庭教育同异。首发式上，郦波为大批粉丝及读者签名留念。此次活动吸引了包括《中国新闻出版报》、《中国图书商报》、《中华读书报》、《新京报》、《北京日报》、《京华时报》、新浪网、网易、人民网、新华网在内十余家媒体的关注。

首发式后，郦波在南京、广州、深圳、哈尔滨、上海、宁波、成都、重庆、吉林等地陆续举办讲座和签名售书活动，并接受北京、河北等地电视台专栏节目访谈，为新书做宣传推广。

（尹宇平）

人民美术出版社开展美术图书“走进校园”活动

2011年5月11～18日，由中国美术出版总社领导胡建斌、营销中心总经理吴本华带队，编辑、发行人员组成的“大篷车”队先后赴河北大学、河北师范大学、燕山大学、河北工业大学、天津美术学院等院校，开展美术图书“走进校园”活动。这是人民美术出版社继2009年、2010年在山东、四川等地成功开展美术图书“走进校园”活动之后，再次启动“大篷车”。此次活动通过编辑与教师座谈、图书现场销售等形式，了解了艺术类高校学科建设情况，了解不同地区、不同院校的读者需求。这一活动受到了高等院校广大师生的热烈欢迎，尤其是2011年开发的美术、设计、动漫等多个系列的“十二五”全国规划教材，更是深受高等院校师生的喜爱。

（汤　锐）

“谭仲池政治抒情长诗《东方的太阳》新书见面会”举办

2011年5月16日，人民文学出版社、中国作家协会创作研究部、湖南省文联在北京联合举办“谭仲池政治抒情长诗《东方的太阳》新书见面会”。新闻出版总署党组书记、副署长蒋建国，中国作家协会副主席高洪波和人民文学出版社社长潘凯雄，以及在北京的文学评论家、诗人、新闻出版单位的有关人员共120余人参加了见面会。会议由湖南省文联党组书记江学恭主持。

《东方的太阳》是人民文学出版社为迎接中国共产党成立90周年推出的政治抒情长诗。它以豪迈的气势，丰沛的激情，记叙了中国共产党成立90年的风雨历程，展示了中国共产党取得中国革命和建设成就的必然，讴歌了中国共产党为中华民族的伟大复兴所建立的丰功伟绩。

（宋　强）

“北京荣宝2011春季艺术品拍卖会”举行

2011年5月22日，“北京荣宝2011春季艺术品拍卖会”在北京亚洲大酒店举行。570多件作品成交总额达到5亿。其中，过云楼旧藏《吴门雅集》24开册页以1.487亿元成交，成为本年度拍卖首件过亿元的作品。黄胄37平方尺巨幅作品《牧马图》创该题材作品拍卖成交价之最，以3248万元成交。古代书画作品陈洪绶的《举案齐眉图》以2184万元成交。近现代书画仍以齐白石、张大千、徐悲鸿等人的作品为拍场热门，均有不俗成交表现。当代名家中，杨明义的《水乡节日》场面宏大，刻画精细，是一件可以载入美术史的作品，以358.4万元成交；范曾1996年创作的《十二生肖图》刻画灵动，惟妙惟肖，以896万元成交。

此次由北京荣宝拍卖有限公司举办的“春拍”，还推出了新“80后”、先锋新锐、经典写实、风景如画、当代艺术、名家版画6个专题，成交额4 000多万元。其中郭润文的作品《永远的记忆》堪称艺术家里程碑式、博物馆级的代表作，具有极高的收藏价值，最终以1 176万元成交。（刘　芳）

中国大百科全书出版社举办重点图书发行工作研讨会

2011年5月27日，中国大百科全书出版社在第21届全国图书博览会主办地哈尔滨举办了“重点图书发行工作研讨会”。出版社与各地新华书店及经销商共同研讨大型工具书《不列颠简明百科全书》(修订版）与《中国大百科全书》(第二版简明版）的发行营销工作。《不列颠简明百科全书》（修订版）于2011年5月出版上市，全书实用性与普及性相结合，符合普通读者的阅读习惯。《中国大百科全书》（第二版简明版）与《中国大百科全书》（第二版）相比，更易被普通读者接受、收藏。到会的各地新华书店代表结合以往销售推广的成绩和经验，就如何做好门店主任培训，开展直销、馆配以及机关团购等渠道的销售提出了切实可行的建议。

（王　瑜）

天天出版社启动“百堂心灵学校公开课”

2011年5月28日，在第21届全国图书交易博览会上，人民文学出版社全资子公司天天出版社正式启动在全国各中小学推广的“百堂心灵学校公开课”，以帮助孩子与父母进行彼此的理解和沟通。著名作家、黑龙江省作家协会副主席常新港就“如何正确对待少年成长过程中的心理问题”与现场读者进行了交流。

常新港多年来始终关注少年儿童的心灵成长。在《咬人的夏天》、《男孩的街》、《淑女木乃伊》等近百篇短篇小说中，揭示和解构了少年儿童在成长过程中遭遇的各个生活层面和心灵维度中的迷茫和困惑，用文字为少年儿童砌成了一所真正的“心灵学校”。（宋　强）

中国出版集团公司举办第四届读者大会

2011年5月29日，由中国出版集团公司发起，并与中国出版协会，新闻出版总署出版管理司、发行管理司，黑龙江省委宣传部、黑龙江省新闻出版局、黑龙江省作协、黑龙江出版集团，哈尔滨市新闻出版局等单位联合主办的第四届读者大会在哈尔滨环球剧场举办。余秋雨、倪萍、迟子建、王树增、连丽如、郦波、常新港、康妮·沃尔夫等名家与现场1000多名读者现场交流，受到广大读者热烈欢迎。

第四届读者大会是第21届全国图书交易博览会的重点活动之一。新闻出版总署副署长阎晓宏，黑龙江省委常委、宣传部长张效廉，中宣部出版局副局长刘建生，新闻出版总署出版管理司副司长陈亚明，中国出版集团公司总裁聂震宁和副总裁宋晓红、王俊国、刘伯根，哈尔滨市委常委、宣传部长朴逸，黑龙江省新闻出版局副局长张松滨，黑龙江省作协主席迟子建、书记赵毅、副主席王立民，黑龙江出版集团董事长李久军、副总经理于晓北等出席大会。阎晓宏、刘建生、张效廉、朴逸、聂震宁、迟子建、张松滨、李久军等领导为大会揭幕。在大会揭幕式上，中国出版集团公司着力打造的中国数字出版产业第一门户网站——大佳网也正式上线。

本次读者大会的主题是“读者至上、享受阅读”。余秋雨谈到了个人独特的创作体验和阅读感悟，介绍了新作《中华文化的47堂课》。倪萍谈到了《姥姥语录》，以真切细腻的语言讲述了一段段姥姥与外孙女之间挚爱的故事，令人悄然动容。迟子建结合她的新作《白雪乌鸦》，讲述个人创作体会。王树增讲述了长篇纪实文学《1911》、《1901》（修订版）的创作情况。郦波介绍了新书《郦波评说曾国藩家训》，对当代人修身齐家、治教育人，尤其是父母如何“助子成龙”具有重要借鉴意义。连丽如讲述了幼时随父连阔如学艺的经历和个人独特的评书生涯，同时介绍了新书《连阔如评书秘本·三十六英雄》。著名儿童文学作家常新港介绍了新书《淑女木乃伊》、《麦山的黄昏》。外籍作家康妮·沃尔夫介绍了自己在生活·读书·新知三联书店出版的新作。

聂震宁代表主办方致辞。他在致辞中指出，读者大会是读者的节日，是作家和出版人的盛会，是文化交流的盛会。在数字化竞合时代，大佳网作为作者、读者、作品、出版社之间交流互动和资源共享的数字平台，既是中国出版集团公司大力打造新兴业态、促进产业转型、推动传统出版和数字产业融合的新举措，也是集团公司运用现代数字传播载体服务广大读者、满足读者阅读需求的新途径。

大会上，著名作家迟子建代表作家致辞。中国出版集团公司副总裁刘伯根，黑龙江出版集团董事长李久军等为"读者之家"获赠单位授牌。中国出版集团公司副总裁宋晓红和王俊国、黑龙江出版集团副总经理于晓北、人民文学出版社社长潘凯雄、商务印书馆总经理于殿利、中华书局总经理李岩、生活·读书·知识三联书店总经理樊希安、人民音乐出版社社长吴斌等共同抽取幸运读者。

除9家主办单位外，本届大会还吸引了中国科学出版集团、北京出版集团、人民出版社、中国青年出版总社等全国28家兄弟出版单位加盟协作。读者大会千余名读者持入场券进场。通过多次现场抽奖，两百余位幸运读者获得名家签名图书及精美礼品。

在读者大会现场，中国出版集团公司积极履行社会责任，热心公益出版服务，向哈尔滨市儿童福利院、黑龙江大学和哈尔滨市萧红中学、继红小学、闽江小学，291农场、建设农场、云山农场、850农场等9家单位捐赠价值83.5万元的图书。（何　奎）

《姥姥语录》、《三十六英雄》和《江湖丛谈》签售活动举行

2011年5月29日，中华书局在第21届全国图书交易博览会主会场哈尔滨国际会展中心举办《姥姥语录》、《三十六英雄》和《江湖丛谈》两场签售活动，倪萍、连丽如出席签售活动。当日下午，倪萍、连丽如还出席了中国出版集团公司第四届读者大会。此外，在书博会期间，中华书局总经理李岩、副总编辑顾青、发行部主任胡大庆还分别出席黑龙江省政府招待会和黑龙江省店、哈尔滨市店、哈尔滨中央书城、江苏省店、四川新华文轩连锁股份有限公司、深圳市店等单位举办的多场研讨会和活动。（梁　彦）

《中国的世界遗产地图》、《中国帝王图》APP产品首发式举行

2011年5月29日，中国对外翻译出版公司在第21届全国图书交易博览会中国出版集团公司公共展区举行了《中国的世界遗产地图》、《中国帝王图》APP产品首发式。中国出版集团公司副总裁刘伯根、中国对外翻译出版公司副总经理张高里参加了首发仪式，《中国新闻出版报》、《中国图书商报》、《哈尔滨日报》、《中华读书报》、《新晚报》、光明网、大佳网等媒体全程参与报道。

首发式上，对APP产品进行了视频和iPad演示，张高里从数字出版、中国文化对外宣传，以及出版产品如何"走出去"等多角度对上述产品进行了重点介绍。其中，《中国的世界遗产地图》系列包括已被联合国教科文组织核准的中国40处世界文化遗产，先期开发的《故宫》、《明清皇家陵寝》、《颐和园》、《布达拉宫》等已上线，上线第一个月下载量即突破5 000次，下载的读者来自世界各地。

《中国帝王图》源于画家赵开雷的作品。画家通过独特的艺术语言描绘了中华民族上下五千年具有代表性的百余位帝王及其生平，对这些历史人物及相关重大事件进行了高度概括的时空塑造和审美表现。中国对外翻译出版公司此次推出的APP系列产品在技术上已经实现图书的前后翻页、局部点击放大、文字的上下拉动、缩略图导航、评论、分享等功能，在苹果的iPad和iPhone上可下载使用。（郭宇佳）

《历史的转折——乐震文、刘小晴革命胜景书画展》暨《革命胜景图册》新书首发式举行

2011年5月29日，由东方出版中心和上海文化艺术界联合会组织策展的《历史的转折——乐震文、刘小晴革命胜景书画展》暨《革命胜景图册》新书首发式在中共“一大”会址纪念馆举行。上海市委宣传部副部长陈东、上海市文化广播影视局党组书记陈燮君、上海市文化艺术界联合会党组书记杨益萍、上海市人民政府新闻办公室副主任陈启伟、东方出版中心总经理祝君波、著名书画家陈佩秋和国画家乐震文、书法家刘小晴以及来自上海书画界、出版界等人士200余人参加了这次活动。

开幕式由杨益萍同志主持。陈东代表中共上海市委宣传部讲话。陈东指出，在举国上下喜迎建党90周之际，东方出版中心策划的《革命胜景图册》旨在追寻党的奋斗足迹，展望未来的美好生活，是一项很有意义的纪念活动。希望上海文艺界、出版界以此为开端，推出更多、更好的纪念作品。

《革命胜景图册》由上海知名国画家乐震文和书法家刘小晴联袂创作。早在2010年，东方出版中心就组织画家深入生活。在此基础上，乐震文创作了24幅革命胜景组画，以红色景点为主线，以具有代表性和纪念性的景致和建筑为表现对象，串联起中国共产党从诞生到壮大的发展过程。刘小晴创作的24幅书法作品，分别取材于毛泽东、董必武、朱德、周恩来、邓小平、陈毅等老一辈无产阶级革命家的文章和诗赋，以行、楷、草等多种书体，演绎革命事业开创者的思想。

《革命胜景图册》是一部诗、书、画较完美结合的作品。作品由褚赣生配文，上海青年设计家陈楠设计，充满了现代感和象征性，是献给建党90周年的精品读物。刘小晴、乐震文还向中共“一大”会址纪念馆赠送了自己创作的以“一大”为题材创作的作品。《人民日报》、《光明日报》、《解放日报》、《文汇报》、《新闻晚报》、中央人民广播电台、上海电视台等十多家媒体参与了活动的报道。

（张洁民）

中国出版集团公司举办《西藏百年——20世纪的人和事》新书首发式

2011年6月3日，中国出版集团公司召开《西藏百年——20世纪的人和事》新书首发式。此书的中文版和英文版分别由华文出版社和美国普利斯出版社同步出版发行。中央统战部副部长斯塔、中宣部出版局局长陶骅、新闻出版总署出版管理司副司长朱启会、中国出版集团公司总裁聂震宁、中国藏学研究中心原党组书记朱晓明等出席会议。集团公司总裁聂震宁发表讲话，集团公司副总裁刘伯根主持首发式。中国统一战线杂志社、中国西藏杂志社、中国西藏网、华文出版社、美国普利斯出版社等出版单位的负责人和有关编辑，当当网、北京市新华书店等发行机构的负责人，集团公司出版业务部有关人员参加首发式。

斯塔代表中央统战部祝贺《百年西藏——20世纪的人和事》成功出版发行，指出它的出版有利于中外读者正确、客观地了解西藏的历史和现状，对于我们建设社会主义新西藏具有重要意义。

陶骅代表中宣部出版局向《百年西藏——20世纪的人和事》中英文版的同步出版表示祝贺。她在讲话中指出，《百年西藏——20世纪的人和事》是客观反映西藏社会历史的一部难得的作品。华文出版社由中央统战部划转中国出版集团公司时间不长，就与国外出版社同步推出《百年西藏——20世纪的人和事》的中英文版。这不仅反映了文化体制改革的新成效，还反映了华文出版社既坚持中央统战部长期赋予华文出版社的使命，弘扬传统出版优势；又借助中国出版集团公司出版“国家队”平台，加快体制机制转型，积极开拓国外市场，大力实施“走出去”战略。希望华文出版社继续围绕中心，服务大局，坚持正确出版导向，珍惜自身双重优势，珍惜优良出版传统，努力推出更多更好的作品。

朱启会对该书的出版给予高度肯定，希望华文出版社再接再厉，坚持正确出版导向，出版更多精品力作。

聂震宁在讲话中指出，《百年西藏——20世纪的人和事》的出版，既是集团公司纪念西藏和平解放60周年的重点出版活动，也是集团公司近期全面服务2011年党和国家宣传工作大局的一个缩影。围绕庆祝中国共产党成立90周年，集团公司已经组织出版了《武昌城》、《东方的太阳》、《庆祝中国共产党成立90周年百种红色经典连环画》、“中华现代学术名著丛书”、《中共党史青年读本》等170多种重点图书。围绕纪念辛亥革命100周年，集团公司组织策划了《中国文库第五辑》、《1911》、《中华民国史》、“辛亥革命实绩汇编丛书”等60多种重点图书。围绕汶川抗震救灾3周年，集团公司组织出版了《羌山采风录》等重点图书。

聂震宁强调，华文出版社加入集团公司时间不长，一如既往地继承了在中央统战部直接领导下形成的良好传统，坚决贯彻落实了集团公司围绕大局、服务中心工作的出版要求。在新的领导班子带领下，华文出版社发展势头良好。希望华文出版社深入贯彻落实科学发展观，紧紧抓好文化体制改革的契机，坚持正确出版导向，创新发展机制，尽快成长为品牌响亮、实力雄厚、人才荟萃、具有核心竞争力的一流出版社。

华文出版社社长罗争玉介绍了该书中文版的出版情况，美国普利斯出版社代表梅皓介绍了该书英文版的出版情况，作者代表张晓明介绍了该书的编写情况。

《百年西藏——20世纪的人和事》以图文并茂的形式，用40个专题反映西藏自1900年到2010年的历史状况，着重反映在中国共产党领导下西藏政治、经济、社会、文化、生态等各方面取得的伟大成就。（何　奎）

首届北京非物质文化遗产代表性传承人作品拍卖会举行

2011年6月12日，由荣宝斋和北京市文化局联合主办，北京荣宝拍卖有限公司和北京非物质文化遗产保护中心承办的“首届北京非物质文化遗产代表性传承人作品拍卖会”在荣宝斋大厦举槌。“荣宝斋木版水印”、“北京宫毯”、“曹氏风筝”等国家级和北京市级传统美术、传统技艺类别的48项非物质文化遗产项目共86件作品参加了拍卖。这也是全国首次举行大规模非物质文化遗产项目代表性传承人作品的专场拍卖活动，是促进非物质文化遗产生产性保护工作的有益探索，也是检验非物质文化遗产产品是否具有市场潜力的大胆尝试。86件“非遗”作品于6月9～11日在荣宝斋大厦进行预展，期间，40余位代表性传承人现场展示了这些作品的制作过程和独门绝技。最终，86件拍品成交66件，总成交价531.6万元。其中，蒙镶作品《银镏金镶百宝佛塔》以120万元成为全场最高落槌价。（刘　芳）

《从内罗毕到深圳》新书发布暨读者见面会举行

2011年6月24日，马克·奥巴马·狄善九半自传体小说《从内罗毕到深圳》新书发布暨读者见面会在北京举行，人民文学出版社社长潘凯雄和译者韩慧强出席了发布会。读者围绕中西方文化的差异和家庭暴力对个人性格的影响与作者展开交流，发布会现场气氛热烈，马克·奥巴马·狄美九的家庭经历激起了读者的强烈兴趣。

作者马克·奥巴马·狄善九是现任美国总统奥巴马的弟弟，他出生于肯尼亚，曾在美国布朗大学和斯坦福大学获物理学学士学位，在美国埃默里大学获工商管理硕士学位，现在我国深圳工作生活。本书以主人公戴维在“9.11”后的人生经历为主线，将历史记忆和作者本人的现实人生交织在一起，为读者揭开了一个多民族文化环境下成长起来的传奇人物的成长史。（宋　强）

连阔如评书秘本《三十六英雄》签售活动举行

2011年6月26日，连阔如评书秘本《三十六英雄》签售活动在北京图书大厦举行，著名评书艺术家连丽如、贾建国到场，与广大读者亲切交流。现场气氛热烈，很多读者在购书的同时，纷纷与艺术家合影留念。签售持续了两个小时，共销售图书200余册。中华书局副总编辑冯宝志出席活动。（梁　彦）

《中共党史青年读本》首发式暨捐赠仪式举行

2011年6月29日，由全国人大常委会副委员长陈至立作序、华文出版社出版的《中共党史青年读本》一书的首发式暨捐赠仪式在中国人民解放军三军仪仗队基地举行。北京卫戍区政治部副主任黎英杰将军，中国出版集团公司副总裁王俊国，中共中央党史第三研究室主任武国友，走进崇高研究院贺茂之将军、杨洪立将军，中国人民解放军三军仪仗队大队长刘士胥，中国出版集团公司出版业务部副处长唐俭，华文出版社社长罗争玉、副社长兼副总编辑李红强，以及解放军总政治部、总装备部和海军政治部，中国人民武装警察部队森林部队的有关代表出席了首发式和捐赠仪式。

《中共党史青年读本》作为目前党史著作中唯一一部专门写给“青年人”的作品，其定位明晰，史实准确，受到党史专家的肯定。解放军总政治部、总装备部，海军政治部，北京卫戍区等与会代表对此次赠书深表感谢，三军仪仗队在分列式表演结束之后即组织官兵开始阅读学习。首发式后，《中共党史青年读本》以及配套的《辉煌的历程——中国共产党历史剪影》挂图，也很快送到各地基层官兵手中。

中央电视台，《人民日报》、《光明日报》、《解放军报》、《中国新闻出版报》、《中国图书商报》、《战友报》，以及腾讯网、大佳网等多家媒体参加首发式暨赠书仪式。中央电视台第七频道当晚给予报道。（陆虹宇）

《信仰的力量——红岩英烈纪实》新书发布会暨签售仪式举行

2011年7月8日，商务印书馆、中国国际电视总公司、中央电视台科教频道、重庆市委等多方领导齐聚重庆歌乐山渣滓洞旧址，举行《信仰的力量——红岩英烈纪实》新书发布会暨签售仪式，尚健在的红岩志士和部分英烈家属一起参加。发布会暨签售仪式上，还向当地图书馆、高校等单位赠送图书百本册。多家媒体对活动给予报道。商务印书馆总经理于殿利出席活动并讲话，周洪波、蔡长虹一同参加活动。

《信仰的力量——红岩英烈纪实》一书为作者厉华在中央电视台“百家讲坛”栏目同名讲座基础上整理润色而成，该讲座为“百家讲坛”栏目向建党90周年献礼的重头节目。该书入选中国出版集团公司庆祝中国共产党成立90周年百种重点图书，被中国书刊发行业协会评为“2011年度全行业优秀畅销品种”。（蔡长虹）

《浴火存真——名辈版画联展画集》新书发布暨名辈版画联展开幕式举行

2011年7月8日，《浴火存真——名辈版画联展画集》新书发布暨名辈版画联展开幕式在刘海粟美术馆举行。东方出版中心总经理祝君波出席开幕式并发言。

《浴火存真——名辈版画联展画集》是由东方出版中心和刘海粟美术馆合作出版的大型画册主要收录了古元、李桦、江丰、赖少其、王琦、胡一川、彦涵、杨涵、沈柔坚、吕蒙、杨可扬、陈烟桥、赵延年、张明曹、邵克萍、黎鲁、戎戈等34位老一辈版画家的134幅经历了战火洗礼的版画作品。这些作品创作于抗日战争和解放战争时期，真实地描绘了战争的残酷，生动地刻画了人民的苦难，以强烈的视觉表现力渲染了悲愤的情绪。它们犹如革命的号角和旗帜，为劳苦大众和抗战在最前线的勇士们呐喊，呼唤着新中国的到来。（张洁民）

东方出版中心举办第四期“海上博雅讲坛”

2011年7月9日，东方出版中心与上海图书公司在上海古籍书店6楼多功能厅，联合举办了第四期“海上博雅讲坛”，邀请《中国古代书画鉴定实录》作者、旅美画家和鉴定家劳继雄先生，为上海书画爱好者和收藏者做了一场书画鉴定讲座。东方出版中心总经理祝君波出席并发言。出席讲座的还有上海图书公司总经理朱旗。

劳继雄先生介绍了《中国古代书画鉴定实录》成书背景，以及8年全国书画巡回鉴定的过程及重要发现，还结合诸多实例，从书画鉴定的原理、常见的作伪手段、书画鉴定的复杂性等方面，将其多年积累的经验传授给现场的听众。在最后的互动环节，读者踊跃提问，劳继雄先生均给予详细解答。

（张洁民）

《帅作文》周报举办“北京文学之旅”特色夏令营

2011年7月11日，由人民文学出版社与湖北日报传媒集团楚天都市报社联办、《帅作文》周报具体承办的“北京文学之旅”特色夏令营在北京正式开营。本次夏令营为期一周，来自湖北省的35名中小学生在游览长城、故宫、圆明园、颐和园等北京名胜的同时，还能在知名作家和编辑指导下，撰写游记、散文，提高写作技能。

人民文学出版社社长潘凯雄在开营致辞中希望营员们在北京度过美好而有意义的一周时间，认识新朋友，增加阅历，打开文学兴趣之门。此后，当代著名作家、北京作协副主席、北京大学教授曹文轩为营员们进行文学讲座。7月14日，人民文学出版社还邀请了徐小斌、王刚、徐则臣等作家为营员们面对面修改点评作文，交流写作心得。

（宋　强）

《甄功夫》新书签售会举行

2011年7月23日，《甄功夫》新书签售会在深圳书城·中心城隆重举行。签售会由中国图书进出口深圳公司、棱创意有限公司、青扬书报社和深圳书城·中心城联合举办。签售会吸引2 000名粉丝前来支持，现场气氛热烈，原定签售500册图书，最终签售近千本。签售会还吸引深圳电视台、香港《东方日报》、网易等各大媒体争相报道。同时，中国图书进出口深圳公司制定《甄功夫》大陆发行方案，实现一月内为大陆一线城市的书店供货，并开通了网络及邮购销售渠道。

（罗　雨）

《白话精华二十四史》网络营销宣传活动举行

2011年7～12月期间，现代教育出版社举行《白话精华二十四史》网络营销宣传活动。现代教育出版社营销策划中心为使重点图书——《白话精华二十四史》能更好地在卓越网销售，特制定营销方案。对张传玺、岳庆平、陈琳国、刘后滨、毛佩琦等十余位专家进行了视频访问，后期制作整理后上传至卓越网，深受读者喜欢，图书销售量有所提高。截至2011年12月底，该书在卓越网的历史类图书排行榜上连续多月位列前十位，共售出500多套，销售码洋达36万余元。

（杨　静）

“再见，哈利·波特”——哈利·波特电影终结版首映及《哈利·波特（精装版）》首发仪式举行

2011年8月4日，在电影《哈利·波特与死亡圣器》（下）上映之际，人民文学出版社联合中央人民广播电台“文艺之声”、百老汇影城在金宝汇百丽宫影院举办题为“‘再见，哈利·波特’——哈利·波特电影终结版首映及《哈利·波特（精装版）》首发仪式”，人民文学出版社副社长李春凯参加了活动，并为现场“哈迷”抽取了奖品。

（宋　强）

“戴敦邦绘辛亥革命人物画展”开幕式暨《纪念辛亥百年戴敦邦绘人物谱》新书发布会举行

2010年8月17日，“戴敦邦绘辛亥革命人

物画展”开幕式暨《纪念辛亥百年戴敦邦绘人物谱》新书发布会，在上海展览中心序馆隆重举行。

本次活动由上海市政协文史委、上海市新闻出版局、中国出版集团公司和东方出版中心联合举办。新闻出版总署副署长阎晓宏，上海市政协副主席吴幼英，中国出版集团公司总裁聂震宁，新闻出版总署出版管理司司长吴尚之，中国出版集团公司副总裁刘伯根，上海市新闻出版局局长焦扬，上海市政协文史委主任、上海市作家协会党组书记孙颙，著名艺术家戴敦邦，著名书籍设计家陶雪华参加了活动。阎晓宏、吴幼英、聂震宁、焦扬、刘伯根、吴尚之、孙颙等领导为展览开幕剪彩。

此次展出的100幅“辛亥革命人物画”，展现了在辛亥革命历史上产生过重大影响的历史人物及事件。作者戴敦邦先生为丹青高手，擅长人物画，以生动写实、线条流畅为特征。此次创作历时15个月。他广收资料，反复琢磨，终于完成这一鸿篇巨构。作品在写实的基础上，跨越时空，再现人物当时的环境和历史，具有很高的历史性、思想性和艺术性。

《纪念辛亥百年戴敦邦绘人物谱》一书收录了上述100幅作品，并配以适当的说明文字，图文并茂、装帧精美。开幕式后，戴敦邦先生现场签售，受到了读者的热烈响应。（张洁民）

《你一定要知道的无痛分娩》读者见面会暨知识讲座举行

2011年8月17日，世界图书出版上海有限公司编辑出版的《你一定要知道的无痛分娩》读者见面会暨知识讲座在2011年上海书展中国出版集团公司活动区举行，30多位准妈妈、准爸爸坐在台下，认真聆听来自美国西北大学芬堡医学院的胡灵群教授的讲座。胡灵群是《你一定要知道的无痛分娩》（作者威廉·卡曼，哈佛大学医学院教师，哈佛医学院百翰妇女医院的产科麻醉主任）一书的主译。一个偶然的机会，他发现中国的无痛分娩率还不到1%，和美国85%的平均值相距甚远；而剖宫产率却接近50%，远远高于世界卫生组织推荐的15%的上限。受惠于中美两国医学教育、在两国都行医十年的他，于是组织起“无痛分娩中国行”这一大型公益活动。他多方寻找活动中适合中国准妈妈的产前教育读本，最终锁定了《你一定要知道的无痛分娩》——一部来自哈佛医学院的世界流行的分娩镇痛科普书。该书出版不到一年已用英、日、土耳其、罗马尼亚4种文字出版发行，《美国电子怀孕》认为“这是一本包罗万象、应有尽有的，指导你选用生孩子方式的书”，《世界图书馆》杂志则“竭力推荐它成为健康消费经典书籍”。（施　维）

《永远感恩毛泽东》新书发布会举行

2011年8月19日，中国对外翻译出版公司出版的《永远感恩毛泽东》新书发布会在上海展览馆中央大厅活动区举行。中国对外翻译出版公司副总经理张高里，《永远感恩毛泽东》一书作者、空政文工团著名演员田伶、解放军艺术学院音乐系政委王连春出席了新书发布会及图书签售活动。

《永远感恩毛泽东》是田伶与其丈夫王连春合著的一本怀念和感恩毛泽东主席的回忆录。作者以“尊重历史，还原历史本来面目”为己任，通过纪实和朴实的白描手法，再现了历史伟人毛泽东和蔼可亲、学识渊博、清正廉洁、坦荡无私的光辉形象。（郭宇佳）

《中国古典诗歌英释100首》新书交流签售会举行

2011年8月19日，中国对外翻译出版公司出版的《中国古典诗歌英释100首》新书交流签售会在2011年上海书展中国出版集团公司活动区举行。著名作家王小鹰，翻译家、书评家孙传钊，上海外国语大学教授花东帆，该书作者戴清一参会。

《中国古典诗歌英释100首》撷取了为广大

中国学生熟读的100首教科书中的古诗文，进行了英译、注释编译。它是外国人进一步了解中国传统文化、掌握汉语的一本重要读物。

几位嘉宾与读者现场交流了中国古典诗歌对世界文化发展的贡献、该书的出版价值。作者戴清一在现场与读者交流的同时还为百余名读者签名售书。（郭宇佳）

《读人读世》对话活动举行

2011年8月19日，中国民主法制出版社在广州南国书香节期间，与广东学而优书店在书香节主会场共同主办了陈汉雄先生新书《读人读世》对话活动，活动特邀香港大学教授李焯芬为嘉宾，出版社发行中心主任陈晗雨主持了此次活动。（尹宇平）

《中华饮食智慧》读者见面会暨捐赠活动举行

2011年8月20日，世界图书出版上海有限公司编辑出版的《中华饮食智慧》读者见面会暨捐赠活动在上海展览中心举行。该书作者匡调元教授1956年毕业于上海第一医学院，自20世纪60年代起一直从事中西医结合临床病理研究，70年代正式提出"体质病理学研究"的概念，之后一直着重体质病理学与体质食疗学的实验研究，陆续出版专著《中医病理研究》、《体质食疗学》、《人体体质学》、《中医体质病理学》、《体质病理学与体质食疗学实验研究》、《人体新系猜想——匡调元医论》及《中医病理学的哲学思考》等，1977年开创体质病理学，1989年创体质食疗学，是现代中医体质学、体质病理学、体质食疗学理论的奠基人，被钱学森教授称为"体质学说第一人"。匡教授对中医病理和养生有独到的研究，他将中医体质病理学说和传统食疗学结合，创立了"体质食疗学"。在《中华饮食智慧》一书中，匡教授对不同年龄、性别、体质的人群，提出了相对应的饮食调养建议。匡教授还就地域、季节的不同，为不同体质类型的人群提供食疗方案，并就高血压、糖尿病、恶性肿瘤等常见病进行了食养举例。见面会上，匡教授解释了人体的六种体质类型，其中除正常质外，其余都是介于健康和疾病之间的亚健康状态。匡教授针对五种病理体质，分析了相应的饮食宜忌和食疗养生的要点，还一一解答了现场和微博观众的问题。活动最后，匡教授将万册《中华饮食智慧》捐献给抗癌协会，为社会公益事业奉献自己的智慧和爱心，希望癌症患者能勇敢面对疾病，活出自己的精彩人生。（章　怡）

"读绘本唱儿歌宝宝比您想象的更聪明"幼儿双语图书推介交流会举行

2011年8月21日，中国对外翻译出版公司在2011年上海书展中国出版集团活动区举办了"读绘本唱儿歌宝宝比您想象的更聪明"幼儿双语图书推介交流会。活动特地邀请了华东师范大学幼儿教育博士汤杰英为广大读者进行了幼儿语言教育讲座。

汤杰英在推介会上为读者介绍了多元智能开发理论，认为家长应锻炼孩子语言智能、逻辑智能、音乐智能等，并结合理论为读者详细介绍了由中国对外翻译出版公司推出的"苏斯博士系列"及"欧美经典儿歌系列"畅销书，提出"教孩子阅读就是给孩子未来"的理念。汤杰英提到，"苏斯博士系列"中的图书，几次被美国总统奥巴马及其夫人在儿童阅读活动中选中，说明了其特有的经典性、互动性，家长可将此套图书作为最佳读书礼物送给孩子。（郭宇佳）

2011全国医学文献建设工作研讨会举办

2011年8月23日，新华书店总店信息中心在福建厦门举办"2011全国医学文献建设工作研讨会"。此次会议与全国医学图书馆年会同期举办，共有60位图书馆和出版社代表出席。会议就医学图书出版、医学图书馆图书采购等问题进行了深入探讨。会议由中国医学图书馆工作委员会秘书长张文举主持，解放军医学图书馆馆长、全军医学图书情报专业委员会主任陈锐及《新华书目报》总编赖雪梅致辞。会议期间，湛佑祥（解放军医学图书馆研究馆员）、李洁（科学技术文献出版社副总编）、邝国庭（广东中山大学附属肿瘤医院图书馆馆长）、李颖（科学出版社销售中心图书馆部业务经理）、邱坚（上海交通大学医学院附属瑞金医院图书馆负责人）、蔡红（中国医药科技出版社发行部主任）、田新玉（北京大学第三医院图书馆馆长）、徐国强（中国中医药出版社市场部主任）、江建忠（河北医科大学第二医院图书馆馆长）、赵金华（海南省人民医院图书馆馆长）、李彦（化学工业出版社图书馆服务部经理）、周良（广东科技出版社西医编辑部主任）等作主题发言。2011 年 8 月 19 日《图书馆报·2011 全国医学图书征订专刊》共营销 10 家出版社 366 种图书。（张　倩）

《手中有福音Ⅱ》新书发布会举行

2011 年 8 月 26 日，由世界图书出版西安有限公司、陕西季氏泓源健康科技有限公司、西安反射疗法研究会联合主办的《手中有福音Ⅱ》新书发布会在西安市北大街国花贵宾楼会议大厅举行。来自社会各界的自然疗法专业人士及爱好者约 160 人参加了本次活动。解放军第四军医大学第二附属医院黄松林教授、西安市科协学会部学术金秋活动项目负责人康岩、陕西省易经协会副会长殷浩然、陕西德庆堂健康管理有限公司总经理邱庆来、世界图书出版西安有限公司生活图书事业部经理赵亚强、西电集团公司老年大学负责人常胜健、陕西季氏泓源职业技术学校校长闻莹、西安反射疗法研究会副理事长陈廷梅等相关单位负责人和社会知名人士到会祝贺，并参加了交流活动。《手中有福音Ⅱ》是一部中医保健科普类图书。作者是中国手疗第一人季秦安。2011 年 8 月世界图书出版西安有限公司出版。

（薛春民　赵亚强）

《开罗国际》青年作家与媒体见面会举行

2011 年 8 月 30 日，在第 18 届北京国际图书博览会期间，人民文学出版社与俄罗斯“下一代”国际基金会联合组织召开了入选俄罗斯处女作奖代表作品选集《开罗国际》青年作家与媒体见面会。这是俄罗斯独立文学奖评委会继 2010 年在中国首次出版获奖作品《化圆为方》之后，又一次向中国读者推荐获“处女作奖”的中短篇小说。《开罗国际》由人民文学出版社 2011 年 8 月出版。（宋　强）

《壹玖壹壹：从鸦片战争到军阀混战的百年影像史》5 个版本新书发布会举行

2011 年 9 月 1 日，世界图书出版公司北京公司、中华世纪坛世界艺术馆、商务印书馆（香港）有限公司、台湾五南图书出版股份有限公司、外语教学与研究出版社、香港大学出版社以及后浪出版咨询（北京）有限公司在北京新国展举行了《壹玖壹壹：从鸦片战争到军阀混战的百年影像史》5 个版本新书发布会。

《壹玖壹壹：从鸦片战争到军阀混战的百年影像史》是世界图书出版公司为了纪念辛亥革命百年历程而策划出版的大型历史影像画册。该书由著名摄影家、普利策奖华人唯一得主刘香成独立编辑，是首部立体呈现清末民初的大型历史画册。图片分别来源于盖蒂图片社、国家图书馆、中国第二历史档案馆、美国国家档案馆、杜克大学特藏图书馆、牛津大学皮特利弗斯博物馆等国内外知名机构，并且集合了众多像内斯特·莫理循、方苏雅、詹姆斯·利卡尔顿、路得·那爱德、小川一真等著名摄影师以及多位来华的传教士的作品。发布会得到了全国各大媒体的积极关注。（吴兴元）

“中华文明博物馆之清代卷”全媒体开发首发式举行

2011 年 9 月 2 日，中国对外翻译出版公司在第18届北京国际图书博览会上举行了“中华文明博物馆之清代卷”全媒体开发首发式。出席此次活动的嘉宾有中国出版集团公司副总裁林弋、中国对外翻译出版公司总经理林国夫、英国欧若拉出版有限公司总经理庄定善、著名画家赵开雷和中央电视台《奋斗》栏目总策划张翠平。

活动首先对观众进行了产品的演示，中国对外翻译出版公司副总经理张高里详细介绍了该产品的创造构想，表示开发此类数字产品是提升中华文化软实力的有效途径。随后林弋指出“中华文明博物馆之清代卷”的全媒体开发是中国对外翻译出版公司在数字出版上积极而成功的探索，拓宽了中外文化交流合作的渠道。最后，该产品内容之一《中国帝王图》的作者赵开雷现场创作了《秦皇炼丹图》，将活动推向了高潮。

（林　勇　郭宇佳）

“东西方诗人关于爱与灵感的对话”交流活动举行

2011年9月2日，中国对外翻译出版公司在第18届北京国际图书博览会中国出版集团公司活动区举行了“东西方诗人关于爱与灵感的对话”交流活动。荷兰诗人罗曼与湖南省政协副主席、省文联主席、省作协副主席谭仲池各自携带其最新诗作《模特颂》和《东方的太阳》出席了此次活动，中国出版集团公司原总裁聂震宁、湖南省作协副主席蔡测海作为特别嘉宾出席。活动由中国对外翻译出版公司副总经理张高里主持，设置嘉宾介绍、作品介绍、领导讲话、诗人对话、观众提问和现场签售等环节。

在诗人对话环节中，罗曼和谭仲池就新诗创作缘起、东西方诗歌的不同风格和相互影响、诗歌复兴、中华文化如何“走出去”等话题进行了广泛而深入的交流，诗人所表现出的对“爱”的执著追求也引起了观众的情感共鸣。聂震宁以中国作家协会会员、一名文学爱好者的身份对两位诗人进行了精彩点评，认为他们虽然是不同国度不同文化的诗人，但其诗作都表达了对人类之爱，对美好事物之爱，对人类一切健康的、有益的、向上的精神之爱；并称赞罗曼诗作译者董敏用汉语将诗歌这种“语言的艺术、心灵的体操”表现得淋漓尽致。

（林　勇　郭宇佳）

《推拿》、《天行者》作者做客新浪网

2011年9月5日，人民文学出版社社长潘凯雄与第八届茅盾文学奖获奖作品《推拿》的作者毕飞宇、《天行者》的作者刘醒龙，一起做客新浪网，利用微博形式与在线网友进行了深入交流。

在第八届茅盾文学奖的获奖作品中，人民文学出版社是唯一有两部作品获奖的出版社，也是历届评选中获奖最多的出版社。在回答网友提问时，潘凯雄说，人民文学出版社出版的作品之所以占据了茅盾文学奖的半壁江山，其主要原因是人民文学出版社的出版理念与茅盾文学奖的评选理念比较接近，同时也与人民文学出版社始终坚持的高品质、高品位的出版理念分不开。

（宋　强）

“书香巷”开巷仪式举行

2011年9月6日，生活·读书·新知三联书店举行“书香巷”开巷仪式。三联书店总经理樊希安、总编辑李昕，商务印书馆总经理于殿利，三联书店前总经理沈昌文，三联书店副总经理潘振平、翟德芳，总经理助理刘高源，总编辑助理郑勇，景山街道办事处负责人，以及社区居民代表和三联书店职工参加了开巷仪式。

“书香巷”位于北京东城区美术馆东街22号崔府夹道南、韬奋书店东侧，是一条通向三联书店读者俱乐部和特价书店的一条小巷子。巷口朝南，有一扇古雅的木质大门。门上方悬挂黄苗子先生题写的“书香巷”隶书横匾。巷内陈设图书、期刊供读者阅读。在开巷仪式上，樊希安表示，营建“书香巷”首先是为满足不同层次读者特别是三联书店“铁杆”读者的购书需求，其次也是进一步营造书店周边文化阅读氛围的一个举措。樊希安、于殿利和沈昌文先生等共同揭

下“书香巷”的横匾红纱。之后，与会同仁一起参观了“书香巷”内的三联书店读者俱乐部和特价书店。

（戴云波）

《石油大棋局——下一个目标中国》首发式及营销宣传活动举行

2011 年 9 月 6 ~ 15 日，中国民主法制出版社和中版国际传媒有限公司共同邀请《石油大棋局——下一个目标中国》作者威廉·恩道尔来华参加新书首发式，并开展了一系列营销宣传活动

《石油大棋局——下一个目标中国》新书首发式邀请了国际战略学家、石油经济学家十多人以及新华社、《瞭望》周刊、《人民日报》、新浪网等二十多家媒体参加，中国出版集团公司党组书记王涛等和威廉·恩道尔出席了首发式并发表了讲话。

在华期间，威廉·恩道尔接受了新华社、《瞭望》周刊、《光明日报》、《中国青年报》、《21 世纪经济报道》、《中国能源报》、《中国工业报》、《环球时报》、《南方周末》、《三联生活周刊》、人民网、新华网、当当网等媒体的专访。在北京大学、中国石油大学举办了两场专题演讲。在中国石油经济技术研究院、国家发展改革委员会能源所、中国国际战略研究基金会、中国工程院举办了专题演讲会。

新浪网、环球网对威廉·恩道尔进行了视频专访。中央电视台财经频道《对话》栏目制作了对话威廉·恩道尔的专题节目，并在题为“风波到风暴有多远”的专题节目中对其进行了采访。一系列营销宣传活动取得了预期的效果。

（刘　忠）

《石油大棋局——下一个目标中国》全球首发式暨石油地缘战略研讨会举行

2011 年 9 月 8 日，由中国民主法制出版社、中版国际传媒有限公司合作出版的《石油大棋局——下一个目标中国》全球首发式暨石油地缘战略研讨会在北京举行。活动由中国民主法制出版社社长（代）肖启明主持，中国出版集团公司党组书记、副总裁王涛出席活动并作重要讲话，一些专家学者先后发言，对该书作了高度评价。作者威廉·恩道尔专程来中国参加了新书首发式。中央电视台、《中国新闻出版报》等 20 多家媒体参加了活动。

威廉·恩道尔是美国著名经济学家、地缘政治学家。在《石油大棋局——下一个目标中国》中分析了中国在世界石油格局中的处境，以及近年来中国在积极寻求石油这一能源对外合作方面所做的努力。

该书出版前后，中央电视台、《中国新闻出版报》、《光明日报》、《新华书目报》、《中国教育报》、《中华工商时报》、《证券日报》、《环球时报》等广播电视媒体、107 家平面媒体、14 家网络媒体自 9 月 2 日以来连续进行报道，对该书进行评论和对作者进行专访。其中，中央电视台经济频道《对话》栏目专门为此做了一期节目。该书还在北京国际图书城做专场新书推介。

（尹宇平）

人民文学出版社举办“人民文学出版社与茅盾文学奖”媒体恳谈会

2011 年 9 月 18 日，人民文学出版社在北京举办“人民文学出版社与茅盾文学奖”媒体恳谈会。第八届茅盾文学奖获奖作家刘醒龙、毕飞宇，人民文学出版社社长潘凯雄、副社长李春凯和相关责任编辑与全国媒体共话人民文学出版社与茅盾文学奖共同走过的 30 年。

自 1981 年设立、次年开始首届评选以来，人民文学出版社出版的作品从未缺席历届茅盾文学奖。至 2011 年第八届茅盾文学奖，人民文学出版社累计获奖作品达 17 部，占了获奖作品的近半壁江山。第八届茅盾文学奖，人民文学出版社共有 19 部作品进入评委视野，6 部作品入围前 20 名，并参加决选，最终刘醒龙的《天行者》、毕飞宇的《推拿》突出重围摘得桂冠。

人民文学出版社社长潘凯雄认为，在历届茅盾文学奖评选中，人民文学出版社出版的作品之所以履获殊荣，或许是因为茅盾先生首倡设立此奖的初衷与该社60年来所坚持的出版理念不谋而合：关注现实、注重作品整体的品质。此次茅盾文学奖评选，人民文学出版社是唯一有两部作品获奖的出版机构。 （宋　强）

全国少儿阅读公共论坛举办

2011年9月20～24日，新华书店总店信息中心《图书馆报》在深圳举办全国少儿阅读公共论坛。论坛主题为“加强馆社合作，推进少儿阅读”。论坛由深圳少年儿童图书馆承办，由中国图书馆学会未成年人图书馆服务专业委员会、中国图书馆学会中小学图书馆委员会、中国图书馆学会青少年阅读推广委员会、中国图书馆学会书目推荐委员会、中国图书馆学会媒体与社会阅读委员会、全国联合编目中心少儿分中心、湖南省少年儿童图书馆、天津市少年儿童图书馆、上海少年儿童图书馆、重庆市少年儿童图书馆、二十一世纪出版社、明天出版社、外语教学与研究出版社、科学普及出版社协办。全国少儿阅读公共论坛已经连续举办了两届，论坛得到了图书馆界和出版界的大力支持。本届论坛的主讲嘉宾为深圳图书馆馆长吴晞、中国图书馆学会副秘书长霍瑞娟、中国出版工作者协会少年儿童读物工作委员会主任海飞、华东师大信息系主任范并思、二十一世纪出版社副总编辑熊炽、国家图书馆少儿馆馆长王志庚、剑桥大学出版社 Gavin、著名作家保冬妮、深圳少年儿童图书馆赵艺超、深圳后海小学校长袁晓峰、科学普及出版社总编辑颜实、大连出版社名誉总编辑杨鹏、外语教学与研究出版社副社长范晓虹、明天出版社营销部主任曾嘉等。本次论坛共有19家出版社34位代表到会，全国各级各类少儿馆、公共馆少儿部的嘉宾133人参会。各位代表相聚一起，就是为了一个共同的目标，即“加强馆社合作，推进少儿阅读”，做少儿图书出版和少儿阅读的积极推动者和倡导者，为全国少年儿童的阅读事业作出一点贡献，为不断推进书香家庭、书香校园和书香社会的建设而共同努力。本次论坛取得各家图书馆、出版社的一致好评，论坛组织者表示，力争在今后能吸引更多的图书馆、出版社尤其专业少儿社的参与。论坛之后，《图书馆报》特别推出了《少儿阅读专刊》，面向全国140余家图书馆共营销少儿图书品种667种，成为沟通少儿出版与少儿阅读的重要媒介。《图书馆报·少儿阅读专刊》开刊，吸收全国25家少儿馆及部分少儿出版社作为此专刊的理事单位，为少儿出版与阅读提供交流平台。 （张　倩）

“金嗓子”第二届全国高校音乐学（教师教育）声乐专业教师与研究生演唱邀请赛举行

2011年9月22～26日，“‘金嗓子’第二届全国高校音乐学（教师教育）声乐专业教师与研究生演唱邀请赛”在沈阳音乐学院举行。此次赛事由中国教育学会主办，中国教育学会音乐教育分会、沈阳音乐学院承办，人民音乐出版社《歌唱艺术》编辑部协办。来自全国55所高校共370名选手参加了比赛。为了保证比赛的公正性，保持艺术的纯洁性与真实性，大赛组委会认真组织、精心安排，特别聘请了非高师院校的15位国内著名声乐专家担任评委，并制定了严格的比赛规则及评分办法，共决出一等奖14人，二等奖28人，三等奖45人，优秀奖54人。

（吴明静）

中国图书进出口西安公司举办进口书刊业务研讨会

2011年9月23～24日，中国图书进出口西安公司联合新加坡 John Wiley & Sons 出版社在陕西省西安市临潼区举办进口书刊业务研讨会。研讨会邀请西安各高校、研究所、医院等科研教学单位图书馆馆长和采编人员进行产品推广、业务培训以及业务研讨。会议期间，中国图书进出口西安公司重点介绍了其公司的业务形态和业务内容；

John Wiley & Sons 出版社也重点介绍了其出版的最新书刊信息。与会人员就进口书刊展开了热烈的讨论，获得了良好的反响。

（朱宝元　闫　冰）

《天下为公——孙中山传》修订再版宣传活动举行

2011年9月24日，华文出版社联合凤凰网读书会在北京单向街书店举办“杨天石VS李菁：找寻真实的孙中山”的主题活动，宣传修订再版图书《天下为公——孙中山传》一书。

《天下为公——孙中山传》首版，是华文出版社为纪念孙中山先生诞辰140周年而策划的重点选题。中国社会科学院近代史所研究员、孙中山研究的著名学者杨天石教授审定了全部书稿并作序。首版出版后，受到海内外读者和媒体的关注。值此纪念辛亥革命100周年、孙中山先生诞辰145周年之际，华文出版社特修订再版此书。本次修订吸纳了近几年国内外孙中山研究的新资料和成果，对内容字进行了全面的增补、订正，并新增了几十幅历史照片。

此次宣传活动达到了预期的效果。

（陆虹宇）

《铁血首义路》首发式举行

2011年9月27日，为纪念辛亥革命100周年，人民文学出版社和湖北省作家协会、长江文艺出版社在武汉联合举行了宜昌籍作家望见蓉《铁血首义路》新书首发式。中共湖北省委宣传部副部长陈连生、湖北省作协主席方方等出席首发式，人民文学出版社社长潘凯雄参加并讲话。会议由湖北省作协副主席梁必文主持。

《铁血首义路》由人民文学出版社2011年7月出版，是人民文学出版社纪念辛亥革命100周年重点图书。它以史学的冷静和文学的生动，诠释了辛亥革命第一枪在武昌成功打响的历史成因、过程以及这场革命的局限性。（宋　强）

“2011《中国当代作曲家曲库》音乐会（第五届）”举行

2011年9月29日，“2011《中国当代作曲家曲库》音乐会（第五届）”在北京音乐厅举行。演出曲目有：《1911序曲》、《台湾风情画》、《笑问客从何处来》、《濠镜笙歌——为笙与管弦乐队而作》、《九州同》、《中山号舰——1922年》、《红旗颂》，7部作品不仅有大陆著名作曲家的作品，还包括中国台湾、香港、澳门地区及海外华人华侨的作品，具有社会时代意义。所有演出作品的总谱已经出版。从2007年至2011年，《中国当代作曲家曲库》陆续出版了49部（含民族管弦乐）作品，并成功举办了4次（共6场）《中国当代作曲家曲库》音乐会，获得了良好的社会反响，开辟了全新的出版模式——创作、演出、出版的良性互动。2009年《中国当代作曲家曲库》中26部作品被作为“中国文化著作翻译出版工程”项目成功输出到德国朔特音乐出版有限公司。2011年《中国当代作曲家曲库》音乐会继续延续创作—演出—出版的立体出版模式，着重突出以纪念辛亥革命100周年为主题的两岸音乐艺术的交流与互动，以树立中华民族博大包容之形象，弘扬两岸人民共同的和谐愿望。（吴明静）

《书法》教材国家级培训班举办

2011年10月8日，“中国出版集团华文出版社《书法》教材国家级培训班”在北京举办。培训班邀请了华文版《书法》教材副主编、首都师范大学教授、博士生导师叶培贵担任主讲，对将在会国《书法》教材培训中担当主力教师的教材编写专家队伍——首都师范大学、北京师范大学、中南大学以及我国书法教育界的专家和一线骨干教师等进行了专题培训。培训班由华文出版社社长、中版教材有限公司总经理罗争玉主持，华文出版社与中版教材有限公司员工参加了学习。

华文版《书法》教材副主编、首都师范大学教授、博士生导师叶培贵首先从宏观角度，介绍了书法上升为国家课程的意义，认为它是语文教育的应有内容，是审美教育的重要方面，是素质教育的有效途径；其次，讲授并解决了书法学习中普遍存在的日常实用与艺术创造之间的矛盾；最后，就华文版《书法》教材的编写体例与特色进行了介绍。

华文出版社社长、中版教材有限公司总经理罗争玉对各位专家的到来表示欢迎，就《书法》教材培训工作在全国的展开进行了部署，并提出将在全国建立若干书法教师培训基地、书法教学示范基地，推动华文出版社的《书法》教材在全国的宣传使用。（宫　源）

中国美术出版总社“全国教材租型工作会议”召开

2012年10月12日，中国美术出版总社教材出版中心在河北廊坊召开“全国教材租型工作会议”，中国美术出版总社副总编辑欧京海与教材出版中心总编辑赵国瑞及有关人员同各地教材租型单位代表参加了会议。会上，欧京海介绍了教育部课程标准和中国美术出版总社教材的修订情况，提出教材工作要决战2012年，并通报了即将在2011年年底举办的“美育最基层——全国中小学美术教师作品展”的筹备情况，以及提出对各协作单位的要求。赵国瑞在会上对教材发行工作及中国美术出版总社推出的幼儿园教材发行宣传工作进行了安排。（汤　锐）

首个“全国中小学书法教育教师培训基地”揭牌仪式举行

2011年10月18日，中版教材有限公司首个“全国中小学书法教育教师培训基地”揭牌仪式在山东淄博师范高等专科学校举行。著名书法家、书法教育家欧阳中石，中版教材有限公司书法事业部主任尹兴出席。

欧阳中石在会上作了发言。他说，书法教育得到国家的重视并得以普及是一件让人欣慰的事，然而，国家目前的书法教育人才能否满足学生需求却仍然令人担忧。他认为，“培训基地”的落成将为培养书法教育人才提供良好的环境，进而推动中小学书法教育事业的蓬勃发展。

会后，欧阳中石先生作了题为《书法课的意义》的专题讲座。（宫　源）

《唐诗排行榜》新书发布暨研讨会和签售活动举行

2011年10月26日，《唐诗排行榜》新书发布暨研讨会在武汉黄鹤楼公园举行。29日，《唐诗排行榜》签售活动也在黄鹤楼公园举行。中华书局副总编辑顾青、基础图书分社社长王军参加上述活动。《唐诗排行榜》运用统计学、传播学的理论方法，通过“古代选本入选次数”、“现代选本入选次数”、“历代评点次数”、“当代研究文章篇数”、“文学史录入次数”、“互联网链接文章篇数”等指标，测评出唐代至今最有影响力、最受关注的前一百名唐诗，同时通过各项指标的分析，给出了排名先后的解释，揭示出古今对唐诗理解、欣赏的差异，以及意识形态的重要引导作用，显现出认识、赏读唐诗的新维度。（梁　彦）

“海伦钢琴”第三届全国高校音乐学（教师教育）钢琴专业教师演奏邀请赛举行

2011年10月27～30日，两年一届的“海伦钢琴”第三届全国高校音乐学（教师教育）钢琴专业教师演奏邀请赛在苏州举行。这个活动自开展以来为全国高校音乐教育专业的钢琴教师提供了一个演奏、展示、交流的平台，为全国高等院校之间的钢琴技艺展示和学术交流提供了良好的机会，促进了教师演奏能力及教学水平的提高，更好地推动了师范院校钢琴教学改革的发展。

自2007年起比赛由中国教育学会音乐教育分会主办，中国教育学会音乐教育分会钢琴学术委员会和《钢琴艺术》杂志承办，在首都师范大学已经成功举办了两届。从本届开始由中国教育学会主办，活动内容也由原来的“演奏与交流活动”改为“演奏邀请赛”。为了办好这次比赛，苏州大学艺术学院和中国教育学会钢琴学术委员会以及人民音乐出版社《钢琴艺术》编辑部作了大量的前期准备工作。28日上午，“‘海伦钢琴’第三届全国高校音乐学（教师教育）钢琴专业教师演奏邀请赛”开幕式在苏州大学艺术学院音乐厅隆重举行，中国教育学会、宁波海伦钢琴股份有限公司、江苏省教育厅、苏州大学、中国教育学会音乐教育分会和人民音乐出版社的领导出席开幕式并致辞。

坚持由专业院校的钢琴教授担任评委是比赛的一大特色。评委们都是著名的钢琴教育家，其中还有国际钢琴比赛的评委和获奖者。报名参加本届邀请赛的选评，涵盖全国除西藏、台湾地区以外的30个省市112所高校的296名教师。共计有330人次参加各项比赛，前来观摩的教师达160人。最终共评出一等奖29名，二等奖76名，三等奖90名，优秀奖59名，中国钢琴作品演奏奖8名。组委会还安排了三场学术讲座，邀请三位评委就老师们关心的学术问题进行了主题演讲。（吴明静）

“纪念辛亥百年上海名家书画集”发布会举行

2011年10月29日，由上海市政协主办，东方出版中心和台湾华品文创出版公司承办的“纪念辛亥百年上海名家书画集”发布会在台北诚品书店信义店举行。发布会上，上海市政协副主席吴幼英、联经出版公司发行人林载爵、诚品书店总监陈晓颖分别致辞。东方出版中心代表团一行5人由总经理祝君波带队，与上海市政协文史办主任孙颙、副主任陈汝南，上海市台办副主任李雷鸣等同志一起参加了发布活动。台北地区读者热情参与。会上高式熊、林曦明、徐云叔三位艺术家挥毫表演，吸引读者驻足观看。三位艺术家还现场为台北地区读者签售东方出版中心出版的《纪念辛亥百年戴敦邦绘人物谱》、《纪念辛亥百年名家书法集》、《纪念辛亥百年名家印存》。戴敦邦先生因病未赴台北，但也带去了他的印章，由工作人员代他为读者盖印。

（张洁民）

《上海手册》（英文版）首发式举行

2011年11月7日，东方出版中心出版的《上海手册》（英文版）在上海中国浦东干部学院举行首发式。首发式由联合国、国际展览局、中华人民共和国住房和城乡建设部以及上海市人民政府主办。

出席首发式的中外主要嘉宾有：联合国副秘书长沙祖康、国际展览局秘书长洛塞泰斯和上海市常务副市长杨雄，上海市政府相关单位负责人以及有关国家驻上海领事馆官员。东方出版中心总经理祝君波也出席了首发式。首发式由上海市人民政府秘书长洪浩主持。

首发式上，首先举行了赠书仪式。由沙祖康、洛塞泰斯和杨雄向中国浦东干部学院师生赠送了《上海手册》（英文版）一书。与会嘉宾在观看了世博影片《上海，2010》后，举行了《上海手册》（英文版）出版专题论坛。联合国经济和社会事务高级专员莫汉、国际展览局秘书长特别助理迪米特尔、上海市人民政府发展研究中心主任周振华、上海图书馆馆长吴建中以及中国浦东干部学院常务副院长冯俊发表了主旨演讲。演讲嘉宾高度赞扬了《上海手册》（英文版）的出版意义，联合国、国际展览局和中国浦东干部学院等机构都表示将要把《上海手册》（英文版）作为自己的培训教材，加强对城市管理者的培训，实现世博会所倡导的城市和谐发展。最后，上海市常务副市长杨雄作了总结发言。

《上海手册》（英文版）全书共31万字，重点论述世博会期间关于城市可持续发展的理论和

案例，具有很高的价值。（张洁民）

全国出版物发行标准化技术委员会正式加入国际书业标准化组织

2011年11月10日，经外交部批准，新闻出版总署批复，中国出版集团公司作为秘书处承担单位的全国出版物发行标准化技术委员会正式加入了国际书业标准化组织。加入该组织后，将使中国出版发行机构获得国际书业标准的表决权、话语权、掌控权，充分确保中国未来的图书和数字产品的发行在电子数据交换方面与世界完全接轨，为出版物发行标准化“走出去”战略的贯彻实施打下坚实基础。（唐贯军）

《囚徒天子光绪皇帝》首发暨签售仪式举行

2011年11月13日，商务印书馆《囚徒天子光绪皇帝》首发暨签售仪式在首都图书馆举行。《囚徒天子光绪皇帝》为作者喻大华教授在中央电视台“百家讲坛”栏目同名讲座基础上整理润色而成。

光绪皇帝是清朝入主中原后的第九位君王。在他短暂一生中，抓住了稍纵即逝的时机，毅然吹响了改革的号角，掀起了闪电惊雷般的“百日维新”运动。该书以翔实的史料、生动的文笔，全景式再现了一位命运多舛的帝王的悲剧人生和一段感人至深的悲怆往事。喻大华教授自2008年主讲《道光与鸦片战争》以来，已是五登“百家讲坛”。当天，他亲临现场，为数百位粉丝作了题为《光绪皇帝与近代中国》的报告。商务印书馆副总编辑周洪波、“百家讲坛”编导等出席了仪式。（蔡长虹）

全国出版物发行标准化技术委员会首次举办全国出版物发行系统标准培训班

2011年11月14～17日，全国出版物发行标准化技术委员会在海南首次举办为期4天的全国出版物发行系统标准培训班。全国出版物发行标准化技术委员会副主任委员、中国出版集团公司副总裁宋晓红出席开班仪式并讲话。部分省市新闻出版局发行处、发行协会、出版发行集团、出版社、新华书店、民营书店、网上书店、专业信息技术公司的管理、业务或技术人员共116人参加了培训班。培训班上对已发布的和在编的32项国家、行业标准进行了宣讲。（唐贯军）

荣宝斋（上海）拍卖有限公司举办首届大型艺术品拍卖会

2011年11月25日，荣宝斋（上海）拍卖有限公司在上海四季大酒店举办了首届大型艺术品拍卖会。此次拍卖是荣宝斋进入上海拍卖市场的首度亮相，8.1亿元的拍卖总额创下了上海艺术品拍卖单场最高成交纪录。

荣宝斋收藏书画专场表现强势，成交率达到100%，22件藏品创下了6 300万元的成交价。其中何海霞的《人在画图中》以1 800万元拔得头筹。齐白石的《蛙趣图》以500万元的落槌价位居第二。中国十大名家专场势如破竹，单场落槌总价达3.6亿元，成交率达到88.46%。吴昌硕、齐白石的《竹石双寿》由于是两位大师唯一面世的一件珠联璧合之作，最终以2 750万的落槌价摘得桂冠。傅抱石的《湘夫人》则以2 400万的落槌价紧随其后。两场古董专场也表现不俗，399件拍品落槌价达1.2亿元。前三甲中，瓷器、玉器以及犀角雕刻各占一席。其中，明嘉靖年间的“青花赶珠云龙纹《江山万代图》盖罐”，由于完璧无缺，以900万元的落槌价名列第一。（刘　芳）

《将军》签售会举行

2011年11月27日，人民文学出版社在北京图书大厦举行了《将军》签售会。继《铁梨花》之后，《将军》同名电视剧再度掀起收视热潮，把集编剧、导演、作家于一身的“70后”郭靖宇又一次推入大众视野。《将军》由人民文学出版社2011年10月出版，它以传奇的手法描

写少爷虞小白与下人许大胆在辛亥革命至抗日战争期间爱恨情仇的纠葛。（宋 强）

第六届全国中小学音乐课现场评选活动举行

2011年11月29日至12月1日，由人民音乐出版社主办的第六届全国中小学音乐课现场评选活动在重庆举行。全国31个省、直辖市、自治区参加了前期的录像课评比。在录像课评比的基础上，共选出40节音乐课参加了现场评选。现场观摩人数也超过往届，达到了4 000余人。获奖结果打破了以往一直由经济发达地区包揽前几名的局面，显现出百花齐放、百家争鸣的新气象，从一个侧面反映了我国中小学音乐教学质量正在广度与深度上不断进行拓展和提升。

参评的音乐课，涵盖了从小学一年级到高中二年级的各个学段。执教的教师普遍具有很强的音乐基本功和全面的人文素养，不但弹琴、歌唱、舞蹈等音乐能力强，组织、引导、调控等教学水平高，而且相关文化知识丰厚，多媒体辅助教学手段适当，不但使课堂增色，也给观摩教师们带来美好的享受和深深的启发。

评选活动还安排了专家进行点评。专家的点评为音乐教学指明了新的方向，对广大音乐教师具有重要的指导意义。（吴明静）

“阅读城市·城市阅读”大型推广活动举办

2011年12月13日，由中国图书商报社、中国阅读学研究会发起，京、津、沪、渝等12家省区市新闻出版局联合举办的“阅读城市·城市阅读”大型推广活动在北京向社会各界发布了首批140种推荐书目，受到社会各界广泛关注。《人民日报》、新华社、中新社、《光明日报》、人民网、新华网、凤凰网、新浪网、搜狐网、《北京日报》、《新京报》、《南方都市报》、《中国教育报》等在第一时间刊发了消息，迅速引起新闻媒体与读者、网友热议。有关本次推荐书目的内容迅速跻身百度、谷歌等搜索引擎的搜索词前列。

该活动主办方中国图书商报社社长、总编辑孙月沐介绍，此书目是在综合了《中国图书商报》推出的《30年中国最具影响力的300本书》和《60年中国最具影响力的600本书》选目基础上，特别突出了城市阅读、大众阅读、流行阅读并举等因素，在推出了备选书目之后，综合了专家组与读者、出版家、书业营销专家和该报专业人士的推荐意见后，予以发布的。这一书目不同于其他机构和媒体公布的一般以年度为单位的各类榜单，具有主题性、系列性、跨度性和持续性等独到特色。

新推荐的首批140种图书以中国大陆2009～2011年内出版的、在读者中产生了较大影响的新书为主，分为城市文化类、文学类、科学人文类、财经类、生活文教类、童书类等类别。与一些年度推荐书目不同的是，此书目特地增加了生活文教类、城市文化类图书，与“阅读城市·城市阅读”活动主题紧密结合。（郭是海）

《许子东讲稿》（3卷本）新书首发·签售活动举行

2011年12月14～15日，人民文学出版社在北京大学中文系和中国人民大学文学院分别举办了“张爱玲晚期小说情爱叙事学术讲座暨《许子东讲稿》（3卷本）新书首发·签售”活动。在北京大学的活动上，许子东、梁文道和人民文学出版社社长潘凯雄就此书进行深度对话。由人民文学出版社出版的《许子东讲稿》（3卷本）是著名学者、香港岭南大学中文系主任许子东教授的著作在大陆首次结集出版。（宋 强）

《我为评书生》、《江湖丛谈》（注音注释典藏本）、《醒木惊天连阔如》签售活动举行

2011年12月25日，《我为评书生》、《江湖丛谈》（注音注释典藏本）、《醒木惊天连阔如》

签售活动在北京图书大厦举行，作者连丽如、贾建国、彭俐、吴欣还等与读者见面，中华书局总经理李岩、副总编辑顾青出席了活动。

（梁　彦）

中版教材有限公司参加首都师范大学中小学书法教育研究中心揭牌仪式

2011年12月27日，华文出版社社长、中版教材有限公司总经理罗争玉参加了首都师范大学举行的中小学书法教育研究中心揭牌仪式。

2011年5月，首都师范大学中国书法文化研究院率领来自北京大学、北京师范大学及我国书法教育界的著名专家、一线骨干教师，编写出版了华文出版社版中小学《书法》教材。首都师范大学中国书法文化研究院是由我国著名书法家、书法教育家（也是华文版《书法》教材主编）欧阳中石先生主持创立的。该中心最早建成了我国完整的高等书法教育体系，是中国当代书法教育的开创地。首都师范大学中小学书法教育研究中心旨在以华文版《书法》教材为媒介，推动中国出版集团教材中心与其建立全面合作关系，使二者共建学术平台、共谋学科发展、推进教材建设，为教育主管部门提供相关政策、法规、教学指导意见，促进中小学书法教育事业蓬勃发展。

揭牌仪式上，华文出版社版中小学《书法》教材得到了来自教育部、中国书法家协会等政府部门、研究机构、出版机构和高校的多位专家的一致好评。

（宫　源）

云南省中小学书法教学培训会举办

2011年12月28～29日，中版教材有限公司在昆明市党政干部培训中心举办了“云南省中小学书法教学培训会”。云南省教育厅副厅长王建颖、华文出版社中小学《书法》教材副主编叶培贵、云南省教育厅基础教育处处长杨必俊、云南省教育科学研究院院长李慧勤出席开幕式并作主题发言。会议由华文出版社社长、中版教材有限公司总经理罗争玉主持，云南省16个地（州、市）近300位语文、美术和书法教师、教研员参加会议。

会议期间，华文版《书法》教材副主编叶培贵作了“我对中小学书法教育的几点思考”的主题讲座；中版教材有限公司书法事业部主任尹兴以“关于书法技法和书法文化教学的实施意见”为话题与参加培训的老师交流了心得体会；华文版《书法》教材编委铁燕英结合教材内容给老师们上了基础笔法和综合练习两种类型的示范课；云南省教科院美术教研员戴庆华、刘文全分别从审美角度、实践层面讨论了书法教育的意义。

（宫　源）

“走出去”工作

“两岸民间合作编纂中华语文工具书项目”台湾代表团访问商务印书馆

2011年3月23日，“两岸民间合作编纂中华语文工具书项目”台湾代表团访问商务印书馆。代表团成员有编审组召集人、国语推行委员会原主任委员李鍌，编审组总编辑、台湾师范大学国文系退休教授张文彬，编审组编辑、国语推行委员会资深编辑王琬贞，科技名词组联络人、编译馆自然组主任林庆隆，科技名词组顾问、李国鼎科技发展基金会顾问许其清。教育部语言应用研究所副所长靳光瑾出席，商务印书馆总经理于殿利、副总编辑周洪波接待。于殿利向客人介绍了商务印书馆的历史和现状，并赠送了商务印书馆2010年出版的《全球华语词典》；周洪波介绍了商务印书馆在辞书方面，尤其是汉语辞书方面的相关情况。访问团成员介绍了中华语文工具书项目的内容和进展，并希望双方进一步加强合作交流。会谈结束后，访问团成员还参观了商务印书馆馆史陈列室和涵芬楼书店。（余桂林）

中国出版集团公司参加“中国图书对外推广计划”工作小组第七次工作会议

2011年4月7日，“中国图书对外推广计划”工作小组第七次工作会议在杭州召开。中国出版集团公司副总裁刘伯根出席了会议，并在大会发言中重点介绍了2010年及“十一五”期间集团公司“走出去”工作的成绩和经验。会议总结了2010年工作小组所属单位“走出去”的工作业绩，并对全国各大出版集团和出版社“走出去”工作业绩进行综合排名。中国出版集团公司以版权输出总量全国第一、“走出去”综合指标全国第一的优秀业绩荣获“优秀奖”第一名。（孙　牧）

中国美术出版总社与法国Jean-Manuel BOURGOIS出版公司商榷版权贸易

2011年4月，法国Jean-Manuel BOURGOIS出版公司代表到中国美术出版总社参观并商榷版权贸易。法国代表对中国美术出版总社20余种图书表示出合作意向，其中包括《外国名家作品选粹系列》（人民美术出版社）、《最受学生欢迎的世界十大名著》（连环画出版社）、《幼儿经典启蒙阅读丛书》（连环画出版社）等。由于美术类图书在欧洲的印刷成本较高，双方还共同研究了上述图书在中国印刷输出的可行性。

（汤　锐）

北京国际版权贸易研讨会举行

2011年5月9～10日，由国家版权局主办、中国图书进出口（集团）总公司承办的北京国际版权贸易研讨会在北京举行。

作为第18届北京国际图书博览会的重要组成部分，北京国际版权贸易研讨会以“数字环境下的‘走出去’”为主题，邀请了12位来自商务印书馆、北京语言大学出版社、中国政法大学、英国培生教育集团、台湾网络消费协会、方正阿帕比等机构的中外版权专家学者和业内精英，围绕“数字环境下的传统出版‘走出去’新探”、“数字时代国际出版合作新模式”、“中国数字阅读的现在与未来”等议题，进行了深入探讨与交流。

新闻出版总署版权管理司司长王自强以《“十二五”版权工作重点及版权贸易“走出去”政策分析》为题，向与会者介绍了我国版权工作“十二五”规划的主要内容，制定的主要依据、设计安排，版权贸易（图书）与图书“走出去”战略的关系，图书“走出去”战略规划与政策分析等，给参会的出版机构提供了权威指导。（朱宝元）

商务印书馆与荷兰威科集团举行法律图书版权贸易签约仪式

2011年5月24日，商务印书馆与荷兰威科集团法律图书版权贸易签约仪式在商务印书馆举行。商务印书馆总经理于殿利和荷兰威科集团执行董事杰克·林奇亲临签字。

商务印书馆与荷兰威科集团在2010年8月的第17届北京国际图书博览会上缔结战略合作伙伴关系，订立了版权贸易框架协议，并以法律图书的引进与输出作为合作的首选项目。此次签约输出商务印书馆英文版权法律图书《中国版权新问题：网络侵权责任、Google图书馆案、比赛转播权》，实现了版权贸易的双向互动交流。此次输出的项目为纸介质与电子版两种介质形式，两种介质形式经本次签约授权后，由威科集团同时在全球发售。（王兰萍）

中国出版集团公司赴美举办“纪念辛亥革命100周年精品图书联展”

2011年5月25日至6月2日，中国出版集团公司在美国纽约、新泽西、圣地亚哥三家新华书店同期举办“纪念辛亥革命100周年精品图书联展”。中国出版集团公司组织了以中国图书进出口（集团）总公司总经理吴江江为团长的13人代表团，遴选出近6 000种、约3万册参展图书以及30幅木版水印画参展。

5月25日，“纪念辛亥革命100周年精品图书联展”在美国纽约新华书店举行了隆重的开幕式，纪念辛亥革命100周年新书发布会同时举行。中国驻纽约总领馆文化处负责人、联合国文化官员、美国当地出版社代表及美国作家代表出席了开幕式，中国出版集团公司代表团一行13人以及中国图书进出口（集团）总公司驻美国分公司负责人等相关人士到会参加。美国《侨报》、《世界日报》、《星岛日报》，以及侨声电台等新闻媒体进行了现场采访。

中国驻纽约总领馆文化处领事孔晶女士在开幕式上盛赞此次书展的举办模式，并表示将发挥领馆资源推动国内图书在美国的出版销售。代表团成员在新书发布会上，特别推介了中国出集团公司为纪念辛亥革命100周年专门策划的55种有关辛亥革命的主题新书，并对已经正式出版发行的人民文学出版社《武昌城》，商务印书馆《五四知识分子的淑世意识》、《陆荣廷秘史》，人民音乐出版社《中国当代作曲家曲库》（10种）等图书进行了专题介绍。开幕式后，中图图书进出口（集团）总公司与美国ICN电视联播网纽约电视台签署了战略合作协议。

中国出版集团公司代表团还利用在美国举办书展之机，参观了美国BEA书展，考察了美国纽约新华书店、曼哈顿新华书店以及洛杉矶现代书店，拜访了全美最大的出版物发行单位之一——贝克·泰勒发行公司和巴诺·鲍德斯连锁书店以及ICN电视联播网洛杉矶电视台等单位。（周　群　王　文）

中国对外翻译出版公司代表团出访联合国有关机构

2011年6月1～12日，为巩固和开拓联合国业务，中国对外翻译出版公司总经理林国夫、主管联合国业务副总经理陈炳发等一行四人组成代表团对联合国日内瓦办事处、维也纳办事处、巴黎教科文组织总部、世界知识产权组织和国际原子能机构总部进行了工作访问。

此次工作访问是在翻译业务发展的关键阶段，对日内瓦、维也纳、巴黎等地国际组织的翻译和出版业务进行的一次全面调研，代表团不仅会见了联合国的高层官员，扩大了中国对外翻译出版公司在联合国的影响力，而且与各工作地点的中文部门的主管领导及高级审校和翻译人员进行了广泛接触，听取了许多建设性意见和建议。通过访问，代表团对中国对外翻译出版公司在为联合国提供翻译和出版服务方面所处的地位、发展前景以及面临的挑战有了更明确的认识和了解，及时发现了公司在联合国翻译业务管理方面存在的一些问题。（刘黎黎）

越南宣传出版干部考察团到中国出版集团公司参观访问

2011年6月29～30日，由越南国家政治出版社社长兼总编辑阮维雄为团长的越南宣传出版干部考察团一行25人到中国出版集团公司及人民音乐出版社、商务印书馆参观访问。代表团是应中联部邀请，前来考察中国出版业管理和发展的做法与经验。中国出版集团公司总裁聂震宁、副总裁刘伯根会见了代表团成员并出席座谈会，中联部所属当代世界出版社社长王金根、中联部国际交流中心有关人员，中国出版集团公司办公室、出版业务部、战略发展部、对外合作部、科技与数字出版部负责人等陪同会见。

聂震宁在欢迎词中说道，值此中国人民举国热烈庆祝中国共产党建党90周年之际，中越两国出版界进行了亲切的会晤，这具有重要的纪念意义。刘伯根全面介绍了中国出版集团公司的发展历史和经营状况，特别是在转企改制、挺拔主业、出版国际化等方面取得的成就。越南代表团团长阮维雄表示，越中两党、两国有着长久的友好交往，相信两国的出版交流与合作会有长久的发展。阮维雄还表示，此次访问中国，越南代表团取得了很大的收获，希望进一步学习中国改革开放以来出版事业取得的成就以及在国际合作方面的经验，并愿与中国出版集团公司开展实质性的合作。双方还对出版领域的战略合作和实质性合作进行了深入细致的探讨，并提出了版权贸易、版权互换、定期互访等合作方式。

（贾兵伟）

《百年西藏——20世纪的人和事》英文版出版发行

2011年8月1日，《百年西藏——20世纪的人和事》英文版在美国纽约出版发行，美国华人社团在纽约法拉盛举办了“百年西藏”畅谈会。该书是中共中央统一战线工作部、中国出版集团公司为纪念西藏和平解放60周年推出的重点图书，曾于5月23日，在全国政协主席贾庆林出席的首都各界庆祝西藏和平解放60周年座谈会上，作为大会工作用书，专送与会领导和嘉宾。（陆虹宇）

“全媒体时代的国际合作——网络文学再创作及国际推广”交流会暨签约仪式举行

2011年8月31日，中国对外翻译出版公司在第18届北京国际图书博览会中国出版集团公司活动区举办了“全媒体时代的国际合作——网络文学再创作及国际推广”交流会暨签约仪式。中国出版集团公司副总裁宋晓红、盛大文学有限公司副总经理林华、美国作家Blake Crouch、文学翻译Janathan Rechtman、英国欧若拉出版有限公司总经理庄定善，以及中国对外翻译出版公司领导参加了交流会。

嘉宾们从不同角度解读和肯定了网络文学的再创作和国际推广。宋晓红指出，英国欧若拉出版有限公司与盛大文学有限公司的合作，将会对我国网络文学作品的对外翻译、版权代理、影视改编、数字出版起到积极作用，在全媒体时代，这些跨行业、跨媒介、跨地区的合作，将极大地推动中国文化的“走出去”工作。Blake Crouch认为，网络对文学的影响在于人们可以随时发布文学作品，大大提升了出版速度。林华为来宾介绍了盛大文学的基本构成，提出与时俱进，进行图书、影视剧和网络游戏的合作开发是全媒体未来发展的趋势，并表达了与中国对外翻译出版公司加强交流合作的愿望。Janathan Rechtman也表达了对网络文学创作和中国文学的一些思考。他指出，目前国外作者的写作方式有所革新。他同时指出，网络是个很好的平台，可以实现多人共享，多人共同创作，但让西方人接受中国文化需要一段时间的培育。庄定善也表达了相同的观点，认为应该给西方人提供更多了解中国文学的渠道。随后，中国对外翻译出版公司、英国欧若拉出版有限公司以及盛大文学有限公司三方举行了签约仪式。（郭宇佳）

《中亚文明史》出版发布会暨《拉丁美洲通史》签约仪式举行

2011年8月31日，中国对外翻译出版公司在第18届北京国际图书博览会中国出版集团公司展台举行了《中亚文明史》出版发布会暨《拉丁美洲通史》签约仪式。中国出版集团公司副总裁宋晓红、联合国教科文组织出版负责人伊恩、中国对外翻译出版公司领导出席了签约仪式。

宋晓红首先对近年来中国对外翻译出版公司在翻译和出版领域做出的成绩予以肯定。他指出，中国对外翻译出版公司与联合国教科文组织出版机构合作已出版了《非洲通史》、《中亚文明史》的前五卷等权威历史专著，这次与联合国教科文组织续签《中亚文明史》的出版协议，并引进九卷本《拉丁美洲通史》，体现了中国对外翻译出版公司的优势所在和使命所在。伊恩为到场嘉宾和读者介绍了联合国教科文组织出版机构以及《拉丁美洲通史》作者情况、内容、出版意义。随后，中国对外翻译出版公司与联合国教科文组织代表举行了签约仪式。（郭宇佳）

《威科法律译丛》新书发布暨“中国法院案例精选文库”英文版战略合作协议签约仪式举行

2011年9月1日，商务印书馆《威科法律译丛》新书发布暨“中国法院案例精选文库”英文版战略合作协议签约仪式在第18届北京国际图书博览会展场举行。国务院新闻办公室、中国出版集团公司领导到会祝贺，商务印书馆总经理于殿利和荷兰威科集团法律法规业务板块全球首席执行官Stacey Caywood女士代表双方签约。《威科法律译丛》之一《荷兰雇佣法与企业委员会制度》的译者、全国人大法律工作委员会社会法室工作人员蔡人俊出席。

《威科法律译丛》的引进和“中国法院案例精选文库”英文版战略合作协议的签署，进一步明确了商务印书馆与荷兰威科集团深度合作的方向，在凭借荷兰威科集团平台引进西方先进的法律文化成果的同时，又将中国的法律思想和制度介绍给西方社会。（王兰萍）

《永远感恩毛泽东》版权输出签约仪式举行

2011年9月1日，中国对外翻译出版公司举办的《永远感恩毛泽东》版权输出签约仪式在第18届北京国际图书博览会中国出版集团公司展台举办。伴随着“祖国万岁”的歌舞表演，中国出版集团公司党组书记王涛、该书作者空政文工团著名演员田伶和解放军艺术学院音乐系政委王连春、英国欧若拉出版有限公司总经理庄定善、中国对外翻译出版公司领导参与了版权输出签约仪式。

《永远感恩毛泽东》一书是田伶与其丈夫王连春合著的一本怀念和感恩毛泽东主席的自传体回忆录，是一本正面、客观、公正地再现历史伟人的图书。王涛指出，《永远感恩毛泽东》一书是中国对外翻译出版公司2011年度策划出版的重点书籍，随着该书在英国的翻译出版发行，它会拥有更多的读者，会让更多海外的读者去认识和了解一代伟人毛泽东的光辉形象。在“和谐中国”的表演后，中国对外翻译出版公司与英国欧若拉出版有限公司签署了版权输出协议。

（郭宇佳）

“西安文物精华系列”英文版版权输出签约仪式举行

2011年9月2日，第18届北京国际图书博览会期间，世界图书出版公司与美国环球电子出版社有限责任公司在中国出版集团公司活动区举行了“西安文物精华系列”英文版版权输出签约仪式。

“西安文物精华系列”共11种，分别为《西安文物精华·三彩》、《西安文物精华·佛教造像》、《西安文物精华·瓷器》、《西安文物精华·铜镜》、《西安文物精华·青铜器》、《西安文物精华·玉器》、《西安文物精华·金银器》、《西安文物精华·陶俑》等。全套图书由西安市文物局、西安市文物保护考古所编著，世界图书出版西安有限公司出版。

该套图书按照文物类别精选出西安市文物保护考古所收藏几万件文物中的精品，全面细致地反映了历年来西安以及周边地区出土的各类珍贵文物，其中不乏新近出土尚未面世的精品。书中所收录的每件文物均配有精美图片及文字注释。文字注释包含出土地点、年代、规格、描述等内容。全套图书各分册的序言均邀请国内著名专家、学者如李学勤、杨伯达、杨泓、禚振西、周晓陆、钟明善等撰写。该套图书具有很高的文献参考价值和收藏价值。（薛春民　赵亚强）

《手中有福音Ⅱ》签订中文繁体版版权输出协议

2011年9月3日，第18届北京国际图书博览会期间，世界图书出版公司与中国台湾雅书堂文化事业有限公司签订了《手中有福音Ⅱ》中文繁体版版权输出协议。

该书是世界图书出版西安有限公司推出的中医保健类图书，主要讲述了手部反射区的原理、五指诊断法、反射疗法对常见疾病的调理等中医保健知识。该书图文并茂，通俗易懂，简单易学，可供各阶层人士防治疾病和保健使用。

（薛春民　赵亚强）

《吃茶》签订英文版版权输出协议

2011年9月3日，第18届北京国际图书博览会期间，世界图书出版公司与澳大利亚澳洲多元文化出版社签订了《吃茶》英文版版权输出协议。澳洲多元文化出版社与世界图书出版公司签订了长期合作协议。

该书最大的特色是详尽地阐述了中国茶文化的发展以及中国茶的产生与演变，比如第一次将中国茶文化的发展历史划分为四个时期，并运用地图、对照表将各类茶的出现、发展和特点以简明扼要的笔法进行横向比较，有助于读者的理解和学习。（薛春民　赵亚强）

中国出版集团公司参加少数民族古文字搜集与整理合作协商会

2011年9月19～23日，中国出版集团公司副总裁宋晓红赴俄罗斯圣彼得堡参加佉卢、婆罗米等少数民族古文字搜集与整理合作协商会。该协商会由“中华字库”工程与俄罗斯科学院东方文献研究所联合举办。

中国出版集团公司担任“中华字库”工程总体组牵头单位。宋晓红作为总体组组长，赴俄罗斯就佉卢、婆罗米文献的使用事宜与俄罗斯东方文献研究所协商，并达成了合作意向。双方讨论确定了具体文献的入选目录及字样采集方式，并就下一步合作领域和合作方向进行了深入探讨。（孙　俊）

“2011宁夏国际穆斯林出版机构版权贸易洽谈会”举行

2011年9月20～28日，中国出版集团公司、黄河出版传媒集团联合召开了“2011 宁夏国际穆斯林出版机构版权贸易洽谈会”，旨在与国际穆斯林机构建立广泛联系，构筑中国与穆斯林国家的最大版权贸易平台。该洽谈会是宁夏回族自治区主办的“中阿经贸论坛”的重要组成部分。

来自埃及、沙特、黎巴嫩、叙利亚、约旦、摩洛哥、伊朗、伊拉克等 20 个穆斯林国家的 37 家出版机构代表，包括阿拉伯出版商协会副主席、阿拉伯出版商协会秘书长等著名出版人和专家学者，以及科威特驻华大使、埃及驻华文化参赞出席了会议。中国出版集团公司及所属单位商务印书馆、华文出版社，以及人民出版社、凤凰出版传媒集团、四川出版集团等 29 家出版机构的 40 余名中方出版人参加了洽谈会，中国出版集团公司副总裁林弋在洽谈会上致辞并接见了穆斯林国家的参会代表。洽谈会先后在银川和北京举办，中国出版集团公司给予了资金支持和组织工作上的支持。

洽谈会主要包括出版合作交流会、版权贸易洽谈会、合作签约仪式，以及赴中国出版集团公司所属荣宝斋、商务印书馆参观考察和座谈等活动。洽谈会启动了“阿拉伯语十年千部经典著作翻译出版工程”和“中阿‘双百’经典图书互译出版工程”。同时黄河出版传媒集团与阿拉伯出版商协会签订了图书翻译出版和文化交流的战略合作协议，开展版权贸易合作、图书翻译出版发行、合作出版发行、数字出版发行、图书文化交流等多方面的合作。

洽谈会是阿拉伯世界的出版商第一次大规模地来到中国，与中国出版界的代表进行面对面的交流洽谈合作，可谓是一次破冰之旅。

（孙　牧）

《当代药用植物典》（1~4）签署韩文版版权输出意向书

2011 年 9 月，世界图书出版上海有限公司与韩国学术情报株式会社签署了《当代药用植物典》（1~4）韩文版版权输出意向书。《当代药用植物典》共收载世界范围内常用药用植物 500 余目，涉及原植物 800 余种。全书分为 3 篇共 4 册，分别为东方篇（第一、二册，以东方传统医学常用药为主，如中国、日本、朝鲜半岛、印度等）、西方篇（第三册，以欧美常用植物药为主，如欧洲、俄罗斯、美国、澳洲等）及岭南篇（第四册，以中国岭南地区出产与常用的草药为主，也包括经此地区贸易流通的常见药用植物）。每册后均编制有拉丁学名索引、中文笔画索引、拼音索引、英文名称索引等索引，方便读者根据不同的需要进行检索查阅。

全书均以药用植物正名为辞目，正文共分名称、概述、植物（药材）相关图片、化学成分与结构式、药理作用、应用、评注、参考文献等项。书中照片大多为药材产区与生长地所获得的第一手珍贵资料，科学地记录了药用植物生长的自然风貌及鉴别特征。书中收录的对号标本均完好保存于香港浸会大学中药标本中心。

全书力求展示每种药用植物化学、药理学、临床医学等海内外研究的新进展，内容丰富，实用性强，是适合从事医药教育、科研、生产、检验、管理、临床、贸易及农业种植、开发等方面读者使用的工具书。

（章　怡）

《人民语录 I》输出中文繁体字、阿拉伯语、法语三项翻译版权

2011 年 9 ~ 11 月，华文出版社《人民语录I》在2011 宁夏国际穆斯林出版机构版权贸易洽谈会期间成功输出阿拉伯语版、法语版翻译版权，在第 18 届北京国际图书博览会上成功输出中文繁体字版翻译版权。其中，中文简体字版版权销售 1 万册。该书作者从海内外读者迫切希望了解“当代中国”真实状况的需求出发，从生活与工作中精心挑选了反映当代中国人积极健康、所思所想的哲理箴言汇集成册。该书出版前，曾作为小册子在统战系统广泛传诵，成为指导工作、处世处事的备忘警语。图书正式出版前，又邀请著名漫画家右手根据文意创作了故事性漫画。该书的漫画风格有别于日韩等国卡通

画、港台地区绘本，继承了中国融写实写意于一体的连环画之风。（陆虹宇）

《于丹〈庄子〉心得》法文版签约仪式举行

2011年10月13日，在第63届法兰克福国际书展期间，中国民主法制出版社社长（代）肖启明与法国Belfond出版公司，就《于丹〈庄子〉心得》一书举行法文版签约仪式。这是该书第一次向欧洲国家输出版权。（尹宇平）

中华书局一行赴日本考察

2011年10月24～30日，中华书局张文强、洪思律、王敬仁、任川赴日本考察，并拜会东方书店社长山田真史、内山书店社长内山篱、朋友书店社长土江洋宇，就中华书局与他们合作开展对外图书贸易事宜进行了详细商讨。张文强就重修"二十四史"的进展情况做了细致的说明，日本书业界对此抱有极大的兴趣。（梁　彦）

"中国历史文化名村名镇丛书"版权输出达成协议

2011年10月30日，世界图书出版广东有限公司与澳大利亚澳洲多元文化出版社就"中国历史文化名村名镇丛书"版权输出达成协议，首期向澳大利亚澳洲多元文化出版社输出"中国历史文化名村名镇丛书"的《安义古村群》、《溱潼》、《俞源　郭洞》、《安丰》、《明月湾陆港》、《党家村》、《佛堂》、《嘉定》、《龙门》、《驿前》、《李庄》、《和平》等12种图书版权。该丛书以图文并茂的形式向读者展示了中国古村落的建筑风貌。（卢家彬）

商务印书馆员工一行赴商务印书馆（香港）有限公司学习交流

2011年10月31日至11月5日，商务印书馆员工一行赴商务印书馆（香港）有限公司学习交流。期间香港商务总经理兼总编辑陆国燊博士介绍了香港的出版环境和香港商务的整体情况，包括"大教育"的出版理念及其本版图书、教育图书和门市三大业务板块构成等情况。香港商务总经理室的其他负责人分别介绍了香港商务各产品线的特点及内部管理机制等；其他各部门负责人也分别介绍了各自部门的业务情况，并就教育图书出版、管理流程、电子出版、图书营销等方面与商务印书馆人员进行了交流。商务印书馆人员参观了位于尖沙咀的香港商务最大的门市书店。（李　霞）

中华书局一行赴台湾地区考察

2011年11月21～30日，应台湾联经出版事业公司邀请，中华书局王小平、魏莉、李世文、欧阳伟及中国出版工作者协会古籍出版工作委员会成员单位工作人员一行16人赴台湾地区考察。考察团参加了在台北举办的"百年中华联合书展"，期间大陆和台湾地区同行举行了座谈，对两岸古籍与文史类图书的出版、数字化产品的出版等进行了交流，对相关图书的版权贸易事务进行了业务洽谈。（梁　彦）

中国出版集团公司获得国务院新闻办公室"中国文化著作翻译出版工程"资助

2011年11月，中国出版集团公司两个系列图书共计34种入选国务院新闻办公室"中国文化著作翻译出版工程"，获得资助440万元。这两个系列图书包括商务印书馆"中国法律丛书"（12种），中国对外翻译出版公司"多媒体中国通史"（22种）。这是中国出版集团公司参与申报"中国文化著作翻译出版工程"以来，获得的金额最大的一次资助。

"中国文化著作翻译出版工程"是由国务院新闻办公室组织的"走出去"申报项目，被称为"中国图书对外推广计划"的加强版，侧重资助以文化、文学、科技、国情等领域系列产品为主的高端类出版物，不仅可以资助翻译费用，还可以资助出版及推广费用。“中国文化著作翻译出版工程”和“中国图书对外推广计划”互为补充，可以更好地发挥政府在对外文化传播中的主导作用和企业的主体作用，有效地提高中国出版业的国际化水平和国际竞争力。（孙　牧）

中国出版集团公司参加“《大中华文库》出版工程暨新闻出版‘走出去’先进单位表彰大会”

2011 年 12 月 23 日，中国出版集团公司总裁谭跃参加新闻出版总署在人民大会堂举行的“《大中华文库》出版工程暨新闻出版‘走出去’先进单位表彰大会”。中共中央政治局常委李长春，中共中央政治局委员、中央书记处书记、中宣部部长刘云山，中共中央政治局委员、国务委员刘延东出席表彰大会。

谭跃与参会代表一同受到李长春的接见。李长春同志向受到表彰的先进单位表示热烈祝贺，向全国新闻出版战线的全体同志致以诚挚问候。他希望受到表彰的先进单位进一步增强责任感和使命感，再接再厉、开拓创新，更好地发挥示范表率作用，为加快文化改革发展、推动中华文化走向世界再立新功。

中国出版集团公司因在版权输出、实物出口方面取得突出成绩，获得“新闻出版‘走出去’先进单位”。作为三家获奖单位之一，集团公司总裁谭跃在人民大会堂作了典型经验发言。谭跃在发言中汇报了集团公司“十一五”期间取得的成绩，以及今后“走出去”工作的发展战略，表示中国出版集团公司一定认真领会党的十七届六中全会精神，着眼战略谋划，着力年度推进，注重自身实际，发挥资源优势，坚持务实作风，强调扎实拓展，围绕国家大局，突出内容创新，加强国际市场拓展力，提升国际文化影响力，在“走出去”工作上，按照中央领导要求，努力做好表率，当好示范，争取年年增长，逐步扩大影响，在国家文化“走出去”战略的推进中，作出应有的更大的贡献。（周　群　王　文）

《中国性科学百科全书》（波兰文版）出版

2011 年 12 月，经过 5 年的翻译出版工作，《中国性科学百科全书》（波兰文版）出版。《中国性科学百科全书》中文版由中国大百科全书出版社于 1998 年出版。编委会主任为中国医学科学院名誉院长、中国科学院院士、中国工程院院士吴阶平。全书共有 1 065 个条目、164 万字，随文插图 200 余幅（彩色插图 195 幅）。全书包括性科学史、性医学、性生物学、妇科疾病与性、男科疾病与性、性传播疾病和性器皮肤病、性药学、生育调节和生育保健、性心理学、性哲学、性社会学、性伦理学、性风俗、性法学、性文艺、性美学、性生活、性健康教育等内容。《中国性科学百科全书》为读者提供了系统、全面、正确的性科学知识，旨在开拓当代的性文明，以增进人们的身心健康，促进社会文明的发展。2007 年，波兰基金会出版社与中国大百科全书出版社经过多次商讨，签订了出版波兰文版《中国性科学百科全书》的协议，这是中国大百科全书出版社出版物首次输出至波兰出版。《中国性科学百科全书》（波兰文版）首印为 5000 册。（王　瑜）

《漫画中国历史》（48 种）泰文版权签署输出合同

2011 年 12 月，中国美术出版总社与泰国漫画出版商 C Comics Co. , Ltd. 签署了《漫画中国历史》（48 种）泰文版权输出合同。《漫画中国历史》为 2010 年度国家出版基金扶持项目和入选“十二五”国家重点出版规划的重大项目。在第 18 届北京国际图书博览会和第 63 届法兰克福国际书展上，《漫画中国历史》引起了东南亚出版商的关注。经过谈判，泰国漫画出版机构 C Comics Co. , Ltd. 最终购买了《漫画中国历史》（48 种）泰文版权。（汤　锐）

中国出版集团公司所属三家企业荣获2011年度文化出口中央奖励资金

中国出版集团公司所属中国图书进出口（集团）总公司、中国对外翻译出版公司、中华书局三家企业荣获2011年度文化出口中央奖励资金，与2009年度、2010年度相比，奖励资金有了大幅增长。

根据《商务部服务贸易司、财务司关于做好2011年度文化出口支持资金申报工作的通知》，集团公司组织了在实物出口、翻译服务、版权贸易方面有突出表现的中国图书进出口（集团）总公司、中国对外翻译出版公司、中华书局三家企业进行了申报。中国图书进出口（集团）总公司通过实施日常出口业务、组织海外中文书展等多种措施，2010年实物出口方面取得14%的增幅；中国对外翻译出版公司2010年承接了联合国约1/4的中文翻译业务，并向上海世博会等提供了翻译服务；中华书局积极开展古籍图书的出口业务，此外以中国传统文化为主题的图书版权输出，不仅传播了中华文化，而且取得了可喜的经济效益。因他们在实物出口和服务贸易方面的优异表现，三家企业均获得中央重奖。

为支持文化产业发展，商务部、财政部、新闻出版总署等部委积极贯彻落实《文化产业振兴规划》，中央每年拨出专款对重点文化企业开拓国际市场、扩大文化出口进行奖励。此次获得奖励，是集团公司继2009年度获得文化出口奖励后连续第三年获得奖励资金，也是获奖金额最大的一次。（周　群　王　文）

会展工作

中国出版集团公司参加 2011 年北京图书订货会

2011 年 1 月 8 ~ 11 日，中国出版集团公司参加北京图书订货会。集团公司所属 19 家出版单位共展出图书 6 000 多种，其中新书 2 000 多种。

从内容上看，集团公司参展图书表现出八大亮点：

一是高举旗帜、服务大局，履行“国家队”神圣使命。

二是持续打造标志性出版工程，努力构筑新世纪新时期文化丰碑。

三是大力凸显原创文学精品，在历史与现实之间张扬正义理性和人性光芒。

四是持续打造以“百家讲坛”系列为标志的影视同步书，继续引领传统历史文化热潮。

五是表现传统人文思想和当代人文精神，推出一批珍稀历史传记和鲜见史料。

六是推出语言学习工具书，满足不同读者的多元学习需求。

七是推出原创音乐美术作品，构建美轮美奂的艺术家园。

八是推出时尚、励志读物，表现阳光向上的现代人生与和谐安居的现代生活。

订货会期间，集团公司及所属出版单位开展了一系列主题出版活动。集团公司召开了“双推计划年度优秀图书颁奖仪式”。人民文学出版社举行了贾平凹最新力作《古炉》新书发布会；商务印书馆举行了“中华现代学术名著”、《金刚经》新书发布会；中华书局举行了《姥姥语录》新书发布会；中国大百科全书出版社举行了“大粽子看电影学英语”读者见面会；世界图书出版公司举行了《身心柔软与平衡的智慧》、《梦的真相》推介会；现代出版社举行了《大时代》、《参禅步道》新书发布会；现代教育出版社举行了《我是西单女孩》新书推介会；人民音乐出版社还举行了爵士乐现场演奏、民乐小合奏、电钢琴弹奏、“童歌会”选唱等音乐活动，引来众多读者驻足欣赏。（何　奎）

人民文学出版社参加 2011 年北京图书订货会

2011 年 1 月 8 ~ 11 日，人民文学出版社参加 2011 年北京图书订货会。此次定货会，人民文学出版社派出发行部、策划部及各编辑部门部分人员参加。在订货会上，人民文学出版社重点推出了“史铁生系列”、“柏杨系列”、“阎真系列”、《王刚文集》、“人与岁月丛书”、“画心与文心丛书”等一系列经典图书，以及原创新作《白雪乌鸦》、《中文系》和《地产魅影》等图书。（宋　强）

商务印书馆参加 2011 年北京图书订货会

2011 年 1 月 8 ~ 11 日，商务印书馆参加 2011 年北京图书订货会。此次定货会，商务印书馆带去了《全球华语词典》、《现代汉语学习词典》、《牛津高阶英汉双解词典》（第7版）、《汉语图解词典》、《汉语图解小词典》、“中华现代学术名著丛书”（100种）、“汉译世界学术名著丛书”（100种）第十一、十二辑等精品图书。在馆配会分会场上，商务印书馆共收到“中华现代学术名著丛书”（100种）预定40余套，300余家来自全国各地的图书馆工作人员到商务印书馆进行图书数据采集。商务印书馆总经理于殿利到会。

会展期间，召开了“中华现代学术名著丛书”（100种）新书发布会，清华大学国学院院长陈来、北京师范大学教授郭英德出席发布会并现场发言，中国出版集团公司党组书记王涛参加会议并致辞，商务印书馆总经理于殿利参加会议并讲话。30余家媒体参加发布会，部分重要媒体进行了现场专访。会展期间，还召开了《漫画金刚经》新书发布会，作者蔡志忠出席会议与媒体互动，并在会后签名售书。18家媒体到会，其中人民网对蔡志忠进行了视频专访。

（唐　敏）

中华书局参加2011年北京图书订货会

2011年1月8～11日，中华书局参加2011年北京图书订货会。会展期间，书局在中旅大厦举办了中华书局与新华书店发行系统高层论坛，近百位全国新华书店发行系统代表与会，其中广东省店、山东省店、江西省店、湖北省店，山西省店、上海市店、重庆市店、青岛市店、济南市店等发行机构都是发行集团负责人亲自到会。中国出版集团公司副总裁王俊国发表了热情洋溢的讲话，中华书局领导李岩、徐俊、沈致金、顾青出席。论坛上，特邀《姥姥语录》作者倪萍出席，向新华书店发行系统代表推介该书，取得良好的反响。

在订货会现场举行了《姥姥语录》新书发布会暨倪萍新浪博客开通仪式，作者倪萍到场与读者互动交流，受到媒体和读者的广泛关注，李岩、顾青等出席活动。（梁　彦）

中国大百科全书出版社参加2011年北京图书订货会

2011年1月8～11日，中国大百科全书出版社携近千种图书参加2011年北京图书订货会。其中《中国幼儿百科全书》、《DK儿童百科百问百答》、“少儿百科地图系列”、《中国儿童立体百科全书》、《杜月笙传》等百余种新品图书以其新颖、独特和高品质的内容受到与会经销商的一致好评。订货会期间，出版社还邀请各地经销商参加了《中国大百科全书》（第二版）发行工作经验交流会，共同探讨《中国大百科全书》（第二版）发行工作中的好办法、好经验、好举措。

（王　瑜）

中国美术出版总社参加2011年北京图书订货会

2011年1月8～11日，中国美术出版总社参加2011年北京图书订货会。中国美术出版总社领导常汝吉、林阳、胡建斌及所属各出版经营单位负责人、有关部门负责人、编辑、发行人员先后参加展会或相关活动。中国美术出版总社所属人民美术出版社及连环画出版社的近千种图书参展。订货会期间，常汝吉参加了由中国出版集团公司举办的“双推计划”2010年度优秀图书表彰暨新书推介会。人民美术出版社图书《吴冠中画作诞生记》获得2010年度优秀常销书奖。

（汤　锐）

生活·读书·新知三联书店参加2011年北京图书订货会

2011年1月8～11日，生活·读书·新知三联书店参加2011年北京图书订货会。此次定货会，三联书店准备了众多丰富多彩的新书、好书，其中既有名家名作，也有大众读物，在保持三联书店以文化、思想、学术见长的传统特色的同时，又大力开拓了生活、旅行等大众领域图书。

名家名作中有在《光明日报》、《中华读书报》等各大媒体年终盘点、评奖中胜出的《巨流河》、《也同欢乐也同愁》、《何处是“江南”：清朝正统观的确立与士林精神世界的变异》、《城门开》、《鲁迅箴言》等好书，王蒙的《王蒙演讲录》、《王蒙谈话录》及徐铸成的《风雨故人》、《锦绣河山》、《海角寄语 金陵旧梦》等新作。大众读物既推出台湾作家焦桐的《暴食江湖》、《台湾味道》等饕餮力作，也推出了绘本系列《我怎样毁了我的一生》、《八点钟的诺亚方舟》及漫画家熊亮的《梅雨怪》、《金刚师》等新作，还有旅行出版中心推出的国内自助游新书《四川和重庆》、《云南》等，深得众多书店、读者及参展的同行出版社的好评和喜爱。

根据发行部在订货会后发货情况的统计，按书店的订单，发货前十名的图书依次是《目送》、《巨流河》、《王蒙演讲录》、《王蒙谈话录》、《我怎样毁了我的一生》、《人@群——小O的人群生活手记》、《四川和重庆》、《马尔代夫——旅行指南系列》、《与祖师同行》和《孩子你慢慢来》。（戴云波）

现代教育出版社参加2011年北京图书订货会

2011年1月8～11日，现代教育出版社参加了2011年北京图书订货会。社长宋一夫、副社长仇正伟、副总编辑沈悦苓等人参加了此次订货会的有关活动。

此次订货会上，现代教育出版社向广大读者推出了重点图书及新书，其中有传统文化的现代诠释类图书《白话精华二十四史》（共40册），有畅销类图书《我是西单女孩》，有少儿绘本图书“美国国家地理——少儿科普书系列丛书”和“牛津经典童书系列丛书”（包括“我的模仿系列”、“小情感培养系列”、“山羊和毛驴系列”）。这些新书、重点书成为订货会上的亮点，深受广大读者的喜爱，并被发行商一致看好。

（杨 静）

中国民主法制出版社参加2011年北京图书订货会

2011年1月8～11日，中国民主法制出版社参加了北京图书订货会。2011年是中国民主法制出版社加入中国出版集团公司以后首次在北京图书订货会上亮相。根据全国性图书订货会功能已经由订货转变为信息发布、新品宣传、业务交流等的新特征，出版社利用在集团公司展位的位置居中的优势和展台特装设计展示性功能强的特点，将出版社法律图书、人大图书、社科图书三大重点产品线分层次展示，显示了出版社多元化产品线建设；对与中央电视台合作打造的“百家讲坛”10周年图书《郦波评说曾国藩家训》等重点图书分别进行了重点展示，并做了专门的推介，赢得了客户的青睐。会议期间，订货码洋达到了500万。

订货会期间，出版社副社长刘明清应邀在馆社合作论坛发表了题为《传统出版在数字出版时代的新机遇》的演讲。（尹宇平）

世界图书出版公司组团参加2011年北京图书订货会

2011年1月8～11日，世界图书出版公司组团参加了2011年北京图书订货会。订货会期间，世界图书出版公司举办了多场推介活动。2011年1月9日，世界图书出版公司北京公司举行了2011年全国书店采购经理新书推荐会，邀请了全国30多位书店总经理和采购经理来到现场，推荐世界图书出版公司北京公司在2011年新推出的5本重点图书。5本书分别是在东南亚畅销百万的《甜甜私房猫》、国际热点人物朱利安·阿桑奇的《维基大战前传》、知名学者朱幼棣关注中国医改的新作《大国医改》、德国老兵“二战”访谈纪实的《德意志的另一行泪》、知名青少年教育专家沃建中新作《家长留给孩子的财富》等。这些重点图书的发布，引起了书店经理们的强烈关注，为销售布货营造了良好的声势。世界图书出版上海有限公司的医学图书在馆配市场也取得好成绩，一般图书单场订货码洋达到350万元以上。（陈 蕾）

中版集团数字传媒有限公司参加2011年北京图书订货会

2011年1月8～11日，中版集团数字传媒有限公司参加2011年北京图书订货会。在此次北京图书订货会上，中版集团数字传媒有限公司通过视频宣传、展板与演示等多种方式，对中国数字出版网（大佳网）、中华动漫资源库项目、中国可供书目数据库、中国图书对外推广网、《手机报—文学故事报》等产品进行推介。展会期间，中版集团数字传媒有限公司与各出版单位人员进行全面合作洽谈，多角度地对各种产品进行宣传和推广，受到与会者关注。（祁兰柱）

荣宝斋举办“范曾先生卯年新作展”

2011年1月23～27日，荣宝斋举办了“范曾先生卯年新作展”。展览共展出范曾先生近期精心创作的书画精品181件，集中反映了范曾先生2011年以来的艺术创作动态。开展首日销售作品141件，销售额13 000万元。《范曾卯年新作》一书由荣宝斋出版社同时出版发行，由范曾先生亲笔签名100册，展览开幕当天现场发售。荣宝斋木版水印制作的100件《青山依旧》、100件《远方来归》作品，由范曾先生手书落款并加盖印章，也在展览开幕当天发售。

（刘 芳）

中国出版集团公司参加第43届开罗国际书展

2011年1月29日至2月8日，中国出版集团公司参加第43届开罗国际书展。此次书展在埃及开罗国际会议中心举行，中国是书展的主宾国。中国出版集团公司高度重视参展工作，精心组织策划，由集团公司副总裁宋晓红带队，所属各出版单位主要负责人、版权经理二十余人组成参展团，携400余种、700余册精选外向型图书赴埃及参展。

2011年1月29日，中国出版集团公司副总裁宋晓红等人出席了开幕式，并陪同中埃两国领导视察中国出版集团公司和黄河出版传媒集团展台，介绍参展图书情况。集团公司精选了反映中国当代文学、历史、文化、儿童、民族发展和民族团结等方面内容的中文图书，以及适合阿拉伯语市场的语言类工具书和外文图书，共计四百余种。在展会期间，黄河出版传媒集团与埃及泰托维尔文化发展集团签署了“图书翻译出版及文化项目合作协议”合作备忘录。黄河出版传媒集团、商务印书馆与泰托维尔文化发展集团签署了《汉语世界》、《汉语图解词典》、《汉语图解小词典》、《新阿拉伯语汉语大辞典》等图书的版权转让及发行意向协议。

书展期间，人民音乐出版社社长吴斌、商务印书馆副总编辑周洪波、黄河出版传媒集团副总经理闫智红等集团公司代表团成员访问了埃及日出出版社，与该出版社董事长、国际出版商协会副主席易卜拉欣·穆安利姆举行了业务会谈。会谈结束后，代表团一行还参观了日出出版社的自营书店。此外，集团公司代表团还参加了中阿文学与出版论坛、中阿高层出版人圆桌会议等一系列活动。

书展期间，正值埃及政治局势突变之际，为集团公司代表团的业务会谈等工作带来诸多危险和不便。集团公司代表团采取果断措施，确保了集团公司与埃及出版商既定的合作意向如期落实。（周 群 王 文）

中国图书进出口（集团）总公司承办第43届开罗国际书展中国主宾国活动

2011年1月29日至2月8日，第43届开罗国际书展在开罗国际会议中心举办。应埃及政府邀请，中国以主宾国身份参展。受新闻出版总署委托，中国图书进出口（集团）总公司承办了此次中国主宾国活动。

在历时近一年的筹备中，中国图书进出口（集团）总公司在新闻出版总署、中宣部和中国出版集团公司的领导下，扎实有效地推进了主宾国活动的各项工作，特别是重大活动方案的策划与落实、作家学者活动组织、中方代表团组团参展、出版社活动安排、广告及印刷品制作宣传等。

为办好本次活动，主宾国代表团汇聚了国内185位优秀出版人、13位当代著名学者、作家和艺术家，参展图书5 000多种。

从1月25日起，由于埃及政局动荡，出现大规模反政府游行。面对突如其来的事件，中国图书进出口（集团）总公司作为活动承办单位，在新闻出版总署、中宣部和中国出版集团公司的领导下，克服重重困难，按计划顺利推进了各项工作。

书展开幕前，主宾国代表团于1月26日、27日成功举办了中阿文学与出版论坛和中埃高层出版人圆桌会议，与埃及的出版家、翻译家和作家就两国关注的话题进行深入交流，反响热烈，成效显著。1月29日，中国主宾国开幕式如期举行。新闻出版总署署长柳斌杰、中国驻埃及大使宋爱国和埃及国家图书总机构主席、开罗国际书展主席穆哈迈德·萨伯尔·阿拉伯及100多位中埃出版界代表出席了开幕式。

在展会期间，主宾国代表团策划了77场丰富精彩的文化活动，在书展的中国主宾国馆、开罗中国文化中心、亚历山大图书馆和穆巴拉克公共图书馆等文化场所，与埃及的出版人、学者和读者开展沟通、互动和交流。尽管埃及政局动荡对书展造成极大影响，但此次主宾国活动还是促成了多家中埃出版单位的业务合作。中国图书进出口（集团）总公司也通过努力确保了所有出访团组安全顺利回国，圆满完成了出访任务。

（曹庆宁　朱宝元）

荣宝斋举办黄永玉“我带牠们回北京——威尼斯玻璃岛的艺术展”

2011年1月29日至2月28日，荣宝斋举办黄永玉“我带牠们回北京——威尼斯玻璃岛的艺术展”。40多位著名画家出席开幕式并参观了展览。展览共展出黄永玉设计创作的15件绚丽多彩的玻璃艺术品。这些作品是2009年春，黄永玉在意大利威尼斯玻璃岛上工作10天，与两位杰出的工艺师——达尼罗和西瓦诺合作，将他在纸上描绘设计的多种动物形象用玻璃烧制而成。这些由黄永玉先生从意大利带回的艺术品，给观众带来了欢乐和美的享受。《我带牠们回北京——威尼斯玻璃岛的艺术》一书同时由荣宝斋出版社出版。

（刘　芳）

荣宝斋举办“蔡祥麟诗书合璧展”

2011年3月6～12日，荣宝斋举办“蔡祥麟诗书合璧展”。

展览展出蔡祥麟先生用行书和草书精心创作的诗书作品近50幅，包括对联、手卷等，内容丰富，形式多样。展览作品开合有度、聚散有法，多为自作诗。多年来，蔡祥麟先生形成了诗书合璧的独特风格，大气与才情是其作品的主要特点。

（刘　芳）

中国图书进出口（集团）总公司组团参加第31届巴黎图书沙龙

2011年3月18～21日，中国图书进出口（集团）总公司组团参加第31届巴黎图书沙龙。此图书沙龙在法国巴黎凡尔赛门展览馆举行。受新闻出版总署委托，中国图书进出口（集团）总公司组织了包括商务印书馆、浙江出版集团、江苏凤凰出版集团、华艺出版社等在内的14家出版机构的21位出版人参展，共展出图书200余种，涉及中国文化、科技、小说和汉语教学等多个种类。

在为期4天的展会期间，中国代表团与来自法国等地的海外出版商广泛进行了接触，与很多有意向的出版商进行了较为详细的洽谈，有些达成了初步合作意向，有些相约在展会结束后进一步联络、洽谈。由于在出访前对书目进行了筛选，挑选了符合法国读者“口味”的图书参展，每天都有不少读者在中国展台前流连忘返。经初步统计，有超过一万名观众参观了中国展台，展会期间中国代表团结识海外客商近百人。

本次书展，中国图书进出口（集团）总公司根据展团参展出版单位的特点，主动与法国国际出版局联系，协商共同策划举办“中法文学出版研讨会”，进一步促进中法文学出版的交流合作。经过前期的精心准备，3月18日下午3时，研讨会在巴黎图书沙龙国际出版活动区举办。江苏文艺出版社副总编辑于奎潮、江苏译林出版社编辑江蕾、法国Olivier出版社版权人Laurence Renouf就文学出版的主题进行了演讲和讨论，活动吸引了约50多位法国出版人参加。

（曹庆宁　朱宝元）

人民音乐出版社参加第32届法兰克福国际乐器博览会

2011年4月4～9日，人民音乐出版社一行10人在社长吴斌、总编辑莫蕴慧、副总编辑杜晓十的带领下，参加了在德国法兰克福举办的第32届法兰克福国际乐器博览会。在此届博览会上，来自50多个国家的1511家展商展出了乐器、音乐硬软件、乐谱、刊物、音像制品、专业音效及录音设备、舞台灯光、配件、多媒体等丰富多样的产品，吸引了数以万计的专业与非专业观众。

人民音乐出版社在本届博览会上设有展台，展出了包括《国韵华章》、《中国当代作曲家曲库》、《中国旋律》、《中国音乐史图鉴》、《中国戏剧史图鉴》、《石窟寺乐舞艺术》、《炎黄风情》等一系列精品图书、套书，受到国外出版社与展商的一致好评，吸引了各国观众前来展台参观、询问、交流。这是人民音乐出版社首次在法兰克福国际乐器博览会设置展台，也是中国的音乐出版社首次在该博览会设置展台并展出自己的出版物。

4月8日下午3时，人民音乐出版社与德国朔特音乐出版有限公司在朔特展台举行了“人音—朔特数字出版项目启动签约仪式”。双方就数字出版项目的合作模式、合作流程、合作分工等内容达成一致，吴斌代表人民音乐出版社、彼得·汉瑟-施特莱克代表德国朔特音乐出版有限公司，在《人音—朔特数字出版合作意向书》上签字。自此，人民音乐出版社与朔特音乐出版有限公司的数字出版项目正式启动。签约现场气氛愉快、真挚、友好，显示了两家出版机构对合作前景的充足信心与相互信任。

参展期间，人民音乐出版社还与美国的阿尔弗来德出版社、海伦德出版社，英国的牛津出版社、英国皇家音乐学院联合委员会，德国的亨乐音乐出版社、骑熊士出版社、思考斯基出版社等合作伙伴进行了关于版权输出、版权引进、合作出版、乐谱直销等合作项目的洽谈。（吴明静）

中国出版集团公司参加第18届匈牙利布达佩斯国际图书节

2011年4月14～17日，中国出版集团公司参加第18届匈牙利布达佩斯国际图书节。此次图书节在布达佩斯米兰纳瑞斯展览馆举行，中国出版集团公司副总裁刘伯根率中国出版代表团一行16人参加了图书节及相关活动。

布达佩斯国际图书节创办于1994年，以展销为主。来自匈牙利、美国、英国、法国、荷兰、意大利、俄罗斯、德国、波兰、克罗地亚、沙特、中国等20多个国家的164个展商参加了此次图书节。

图书节期间，中国出版集团公司共展出重点外向型图书117种共计140册，涉及文学、文化、汉语学习、历史、哲学、旅游等几大门类，包括十几种集团公司海外合资出版公司出版的中国文化类图书，有匈牙利语、英语、德语等多个语种。本次参展的产品还包括了中国出版集团公司大佳阅读器、点读“听书”等数字出版产品。

中国代表团在图书节期间承办了中匈出版人研讨会，并举办了向罗兰大学孔子学院捐赠《汉语图解词典》匈牙利语版的仪式。刘伯根还与法帕多斯柯尼出版社进行了业务洽谈，双方探

讨了合作出版的前景。（张　旻　王　文）

中国图书进出口（集团）总公司组团参加第18届布达佩斯国际图书节

2011年4月14～17日，中国图书进出口（集团）总公司组团参加第18届布达佩斯国际图书节。此届图书节在匈牙利布达佩斯Millenairs展览馆举行。受新闻出版总署委托，中国图书进出口（集团）总公司组织中国代表团参展。中国代表团由以新闻出版总署副署长孙寿山为代表的中国政府代表团和以中国出版集团公司副总裁刘伯根为代表的中国出版代表团共计22人组成。

作为组织服务商，中国图书进出口（集团）总公司在新闻出版总署和中国出版集团公司的领导下，精心筹备，在做好组团服务工作的同时，重点做了三个方面的服务工作：一是创新展台设计，打造中国出版业对外参展统一形象。为充分展示中国出版形象，中国图书进出口（集团）总公司邀请专业会展公司，投入近30万元，设计出实用环保的可拆卸组装式展台，实现与国际接轨。二是精心组织展品，多角度展现中国出版和中国文化。中国展台共54平方米，展示了来自中国出版集团公司、上海世纪出版集团、江苏凤凰出版集团等50多家出版单位的近千册中国精品图书，并专门开辟“词典及工具书书架”、“汉语学习类图书书架”和“翻译成其他语言图书书架”，便于汉语学习者和只懂英语、德语的参观者查找、翻阅。值得一提的是，中国出版集团公司和上海世纪出版集团还展示了中国传统出版社的转型之作：大佳阅读器、辞海阅读器、点读“听书”等数字出版产品，进一步丰富了展品内容。三是活动注重落实，切实有效地增进了中匈出版交流。根据国际出版业和中匈两国出版业发展现状，中国图书进出口（集团）总公司积极策划了“中匈出版人研讨会”，来自中匈两国40多位专业出版人出席。新闻出版总署副署长孙寿山和匈牙利出版商与书商协会副主席Kossuth出版社董事长兼总经理柯奇什致辞；新闻出版总署科技与数字出版司司长张毅君、上海世纪出版集团副总裁郁春德和柯奇什3人围绕“数字出版环境下的中匈出版合作”发言，研讨会取得了热烈的反响。（曹庆宁　朱宝元）

荣宝斋举办“辛卯年韩天衡新作展”

2011年4月15～21日，荣宝斋举办“辛卯年韩天衡新作展”。

此次展览共展出韩天衡先生书法、国画和篆刻作品100多件。其书法用笔厚重灵活，结构宽博，古意盎然；国画注重写意画的书法笔意和抒写意趣，倡导“诗心文胆”绘画理念，以花鸟画见长；金石篆刻拙中藏巧，动中寓静，自然含蓄，尤其鸟虫篆印，以简约篆法和空间疏密对比等手法，辅以畅达、婉转的批削刀法，具有广泛影响。展览作品内容丰富，形式多样，全面反映了韩天衡先生的艺术成就。《荣宝斋当代书画名家·韩天衡书画作品集》由荣宝斋出版社同期出版发行。（刘　芳）

现代教育出版社参加第40届伦敦国际书展

2011年4月19～21日，第40届伦敦国际书展在伦敦会议展览中心举办。现代教育出版社携《白话精华二十四史》、《清·孙温绘全本红楼梦》、《大明嘉靖往事》、《纪晓岚批点唐诗》、《纪晓岚批点宋词》、《我是西单女孩》等一批优秀图书参展。（杨　静）

中国图书进出口（集团）总公司组团参加第25届日内瓦国际图书沙龙

2011年4月29日至5月3日，中国图书进出口（集团）总公司组团参加第25届日内瓦国际图书沙龙。此届图书沙龙在日内瓦Palexpo会展中心举行。受新闻出版总署委托，中国图书进出口（集团）总公司组织中国代表团参展。中国出版代表团由6家出版单位共10人组成。

作为组织服务商，中国图书进出口（集团）总公司在新闻出版总署和中国出版集团公司的领导下，在参展前结合书展特点主动与各参展单位沟通展品情况，尽可能确保参展图书适销对路。中国代表团共携带了近千种图书，在中国展台上推出了一批汉语畅销书，如刘心武的《续红楼梦》、蔡美尔的《我在美国做妈妈》等。五洲传播出版社出版的“人文中国系列”、“国宝系列”和“古典精华系列”等销售一空，备受国外读者青睐。商务印书馆带来的汉语工具书和对外汉语教材工具书，特别是适合本次主办国语言的《汉语图解词典》的法语版、德语版、意大利语版也深受读者喜爱。此外，中国代表团还在展台上推出了书法表演，赢得了青少年的青睐。

（曹庆宁　朱宝元）

荣宝斋举办“古都风情·京味隽永——马海方老北京风情人物画展”

2011年5月1～7日，荣宝斋举办“古都风情·京味隽永——马海方老北京风情人物画展”。展览共展出马海方先生精心创作的作品80余幅，集中反映了画家京味人物绘画取得的艺术成就。马海方的绘画作品主要以老北京风情习俗为题材，笔精墨妙，引人入胜，风格独特。他以没骨入画，适度勾线，在强调造型准确的基础上对人物作适度夸张，设色明亮，不拘一格，在继承传统水墨的同时巧妙融入西画的一些技法、民俗因素，使之极具观赏性与时代性，形成独树一帜的绘画风格。由荣宝斋出版社出版的《马海方人物画集》也同期出版发行。

（刘　芳）

中国出版集团公司组团参加第八届希腊萨洛尼卡国际书展

2011年5月4～9日，中国出版集团公司党组书记、副总裁王涛率团一行5人，参加第八届希腊萨洛尼卡国际书展。在书展期间，王涛一行先后会见希腊国家图书中心主任凯瑟琳·维利撒瑞斯、中国驻希腊使馆代办郑曦原，就中南欧出版市场发展现状与趋势，以及中国出版集团公司与希腊出版商的未来合作前景，与各方进行了深入交流。

希腊国家图书中心主任凯瑟琳·维利撒瑞斯在会谈中说，对中国代表团每年参加萨洛尼卡书展，如此重视萨洛尼卡书展，感到非常欣喜。王涛在会谈中介绍，近5年来，希腊出版业和中国出版业的交流日趋活跃，希望下一步与希腊出版商继续加强交流与合作，向中国读者更加全面地介绍希腊文明和文化。王涛欢迎希腊出版商继续参展北京国际图书博览会，并访问中国出版集团公司及所属出版社。

中国驻希腊大使馆代办郑曦原及夫人在大使官邸宴请了王涛一行。双方围绕希腊古文明，现当代希腊政治、经济、文化和艺术现状及策划出版中希双语图书项目进行了讨论。宴请结束后，王涛将商务印书馆新版《辞源》赠送中国驻希腊大使馆。

（孙　牧）

中国出版集团公司参加第24届伊朗德黑兰国际书展

2011年5月4～14日，中国出版集团公司参加第24届伊朗德黑兰国际书展。该书展是中东地区最重要的书展之一，也是伊朗民众最为重要的文化盛会，每届书展都会吸引伊朗全国各地和中东地区的民众参加。

中国出版集团公司副总裁林弋率中国出版代表团参加了此次伊朗德黑兰国际书展。代表团参加了书展开幕式、新疆维吾尔自治区出版推介会等相关活动。林弋出席并主持中国出版集团公司所属黄河出版传媒集团公司《孙子兵法》、《道德经》等图书的中文、波斯文版本互译图书发布会。此外，代表团还对伊朗出版发行单位进行了实地考察，深入调研伊朗书业发展状况及对中文图书的市场需求，探讨中国出版集团公司与伊朗出版机构开展进一步合作的相关事宜。

（贾兵伟）

中国图书进出口（集团）总公司组团参加第24届德黑兰国际书展

2011年5月4～15日，中国图书进出口（集团）总公司组团参加第24届德黑兰国际书展。此次书展在德黑兰霍梅尼清真寺举行。受新闻出版总署委托，中国图书进出口（集团）总公司组织中国代表团参展。中国代表团由中国出版集团公司、黄河出版传媒集团有限公司、新疆维吾尔自治区新闻出版局等单位共31人组成。

作为组织服务商，中国图书进出口（集团）总公司在新闻出版总署和中国出版集团公司的领导下，精心筹备，在做好组团服务的同时，重点做了三个方面的服务工作：一是加强参展硬件设施规划与资金投入，展示中国形象。中国图书进出口（集团）总公司出资50多万元，对展台进行了专门制作与特装，集中体现了中国文化特色和中国出版元素，成为书展上最受欢迎的外国展台之一，有力提升了中国的参展形象。二是积极组织开展出版交流活动，努力扩大对外影响。为充分考察和了解伊朗出版文化市场情况，推动出版与文化合作，中国图书进出口（集团）总公司组织中国代表团与伊朗相关单位进行了广泛的交流，先后组织代表团开展了《孙子兵法》与《道德经》的中文、波斯文图书新书发布会，新疆维吾尔自治区出版工作推介会，还拜会了德黑兰书展组委会，拜访了中国驻伊朗大使馆，参观了儿童、青少年智力发展研究所和Cheesta出版公司，考察了德黑兰部分书店等。三是宣传到位，效果良好。为了扩大书展宣传效果，中国图书进出口（集团）总公司提前制订了宣传计划，并与伊朗媒体、中国驻伊朗媒体进行了联系与确认，对中国参展情况在伊朗报纸、书展网站等传媒进行了广告宣传，在伊朗掀起了一股中国文化和中伊出版交流的热潮，引起了很好的反响。

本届书展，中国代表团取得了丰硕的交流成果。新疆维吾尔自治区新闻出版局与伊朗20多家出版社建立了联系，就版权引进、输出问题达成了共识，计划2年内引进与输出版权各10种以上。黄河出版传媒集团有限公司与伊朗穆斯塔法国际大学出版社和新月出版社签署了中文、波斯文图书版权互换合作意向书。其他参展单位也根据自身特点向伊朗出版单位就未来在版权贸易、图书互译、合作出版等方面进行了深入交流和探讨。

（曹庆宁　朱宝元）

中国出版集团公司参加第17届布拉格国际书展暨文学节

2011年5月9～13日，中国出版集团公司党组书记、副总裁王涛率团一行5人，参加第17届布拉格国际书展暨文学节。

受捷克书商与出版商协会主席达纳委托，捷克书商与出版商协会委员艾娃·科娃及协会秘书卢德克与王涛一行进行了会谈。艾娃在会谈中介绍了捷克书业的整体情况。

王涛在会谈中介绍了中国出版集团公司架构和发展情况，并表示中国出版集团公司拥有不少历史悠久的品牌单位，愿意将中国出版集团公司优秀出版物推介到捷方，中国出版集团公司也将适时引进捷克优秀图书。王涛表示，双方应加强对话与交流，为传播人类共同拥有的优秀文化作出更大贡献。　（孙　牧）

人民文学出版社参加新疆维吾尔自治区“天山读书节”

2011年5月23日，人民文学出版社参加新疆维吾尔自治区“天山读书节”。读书节邀请著名作家王蒙、中国出版集团公司总裁聂震宁、人民文学出版社社长潘凯雄等参加。活动期间，人民文学出版社向“金叶育才图书室”赠送了王蒙新疆题材作品集《你好，新疆》3 000册。自治区党委书记张春贤、自治区政府主席努尔·白克力等党政领导亲切会见了王蒙、聂震宁一行，他们对王蒙与新疆的深厚情谊及人民文学出版社出版的《你好，新疆》一书都给予了高度评价。

此次活动，扩大了人民文学出版社在新疆地区的品牌影响力，密切了与新疆广大读者的关

系，也为人民文学出版社与新疆的深入合作打下了坚实基础。（宋　强）

中国出版集团公司参加第21届全国图书交易博览会

2011年5月27～30日，中国出版集团公司携所属28家出版企业组团，参加第21届全国图书交易博览会。在展会上，中国出版集团公司推出六大类原创精品图书，并成功主办第四届“读者大会”、中国数字出版第一门户网站——大佳网上线等重大出版文化活动，产生了强烈的社会反响。中国出版集团公司总裁聂震宁，副总裁宋晓红、王俊国、刘伯根等出席大会组委会和集团公司举办的相关活动。此次展会，中国出版集团公司展团呈现以下特点：

1. 参展规模宏大，再创历史新高。集团公司所属28家出版企业悉数参展。参加总人数达到200余人，参展规模居独立参展集团之首。集团公司有近6 000种图书参展，其中新书近2 000种，参展数量、参展品种均创集团公司参展新高。

2. 精心推出六类原创精品，大力挺拔出版主业。

①隆重庆祝中国共产党成立90周年，推出170种重点图书。②围绕纪念辛亥革命100周年，推出一批名家新作。③打造标志性出版工程，奉献文化积累传承的扛鼎之作。④传承优秀历史文化，推出厚重学术文化著作。⑤实施畅销书战略，推出一批精品畅销书。⑥推出语言学习新作，持续引领工具书出版热潮。

3. 举办众多出版文化活动，积极履行公益文化责任。如：举办第四届“读者大会”；中国数字出版第一门户网站“大佳网”上线，等等。

（何　奎）

商务印书馆参加第21届全国图书交易博览会

2011年5月27～30日，商务印书馆参加第21届全国图书交易博览会。博览会上，商务印书馆推出了“中华现代学术名著丛书”（100种）。“中华现代学术名著丛书”（100种）展现中国现代学术体系建立及发展过程，为各领域研究者提供基础性的经典范本，如《论社会学中国化》（吴文藻）、《中国经济思想史》（唐庆增）等皆为新中国成立后第一次出版。另外还推出了《现代汉语学习词典》等工具书，而《细节中国》、《百年国土》、《清朝帝后写真系列》等一批商务印书馆各分馆策划的图书成为此次博览会的另一大亮点。（唐　敏）

中国大百科全书出版社参加第21届全国图书交易博览会

2011年5月27～30日，中国大百科全书出版社参加第21届全国图书交易博览会。此书博会，中国大百科全书出版社精心准备，隆重推出重点书精品书，适时组织了营销活动。参展图书共计260余种，主要推出了“百科全书系列”、“国家地理系列”、“魅丽优品系列”、“儿童百科系列”等系列产品。这些产品均属于出版社2011年度的重点产品与品牌产品。“百科全书系列”主要展出的是《中国大百科全书》（第二版）、《不列颠简明百科全书》（修订版）；“国家地理系列”展出的是2009～2011年推出的一系列图书，这套图书因其精美的包装与优异的品质吸引了不少读者的注意；“魅丽优品系列”展出的品种多达50种，展会期间有不少中学生到展位前阅看此套图书；“儿童百科系列”推出的是“DK系列”，这套从英国DK公司引进的图书成为此次书博会的主打产品。在书博会期间，出版社举办了《不列颠简明百科全书》（修订版）发行研讨会。（王　瑜）

生活·读书·新知三联书店参加第21届全国图书交易博览会

2011年5月27～30日，生活·读书·新知三联书店参加第21届全国图书交易博览会。在此届书博会上，三联书店推出的新书种类多样，亮点突出，深得黑龙江广大读者及各书店和图书馆的青睐。此次书博会上，反映当代思想学术风景的精品力作《金克木集》隆重亮相；继《巨流河》后，“台湾话题丛书”推出了讲述催人泪下的东方“泰坦尼克”的新书《太平轮一九四九》；《鲁迅箴言》出版一周年后，再接再厉出版了《鲁迅箴言》（中日双语版）；大众读物中的绘本图书“快乐使者乌布斯系列”4本和《30好几》、《我怎样毁了我的一生》等也引起市场反响。另外，国内旅行指南《贵州》、《陕西》，吉炳轩《寂聊集》，蔡志忠《漫画北传〈法句经〉》、《漫画南传〈法句经〉》，汪晖《东西之间的“西藏问题”》，蒋勋《蒋勋的卢浮宫》，以及《我在故宫看大门》、《中国名片》、《幽默之道》等新书也隆重登场。

书博会期间，三联书店还邀请了漫画“快乐使者乌布斯系列”的作者德国女作家沃尔夫女士进行了现场签售，无论是在书博会的展览区还是图书零售区，其所到之处，都反响强烈。

（戴云波）

中国对外翻译出版公司参加第21届全国图书交易博览会

2011年5月27～30日，中国对外翻译出版公司参加第21届全国图书交易博览会。此届书博会，中国对外翻译出版公司集合了如“中译经典文库·世界文学名著”（精装本）、“中译经典文库·世界文学名著”（英文版）、“中译经典文库·中华文化精粹”（英汉对照）等200余种图书参展。

书展期间，中译公司隆重推出了《中国的世界遗产地图》、《中国帝王图》APP产品，而且为推广产品精心制作了视频并循环播放，用贴近读者需求、整合翻译和出版资源优势的数字产品以飨读者。

（郭宇佳）

现代教育出版社参加第21届全国图书交易博览会

2011年5月27～30日，现代教育出版社参加第21届全国图书交易博览会。此次博览会上，现代教育出版社携新书《白话精华二十四史》、“牛津经典童书系列丛书”、“国际大师绘本文库系列丛书”，重点图书《清·孙温绘全本红楼梦》、《我是西单女孩》、“美国国家地理——少儿科普书系列丛书”等近100种优秀图书参展。展会期间，前来参观、咨询和洽谈的人络绎不绝。

（杨　静）

华文出版社参加第21届全国图书交易博览会

2011年5月27～30日，华文出版社参加第21届全国图书交易博览会。博览会上，华文出版社重点展出统战理论、教材类、民族·宗教类和历史·人物传记类图书，重点推荐《辉煌的历程——中国共产党历史挂图》、《辉煌的历程——中国共产党历史剪影》、《中华人民共和国国史图画读本》、《重庆与中国统一战线》、《统一战线理论研究成果蓝皮书（2009～2010）》、《统一战线100个由来》、《佛教常识答问》、《达赖喇嘛传》、《班禅额尔德尼传》、《清王朝与西藏》、《天下为公——孙中山传》、《林森评传》、《蒋介石六十大诀笔》、《假如给我三天光明》、《清朝第一帝——努尔哈赤》等图书。（陆虹宇）

世界图书出版公司组团参加第21届全国图书交易博览会

2011年5月27～30日，世界图书出版公司组团参加了第21届全国图书交易博览会。书博会期间，世界图书公司举办了《跟李准基一起学习你好韩国语》的新书发布会，中国出版集团公司总裁聂震宁亲临现场并发表了讲话。活动开场播放了韩国明星李准基专门为此次发布会录制的问候语，立即引起了现场粉丝们的欢呼。随后，编辑们详细介绍了图书的内容与出版过程，并进行了现场问答与抽奖活动。此次活动得到多家新闻媒体的关注和报道。另外，世界图书出版上海有限公司重点推荐的新版《中学数理化生

公式》一书，一次性发货近3万册，会展期间整体订货码洋300万元。（陈　蕾）

中版数字设备有限公司参加第21届全国图书交易博览会

2011年5月27～30日，中版数字设备有限公司参加了第21届全国图书交易博览会。在展会现场，工作人员向参观者演示了“中版闪印王”的功能特点和操作流程，并讲解了设备的市场定位和相对优势，取得了一定的宣传效果。（郭文涛）

现代教育出版社参加2011年新加坡国际书展

2011年5月27日至6月5日，现代教育出版社参加了在新加坡国际会展中心举办的2011年新加坡国际书展。现代教育出版社副社长仇正伟率队参加了展会。此次会展上，现代教育出版社共展示图书50余种，主要有《白话精华二十四史》、《清·孙温绘全本红楼梦》、《我是西单女孩》等。书展开幕当天，《清·孙温绘全本红楼梦》一亮相，即受到同行及读者的喜爱，为现代教育出版社形象增添了一份书香韵彩，引人驻足。（杨　静）

中华书局承办第26届全国古籍出版社社长年会暨2011年全国优秀古籍图书评奖会

2011年5月29日至6月2日，中华书局承办了第26届全国古籍出版社社长年会暨2011年全国优秀古籍图书评奖会。本届年会在黑龙江举行由中国出版工作者协会古籍出版工作委员会主办。新闻出版总署副署长阎晓宏、新闻出版总署古籍整理与规划处袁越伦及古籍办有关同志、23家古籍出版工作委员会理事单位以及8家申请加入古籍出版工作委员会的出版社的主要负责同志等69人参加了会议。会议由中华书局总经理李岩主持。中华书局副总编辑顾青、副总经理黄松出席本届年会并参与评奖工作。

新闻出版总署副署长阎晓宏发表了讲话。他指出：首先，古籍整理在出版领域是不可替代的重要部分，古籍出版对于文化的传承意义重大。不适合在市场上运作。而要真正抓好文化，体现国家软实力，古籍出版又是一项基础性的工作。因此，一方面，在“十二五”期间，古籍出版工作会得到很大加强，首先会体现在国家资金支持的力度上。新闻出版总署非常重视古籍在内的一批不完全面向市场的出版物，目前古籍出版不仅有专项补贴，国家出版基金也予以支持。另一方面，古籍出版要有规划，要具体化，这样对出版单位评估的时候才能具体化，才能把“加强”落得比较实。第二，不能放弃古籍产品的大众化。物质产品极大丰富以后，读者精神上会有很大的需求。不要把古籍产品当成为很少数人服务的产品，古籍中的一些基本精神，伦理的、美学的、哲学的、历史的，大众化了就有普及意义了。这些东西是厚重的，是真文化，是实实在在的东西。读者看了以后能有共鸣，就能起到好的作用。最后，阎晓宏对版权工作、农家书屋、规范网络销售等等情况做了简单介绍。同时，他要求古籍出版工作委员会发挥行业协会的优势，协助政府部门为维护行业秩序、规范不正当竞争发挥作用。

本届年会，广东人民出版社等8家出版社提出书面申请加入古籍出版工作委员会。经过23家理事单位的审慎讨论和无记名投票，广东人民出版社、上海书画出版社、社科文献出版社、北京出版社、上海人民出版社等5家出版社成为古籍出版工作委员会新的理事单位。

会上中国出版工作者协会分布发了全国优秀古籍图书，中华书局获得多个奖项。其中《琴曲集成》、《商周金文摹释总集》、《近出殷周金文集录二编》、《向达先生敦煌遗墨》、《韩愈文集汇校笺注》、《邵雍集》获一等奖，《肇论校释》、《四明文献集》（外二种）、《春秋公羊传译注》、《易学象数论》（外二种）、《二十世纪出土玺印集成》、《宋集序跋汇编》、《论衡校读

笺识》获二等奖，“中华经典名著全本全注全译丛书”获普及读物奖。（梁　彦）

中国图书进出口（集团）总公司组团参加第17届首尔国际图书展

2011年6月15～19日，受新闻出版总署委托中国图书进出口（集团）总公司组织中国代表团参加第17届首尔国际图书展。中国代表团由安徽省新闻出版局、中华书局、中国人民大学出版社等7家出版单位共16人组成。

中国展台总面积54平方米，共展出各类图书3 000余种。为确保参展效果，各参展单位均对参展图书进行了精心筛选，展品主要为少儿读物、汉语言教学、韩文版工具书、中国文学、旅游、美术类等图书以及各种宣传册和版权目录，展出的图书受到了韩国读者的广泛欢迎。

为更好地宣传展示各出版社图书，开展版权贸易，使更多的中文图书“走出去”，各参展单位在为期5天的书展中，热情地接待了现场参观的读者，同各自合作的韩国出版商和代理机构进行了洽谈，重点对自家参展出版物洽谈了版权业务，还和多家韩方出版社进行了广泛的交流座谈。除在中国展台开展工作外，中国代表团还主动到国外参展商展台沟通交流，并前往韩国当地几家出版机构的办公地点拜访。通过努力，中国代表团共达成版权合作意向40余项。

此外，中国图书进出口（集团）总公司还积极组织中国代表团参加多项交流活动，参观了韩国坡州出版城（Paju Bookcity）和韩国知名的连锁书店教保文库（Kyobo Bookstore）。

（曹庆宁　朱宝元）

中版集团数字传媒有限公司参加第四届中国数字出版博览会

2011年7月6～8日，中版集团数字传媒有限公司参加第四届中国数字出版博览会，展示大佳网、中国图书对外推广网、中华动漫资源库、中国可供书目数据库、红色经典连环画IPAD版、《手机报—文学故事报》以及大佳移动阅读器等数字出版产品。中版集团数字传媒有限公司首次在该展会上设立直播间，邀请行业领导、出版人、作家以及翻译家17人畅谈行业发展。中版集团数字传媒有限公司此次数字出版展示获该博览会年度“最佳展示奖”。（祁兰柱）

中国美术出版总社参加2011年全国美术图书交易会暨全国美术出版社社长年会

2011年7月15～16日，中国美术出版总社参加2011年全国美术图书交易会暨全国美术出版社社长年会。

本届交易会在内蒙古呼和浩特市举行，中国美术出版总社领导常汝吉、汪家明、林阳、胡建斌与总社营销中心总经理吴本华及相关编辑、发行人员组队参加，并推出300余种图书参展。

同期召开了全国美术出版社社长年会，中国编辑学会会长桂晓风、中国美术出版总社原社长郜宗远与来自全国各美术出版社的社长等60余人参会。在全国美术出版社社长年会上，汪家明作了《浅议美术文化类图书的出版》的主题发言，常汝吉在大会总结发言中提出了要建设美术选题库、制定中长期出版计划、深入研究美术相关产业如艺术品拍卖市场等建议，以及提出了延伸美术出版产业链的发展思路。（汤　锐）

中国出版集团公司组团参加第22届香港书展

2011年7月20～26日，中国出版集团公司总裁聂震宁率团参加第22届香港书展。中国出版集团公司精选1 700种图书，共计1.4万册参加此次书展，销售码洋达到港币42万元，创历史新高。

书展期间，代表团在港澳两地举办了纪念辛亥革命100周年的一系列活动，中央电视台，香港《大公报》、《文汇报》、《明报》，澳门电视台、《澳门日报》等媒体对活动进行了报道。此次中国出版集团公司以纪念辛亥革命100周年为主题的参展图书除《中国民国史》外，还包括《武昌城》、《百年国士》、《陆荣廷秘史》、《从绅士到革命家：我的祖父龙璋》、《中国当代作曲家曲库》（10种）、《黄花落黄花开》、《蒋介石：从溪口到慈湖》等精品图书。

书展期间，中国出版集团公司与香港联合出版集团进行了业务会谈，并分别介绍了各自在数字出版领域的经验和做法；与香港天地图书出版社（书店）和香港中文大学出版社进行交流，并达成版权合作意向；与《澳门日报》及所属出版社达成了合作意向；与澳门出版协会、澳门出版产业商会等出版界同仁进行了交流探讨，就图书出版合作和数字出版合作达成了意向。

（张　旻　王　文）

人民文学出版社参加第22届香港书展

2011年7月20～26日，人民文学出版社参加了第22届香港书展。书展期间，人民文学出版社重点推介了纪念中国共产党成立90周年、纪念辛亥革命100周年的优秀出版物，包括政治抒情长诗《东方的太阳》，长篇小说《武昌城》、《嘎达梅林》、《湖南骡子》、《铁血首义路》，纪实文学《百战归来认此身——曾志回忆录》、《1901》、《1911》、《铁血共和》等。（宋　强）

中华书局参加第22届香港书展

2011年7月20～26日，中华书局参加了第22届香港书展。本届书展，中华书局由总经理李岩带队，翁向红、何平、丰雷、杜娟娟、焦雅君、王勖等随行参加。书展期间，中华书局学术顾问饶宗颐为书局百年局庆题词“弘扬德智”。中华书局还举办了“传承文明，功在复兴——庆祝中华书局百年华诞”文化沙龙活动，中国出版集团公司总裁聂震宁、香港联合出版集团公司总裁陈万雄及香港大学、香港中文大学等多位学者出席。（梁　彦）

现代教育出版社参加第22届香港书展

2011年7月20～26日，现代教育出版社参加了第22届香港书展。本届书展，现代教育出版社展出了《白话精华二十四史》、《清·孙温绘全本红楼梦》、《大明嘉靖往事》、《纪晓岚批点唐诗》、《纪晓岚批点宋词》、《我是西单女孩》等一批优秀图书。（杨　静）

世界图书出版公司参加第22届香港书展

2011年7月20～26日，世界图书出版公司参加了第22届香港书展。香港书展是中国传统文化类书籍的一个展示平台，世界图书出版西安有限公司的“中国传统文化黄金书架系列”以及书法类书籍在书展上获得良好的销售业绩，同时也为版权输出创造了良好的契机。（薛春民）

人民文学出版社参加2011年上海书展

2011年8月17～23日，人民文学出版社参加了2011年上海书展。此次书展，人民文学出版社由社长潘凯雄率团，副总编辑、天天出版社总编辑肖丽媛和副社长李春凯携相关工作人员参加，展示了一大批优秀图书，并在书展期间组织了一系列营销活动。

8月17日，组织了马克·奥巴马·狄善九半自传体小说《从内罗毕到深圳》上海读者见面会；8月18日，人民文学出版社与上海九久读书人文化公司联合举办“都市中的作家——诺贝尔文学奖得主勒·克莱齐奥‘上海国际文学周’主题演讲”；8月19日，组织了“谨以此书怀念你和你的曾经——安意如古典诗词赏析系列新版发布暨签售会”。此外，天天出版社还于8月17日举办了女作家郁雨君、韦伶、陆梅、唐池子新作《最美女儿心》读者见面会。人民文学出版社被上海书展主办方评为2011上海书展“最有号召力的十家出版社”之一。

（宋　强）

商务印书馆参加2011年上海书展

2011年8月17~23日，商务印书馆参加了在上海展览中心举办的2011年上海书展。会上展示了商务印书馆本年的重点新品“中华现代学术名著丛书”（100种），并在中国出版集团公司展区进行重点图书宣传。此外，商务印书馆先后举办了三场活动：《信仰的力量——红岩英烈纪实》读者见面会；孩子们需要什么样的课外拓展读物——“商务馆小学生系列手册”发布会；“五四知识分子的当代意义”论坛——《五四知识分子的淑世意识》。在本届书展上，商务印书馆入选2011年上海书展“最有号召力的十家出版社”。

（唐　敏）

中华书局参加2011年上海书展

2011年8月17~23日，中华书局参加了2011年上海书展。在此次书展上，中华书局入选2011年上海书展“最有号召力的十家出版社”；《宅兹中国——重建有关“中国”的历史论述》入选2011年上海书展“最有影响力的十本新书”。

（梁　彦）

生活·读书·新知三联书店参加2011年上海书展

2011年8月17~23日，生活·读书·新知三联书店参加了2011年上海书展。三联书店图书营销中心紧密结合上海特殊的地域文化特点，为上海书展精心准备了240多种、800多册参展图书，其中新书100多种，既有大众喜欢的畅销书、休闲读物如《巨流河》、《太平轮一九四九》、《蔡志忠经典漫画》（新版）、《鲁迅箴言》（中日双语版），以及龙应台的作品系列《目送》、《孩子你慢慢来》、《野火集》等；也有反映当代思想学术风景的精品力作，如《金克木集》、《中国文化史通释》、《清华历史讲堂三编》、《纸天堂》，沟口雄三的力作《中国的冲击》、《作为方法的中国》等；还有上海读者一贯青睐的LP国内外自助行旅游图书，如《韩国》、《欧洲》、《东南亚》、《日本》、《云南》、《陕西》等20多个品种。

据集团公司上海办事处的销售统计，本届书展7天，在中国出版集团展区的图书销售中，三联书店图书销售近30万码洋，位居集团公司所属单位销售的前三甲。三联书店还荣幸入选2011年上海书展“最有号召力的十家出版社”。

（戴云波）

中国对外翻译出版公司参加2011年上海书展

2011年8月17~23日，中国对外翻译出版公司参加了2011年上海书展。此次书展，中国对外翻译出版公司准备了“中译经典文库·世界文学名著”（精装本）、“中译经典文库·世界文学名著”（英文版）、“中译经典文库·中华文化精粹”（英汉对照）、“双语新课标”、“伟大的思想”等系列畅销书，并在展会期间举办了《永远感恩毛泽东》、《中国古典诗歌英释100首》、“读绘本唱儿歌宝宝比您想象的更聪明”三场图书签售暨交流活动，邀请了空政文工团著名演员田伶、解放军艺术学院音乐系政委王连春、著名作家王小鹰、知名译者戴清一、幼儿教育博士汤杰英等名家参与活动。

（郭宇佳）

现代教育出版社参加2011年上海书展

2011年8月17~23日，现代教育出版社参加了在上海展览中心举办的2011年上海书展。现代教育出版社副社长仇正伟带领发行中心相关人员参加了展会，并紧密结合上海特殊的地域文化特点，为申城读者带去100多种图书，主要有《白话精华二十四史》、《清·孙温绘全本红楼梦》、“美国国家地理——少儿科普书系列丛书”、“牛津经典童书系列丛书”（“我的模仿系列”、“小情感培养系列”、“山羊和毛驴系列”等共7个系列）、“国际大师绘本文库系列丛书”、“美丽俏佳人系列”、《我是西单女孩》、《迈克尔·杰克逊1958～2009》、《The Answer：阿伦·艾弗森》等优秀图书。（杨 静）

世界图书出版公司参加2011年上海书展

2011年8月17～23日，世界图书出版上海有限公司代表世界图书出版公司组团参加了2011年上海书展。书展期间，重点推出了荣获新闻出版总署颁发的中国出版政府奖，并在全国获奖图书中名列医学类馆配第二名佳绩的《当代药用植物典》。该书在展会上获得销售佳绩。会展期间世界图书出版上海有限公司举办的多个活动受到了读者和媒体广泛关注。（章 怡）

中国出版集团公司参加第17届印度德里国际书展

2011年8月27日至9月4日，中国出版集团公司副总裁王俊国率中国出版代表团参加第17届印度德里国际书展。此次书展在印度新德里举办，由印度贸促会和出版商联合会共同主办，以版权贸易、合作出版、翻译和旧版书的重印等业务为主。

中国出版代表团参加了书展开幕式等一系列活动，并会晤了当地出版机构，就两国出版和发行、合作出版、图书销售、版权贸易及图书互译等问题进行了深入探讨。代表团还拜访了印度图书托拉斯集团，双方进行座谈交流，探讨参加了中国出版机构印度“世界图书博览会”的具体事宜。（贾兵伟）

中国图书进出口广州公司承办2011南国书香节暨羊城书展·海外华文展项目

2011年8月19～25日，中国图书进出口广州公司承办了2011南国书香节暨羊城书展·海外华文展项目。这是中国图书进出口广州公司连续第六次承办海外华文展。

此次南国书香节，海外华文馆的展场面积由2010年的1 728平方米增至2011年的2 052平方米，并首次增设了国际馆，海外华文馆和国际馆的组织服务工作均由中国图书进出口广州公司承担。

首次登场的国际馆占地300多平方米，云集约翰·威利父子出版有限公司、麦克米伦出版有限公司、剑桥大学出版社等13家世界著名出版社，品种涉及社科类图书、畅销类大众读物、优秀儿童读物等近3 000余种优秀海外读物。

海外华文馆展区由2010年的3个增至2011年4个，具体包括中国图书进出口广州公司展区、香港出版展区、台湾出版展区和益文展区。其中，中国图书进出口广州公司展区作为海外华文馆的主体部分，向读者隆重展示了品种多达数千的世界各国最新出版的外文原版作品以及出口海外的华文精品。香港出版展区重点展示新书、精品书数千个品种，连同促销图书合计上万册，并推出语言学习、旅游文化、畅销小说等多个主题图书板块，深受读者欢迎。台湾出版展区由台湾地区十数家出版机构大规模组团加盟，展示最新畅销图书4 000多种。益文展区展示进口新书及馆配图书品种共6 000种，包含儿童教育、艺术设计、养身保健、人文社科等类别。

中国图书进出口广州公司独家承办的海外华文馆和国际馆项目取得了良好的社会效益，受到各级主管领导以及南国书香节组委会的高度赞扬和充分认可，也赢得了社会各界的普遍赞誉。8月23日上午，广东省委常委、宣传部长林雄一行莅临2011南国书香节海外华文馆和国际馆现场视察指导，对中国图书进出口广州公司的工作予以充分肯定和热情鼓励。此外，海外华文馆和国际馆以其鲜明的国际特色吸引了中国新闻社、《中国新闻出版报》、广东电视台、广州电视台等主流媒体的高度关注。《中国新闻出版报》于2011年8月18日专版发布了“2011年南国书香节”相关新闻，对海外华

文馆和国际馆均做了详细报道，社会反响良好。（朱宝元　刘泽明）

荣宝斋举办“孔维克人物画作品展”

2011 年 8 月 26 日至 9 月 1 日，荣宝斋在荣宝斋画廊举办“孔维克人物画作品展”。展览展出了孔维克先生近期创作的 50 余件人物画、书法等精品力作。作品集中反映了艺术家近期的艺术探索轨迹及艺术风格面貌。孔维克先生的人物画在强调造型准确的基础上，对人物作适度意象符号化概括，巧拙互补，古今兼融，设色典雅，不拘一格。他将人物置于山水、花草之中，怡情陶心；他将人物、山水、花鸟、书法技法融会贯通，蔚然大成。他在继承中国水墨和传统文脉的基础上，巧妙地融入了现代元素和时代精神，使其作品更具当代性、审美性、观赏性及学术价值，形成了独树一帜的绘画风格，在业界广受好评。由荣宝斋出版社出版的《孔维克人物画作品集》也同期出版发行。（刘　芳）

中国图书进出口（集团）总公司组团参加第 17 届印度德里国际书展

2011 年 8 月 27 日至 9 月 4 日，第 17 届印度德里国际书展在新德里 Pragati Maidan 展览中心举办。受新闻出版总署委托，中国图书进出口（集团）总公司组织中国代表团参加本届书展。中国代表团由中国出版集团公司、西藏自治区新闻出版局、江苏省新闻出版局、四川省新闻出版局等 17 家单位共 28 人组成。

本届书展中国展台总面积 36 平方米，共展出各类图书 800 余种 2 000 余册。为确保参展效果，各参展单位均对参展图书进行了精心筛选。展品内容涉及建筑、中国风光、书法、医药、汉语学习、藏学研究等领域，包括部分藏文和英文版的外向型图书。其中，民族类、汉语学习、中国优秀传统文化、西藏风光等方面的图书及音像制品尤其受到当地读者欢迎。此外，还集中展出了国家对外汉语办公室规划的印地语教材。同时，中国代表团还积极开展版权贸易洽谈。书展期间，中国代表团共达成版权合作意向 10 余项。此外，中国代表团还积极参加了书展组委会组织的专业交流活动，组织参展人员与印度出版商联盟、印度图书托拉斯等单位以及主要参展商进行交流座谈，对印度当地出版社、书店和图书市场进行考察。中国驻印度大使张炎在大使馆会见了中国代表团全体成员。（曹庆宁　朱宝元）

中国图书进出口（集团）总公司承办 2011 北京国际出版论坛

2011 年 8 月 30 日，由新闻出版总署、国务院新闻办公室和中国民主促进会中央委员会共同主办，中国图书进出口（集团）总公司承办的 2011 北京国际出版论坛在北京凯宾斯基饭店举行。全国人大常委会副委员长、中国民主促进会中央委员会主席严隽琪，新闻出版总署署长柳斌杰，国务院新闻办公室副主任董云虎，荷兰王妃劳伦廷等出席论坛，论坛由新闻出版总署副署长邬书林主持。

严隽琪在致辞中讲道，伴随着新技术、新产品、新解决方案的不断问世，数字出版的浪潮来势汹涌，全球出版格局也因此发生了翻天覆地的变化，出版业的数字时代已经到来。全球出版业都应抓住数字化的契机，积极利用新技术促进传统出版向数字出版的转型，以内容为核心，以创意达到超越。传统出版向数字出版转变的过程，也是资本调整和资源合理配置的过程，出版模式的转变必将带动出版产业的结构调整，一定会伴随着资本运作与兼并重组。时代需要我们进一步解放思想，探索创新。我们不仅要虚心借鉴国际出版业的先进经验，为我所用；更要实事求是，探索适合本国数字出版业发展的模式，切实推动我国数字出版又好又快发展，进而为世界数字出版发展作出应有的贡献。

柳斌杰在会上作了“数字时代的全球出版走势”的主题报告。他指出，中国出版业经过多年的改革发展，正成为全球出版业中的一支重要的力量，2010 年总产出达到 1.27 万亿元，其大量第一手信息。报社还发现福建泉州新华分公司在挺拔主业的同时，运用资本手段突破发展瓶颈，投资建设泉州最大的教育培训中心和物流中心。报社立即决定派出“走转改”采访团，前往泉州现场采访，挖掘经验，以向全国推广。

三是改报名。鉴于传统书业市场细分愈益明显，报社准备把原有的报名《中国图书商报》更名为《中国出版传媒商报》，在继续办好传统出版板块基础上，新开辟“中国书商周报”、“中国出版商周报”、“中国印业周报”等新型业务板块。这些板块聚焦基层一线，聚焦书业实际，以更好地切中出版传媒业脉搏，实现对传统出版和新型出版业态的全覆盖。在对传统出版板块改造中，报社继续深入书业细部，如办好教辅读物专刊、高校教材专刊、医学专刊、大学英语专刊、少儿专刊、区域市场专刊等。（何　奎）

人民文学出版社举办第三期“青年沙龙”

2011 年 10 月 20 日，在人民文学出版社社党委、党委办公室的组织下，人民文学出版社团支部举办了第三期“青年沙龙”，主题为：“一本书的旅程之图书发行”。来自编辑部、发行部以及管理部门的近 30 位员工参加了活动。

发行部的 3 位青年员工作了主题发言。发行部副主任王博文向大家介绍了发行部的整体业务情况、人民文学出版社图书在市场中的表现，并对编辑人员提供了一些建议；负责北京片区业务的佟大尉向大家介绍了北京几家有代表性的书店的情况；负责网站业务的闻静就如何在网页上更好地展示图书的问题和编辑进行了沟通。大家畅所欲言，就图书发行工作及相关问题展开讨论，并针对人民文学出版社图书定价机制、同质化版本竞争、重印书的深度开发等问题进行了探讨。

（宋　强）

东方出版中心举行退休干部重阳节茶话会

2011 年 10 月 25 日，东方出版中心在上海市少年儿童图书馆举行退休干部重阳节茶话会。中心党委书记、总经理祝君波出席茶话会并讲话。茶话会由中心总编辑宋焕起主持。

祝君波代表东方出版中心领导班子首先向退休老同志通报了 2010 年度和 2011 年前三季度东方出版中心及下属各公司经济指标的完成情况，他还重点通报了退休职工住房补贴情况。他说，按照集团公司关于住房补贴的有关规定，进行调查并制定了分配方案，在内部进行公示。在集团公司领导的关心指导下，在东方出版中心班子和有关人员的努力下，退休职工住房补贴工作历时两年已顺利结束，共为 305 位事业编制退休职工发放了 1 997 余万元住房补贴。全场的老同志听后对集团公司领导和东方出版中心领导的关心报以热烈的掌声。会上，宋焕起代表中心领导祝愿老同志健康长寿，万事如意，合家欢乐。

（张洁民）

中国图书进出口（集团）总公司第 20 届党建思想政治工作研讨会举行

2011 年 10 月 27 ~ 29 日，中国图书进出口（集团）总公司第 20 届党建思想政治工作研讨会在重庆举行。总公司及各分支机构党委领导、党办主任及党支部书记共 42 人参加了会议。

会议由总公司党委副书记、纪委书记戴作福主持，总公司党委书记、副总经理吴伟作了大会主题报告，党委副书记、总经理吴江江在会上发表重要讲话，有关党支部代表在大会上作了交流发言。

吴伟作的主题报告分为三部分：一是学习贯彻十七届六中全会精神，积极投身国家文化体制改革，抓住文化大发展大繁荣的战略机遇，推动公司改革发展；二是充分发挥党组织的政治核心作用，科学制定公司“十二五”规划，为公司发展确定好战略目标和实现措施；三是深入开展创先争优活动，围绕中心任务开展党建工作，为公司改革发展创造良好条件，全面推进公司各项工作。吴书记重点报告了公司的“十二五”规划。吴书记强调，十七届六中全会的文件将是指导公司今后发展的纲领性文件，大家要继续深入学习，并在学习过程中始终把握“坚持中国特色社会主义文化发展道路，努力建设社会主义文化强国”的战略思想。

总经理吴江江通报了公司2011年前三季度良好的经营形势，并就加强思想政治工作以及和谐企业建设提出了意见。（朱宝元　曹勇斌）

《当代》等“采风团”开展“走、转、改”活动

2011年10月，按照中国出版集团公司“走基层、转作风、改文风”活动领导小组统一部署，由人民文学出版社《当代》杂志牵头组成的“采风团”深入开展活动。采风团由《当代》、《荣宝斋》、《建筑与文化》、《歌唱艺术》、《艺术沙龙》、《美术向导》、《中国艺术》、《中国美术馆》、《中华文学选刊》等杂志的9名记者组成。采风团先后赴山西武乡县八路军太行纪念馆和文化园、长治县和黎城县，到民间艺术“布老虎威风虎”和申家二十四院等地进行实地采风。《当代》杂志已于2011年第六期推出“来自基层”专栏。（宋　强）

荣宝斋党委中心组组织学习党的十七届六中全会精神

2011年11月2日，荣宝斋党委中心组召开会议，集中学习了党的十七届六中全会精神。党委书记、总经理马五一主持会议，党委委员和班子成员全体参加学习。会后，党群工作部为全体职工发放了十七届六中全会公报、决定等重要文件，并印发了总经理马五一撰写的《在推动社会主义文化大发展大繁荣中成就荣宝斋美术事业王者之位——关于贯彻十七届六中全会精神心得体会》。荣宝斋各分管领导召集各自所负责部门的职工，就十七届六中全会相关文件和马五一的心得体会一文进行了学习研讨。通过认真学习，广大干部职工既对十七届六中全会精神有了深刻认识，又明确了“成就荣宝斋美术事业王者之位”的内涵和责任。（刘　芳）

中国图书商报社部署实施“走、转、改”常态化和深入化活动

2011年11月4日，按照中宣部、新闻出版总署要求以及中国出版集团公司部署，中国图书商报社密切结合本报实际和行业特点，扎实推进“走基层、转作风、改文风”活动，在抓好组团、小分队“走、转、改”的同时，十分重视并部署实施“走、转、改”常态化和深入化活动。

一是将“走、转、改”的要求落实在报纸重大报道项目中，谋求重大项目示范效应，谋求整体实效。推出68个版的“中国书业实力版图专刊”，一大批出版集团、发行集团、出版机构、民营机构的典型及优秀出版物被集中报道出来。

二是结合报社特点，进一步着眼书业基层、书业实际，深入细部，做好产业报道和产业细分报道。陆续推出“中国编客”、“中国馆配”、《中国印业周报》等新型板块。

三是将“走、转、改”贯穿于报社工作的全过程，推进“走、转、改”常态化、深入化。（郭是海）

世界图书出版西安有限公司通过陕西省科技纪律工作委员会廉政建设检查

2011年11月18日，陕西省科技纪律工作委员会党风廉政建设领导小组一行6人至世界图书出版西安有限公司进行廉政工作检查。世界图书出版西安有限公司党委书记张栓才同志对公司的党风廉政建设的具体工作进行了汇报，党办主任张建军同志、进出口部支部书记武宏才同志以及负责纪检监察工作的唐彩琴同志分别从对廉政建设的重视程度、公司的廉政制度及规章制度等方面进行了补充。最后，通过了科技纪律工作委员会的廉政建设检查。（薛春民　赵亚强）

集团公司部分重要规章制度

中国出版集团公司企业年度财务决算考核评比办法

中国出版集团公司计划财务部1月25日印发。《中国出版集团公司企业年度财务决算考核评比办法》（中版发【2011】3号），决定自2010年度财务决算报告开始进行考核评比。办法对考核单位范围、考核方式、考核的五方面内容（决算报告报送时效，决算报告编报质量，分析报告质量，决算工作部署落实情况，其他考试事项），以及奖惩办法均作了完善细致的规定。（湖泊潇）

中国出版集团公司《关于规范集团公司总部专项资金管理的若干规定》及其实施细则

中国出版集团公司计划财务部3月1日汇编印发。中国出版集团公司计划财务部将《〈关于规范集团公司总部专项资金管理的若干规定〉及其实施细则》（中版发【2011】7号）汇编印发给集团公司全体员工。其中对专项资金的预算申报、预算执行、资金使用、财务验收等环节作了详尽的规范，为加快项目实施进度和预算执行，依法合理使用专项资金提供了制度保障。

（湖泊潇）

中国出版集团公司“小金库”专项治理工作文件资料汇编

中国出版集团公司治理“小金库“工作领导小组办公室4月21日印发。《中国出版集团公司“小金库”专项治理工作文件资料汇编》中包含了《关于印发〈中国出版集团公司2011年“小金库”专项治理工作实施方案〉的通知》（中版发【2011】12号）和中央下发的4份相关小金库治理工作的文件。其中还部署了集团公司全年的专项治理工作计划：第一步，要求各所属企业成立并充实本企业的专项治理领导小组和办公室力量，并于4月份完成启动“小金库”治理的各项准备工作；第二步，于5～6月份开展各级企业全面复查和集团公司组织重点抽查；第三步，于7月底前向中央治理办公室报送抽查情况相关报表；第四步，于11月底前完善制度建设，向中央治理办公室报送相关情况说明。

（湖泊潇）

中国出版集团公司“走基层、转作风、改文风”活动方案

中国出版集团公司2011年8月26日颁布。该方案是为贯彻落实刘云山同志在新闻战线开展“走基层、转作风、改文风”活动视频会议讲话精神，根据中宣部、中央外宣办、国家广电总局、新闻出版总署、中国记协五部门联合发出的《关于在新闻战线广泛深入开展“走基层、转作风、改文风”活动的意见》，结合党和国家中心工作和宣传重点，立足于集团公司工作实际而制定。

该办法共四个部分。第一部分是工作目标。要通过开展“走基层、转作风、改文风”活动，

教育、引导集团公司全体新闻出版工作者深入学习贯彻胡锦涛总书记“七一”重要讲话精神，牢固树立马克思主义新闻观、群众观，坚持“二为”和“三贴近”，自觉增进同人民群众的血肉感情，把镜头、话筒对准城乡普通群众，把篇幅、版面留给平凡人物平常事，锤炼人民群众喜闻乐见、真挚朴实的文风，以实际行动回答解决好“为了谁，依靠谁，我是谁”的问题，以“沉下去”、“接地气”、“通民气”的工作作风，培养良好的职业精神和职业道德，打造一支政治强、业务精、纪律严、作风正的高素质新闻出版队伍，不断增强集团公司报刊的新闻宣传和报道工作的吸引力、感染力、影响力、公信力。

第二部分是组织机构。集团公司成立“走基层、转作风、改文风”活动领导小组。组长王涛，副组长刘伯根，张贤明、潘凯雄、李岩、于殿利、龚莉、常汝吉、吴斌、樊希安、林国夫、祝君波、李峰、臧永清、孙月沐、赖雪梅、周锡培、朱伟、贾宝兰、洪清波等为组员。领导小组下设办公室，办公室设在集团公司出版业务部。

第三部分是工作部署。①广泛开展学习动员。集团公司在召开所有报刊社负责同志参加的学习动员会的基础上，深刻领会云山同志讲话精神和五部委通知精神，领会活动的内涵和要求，明确“怎么走、怎么转、怎么改”，以饱满的政治热情和昂扬的精神状态投身到活动中来。②组建三个“走基层”记者团。抽调22人组成集团公司“走基层”记者队伍。第一组“采访团”主要由《三联生活周刊》、《读书》、《百科知识》等十多种大众类刊物组成，由《三联生活周刊》牵头，采访对象是街道、乡镇、居委会、村委会，重点反映基层群众关注的民生热点，深入了解普通百姓的生活状况、生存状况，同群众打成一片，讲述百姓心声，反映群众愿望。第二组“采风团”主要由《当代》、《中华文学选刊》、《音乐研究》、《中国美术馆》等30多种文艺类专业刊物组成，由《当代》牵头，采访对象是老、少、边、穷地区，重点反映老、少、边、穷地区群众的物质生产状况和精神文化生活，表现原生态民间艺术文化的魅力，开掘艺术创作和理论研究的源头活水。第三组“采编团”由集团公司所属3家报纸、3家中小学专业刊物和1家网络媒体组成，由中国图书商报社牵头，采访对象是县图书馆，乡文化站，基层国有、民营书店，县级、乡镇中小学，重点反映基层群众对出版产品的新需求，通过摸底调查表现基层群众对数字出版和新媒体阅读的兴趣态度，揭示县、乡镇中小学生的公共阅读情况和存在的问题。③开辟一批新栏目和新版面。集团公司所属大众类刊物要开设“走基层”专栏，结合新农村建设、兴修水利、农民增收、扶贫助学等主题进行现场采访报道。集团公司所属文艺类专业刊物都要设置专门的“走基层”版面，反映基层群众关注的热点文化问题和艺术问题，着力改进刊物文风。集团公司所属报纸要开设“走基层”专刊，要特别关注部分县级、乡镇中小学生看书难的问题。集团公司报、集团网、大佳网、《文化交流刊物》、房地产刊物、广告刊物和少儿刊物，都要结合各自特点组织编辑、记者开展相关活动，开设相关栏目。④强化业务培训制度。进一步完善编辑、记者岗前培训、在岗培训制度。各报刊单位要有计划、有组织地举办相关培训班、研讨班，加强对业务骨干和年轻编辑、记者的业务技能培训，不断增强他们的政治意识、大局意识、责任意识、群众意识。⑤完善学习评比制度。三个记者团要定期组织编辑、记者对活动稿件进行内部点评，讨论稿件内容是否紧贴基层、紧贴群众，稿件语言是否言简意赅，是否真挚朴实。集团公司活动领导小组在2011年底组织一次“走基层、转作风、改文风”活动评比，对其中的优秀稿件、先进人物、先进事迹予以专门表彰。⑥建立“三个倾斜”考评奖励制度。集团公司各报刊单位要把下基层采访情况作为编辑、记者业务考核的重要内容，在职称评定、提拔使用、年终考核上予以倾斜；要把新招聘的编辑、记者先放到基层实习锻炼，在岗的编辑、记者要有深入基层调研蹲点的经历。

第四部分是工作要求。①高度重视，加强领导。各报刊单位要在集团公司活动领导小组的领导下，细化工作方案。②立足实际，重在执行。要切实在执行上下功夫，做到真走、真转、真改。③坚持正面报道，严守新闻纪律。要坚持党性原则和政治原则，坚持正面宣传，要严守新闻报道纪律，坚决抵制虚假报道和有偿新闻，要做到服务好、不扰民、不给基层增加负担，充分展示集团公司新闻出版工作者的良好形象。

（何　奎）

中国出版集团公司关于实施法制宣传教育第六个五年规划的意见

中国出版集团直属机关党委2011年10月25日颁发。根据《中共中央、国务院转发〈中央宣传部、司法部关于在公民中开展法制宣传教育的第六个五年规划〉的通知》精神和中直工委《关于在中直机关实施法制宣传教育第六个五年规划的意见》要求制定。包括指导思想、目标任务、时间步骤、工作要求四个方面。指导思想是：以邓小平理论和“三个代表”重要思想为指导，深入落实科学发展观，围绕“十二五”时期经济社会发展目标任务，按照全面落实依法治国基本方略和建设社会主义政治文明的新要求，坚持法制宣传教育与社会主义核心价值体系教育相结合、与社会主义法制理论教育相结合、与社会主义公民意识教育相结合、与法制实践相结合，深入开展法制宣传教育，大力弘扬社会主义法治精神，进一步提高集团公司干部职工的法律素质，营造文明和谐的工作环境。

目标任务主要有：学习宣传宪法和党章，加强学习宣传中国特色社会主义法律体系，深入学习宣传与出版发行相关的法律法规，进一步深化“法律进企业”活动，继续加强反腐倡廉法制宣传教育。工作要求是：提高认识，加强领导；突出重点，精心组织；解放思想，创新形式；落实经费，保障工作。

“六五”普法工作从2011年开始，到2015年结束，分三个阶段开展：一是宣传发动阶段，二是组织实施阶段，三是检查验收阶段。

（温　存）

中国出版集团公司信息报送工作办法

中国出版集团公司2011年12月26日印发施行。《中国出版集团公司信息报送工作办法》（以下简称《办法》）共分8章，明确规定了集团公司信息报送工作组织机构、工作职责、报送内容、流程和报送的基本要求等内容，是加强中国出版集团公司信息工作，推动信息报送制度化、规范化、科学化的有效制度举措。

《办法》规定：信息报送工作由集团公司办公室分管副总裁直接领导，由集团公司办公室统一组织管理。集团公司办公室综合协调指导全集团公司的信息报送工作。集团公司所属各单位办公室负责本单位的信息报送工作。集团公司所属各单位、集团公司各部门确定一名工作人员为本单位、本部门信息员。集团公司办公室按照总裁班子、党组的要求，研究和制订信息报送工作的规章制度和工作计划，并组织实施；负责做好信息的收集、加工、传送、发布、上报、反馈和存档等日常工作。各单位、各部门信息员要结合本单位、本部门工作实际，认真完成信息的采集、编写、报送工作。信息员的报送内容主要是本单位、本部门月度工作计划以及除报告、请示、通知、函等行政公文以外的新闻类、资讯类信息。各单位、各部门的月度工作计划要在每月最后一周第一个工作日前报送，其他工作信息按每月15日、30日前，分两次报送，重大事件信息随时报送。集团公司办公室定期对各单位、各部门信息员报送信息的情况进行统计，每季度一次在全集团公司范围内通报。每年年底对年度信息报送先进单位和个人予以表彰。（张　婧）

中国出版集团公司专题会议管理办法

中国出版集团公司2011年12月26日印发试行。《中国出版集团公司专题会议管理办法》（以下简称《办法》）共分9条，进一步规范了集团公司专题会议的内容和程序。《办法》规定：专题会议是依据集团公司工作部署和要求，按照工作分工或受总裁委托，研究专门问题、协调或部署专项工作而召开的会议。专题会议一般由分管副总裁或部门负责人召集和主持，集团公司所属各单位分管领导和各部门负责人参加（如需总裁和所属单位主要负责人参加，则应在会议签报中予以特别说明）。凡是需要经费开支的专题会议，要事先做好经费预算。专题会议的主办部门应将会议计划及有关材料报分管领导审批；需总裁办公会议审议的，应特别注明，由办公室报总裁同意后，列入总裁办公会议议题。每月最后一周第一个工作日前，各部门应向办公室报送下月专题会议安排，办公室编制“集团公司月度专题会议计划”。凡已列入计划的会议，如需改动，或遇特殊情况需安排新的临时会议，会议主办部门应提前2天完成会议报批手续，并报办公室调整会议计划。专题会议在准备中，要做好会议通知、会议材料、会议室预订等工作。会议召开以后，主办部门应将会议材料（包括会议通知、会议议程、领导讲话、会议简报等）交办公室存档。办公室对专题会议材料进行编目装订，按保管权限和期限予以归档。（张　婧）

集团公司所属单位部分重要规章制度

中国大百科全书出版社有限公司印章使用管理规定

中国大百科全书出版社 2011 年 4 月 8 日颁布。根据中国出版集团公司转企改制的有关文件精神，经社委会研究决定，中国大百科全书出版社有限公司公章正式启用，同时执行《中国大百科全书出版社有限公司印章使用管理规定》，原中国大百科全书出版社公章以及《中国大百科全书出版社用印管理规定》同时作废。为加强印章使用管理，规范用印程序，维护印章的权威性和出版社的合法权益，防范风险，保障正常的工作秩序，该规定适用于社内各部门。该规定共包含公司印章的刻制、公司印章包含的法律效力、公司印章的使用保管及印章保管人员的职责和工作内容等 14 条内容。（王　瑜）

人民音乐出版社劳务派遣用工管理暂行规定

人民音乐出版社 2011 年 7 月 1 日施行。为规范人民音乐出版社劳动用工管理，维护人民音乐出版社和劳务派遣用工的基本权利，根据《中华人民共和国劳动法》、《中华人民共和国劳动合同法》以及国家和北京市相关法律法规，结合人民音乐出版社使用劳务派遣用工的实际情况制定，总计 11 条。规定了劳务派遣用工的工资待遇、社会保险、住房公积金、劳动关系、日常考核等内容。规范了人民音乐出版社劳动用工管理，对如何维护人民音乐出版社和劳务派遣用工的基本权利做了明确规定。（吴明静）

人民音乐出版社关于对境外支付版税的管理规定

人民音乐出版社 2011 年 9 月 11 日起执行。为加强人民音乐出版社对境外机构支付版税管理，依据中国人民银行《关于发布结汇、售汇及付汇管理规定的通知》（中国人民银行令［1996］第 1 号）、《国家外汇管理局、国家税务总局关于服务贸易等项目对外支付提交税务证明有关问题的通知》（汇发［2008］64 号）以及税务部门完税备案登记手续的相关要求制定本办法，总计 8 条。规定了对外支付版税需提供资料及办理程序等。（吴明静）

生活·读书·新知三联书店关于员工因私出国学习、访问、考察的暂行规定

生活·读书·新知三联书店 2011 年 1 月 4 日颁布并执行。暂行规定对于三联书店员工因私出国学习、访问、考察的概念的界定、审批的程序、相关的费用及工资待遇、外事纪律等方面均做了明确的规定。（戴云波）

生活·读书·新知三联书店总经理助理、总编辑助理选拔聘用的若干规定

生活·读书·新知三联书店2011年4月6日颁布。为规范总经理助理、总编辑助理的选拔聘任工作，形成富有生机与活力、能上能下、有利于选贤任能的用人机制，三联书店根据上级有关干部选拔任用文件精神，结合企业实际，根据工作需要，设立总经理助理1～2人、总编辑助理1～2人。该规定就三联书店总经理助理、总编辑助理选拔聘用的基本任职条件、选拔程序、聘期、岗位职责等方面做了明确的说明。

（戴云波）

生活·读书·新知三联书店关于在全店继续深入开展增收节支活动的通知

生活·读书·新知三联书店2011年4月20日颁布。2011年是三联书店的经营管理年，为贯彻集团公司全面加强经营管理现场会精神，落实三联书店2011年经营管理工作会提出的具体措施，进一步提高全店经济效益，三联书店决定2011年继续在全店范围内深入开展增收节支活动，并制定颁布该通知，主要包括“统一思想，提高认识”、“明确目标，突出重点”、“精心组织，加强领导”、“强化措施，确保质量”4项内容。该通知在分析2009、2010两年来三联书店经营管理所取得的成绩以及面临的形势、存在的问题的基础上，提出全店各部门各单位必须保持清醒的头脑，从讲政治、讲大局的高度，深刻认识增收节支的重大意义，认真进行选题论证，加大书刊发行营销力度，进一步降低运营成本。各部门各单位既要各司其职，又要密切配合，切实把增收节支工作落到实处，确保全店生产 经营平稳健康快速发展，确保集团公司下达的年度利润指标的完成。

（戴云波）

中国对外翻译出版公司企业文化建设实施方案

中国对外翻译出版公司2011年3月18日颁发。为扎实推进企业文化建设工作和保证这项工作取得实效，根据《中国出版集团公司企业文化建设三年工作规划》和《中国出版集团公司企业文化建设2010年工作计划》的部署和要求，依据《中国对外翻译出版有限公司五年发展规划（2011～2015年）》的总体思路，结合实际制定。

该方案规定了企业文化建设的指导思想和基本原则，企业文化建设的基本思路、总体目标和主要任务，企业文化建设的实施步骤和工作要点，企业文化建设有效推进的保障措施四个方面的内容。明确了企业文化建设主要任务：①加强精神宗旨文化建设。②加强规章制度文化建设。③加强翻译出版经营文化建设。④加强环境行为文化建设。

（刘黎黎）

中国对外翻译出版公司历史资料整理工作总体规划

中国对外翻译出版公司2011年3月26日颁发。依据《中国对外翻译出版有限公司企业文化建设实施方案》的总体思路，结合实际而制定。包括指导思想、主要目标、实施步骤和措施保障四个方面的内容。明确了中国对外翻译出版公司历史资料整理工作要实现全公司各门类各载体的历史资料集中统一管理，基本形成历史资料门类齐全，收集完整，分类合理。做好历史资料的编研工作，建立健全历史资料的各项管理制定，实现历史资料管理规范化、科学化、制度化，使历史资料管理工作上一个新台阶。

（刘黎黎）

东方出版中心关于加强图书发行渠道建设的若干意见

东方出版中心2011年5月19日颁布。共有

七个部分。主要内容有：一是巩固传统书店的发行经营阵地。二是发展互联网（网络书店）等经营渠道。三是加强馆配渠道建设。四是努力做好图书直销经营工作。明确直销的形式有六种：即合作、包销、书展零售、邮购、直推、签售。五是加强发行的综合协调。要贴近本社产品，采取差异化经营的方式。对国有、民营、直销、电子商务四大块支撑主业的网点加以维护和发展；对综合性书店要全品种供货；对个性化品种要寻找专有发行渠道。六是提高发行员拓展渠道的能力。七是加大对新渠道建设的投入。在巩固传统网点的同时，要加大对新渠道建设的力度和投入。在经济政策上，要适度倾斜，如折扣优惠、支持活动等。（张洁民）

东方出版中心关于加强出版成本管理的若干意见

东方出版中心2011年11月1日施行。该意见对纸张材料采购、排版、印制和装订等环节的相关工作提出了规范性意见。该意见共由六个部分组成。主要内容为：一是指导原则。明确合理控制印制成本，包括出版物装帧设计、印刷工艺、印数估算、材料采购、厂家选择等环节。除印制部门业务人员要具有强烈的成本意识外，从选题策划、组稿、排版、印刷到图书的宣传、销售等有关职能部门的人员均应学习和掌握相关成本管理知识，树立成本控制意识。各部门之间要加强沟通与协调。二是材料采购。明确中心的纸张材料以直接向纸厂采购为主，减少中间环节，切实降低纸张材料成本。三是排版、制版。明确图书发排时，须将原稿和盘片同时发排，盘片应与原稿文字保持一致。要合理设计开本和版面字数。印数少且基本不可能再版的图书，可考虑用无菲林制版技术（CTP）印刷。要尽可能控制彩色图书品种。四是装帧设计。要坚持优化设计和设计工艺与中心图书生产质量、产品成本等因素综合考虑的原则。五是精算印数。要把握好印刷数量与印刷工价、装订工价的关系。六是精选印厂。印刷厂的选定经考察符合条件的，由中心领导研究决定。推荐的厂家须符合相关行业规定和中心管理制度要求。（张洁民）

东方出版中心关于加强大众图书选题策划的若干意见

东方出版中心2011年11月1日颁布。该意见明确“大众图书”是指由东方出版中心自主开发、内容雅俗共赏、价格贴近大众、目标定位准确、市场普遍认可，能通过各种渠道取得较好经济效益的图书。由六个部分组成。一是指导思想和发展目标。明确通过政策激励、制度完善、项目支持、资金投入等手段，在“十二五”期间，使大众选题数量和质量有较大幅度的增长和提高，大众图书的出书品种在东方出版中心图书的比重由2011年的不足30%上升到50%以上。二是多方面开拓选题思路。要在既有图书中开掘新的选题思路，最大限度做好资源整合和二度开发；要着眼名家名作；要重视社会力量选题策划资源和渠道；要积极参加各种社交活动，了解最新的学术文化动态；要捕捉网络信息；要关注竞争对手，向竞争对手学习；要开拓国际版权项目；要在市场上发现选题方向；要关注媒体并从中捕捉选题信息。三是完善选题论证机制，积极扶持优秀大众图书选题。认为确有较好市场效益的选题，可视具体情况给予版税或稿费等方面的政策倾斜。一些市场前景可观、内容质量较好或作者知名度较高的图书选题，在选题的实施过程中可指定成立图书专项营销团队，可以跨部门整合编辑力量，集中制作、集中推广。加大对大众图书的宣传力度，根据具体情况，落实宣传经费。对效益明显、质量突出的大众图书，要加大奖励力度。四是采取切实措施确保大众图书选题实现率，提高大众图书质量。对重点大众图书选题要实现全流程监管；对重点大众选题书稿，做好审读加工工作；要研究大众图书选题与专业学术著作和其他图书在写作风格、语言特点、体例结构、表述方式以及装帧形式等方面的异同，找准规律，做到内容是大众的，形态品相也是大众的；要建立良好信息反馈机制。大众图书的生产

和制作要考虑图书定位与读者对象的匹配，要尽可能地降低成本，以大众化的价格扩大市场占有。（张洁民）

东方出版中心关于进一步规范财务报销等事项的通知

东方出版中心2011年6月14日颁布。该通知共有5条。主要内容为：一是东方出版中心或下属各经营公司在生产、业务活动中发生的各类报销凭证（特别是餐费）的付款单位应写明“东方出版中心有限公司”或下属各经营公司名称；凡付款单位写明“个人”的报销凭证，相关财务部门一律不予报销。二是报销凭证必须真实，凡发现假发票，由报销人及时予以更换，无法更换将不予以报销。报销内容必须真实，并与实际用途一致。三是职工个人取得的各类专项奖金，均应计入个人当月收入总额，并按规定缴纳个人所得税。四是支付给个人的稿费、外校费、编辑加工费、咨询费、讲课费、劳务费、评审费等，需交纳个人所得税的。东方出版中心和下属各经营单位职工由相关财务部门代扣；外单位人员由本人或经办人代其提供身份证（或其他身份证明），由相关财务部门按规定代扣并交纳个人所得税。五是以现金方式发放给职工个人的各类专项奖金或支付给个人的如本通知第四条所列的各项费用，需列单由本人签收，并交相关财务部门留存。（张洁民）

现代教育出版社电子图书出版管理办法

现代教育出版社2011年6月13日颁布实施。总计16条。分为电子图书的原则、电子图书的流程、电子图书的审批、电子图书的管理和电子图书的效益分配等部分。（杨　静）

现代教育出版社关于加强图书编校质量的意见

现代教育出版社2011年9月20日颁布。目的是为了进一步提高图书编校质量，增强全社编辑的质量意识，完善质量管理体系，强化质量管理。该意见共四部分，规定了图书书稿的三审制、责任校对制和审读室质量检查等内容。（杨　静）

荣宝斋师带徒管理办法

荣宝斋人力资源部2011年5月颁布施行。目的是充分发挥企业生产（营销）技术骨干人才的“传、帮、带”作用，培养和造就一支具有良好的职业道德和职业技能的职工队伍，促进企业健康、快速发展。“师带徒”是指具有良好职业道德、优良岗位技能的人员通过签订师徒协议，帮助、指导青年职工，以提高其技术业务水平的一种培养方式。管理办法包括总则、师徒选拔条件、职责、结对形式、实施步骤、考核管理等5章共18条。师徒结对以协议形式确定师徒双方的责任和权利、考核评价的内容和方式等。协议期内，师傅按相应级别可享受企业津贴奖励。协议期满进行考核鉴定，对考核合格的徒弟根据实际需要予以评聘，并进行相应的职级、薪资调整。（刘　芳）

中国民主法制出版社书稿审读管理工作办法

中国民主法制出版社2011年6月7日颁布施行。社长办公会议研究决定。根据新闻出版总署《图书质量保障体系》、《关于加强图书审读工作的通知》、《关于进一步加强图书审读工作的意见》、《中国图书编辑工作基本规程》、《出版专业技术人员职业资格管理规定》等相关文件以及国家版权局颁布的《书籍稿酬暂行规定》要求制定。该办法共分审稿人员、审稿职责、稿件类型、劳务付酬及其他工作5章22条，对于稿件类型、责任编辑职责、三审资质及流程要求、发稿手续、责任校对、图书质量检查、审校字数计算和酬劳标准等做了规范。（尹宇平）

中国民主法制出版社员工发表宣传文章的奖励办法

中国民主法制出版社 2011 年 6 月 15 日试行。为提升中国民主法制出版社品牌影响力，更好地促进本版图书宣传工作，经社长办公会议研究决定试行。该办法共 17 条，对员工发表文章适用范围、发表文章的媒体分类、投稿途径、文章内容、奖励办法和标准、申领奖励的流程，以及注意事项等做了明确的规定。（尹宇平）

中国民主法制出版社非发行人员销售图书管理办法

中国民主法制出版社 2011 年 6 月 15 日试行。为了增强中国民主法制出版社员工的市场意识，促进本版图书销售，经社长办公会议决定试行。该办法共 21 条，内容包括管理办法适用范围、销售对象、销售折扣、具体操作流程、奖励办法和注意事项等，对出版社非发行人员参与图书销售制定了管理规范。（尹宇平）

中国民主法制出版社培训管理制度

中国民主法制出版社 2011 年 8 月 1 日试行。为了使出版社员工的业务素质和工作绩效能够逐步提高，满足企业人才发展战略和员工自我提升的需要，加强员工对业务、流程、产品和相关技术知识的了解，经社长办公会议研究决定试行。该办法内容包括总则、培训类型和形式、培训计划、培训费用及相关规定、培训组织与管理、附则共 6 章 18 条，将职工培训的适用范围、培训宗旨和目标、培训原则、培训费用标准和报销规定，以及签订培训协议等事项进行了详细的规定。（尹宇平）

华文出版社 2011 年绩效考核与薪酬管理办法

华文出版社 2011 年 5 月 1 日施行。包括基本原则、员工构成与薪酬结构、固定薪酬分配办法、绩效考核办法及分配原则、费用补贴标准和其他六个部分。该办法基于出版社发展战略，结合市场现状、行业特点、出版社创造价值指标而设计。采取动态的薪酬政策，保证员工的基本薪酬，适当形成岗位薪酬阶梯，充分拉开绩效薪酬差距，形成出版社核心层和骨干队伍，使出版社重要岗位薪酬水平在人才市场上有较强的竞争力。其原则是绩效优先，兼顾公平，最大限度地发挥薪酬的激励作用。（陆虹宇）

华文出版社财务管理办法

华文出版社 2011 年 8 月 3 日施行。为明确财务审批权限及流程，依法办理各项财务收支，合理控制成本费用支出，根据《会计法》、《会计准则》、《企业国有资本与财务管理暂行办法》及相关规定制定。内容包括成本管理、费用管理、收款管理、付款管理、库存图书管理、固定资产管理、现金管理、支票、往来结算及票据管理、发票管理、会计档案管理和差旅费开支标准等。（陆虹宇）

华文出版社财务支出审批报销流程

华文出版社 2011 年 8 月 3 日施行。包括直接成本项目审批支付流程、费用项目审批支付流程、投资项目审批支付流程和其他四个部分。该规定详细说明了华文出版社各项支出审批报销流程，确保出版社工作有条不紊地进行。

（陆虹宇）

华文出版社图书质量特别规定

华文出版社 2011 年 11 月 1 日施行。共 7 条，详细规定了图书质量的处理方式和处理办法，作为《华文出版社 2011 年绩效考核与薪酬管理办法》的附件适用，旨在最大限度保证图书质量。该规定坚持编辑部作为出版物质量中心

的原则；坚持责任编辑作为直接责任人，编辑部主任承担重要责任，终审或分管领导承担连带责任的原则。（陆虹宇）

世界图书出版公司北京公司新版 ERP 系统

世界图书出版有限公司北京公司 2011 年 10 月，启用。新版 ERP 系统是在对各个部门进行广泛调研的基础上，请第三方软件公司进行开发的，能更方便地满足选题与书号申报、发行数据记录核查、财务账目核对等工作，是走向企业管理规范化的重要一步。（吴和松）

世界图书出版公司北京公司编辑绩效考核制度

世界图书出版有限公司北京公司 2011 年 1 月 1 日公布实施。该制度从编辑部门的文字工作量、出书品种数、印制码洋、选题策划等方面对编辑岗位进行了全方位的考核，制度制订参照同行业水平，标准严格、可量化。（吴和松）

世界图书出版公司北京公司编辑部门利润考核制度

世界图书出版有限公司北京公司 2011 年 1 月 1 日公布实施。该制度考核方式明确，将生产成本、管理成本、销售利润等各项与利润相关的数据都进行了详细的核算，因此能够引导编辑在工作中兼顾社会效益和经济效益，关注公司经营状况，为公司利润创造作贡献。（吴和松）

中版教材有限公司“十二五”时期发展规划

中版教材有限公司 2011 年 10 月 31 日颁布。该规划包括“十一五”时期发展情况、发展环境与竞争力分析、“十二五”时期发展总目标、“十二五”时期发展的主要战略、规划实施的保障措施 5 个部分。对中版教材有限公司成立以来的发展经验进行了总结，对未来教育发展形势、教育出版走向进行了分析，在此基础上提出了“十二五”时期各项指标发展总目标与品牌经营战略、立体化发展战略、数字化发展战略、人才强企战略 4 项主要战略，其中包括《书法》、《写作》教材开发、人文艺术教育基地建设、书法教材培训资源网、人才梯队建设等具体工程。（宫　源）

中版教材有限公司教材培训专家管理暂行规定（2011 年修订版）

中版教材有限公司 2011 年 10 月 31 日颁布。该项规定为规范教材培训管理，建设结构合理的培训专家队伍，提高培训质量，满足培训需求而制定。包括培训专家队伍组织原则、培训专家条件、培训专家管理、培训流程管理及费用执行标准、执行日期与附件 6 个部分。与此前实行的管理规定相比，新规定主要在两个方面进行了调整：①对培训安排与流程进行了规范，如培训前各营销分公司需向编辑培训部提交培训签报单，并经审批执行，培训结束后需提交相关培训资料等。②对培训专家聘期、每年需承担的培训以及回访次数进行了修改，对讲课费用进行了上调。（宫　源）

媒体关注

MEITIGUANZHU

部分重要媒体对集团公司的报道

6000 种图书显示"国家队"实力

2011 年 1 月 11 日《光明日报》刊发的文章。文章称，作为出版"国家队"的中国出版集团公司以及所属 19 家出版单位，在北京图书订货会期间共展出图书 6 000 多种，其中新书 2 000多种，呈现出八大亮点，构成十分耀眼的中国出版主方阵。一是推出"庆祝建党 90 周年和纪念辛亥革命 100 周年 100 种重点图书"。其中，有庆祝建党 90 周年的重点图书《毛泽东诗词》等，有纪念辛亥革命 100 周年的重点图书、作家王树增的长篇纪实作品《1911》等。二是持续打造标志性出版工程。集团公司总部主持的标志性出版工程《中国文库》（第五辑）邀约国内 30 多家兄弟出版单位，出版民国时期的 100 种原创一流文化经典，如罗家伦的《科学与玄学》等，受到了我国历史学界众多权威学者的一致赞誉。三是大力凸显原创文学精品。如人民文学出版社推出了贾平凹最新的一部力作——长篇小说《古炉》。四是持续打造以"百家讲坛"系列为标志的影视同步书，如《传奇王阳明》等。五是推出一批珍稀历史传记和鲜见史料，包括三联书店的《兰台万卷》等。六是推出一批语言学习工具书，如商务印书馆的《现代汉语学习词典》等。七是推出原创音乐美术作品，如中国美术出版总社推出《国家重大历史题材美术创作工程作品集》、人民音乐出版社推出《中国交响乐博览》等。八是推出时尚、励志读物，如现代教育出版社推出《我是西单女孩》等。

（张　婧）

中国出版集团表彰畅销书、常销书

2011 年 1 月 21 日《人民日报》（海外版）发表的报道。报道称，在 2011 年北京图书订货会期间，中国出版集团公司以及所属 19 家出版单位共同举办了 2010 年"双推计划"年度优秀图书颁奖仪式暨新书推介会。《我等不到了》、《毛泽东最后七年风雨路》等 10 种图书获"中国出版集团公司 2010 年度优秀畅销书奖"，《鲁迅大辞典》、《巨流河》、《现代汉语学习词典》、《中国人应知的国学常识》等 20 种图书荣膺"中国出版集团公司 2010 年度优秀常销书奖"。来自全国各大书城的经销商、发行商和读者表示，集团公司的"双推"活动对拉动图书销售、打造知名品牌、促进产业繁荣具有积极的作用。

（张　婧）

中国出版集团公司在京启动中华动漫资源库

2011 年 1 月 21 日人民网发表的报道。报道称，中国出版集团公司启动的中华动漫资源库将是一个全新的权威动漫展示平台、产品包装营销平台、作品版权托管与保护平台。该资源库以中国原创漫画精品为基础，积累民族动漫创作的素材，通过与动漫基地、机构的合作，实现内容的一次制作、多方应用，降低成本，实现动漫产品影响和效益的最大化。中版集团数字传媒有限公司与方成先生作品授权签字仪式在当天同时举行。漫画泰斗方成先生现场将毕生创作的5000余幅漫画作品授权中版集团数字传媒有限公司，纳入“中华动漫资源库”中。（张 婧）

中国出版集团转制完成：冲刺A股

2011年1月25日《21世纪经济报道》刊发的报道。报道称，1月21日，中国出版集团公司总裁聂震宁接受记者采访时表示，“中国出版集团公司旗下的中国出版传媒股份有限公司，将在2月份争取完成工商登记注册。如果一切进展顺利，2012年初，股份公司将争取国内A股上市”。中国出版集团的转企改制历时6年之久。早在2004年，国务院即批准中国出版集团转制为中国出版集团公司，直至2010年12月30日，中国出版集团才获得批复，完成股份公司成立的所有基础工作。中国出版集团公司办公室主任路英勇称，“2010年7月1日，集团公司就正式加入北京市基本养老保险，这标志着集团公司转制单位已全部实现职工身份转化，转企改制工作全面完成。”中国出版集团公司党组书记王涛透露，“2011年2月底之前，中国出版集团公属将完成旗下中国出版传媒股份有限公司的工商注册工作。股份公司将涵盖中国出版集团国内出版和发行等主要资产，净资产规模约12亿元”。聂震宁强调，“中国出版集团将在中国出版传媒股份有限公司占据绝对控股地位。此外，股份公司成立后，中国出版集团将积极申请3年豁免，争取最快2012年初，能够实现国内A股上市”。除了中国出版传媒股份有限公司出版相关板块，中国出版集团公司还拥有中国图书进出口（集团）总公司、新华书店总店、荣宝斋等几家重要资产公司。其中，中国图书进出口（集团）总公司2010年占中国出版集团总收入的52.33%。对于包括中国图书进出口（集团）总公司、荣宝斋在内的资产，聂震宁表示，中国出版集团公司将会在中国出版传媒股份有限公司之外，为其寻找新的资本市场的机会。（张 婧）

人民文学出版社成立60周年庆祝大会在京举行

2011年3月28日新华网发表的电文。电文称，人民文学出版社成立60周年庆祝大会28日在北京人民大会堂举行。人民文学出版社社长潘凯雄在致辞中说，古今中外任何一位文学大师都在人民文学出版社60年的出版历程中留下了自己的身影与足迹，人民文学出版社也没有放弃对古今中外任何一部文学经典的追求。这是60年来几代“人文人”共同的理想与追求，他们心中怀揣着一个坚定的目标：那就是自觉的文化追求与文化担当。为了这个共同的精神追求，他们“衣带渐宽终不悔”，“蜡炬成灰泪始干”。中国作家协会主席铁凝、中宣部副部长翟卫华分别致辞、新闻出版总署副署长邬书林。（张 婧）

人民文学出版社迎来六十华诞

2011年3月29日《中国新闻出版报》在头版头条发表的报道。报道称，2011年3月28日，新中国第一家国家级文学专业出版机构——人民文学出版社迎来六十华诞。当日，人民文学出版社成立60周年庆祝大会在人民大会堂隆重举行。中共中央政治局常委李长春，中共中央政治局常委、国家副主席习近平，中共中央政治局委员、中央书记处书记、中宣部部长刘云山分别发来贺信。全国政协副主席、中国文联主席孙家正，中宣部副部长蔡名照、翟卫华，中国作家协会主席铁凝，新闻出版总署副署长邬书林，全国人大常委、教科文卫委员会副主任、中国作家协会副主席金炳华，文化部副部长杨志今，中央党校副校长李书磊，中央文献研究室副主任陈晋，中国文联副主席、书记处书记廖奔，中国作协党组成员、副主席高洪波、何建明，中国编辑学会会长桂晓风，中国印刷技术协会理事长于永湛，中国版权协会理事长沈仁干，中国出版集团公司总裁聂震宁，中国出版集团公司党组书记王涛等莅临大会。

为纪念建社60周年，人文社还专门编辑出版了《人民文学出版社60年图书总目》和《怀念集》等图书。庆祝大会之前，人民文学出版社还在人民大会堂举办了题为“人民文学出版社：一起走过60年”的出版展览。（宋　强）

中国出版集团公司颁发出版奖

2011年4月9日《光明日报》发表的通讯文章。文章称，中国出版集团公司成立9周年庆典暨第五届中国出版集团出版奖颁奖大会在北京召开。本届中国出版集团出版奖共评选出荣誉奖、优秀选题奖、优秀栏目奖等12种奖别，《天行者》、《中国儿童立体百科全书·神秘的海洋》、《国学经典规范读本——周易》等126种出版物分获145个奖项。自2002年集团公司成立以来，已经成功举办了四届图书奖评奖和三届报刊奖评奖活动。集团公司2011年将图书奖和报刊奖合并为“中国出版集团出版奖”。

（张　婧）

中国出版集团公司主业不断壮大

2011年4月10日《人民日报》发表的报道。报道称，中国出版集团公司成立9周年来，始终坚持正确出版方向不动摇，坚持主业不动摇，坚持“二为”方针和“双效”统一不动摇，精心培育和打造出一大批优秀出版物，获得了良好的社会效益。在近两年的国家级大奖评选中获得了大面积丰收。在第十一届中宣部精神文明建设“五个一工程”奖中，中国出版集团公司有两种图书获奖；在第三届中华优秀出版物评奖中获得25个奖项；在第二届中国出版政府奖中，获得39个奖项。在以上“三大奖”中，中国出版集团公司获奖总数均列全国出版集团之首。“十一五”时期，中国出版集团公司出版主业不断壮大，图书出版总量增长47.6%。其中，新书增长44.1%，重印图书增长51.2%。国内图书零售市场占有率连续9年保持全国第一。“十一五”时期，集团公司经济总量实现了大幅度增长，主营业务收入增长26.98%，利润总额增长156.88%，资产总额增长49.06%，在岗员工平均年收入增长78.39%。（张　婧）

全国逾1.8万所学校试点经典诵读

2011年4月19日新华网发表的电文。电文称，自2007年教育部语言文字应用管理司在全国范围内启动“中华诵·经典诵读”活动三年多来，“中华诵”利用语言文字与文化互为载体的特点，通过诵读和书写经典，使雅言华章所承载的中华优秀文化相辅相成，相得益彰，形成了经典诵读大赛、传统节日晚会、全国中小学生夏令营、经典诵读进校园晚会、全国大中小学生规范汉字书写大赛、古辞新韵创作大赛六大系列。“第四届中华诵·经典教育论坛”由中国出版集团公司所属中华书局主办，研讨“中华诵·经典诵读”教学法。全国已有逾1.8万所学校试点“中华诵·经典诵读”，广大青少年在诵读中亲近中华经典，在亲近中热爱中国文化，在热爱中弘扬中华文明，进一步加深了对中华民族精神和优秀传统文化的理解。（张　婧）

云南和顺乡图书馆获赠576册《中国文库》

2011年4月26日《中国新闻出版报》刊发的报道。报道称，为认真贯彻落实中共中央政治局常委李长春同志去年在云南腾冲考察时的重要指示精神，新闻出版总署、中国出版集团公司日前赶赴云南省腾冲县，向该县和顺乡图书馆捐赠576册《中国文库》。中国出版集团公司总裁聂震宁等领导出席捐赠仪式并致辞。和顺图书馆始建于1928年，目前馆藏图书8万多册，先后被命名为“爱国主义教育基地”、“全国重点文物保护单位”，已成为乡镇图书馆的典范。报道称，《中国文库》计划出版1 000种图书，自2004年起，每年推出一至二辑，每辑约100种，已出版4辑，2011年准备出版第五辑，以后每出版一辑，都将及时捐赠给和顺图书馆。

（张　婧）

中国出版集团去年输出版权 404 项同比增长 86.49%

2011 年 5 月 6 日《中国新闻出版报》发表的报道。报道称，2010 年中国出版集团公司"走出去"工作取得了新的成效，为"十一五"规划目标完美收官和"十二五"期间持续较快发展打下了良好基础。2010 年，中国出版集团公司版权输出 404 项，同比增长 86.49%，全国排名第一。集团公司副总裁刘伯根认为，2010 年中国出版集团"走出去"的成果主要表现在三个方面。一是版权输出尤其是面向欧美等国家的版权输出大幅增长，贸易逆差进一步缩小。二是外向型图书的选题质量和出版质量显著提升。三是初步形成海外出版发行格局，本土化运营初显成效。2011 年，中国出版集团公司"走出去"工作将在五方面发力：一是进一步加强统筹管理和对口服务力度，集中运营版权输出业务；二是着力实现版权输出由数量增长向质量提高方向转变，着力扩大"走出去"产品的影响力；三是多渠道、全方位探索"走出去"新模式，更加有效地实践"走出去"战略；四是继续依托"中国图书对外推广计划"、"中国文化著作翻译出版工程"、"经典中国国际出版工程"等政府工程，积极策划、开发新项目，争取更多的政策和资金支持；五是依托各种对外交流推广平台，推广集团公司的品牌和产品。（张　婧）

中国数字出版门户大佳网即将上线

2011 年 5 月 19 日《中国新闻出版报》发表的文章。文章称，中国出版集团公司 5 月 19 日宣布，由中国出版集团公司旗下数字传媒公司主办的中国数字出版门户网——大佳网，将于 5 月 29 日在第 21 届全国书博会期间正式上线。中国出版集团公司总裁聂震宁表示，这意味着中国出版集团公司大力推进数字化战略，实现业态升级，又迈出了重要一步。"中国数字出版网"作为国家发改委"国家信息化试点项目"，经过近两年的探索以及中版集团数字传媒公司近两个月来夜以继日的开发建设，终于上线运营。定位为中国数字出版行业应用服务平台的大佳网，主要优势在于发布国内主流优质内容资源，首期将提供万余部纸质书电子版在线阅读。网站依托中国出版集团公司强大的资源基础搭建，未来将联合全国出版发行机构，聚合国内优质出版资源，共同搭建中国数字出版门户网络。本着搭建全行业公共服务平台的原则，大佳网提供最便捷稿件定投平台，网友可通过"原创自选出版平台"直接线上投稿，出版社根据内容需要进行线上或线下出版；独家推出的"出版社自助宣传自主运营"平台，首批加盟的出版社包括人民文学出版社、商务印书馆、新星出版社等；首创的大佳网顾问团互动模式，聘请名家为读者评书荐书。基于"共建、共享、共赢"的原则与模式，聂震宁希望能够联合全国的出版发行机构共建平台，整合最为优质的出版资源，实现共赢。（祁兰柱）

中国数字出版网大佳网上线

2011 年 5 月 31 日《人民日报》（海外版）发表的文章。文章称，由中国出版集团公司全力打造、旗下数字传媒公司主办的中国数字出版网即大佳网近日上线。大佳网依托中国出版集团公司强大的资源基础，将联合全国出版发行机构，聚合国内优质出版资源，共同搭建中国数字出版最大的推送平台。首期将有万余部纸质书电子版在线阅读，全球独家首发王安忆最新长篇小说《天香》；首创大佳网顾问团互动模式，首批聘请 20 余位名家做顾问；首度推出"原创自选出版平台"，网友可直接线上投稿；独家推出"出版社自主运营自助宣传"平台，首批加盟的出版社有近百家。（张　婧）

《邓小平传奇》等 48 种红色经典连环画面世

2011 年 6 月 2 日新华网发表的电文。电文称，为庆祝中国共产党成立90周年，中国出版集团公司联合人民美术出版社、连环画出版社、上海人民美术出版社、天津人民美术出版社编辑出版了“庆祝中国共产党成立90周年百种红色经典连环画”。首批优秀作品《邓小平传奇》、《党费》、《八女投江》、《白毛女》、《霓虹灯下的哨兵》等48种（56册）已面世。连环画精选了《毛泽东同志在陕北》、《刘少奇同志在安源》、《地球的红飘带》、《铁道游击队》、《狼牙山五壮士》、《南京路上好八连》等新中国成立以来创作的优秀作品，表现了中国共产党领导全国人民建立新中国的光辉历程。6月20日前，百种红色经典连环画全部出版。新中国成立后，为了更好地宣传党和国家的方针政策，国家十分重视连环画的发展。当时人民美术出版社和上海人民美术出版社、天津人民美术出版社等美术出版社出版了大量优秀的连环画。改革开放之后，连环画发展进入最辉煌时期，一年发行8亿册。至今，许多作品已经成为经典。（张　婧）

“读者大会”持续打造阅读嘉年华

2011年6月10日《人民日报》（海外版）发表的报道。报道称，作为中国出版界“国家队”的中国出版集团公司持续打造阅读嘉年华，举办了第四届“读者大会”。第四届“读者大会”的主题是“读者至上、享受阅读”。余秋雨、倪萍、迟子建、王树增、郦波等名家与现场读者分享了阅读和写作体验。集团公司总裁聂震宁在致辞中指出，“读者大会”是读者的节日，是作家和出版人的盛会，是文化交流的盛会。在当今时代，纸介质阅读和数字网络阅读作为不同载体的阅读方式，犹如鸟之双翼和车之两轮，共同满足读者不同层次、不同情境、不同审美趣味下的阅读需求。作为当代出版人，不仅要为广大读者提供优质的纸介出版物，还要提供公共数字阅读平台。“读者大会”现场，多个文化节目穿插其中。中国出版集团公司还积极履行社会责任，热心公益出版服务，向哈尔滨市儿童福利院，黑龙江大学，哈尔滨市萧红中学、继红小学、闽江小学，291农场、建设农场、云山农场、850农场等9家单位捐赠价值83.5万元的图书。（张　婧）

京沪学术论坛纪念建党90周年

2011年6月19日《人民日报》发表的文章。文章称，为纪念中国共产党成立90周年，中国出版集团公司和上海市社会科学界联合会围绕在中共上海市委宣传部指导下筹划的《中国共产党与现代化使命丛书》，举办京沪学术论坛暨《中国共产党与现代化使命丛书》出版座谈会。论坛围绕建党90年来，我国政治、经济、社会各方面理论发展的脉络和思想价值，进行了热烈的讨论。（张　婧）

中国崛起的历史逻辑

2011年6月27日《中国青年报》发表的报道。报道称，《中国共产党与现代化使命丛书》出版座谈会6月19日在京举行。此次出版座谈会，由中国出版集团公司和上海市社会科学界联合会主办，中国大百科全书出版社承办。专家学者齐集一堂共议改革开放30多年来中国的快速发展、和平崛起。中国奇迹或者说中国模式，其本身就是中国追求民族复兴与现代化过程的重要组成部分。在中国百年复兴与中国经济长期增长期间，执政党的重要角色，决定了中国经济长期发展的趋势。特别是党的十六大以来，围绕民族复兴与现代化发展，中国共产党提出了科学发展观，创造性地回答了“为什么要发展”、“什么是发展”、“怎么发展”等一系列重大问题。而构建和谐社会、建设社会主义新农村、建设创新型国家等用科学发展观统领经济社会发展全局的战略，都表明了执政党在复兴与增长的关键阶段的关键性作用。（王　瑜）

中国出版集团摆上红色图书盛宴

2011年6月27日《光明日报》发表的通讯。文章称，作为我国出版界的“国家队”，中国出版集团公司推出了庆祝中国共产党成立90周年百种重点图书，品种之全，规模之大，堪称图书盛宴。为庆祝建党90周年，集团公司组织策划了近170种选题，从中遴选出100种重点图书，其中原创图书80种，编创类图书20种，涵盖马列经典理论、政治、文学、历史、经济、艺术、文化等13个门类。《武昌城》入选中宣部重点选题；《武昌城》和《重庆与中国统一战线》入选新闻出版总署68种重点图书。此外，集团公司还推出一批音乐、绘画、少儿作品，如《唱支山歌给党听红歌金曲专辑》、《革命胜景图册》、《早年毛泽东》等。集团公司所属荣宝斋举办了“风展红旗如画——庆祝建党90周年斋藏现代绘画作品展”。（张　婧）

百种精品图书庆党九十华诞

2011年7月8日《人民日报》发表的报道。报道称，中国出版集团公司推出百种重点图书庆祝中国共产党成立90周年，力图全景展现中国共产党90年不平凡的光辉历程，反映中国共产党90年在民族独立、人民解放、国家富强、改革开放伟大实践中取得的辉煌成就，表现中国共产党90年来解放思想、实事求是、与时俱进、科学发展的伟大品质。此次推出的100种重点图书，其中原创图书80种，编创类图书20种，涵盖13个门类。人民文学出版社的《武昌城》入选中宣部庆祝建党90周年的8种重点选题；《武昌城》和华文出版社的《重庆与中国统一战线》入选新闻出版总署庆祝建党90周年的68种重点图书。这些图书紧扣主题，真情颂党；名家领衔，打造精品；内涵丰富，突出系列；凸显原创，风格多样。（张　婧）

中国出版集团“纪念辛亥革命100周年”系列活动在港启动

2011年7月20日新华网发表的电文。电文称，中国出版集团公司7月20日在香港书展上举办“纪念辛亥革命100周年”系列活动启动仪式。集团公司总裁聂震宁介绍说，系列活动包括“纪念辛亥百年精品图书海外联展”、“辛亥百年——2011《中国当代作曲家曲库》音乐会”等，将在港、澳、台和北京等地举行。此外，59种以纪念辛亥百年为主题的图书也将陆续面世。集团公司在内地展区1号馆，占地108平方米，共有约1700种、1.4万册图书参展，总码洋近50万元，其中包括《武昌城》、《中华现代学术名著丛书》、《中国共产党与现代化使命丛书》等精品图书。香港书展期间，集团公司还将在澳门联合出版集团文化广场书店举办“纪念辛亥百年精品图书展销”。9月，展览将走进宝岛台湾。“辛亥百年——2011《中国当代作曲家曲库》音乐会”将于9月由人民音乐出版社举办。届时将演奏《中山颂》、《序曲·1911》、《九州同》等10部分别由海峡两岸和港澳以及海外华人作曲家创作的辛亥主题音乐作品。聂震宁还介绍说，为纪念辛亥革命100周年，中国出版集团公司计划出版59种九大类别的图书。目前已经出版的有：商务印书馆《百年国土》、《陆荣廷秘史》，现代出版社《黄花落黄花开》，华文出版社《蒋介石：从溪口到慈湖》等6种。其余书籍的出版也已进入最后环节。（张　婧）

“中华字库”工程进入全面研发建设阶段

2011年7月26日新华网发表的电文。电文称，由中国出版集团公司牵头组织的“中华字库”工程研发工作启动大会在京举行，标志着“中华字库”工程从筹备阶段正式进入全面研发建设阶段。“中华字库”工程于2006年被列入《国家“十一五”时期文化发展规划纲要》的重大建设项目，并于2009年被列入国家《文化产业振兴规划》。“中华字库”工程以对文字学深入研究为基础，从数千年流传下来的文字载体中尽可能将所有出现过的汉字形体和少数民族文字形体汇聚起来，建立字际联系，最终按照出版印刷及网络数字化需求，制作出符合各种应用需求的汉字及少数民族文字的编码和主要字体字符库。“中华字库”工程还研发超大规模字库的输入输出、存储传播以及相互兼容等关键技术。工程由中国出版集团公司牵头组建总体组，共分为28个包，预计5年内完成。（张　婧）

“中华字库”：这里没有你找不到的字

2011年8月24日《光明日报》发表的报道。报道称，我国现有的字库只收入7万多字，无法满足时代需要。“中华字库”工程的实施将有望改变这一现状。该工程已进入研发阶段，完成后的中华字库预计可编码字符数在50万左右。

报道称，工程将利用先进的信息技术手段，收集和汇总历代文献资源中出现过的汉字和少数民族文字，辨析源流衍变，确定每个字形的历史地位，建立汉字及少数民族文字的编码和主要字体字符库，重点研发汉字输入、输出、存储、传输以及兼容等关键技术。工程最终将制作出一套权威全面的字表，提交给国际标准化组织，进而满足现实的各种需求。

报道指出，“中华字库”工程实施起来并不容易，因为它不仅是一个简单的文字整理，更要对我国传统文献进行一番细致整理。“中华字库”工程完成后，将有助于我国传统文献的永久保存和无限传播，不仅对文字学和文献学领域贡献巨大，还将对我国的整个社会科学研究产生巨大的推动作用。

报道最后引用工程首席专家裘锡圭教授的话说：“‘中华字库’将是开放性的，建成后并非一劳永逸。理想的状态是：工程完成后，应有经常性的机构为此提供长期的机制保障。”

（严　可）

中国出版集团与亚洲青年动漫大赛将合作开发动漫内容资源

2011年8月26日新华网发表的电文。电文称，中国出版集团公司“中华动漫资源库”与“亚洲青年动漫大赛数据库复合型运营平台”8月26日建立动漫内容资源战略合作机制，双方将共同推动中国原创动漫发展和动漫产业良性产业链的形成，推进中国与国际动漫内容资源合作走向深入。中国出版集团公司副总裁宋晓红在第五届亚洲青年动漫大赛开幕式上介绍说，亚洲青年动漫大赛有全球近70个国家和地区的参与，作品数量逐年递增，许多作品成为优秀的出版元素。中国出版集团公司与亚洲青年动漫大赛的合作旨在更好地为大众提供数字出版服务，促进动漫出版创新，促进动漫产业与数字出版的共同发展，并将在基于数字内容的文字、图片、音像、视频等新媒体出版与交互使用上，在新产品的开发方面进行探索。在新闻出版总署的支持下，2011年1月启动的“中华动漫资源库”项目，吸引了中国知名漫画家、动漫作者、出版专家携作品加盟，吸纳新中国成立前后几十年的漫画作品，汇集了张乐平、华君武、方成、丁聪等几代漫画家的心血，并借助中国出版集团拥有的出版资源，收集了中国民俗、民间作品和出版物。（张　婧）

2011北京国际出版论坛：数字时代出版业路向何方

2011年8月30日新华社发表的电文。电文称，8月30日举行的2011北京国际出版论坛将主题定为“数字时代的国际出版业走向”，出版业权威人士围绕数字出版这一话题展开热烈讨论。中国出版集团公司总裁谭跃在论坛上介绍，中国出版集团公司迄今已投入2.5亿元专项资金扶持数字出版。2011年5月，中国数字出版网一期工程上线，可以提供1万多部电子图书的在线阅读、200万个书目搜索、20万种图书样本展示等内容。谭跃表示，传统出版企业的核心优势，是具有丰富优质的内容资源、作者资源和读者认知度，同时还拥有素质过硬的编辑力量，这些正是传统出版业发展数字出版的坚实基础。对于出版标准规范问题，谭跃认为，解决好版权问题是数字出版走上成熟的关键，同时要建立一个规范的出版市场，而合理的电子图书定价机制也有助于维护作者和出版商的利益，有利于避免数字出版市场的恶意竞争。（张　婧）

揭“中华字库”玄机　收纳中国古今庞大编码字符

2011年8月30日《人民日报》发表的报道。报道通过对“中华字库”工程总体组专职副组长张力伟的采访，为读者解读“中华字库”工程的背后的“玄机”。

报道称，“中华字库”工程横跨多个学科领域，“文理”结合十分紧密。一方面要从数千年流传下来的文字载体中，尽可能全面地搜集汇聚古今各种文字形体，在所出现过的实际文本原形图像的基础上，确定历史演变、整理字际关系等；另一方面将以现代信息技术作支撑，通过有效的人机结合，让计算机巨大的存储能力和便捷的检索类聚能力为文字专家的专业研究服务。工程还将提交古今汉字及少数民族文字的国家编码、国际编码标准提案，并为字库在不同领域的应用提供支撑工具与环境，实现“中华字库”在互联网的在线发布等。

报道指出，在当今世界数字化、信息化的发展大趋势下，当前的文字整理与字库现状已无法满足国家数字化建设的需要。中国文化要“传下来”、“走出去”，也需要依靠数字技术和网络平台。这些都是国家组织实施“中华字库”工程的背景。

经过几年的精心筹备，工程目前已正式进入实质性研发阶段，计划五年完成。报道引用工程研发方案评审专家的话说，“中华字库”工程是比秦始皇统一汉字规模更大的中华文字整理工程，必将对中国乃至世界文明的历史产生重大而深远的影响。　　（严　可）

探究世界石油谜题《石油大棋局——下一个目标中国》一书日前首发

2011年9月9日新华网发表的电文。电文称，由中国出版集团公司、中国民主法制出版社、中版国际传媒有限公司共同举办的“《石油大棋局——下一个目标中国》全球首发式暨石油地缘战略研讨会”9月8日在中国出版集团公司召开，该书作者威廉·恩道尔专程来中国参加该书首发式。恩道尔在《石油大棋局——下一个目标中国》中分析了中国在世界石油格局中的处境，以及近年来中国在积极寻求石油能源对外合作方面所做的努力。除了中国石油战略，新书还针对“石油枯竭论”阴谋，追根溯源，使真相大白于天下。该书揭露了美英石油帝国为达到控制世界石油的目的，如何从觊觎中东等国储量丰富的石油，到一步步通过外交、经济、战争等手段达到在这些国家驻军，将其据为己有的目的。通过该书，人们便能够了解近年来的政治经济形势背后的来龙去脉，它们都与石油及其背后的霸权有关。　　（张　婧）

纪念辛亥革命100周年中国出版集团推出60种精品图书

2011年10月14日《人民日报》（海外版）发表的文章。文章称，为纪念辛亥革命100周年，中国出版集团公司陆续推出60种内涵丰富、风格多样的精品图书。这些图书原创和编创类各占一半，涵盖政治、哲学、文学、历史、纪实、艺术、纪实、文献、出版、综合等11个门类。这些图书具有五个突出的特色：一是名家领衔，独树一帜；二是重现经典，突出系列；三是内容厚重，富有新意；四是凸显原创，还原历史；五是聚焦传记，风格多样。重点图书有人民文学出版社的《1911》，世界图书出版公司的《壹玖壹壹：从鸦片战争到军阀混战的百年影像史》，东方出版中心的《辛亥百年人物谱》，中华书局的《中华民国史》，人民音乐出版社的《中国当代作曲家曲库·辛亥革命专辑》（10种），中国大百科全书出版社的《辛亥革命实绩汇编丛书》，中国民主法制出版社的《辛亥：国运1911》，商务印书馆的《百年国士》等。　　（张　婧）

中国出版集团公司日输版权百余种《于丹〈庄子〉心得》将出法文版

2011年10月18日《中国新闻出版报》刊

发的报道。报道称，在第63届法兰克福国际书展的第二天，中国出版集团公司完成版权输出72种，开展两天共实现261种版权输出，处于“中国军团”领先位置。中国出版集团公司举行《于丹<庄子>心得》法文版签约仪式，国际资深图书版权代理人托比·伊迪代理该书法文版版权，托比·伊迪先生也是《于丹<论语>心得》法文版的代理人。《于丹<庄子>心得》已签约海外版权33个，目前已出版了17个语种的22个版本。中国对外翻译出版公司与英国欧若拉出版有限公司签署了《文明博物馆》数字版权输出协议，并就中国主题的图书出版签署了“一揽子”协议，涉及20多种图书版权。这次签约是中国对外翻译出版公司在国际合作领域的一次重要突破。此外，中国出版集团公司所属8家单位与德国簇卡（ZUUKA）数字出版公司等进行了交流。

（张　婧）

出版界谈十七届六中全会：创作无愧于人民的作品

2011年10月25日新华社发表的电文。电文称，党的十七届六中全会召开后，出版界反响热烈，各方人士纷纷表示要积极贯彻全会精神，努力创作生产更多无愧于历史、无愧于时代、无愧于人民的优秀作品。文章援引了多位国内出版机构的主要领导的重要观点。中国出版集团公司总裁谭跃认为，出版作为文化的核心部分，在建设社会主义文化强国中发挥着十分重要的作用。当今时代文化的作用和影响比以往任何时候都广泛和深刻，文化越来越成为民族凝聚力和创造力的重要源泉，越来越成为综合国力竞争的重要因素，越来越成为经济社会发展的重要支撑。他表示，中国出版集团公司作为出版“国家队”，要结合自身的实际，进一步理清发展思路，明确聚焦书业、聚焦传媒、聚焦文化产业的投资方向。探索跨国、跨地区、跨媒体、跨行业、跨所有制的发展之路，打造资本运营、数字化出版和高端人才的竞争优势。谭跃指出，出版社最主要的任务是出版更多人民喜闻乐见的优秀读物，中国出版集团公司要全面提升各类图书的品质，发挥出版在引领风尚、教育人民、服务社会、推动发展上的特殊作用。坚持正确文化立场，坚持出版的正确导向，秉持崇高价值追求，弘扬真善美，反对“三俗”。努力以思想的力量、艺术的魅力打动读者，为全社会的思想道德建设提供更多更好的精神食粮。

（张　婧）

时代呼唤品牌出版传媒企业

2011年11月1日《人民日报》刊发的署名文章。作者是中国出版集团公司党组书记王涛。他围绕党的十七届六中全会提出的建设社会主义文化强国的重大战略任务，提出建设文化强国必然是出版传媒强国，至少应该有三个重要的组成部分，就是要有影响力巨大的知名企业、知名品牌和知名企业家。强大的出版传媒企业首先体现为在内容提供方面有强劲的生产、传播和创新能力。中国的文化企业应有在传播社会主义核心价值观方面的远大理想和文化担当。强大的出版传媒企业还应该具有很强的品牌经营能力。强大的核心在于其制度优势和制度力量，而这恰恰是国内出版传媒企业所缺乏的。中国出版传媒企业要努力提高多品牌能力，依据战略目标确立合理的品牌结构。我国的出版传媒企业要以社会效益第一为其经营理念和追求目标，国家的扶持政策要更有力度，更加有效。

（张　婧）

谭跃做客央视《首席夜话》栏目

2011年11月8日中央电视台播出栏目《首席夜话》。新闻出版总署署长、国家版权局局长柳斌杰与中国出版集团公司总裁谭跃、中南出版传媒集团公司董事长龚曙光等10位行业领军人物一起做客栏目，畅谈行业改革发展。转企改制后，中央对新闻出版业提出新的要求：打造几个中国一流、世界知名的出版传媒集团。柳斌杰说，新闻出版总署制订了打造中国出版传媒战略投资者的计划，要首先推出一些名牌企业。从中央层面来说，组建了三大集团公司，地方上也涌现出一批实力很强的出版传媒集团。同时，要保留一些专业性的出版集团，最终形成以大型出版航母为主、中小型出版单位并举的格局。在谈到什么样的出版企业可以称为航母问题时，谭跃认为，成为航母要看三个指标：资源掌控能力、文化影响力和资本实力。谭跃表示："集团一定会把规模做好，但是比这个更要下功夫的，是把文化产品真正做出市场影响力"。他预计，中国出版集团公司用一两年时间可以进入国际出版第三方阵，即年销售额超过10亿美元。（张　婧）

大佳网国内首推社交型电子书概念

2011年11月15日中国新闻网发表的电文。电文称，熊培云的新作《一个村庄里的中国》的纸质书首印10万册正式上市，大佳网策划运营的同一图书的多版本电子书也同步上市。正在酝酿出炉的社交型电子书是大佳网在国内的首个尝试。电子书包括精编版、完整版、加长版，以及社交型电子书概念。中国出版集团公司副总裁宋晓红在首发仪式上指出，同时推出《一个村庄里的中国》多个版本的电子书，并在国内首推社交型电子书概念，是大佳网自上线以来在数字出版产品研发上的探索，也是中国出版集团公司的一个重点图书数字版权运作项目。《一个村庄里的中国》社交型电子书是通过社交网络和网络相关内容收集的方式给该书的电子书阅读体验增加新的内容，通过加载、加工有关《一个村庄里的中国》的书评、访谈视频等视听文件，实现电子书附加内容的及时更新，不断强化电子书的社区互动功能；而读者可就这本书的内容和相关话题实现即时对话、讨论与分享。书的外延从简单的平面纸质书向立体化的互动性图书演变。预计该新版电子书将于2012年年初在北京图书订货会期间与读者见面。（祁兰柱）

"双推计划"书香校园登录中国矿业大学

2011年11月17日新浪网发表的报道。报道称，中国出版集团公司与全国大学生读书节在中国矿业大学联合举办了"2011全国大学生读书节系列活动之中国出版集团公司'双推计划'书香校园活动"。中国出版集团公司向中国矿业大学赠送了300册图书。80后知名畅销书作家安意如做了题为"让我们古典的爱一回"文化讲座。在讲座中，她延续了特有的"浪漫古典情"风格，跟同学们分享她的写作灵感、爱情观、价值观，用古典文字拂去现实的尘埃。在交流互动环节，同学们反应热烈，与安意如进行了直接的对话交流，并得到安意如的签名赠书《人生若只如初见》。活动结束后，中国矿业大学的图书漂流随之现场开启。共有两百多名同学填写了图书漂流卡，并领取了自己喜爱的图书。一位参加活动的矿大学生表示，这不仅是一场图书活动更胜一席唯美盛宴，教会我们如何去爱，怎样去爱。（张　婧）

中国出版传媒股份有限公司在京挂牌成立

2011年12月28日新华网发表的电文。电文称，以中国出版集团公司为主，中国联合网络通信集团有限公司、中国文化产业投资基金及学习出版社参与发起的中国出版传媒股份有限公司在京正式成立。中宣部、新闻出版总署等有关部门负责同志出席挂牌仪式。作为中央国有大型文化企业，中国出版传媒股份有限公司以图书、期刊、音像电子制品、数字出版物的出版发行为主业，拥有人民文学出版社、商务印书馆、中华书局、中国大百科全书出版社、中国美术出版总社、人民音乐出版社、生活·读书·新知三联书店等众多历史悠久的品牌出版社。中国出版传媒股份有限公司将坚持以传播社会主义先进文化为使命，进一步解放思想、改革创新，完善具有文化特点的现代企业制度，提高规模化、集约化、专业化水平，扩大品牌影响力，多出优秀作品，更好地满足人民群众精神文化需求，努力把公司建设成为主业突出、实力雄厚、管理科学、效益一流的国际化大型出版传媒企业。（张　婧）

部分重要媒体对集团公司所属单位的报道

一甲子光辉篇章

2011年3月28日《人民日报》发表的文章。文章称，从成立之初，人民文学出版社就以繁荣国家文化建设为己任，带着清醒的使命感和生生不息的强大创造力，对新中国文学出版事业的发展起到了重要的推动作用。进入21世纪，人民文学出版社以更稳健的步伐迈步向前，进入了高速发展时期。成功引进《哈里·波特》的中文版权，是人文社在市场转型中的标志性事件，也是国内出版界在国际版权贸易中的经典案例。2002年4月，中国出版集团成立，人民文学出版社为其成员单位之一；2002年12月，首届“21世纪年度最佳外国小说”颁奖典礼举行，随后，又迎来了勒·克莱齐奥、大江健三郎、马丁·瓦尔泽等世界级的文学大师，打开了新世纪中外文学交流的新渠道。在60年出版实践中，在60年的文学发展中，人民文学出版社出版中国当代文学作品、现代文学经典作品、优秀古典文学作品、外国文学名著和文学理论著作、高校文科教材等图书万余种，发行十亿多册，拥有大量的专有出版资源。回首过去，光荣与艰辛同在；展望未来，机遇与挑战并存。（宋　强）

“茅奖”图书热销的启示：畅销很好常销更棒

2011年10月10日《光明日报》发表的文章。文章称，随着第八届茅盾文学奖的揭晓和颁奖典礼的举行，“茅盾文学奖”成为近段时间的一个热词。在这一届的获奖作品中，《天行者》和《推拿》均是人民文学出版社出品，该社成为唯一有两部作品获奖的出版社。“茅奖”自1981年设立、次年开始首届评选以来，至今已历经8届，共有38部作品（正奖36部，荣誉奖2部）获此殊荣。据统计，自第一届“茅奖”始，人民文学出版社出版的作品就从未缺席，迄今累计获奖作品达17部，几乎占获奖作品的半壁江山，是获“茅奖”最多的出版社，充分显示出这家拥有60年历史的文学出版社自觉的文化担当。

据不完全统计，人民文学出版社获得茅盾文学奖的17部作品，各种版别共计销售近650万册，成为名副其实的常销书。相关工作人员表示，所有的获奖作品，发行量尽管不尽相同，但每部年年有加印则是不争的事实。（宋　强）

全国性出版巨头与省级报业集团首次跨地合作《帅作文》周报在湖北创刊

2011年1月5日人民网发表的报道。报道称，由湖北日报传媒集团与中国出版集团公司人民文学出版社联合主办、楚天都市报倾力打造的《帅作文》周报在武汉举行创刊号首发式，这是全国性出版巨头与省级报业集团的首次跨地域合作，体现了当前我国新闻出版业文化体制改革的新方向。中国出版集团公司副总裁刘伯根等领导出席《帅作文》首发式并讲话。刘伯根表示，希望《帅作文》在激烈的市场竞争中找准自己的位置，找好发展壮大的路径，立足京楚、面向全国，迅速做强做大，多方开拓改革发展的新路子。

（张　婧）

引路与反哺："汉译世界学术名著丛书"第十三辑专家论证会侧记

2011年3月28日《人民政协报》刊登的文章。文章对"汉译世界学术名著丛书"给予了高度评价。文章称，"汉译世界学术名著丛书"所收著作，均为一个时代、一个民族、一个国家学术史、思想史上具有里程碑意义的经典著作。自1981年结辑出版以来，目前已发展成为国内规模和影响最大的学术译丛，在学术界享有很高的声誉。在某种程度上，这套丛书参与、推动并见证了中国自改革开放以来的思想解放、学术交流的过程。

文章指出，在中国学术界，几乎没有人不知道"汉译世界学术名著丛书"这套丛书。可以说，它是很多学者学术生涯中的长久伴侣。这套丛书既是他们进入学术领域的"引路人"，伴随他们探学术之堂奥；又得到这些学者的"反哺"，为其组织、翻译和出版贡献才识，从而推动中国学术的进一步发展。

"汉译世界学术名著丛书"第十三辑将从229种备选书目中选出40种新书。经过论证后，学者们依据著作本身的经典性及其翻译质量标准选定。文章称，第十三辑的面世，将使"汉译世界学术名著丛书"的出版品种达到540种，这使商务印书馆"2 000种汉译名著"之重大出版工程又往前迈了一步。商务印书馆计划在今后10年左右的时间出版2 000种"汉译世界学术名著"丛书，这套丛书将以宏大的气势展现世界学术的基本体系和完整面貌，成为集域外文明之大成的渊薮。

（冯　雪）

美媒：中国的字典跟上时代发展步伐

2011年7月29日《环球时报》转载美国《时代周刊》7月26日刊发的文章《中国新字典："合作社"出去，"啫喱"进来》。文章称，在越来越国际化的中国，中国语言学家越来越与时俱进地接受新的表达方式和新词汇。在《新华字典》（第11版）中，所有与阶级斗争有关、不能反映当今中国的词汇均被删除或修改；在现代社会检索频率低的词被删除；关于濒危物种的皮、毛、肉等对人类有用的说法也不见踪迹；一些日常用语也被收录入新版字典。文章称，新中国成立以来，每个学生都非常熟悉这种袖珍出版物。其发行总量已超过4亿册，是世界上最畅销的4种书籍之一。从1953年的第一版起，它就一直见证着中国社会和政府中的各种变革。

（冯　雪）

我国着力解决贫困地区农村中小学生字典短缺问题

2011年1月30日新华社发表的电文。电文称，为多做顺民意、解民忧、惠民生工作，新闻出版总署1月30日针对部分贫困地区中小学《新华字典》缺口情况进行部署，并倡议全国新闻出版企业开展《新华字典》捐赠活动，为中西部贫困地区农村中小学生送温暖、献爱心。为响应国家号召，中国出版集团公司所属商务印书馆将推出农村中小学生使用的《新华字典》（简装版），在保证品质前提下，最大限度地在正文用纸、封面用纸、装帧设计以及印制等方面降低成本，并与著作权人协商降低版税费用，以最低折扣价销往农村。商务印书馆已定于2011年6月出版《新华字典》（简装版），并将以最快速度定向发往农村地区销售。

（张　婧）

《新华字典》（第11版）全球同步发行

2011年7月6日《光明日报》发表的通讯文章。文章称，经过近8年的修订，由商务印书馆出版的《新华字典》（第11版）正式出版并于7月5日在全球同步发行。全国人大常委会副委员长严隽琪出席出版座谈会，对新版字典给予充分肯定。《新华字典》（第11版）根据时代的变化、读者的需求和字典本身的学术规范等原则，对全书的内容和体例进行了审慎而系统的修订，凸显了《新华字典》与时俱进的权威品质。本次修订主要体现在六大方面：增补字音，增补新义，增删词语，增补人名、地名、姓氏用字，更新附录，改动体例。文章认为，这些调整和改动，见证了近年来社会生活日新月异的发展，显示了语言对生活的快速反应，也进一步体现了《新华字典》对时代变化的敏感与及时跟进的一贯作风。

（张　婧）

商务印书馆向世界介绍中华学术

2011年9月7日《中国青年报》第3版刊登的报道。报道称，在2011年北京国际图书博览会（BIBF）上，商务印书馆与来自BIBF主宾国荷兰的威科集团共同举办了《威科法律译丛》新书发布会暨《中国法院案例精选文库》“走出去”战略合作协议签约仪式。此次发布的《荷兰雇佣法与企业委员会制度》为《威科法律译丛》第一种，也是商务印书馆与威科集团展开战略合作后推出的第一个成果。此次商务印书馆与威科集团就《中国法院案例精选文库》“走出去”战略合作签署的合作协议，是近年来商务印书馆向世界介绍中华学术的一项重大举措。

（冯　雪）

《英语世界》举办创刊三十周年纪念会

2011年10月18日新华社发表的报道。报道指出，1981年，商务印书馆创办一本全新的英语期刊——《英语世界》。30年来，《英语世界》荣获“第一届全国百种重点社科期刊”、“第二届全国百种重点社科期刊”称号，以及首届国家期刊提名奖等荣誉，受到许多英语教师和英语爱好者的喜爱。报道称，新闻出版总署、中央编译局、中国出版集团公司等单位的有关人士与会。新闻出版总署副署长李东东指出，《英语世界》通过“西方侧影”开拓视野，通过“华夏之窗”弘扬中国文化。近两年来，《英语世界》与时俱进，及时增设“网络时代”、“中国印象”、“经管”、“赏诗阁”等栏目，还将新设“心境”栏目等。这些努力都说明《英语世界》在不断探索，不断进取。此外，大会为第二届“《英语世界》杯”翻译大赛的获奖选手进行了颁奖。

（冯　雪）

《英语世界》创刊三十周年纪念会在京举行

2011年10月18日新浪网发表的报道。报道称，中国出版集团公司所属商务印书馆10月18日在北京召开纪念会庆祝《英语世界》创刊三十周年。新闻出版总署副署长李东东出席会议并发表讲话，她希望《英语世界》能够“与时俱进，锐意进取，为推动社会主义文化大发展大繁荣作出新的贡献”。中国出版集团公司党组书记王涛希望《英语世界》“在已经取得的成绩的基础上，解放思想，转变观念，在管理体制、运营机制、发行方式等方面，不断深化改革，创新图强”。大会同时为第二届“《英语世界》杯”翻译大赛的获奖选手颁奖。“《英语世界》杯”翻译大赛始于2010年，该项赛事每年举办一次，旨在激发英语爱好者的翻译热情，助力英语学习，探寻翻译之星。2011年参赛选手的人数达到创纪录的1 600余名。

（张　婧）

柳斌杰：传承文化多出精品 引领古籍品牌出版

2011年3月14日《中国新闻出版报》发表的报道。报道称，3月11日上午，新闻出版总署党组书记、署长柳斌杰率领在署的党组成员来到中华书局调研考察，与中华书局班子成员、部分中层干部进行了亲切座谈。柳斌杰对中华书局近年来在传承中华优秀文化方面作出的贡献给予充分肯定，并对当前古籍出版面临的新形势、新挑战作了全面分析，对中华书局今后五年需要做好的一些重点工作提出了明确要求。在谈到中华书局今后五年的发展时，柳斌杰强调，要重点做好以下几方面工作：加强古籍整理出版的计划性、系统性，统一规划，统一实施，形成脉络清晰的出版体系；加大重点扶持力度，组织力量多出精品，形成一大批能长期传承的经典力作；加快推进古籍出版的数字化，引领古籍出版的数字化潮流，满足读者数字化阅读的新需求；加大经典普及力度，在已有经验的基础上，着力探索新经验新模式，在弘扬和普及历史经典、中华优秀文化方面上一个新台阶，使古籍出版工作走上更加规范、更加科学化的轨道，在古籍整理出版方面继续发挥好品牌引领作用、行业支撑作用。（张　婧）

《文史知识》雅俗共赏三十年

2011年4月18日《光明日报》刊发的报道。报道称，在《文史知识》杂志创刊三十周年庆祝大会上，冯其庸、杨牧之、白化文等著名学者深情回忆了《文史知识》30年中的甘苦与光荣，中宣部、新闻出版总署有关领导对《文史知识》三十年来为弘扬、普及中华传统文化所作出的贡献给予了高度评价。

“大专家写小文章”，是《文史知识》三十年不变的特色。在《文史知识》的作者名单中，可以看到季羡林、任继愈、戴逸、吴小如、金开诚、白化文、周振甫、龚书铎、李学勤等等一大批著名学者。他们用深入浅出的文字，介绍评述祖国的优秀传统文化，准确生动、雅俗共赏。这让《文史知识》自创刊以来一直受到学术界、知识界的广泛好评和各界普通读者的喜爱，先后被列为“中文核心期刊”和《中文社会科学引文索引》（CSSCI）来源期刊，荣膺第三届国家期刊奖百种重点期刊，被中国期刊协会评为“新中国60年有影响力的期刊”，多次获得中国出版集团期刊奖、优秀编辑奖和优秀栏目奖等，多篇文章被选入中学语文教科书和大学教材。

（梁　彦）

《先秦诸子还原》四书发布会在澳门举行

2011年5月4日《人民日报》（海外版）发表的报道。报道称，在澳门大学举行了中华书局出版的《先秦诸子还原》四书发布会。《先秦诸子还原》四书即《老子还原》、《庄子还原》、《墨子还原》、《韩非子还原》。该书作者为中国社会科学院学部委员、澳门大学讲座教授杨义。杨义在《先秦诸子还原》四书中破解的诸子学中的关键性难题，共有38个之多。《先秦诸子还原》四书对清代和民国学术进行深刻的方法论反思，采用多重证据和对话思维，对先秦诸子进行富有创造性的研究，还原诸子经典的本文和本义，还原诸子思想发展的生命性和过程性，还原中国文化完整的而不是碎片化的生命过程。

澳门大学校长赵伟在发布会上致辞时说，这四本专著中的文章大都在国家级权威杂志上发表过，已引起学术界的极大关注，被认为是对中国经典文化研究的重要突破。（梁　彦）

四十年心力卅六册巨著——终于有了一部《中华民国史》

2011年8月30日《光明日报》发表的报道。报道称，《中华民国史》重大科研成果发布会暨出版座谈会日前召开。会上，金冲及、章百家、李文海、步平、张海鹏、耿云志、杨天石等来自中国社科院、中央党史研究室、中央文献研究室、中国人民大学等单位的专家学者对这一民国史研究的重要成果给予了高度评价，认为民国时期中国政治、军事、外交、经济等各方面的问题，都在该著作中得到了较为充分的研究，是民国史研究几十年来最重要的学术成果，具有里程碑式的重要地位。

《中华民国史》是国内首部以“中华民国史”冠名的多卷本著作，是国家出版基金资助项目。这部历时近40年的皇皇巨著共分为三个部分：《中华民国史》（全十六册）、《中华民国

史 大事记》（全十二册）、《中华民国史 人物传》（全八册），共约两千余万字。《中华民国史》以重大历史事件为核心，按“中华民国的创立和南京临时政府统治时期”、“北洋政府统治时期”、“南京国民政府统治时期”的历史时段，分为十二卷十六册。《中华民国史 大事记》以“大事突出，要事不漏”为原则，逐年、逐月、逐日编排1905年至1949年间发生的历史大事。《中华民国史 人物传》选取民国政治、经济、军事、外交、文化、科技等领域的代表人物近千人，为他们撰写人物简传。 （梁 彦）

中华书局推出《中国文化遗产研究院藏西域文献遗珍》

2011年12月13日《光明日报》发表的报道。报道称，《中国文化遗产研究院藏西域文献遗珍》收录了中国文化遗产研究院收藏的5～14世纪西域文献残片235件（192个文本），其中汉文223件、回鹘文8件、西夏文4件。其中不少具有较高佛学历史文献价值、书法艺术价值和文物价值，如5世纪东晋时期由帛氏作注的写本《道行般若经》、6世纪南北朝时期由高僧昙鸾所书的《大般涅槃经疏》、南朝梁大通二年（528）的《大方等大集经》等。该书是财政部立项的“中国文化遗产研究院藏珍贵古籍及文物资料的抢救保护”项目的一部分，此前已出版了《中国文化遗产研究院藏地方志书目》。 （梁 彦）

“没有围墙的大学”《不列颠简明百科全书》（修订版）推出

2011年5月28日《光明日报》发表的文章。文章称，著名语言学家周有光曾经说过，你如果想做一个全球化时代的知识公民，最好首先进入《不列颠百科全书》这所“没有围墙的大学”。今天，《不列颠简明百科全书》（修订版）由中国大百科全书出版社推出。全书共4卷，28 000余个条目，2 000多张照片、地图、表格和绘画，涉及艺术、商业、历史、大众文化、科学以及其他门类的知识。该书在2005年出版的《不列颠简明百科全书》（2卷）基础上，依据美国实时更新的不列颠百科数据库进行了增补修订。该书的最新资料截至2010年12月。

（王 瑜）

中外儿童百科全书论坛聚焦“儿童百科全书”

2011年9月2日新华社发表的消息。消息称，正值第18届北京国际图书博览会在京举行，中外儿童百科全书论坛1日在京举办。与会的中外有关人士共同探讨儿童百科全书编纂等相关问题。论坛由中国大百科全书出版社主办，主题为“儿童百科全书——影响一生的工具书”。中国大百科全书出版社社长龚莉发言说，中外优秀的儿童百科全书在编纂上都有一些相似之处。在编纂理念上都坚持为孩子服务，培养他们追求知识的兴趣，获得寻找知识的方法，养成寻找知识的习惯。基于这样的编纂理念和目的，儿童百科全书的编纂者们在图书内容设置上会充分考虑儿童的知识基础，找到孩子兴趣点和知识点的最佳结合点。

（王 瑜）

《中国京剧百科全书》出版座谈会在京举行

2011年11月16日新华网发表的电文。电文称，中国出版集团公司在京主办了《中国京剧百科全书》出版座谈会。全国政协副主席、中国文联主席孙家正出席。中国大百科全书出版社日前出版的《中国京剧百科全书》是京剧发展史上第一部专业百科全书。其内容是总结和描述京剧艺术的基本历史事实、基本概念术语、基本经验理论，其表达形式是以条目为单元的标题与释文，并配以必要的图像或表格。全书共2卷，收有条目2 371条，释文约240万字，配图约4 000幅，附表25个，设置内容主题索引近3 000条。全书共设10个分支学科，各分支学科均有概述，在概述的统领下，设有诸多大中小条目，以层级划分的方式组成各分支学科知识系统。10个分支学科的相合，构成京剧知识总汇。该书编纂历时15年，是以马少波、刘厚生、郭汉城等戏剧家、理论家为编委会主任，由320多位京剧专家学者及数十位编辑出版人员共同完成。（张　婧）

《中国京剧百科全书》：京剧研究的里程碑

2011年11月28日《中国文化报》发表的文章。文章称，2011年6月是京剧研究历史进程中一个值得铭记也必然会被后人铭记的时间点，《中国京剧百科全书》由中国大百科全书出版社正式出版面世，这不仅代表了百年来京剧研究的最高水平，是京剧研究成果的科学总结，更是未来从事京剧研究的基石，说它在京剧研究历史进程中具有里程碑式的意义，并不为过。18世纪，以作家狄德罗和数学家达朗贝为首，法国各个知识领域思想敏锐的杰出代表人物都集中在百科全书的编撰队伍中，其中包括伏尔泰、卢梭等一大批启蒙思想家，形成了著名的“百科全书派”，开启了法国启蒙运动并且将它推向高潮。两百多年前，法国的百科全书为法兰西民族建造了一座精神文明的纪念碑，今天，在中国京剧发展史上，《中国京剧百科全书》也足可担当这样的评价。它无疑是新世纪京剧研究、同时也是戏曲研究领域最重要的文化贡献。（王　瑜）

人民美术出版社牵头出版庆祝建党90周年百种红色经典连环画

2011年5月20日《中国图书商报》发表的文章。文章称，由中国出版集团公司联合人民美术出版社、连环画出版社、上海人民美术出版社、天津人民美术出版社编辑的《庆祝中国共产党成立90周年百种红色经典连环画》共计104种、170册已于本月20日前全部出版。（汤　锐）

刘云山参观人民美术出版社60年出版成就展

2011年8月12日《中国新闻出版报》发表的文章。文章称，2011年8月18日，中共中央政治局委员、书记处书记、中宣部部长刘云山，国务委员、国务院秘书长马凯亲临中国美术馆参观了“人民美术出版社60周年出版成就展”与“沈鹏书法作品展”，并做重要指示。刘云山部长肯定了人民美术出版社为中国美术事业和出版事业所做出的重要贡献。他指出：要重视人民美术出版社这个著名的品牌，要继续发挥品牌的作用。他同时指出：人民美术出版社是繁荣美术事业很重要的阵地，在将来的美术出版工作中还要起到示范作用。（汤　锐）

277首民歌集结成《羌山采风录》

2011年5月12日中央电视台一套《晚间新闻》播报的新闻。新闻称，像电影一样，歌声也能记录历史。收录了277首羌族原生态民歌的《羌山采风录》近日由人民音乐出版社出版发行，这对于已经陷入濒危境地的羌族文化来说，无疑是个好消息。羌山采风录的创作历时7年，从2004年到2007年间，四川师范大学民歌研究所科研团队深入到四川181个县开展民歌抢救工作。2008年的汶川大地震给脆弱的羌族文化带来了巨大破坏，许多歌者病逝或罹难，为此，采风团队又多次进入灾区采录了56首民歌。《羌山采风录》首次采用声、像、文、谱立体化方式，记录下277首羌族原生态民歌，真实展现了羌族人民的生活方式和文化传统。这些收录的原生态民歌，歌词简单易懂，曲调朗朗上口，十分便于学习和传播。（吴明静）

《金克木集》再现先生道德文章

2011年5月23日《光明日报》发表的通讯

续表

论文名	作者	作者单位	发表刊物	发表时间
一个人一本书的出版社	王　齐	商务印书馆	中国图书商报	2011 年 7 月 8 日
三位好朋友——介绍中华书局新出三本语言学著作	秦淑华	中华书局	书品	2011 年 5 月
《玉篇直音》的语音系统	秦淑华	中华书局	汉字文化	2011 年 7 月
张之象《盐铁论》注语音小考	秦淑华	中华书局	汉声——汉语音韵学的继承与创新	2011 年 12 月
论张祜乐府诗的体式	马　婧	中华书局	乐府学	2011 年
“九一一”事件的准确表示	马汝军	中国大百科全书出版社	辞书研究	2011 年 7 月
数字科普观念的转变	王　勤	中国大百科全书出版社	科普研究	2011 年 7 月
《中国大百科全书（第二版）》的稿件管理——稿件流转进度和稿件质量控制	王慧琳	中国大百科全书出版社	中国编辑	2011 年 9 月
学生工具书应对发展中困境的几点思索	陈　琦	中国大百科全书出版社	出版发行研究	2011 年 9 月
出版项目群管理模式探讨	刘　杭	中国大百科全书出版社	出版发行研究	2011 年 10 月
编辑西藏选题图书应注意的几个问题	王　绚	中国大百科全书出版社	中国出版	2011 年 11 月
寄语春季沙龙	常汝吉	中国美术出版总社	艺术沙龙	2011 年 3 月
艺术的宽容与张力	常汝吉	中国美术出版总社	中国艺术	2011 年 4 月
数字出版与传统出版的碰撞与博弈	李　滢	中国美术出版总社	新华书目报	2011 年 4 月
浅议美术文化类图书的出版	汪家明	中国美术出版总社	编辑学刊	2011 年 6 月
曹辛之的缤纷世界	林　阳	中国美术出版总社	中国美术	2011 年 6 月
承继传统，为人民繁荣美术出版	林　阳	中国美术出版总社	中国艺术	2011 年 6 月
美术图书实现数字出版的思考	张　阳	中国美术出版总社	中国艺术	2011 年 6 月
穿越六十年的回声——庆祝《连环画报》创刊 60 周年	沙海龙	中国美术出版总社	连环画艺术	2011 年 6 月
彪炳一甲子 璀璨新纪元	常汝吉	中国美术出版总社	中国美术	2011 年 7 月
笔墨祝安峰	张　冰	中国美术出版总社	画院	2011 年 8 月
人民美术出版社庆祝 60 年华诞	常汝吉	中国美术出版总社	连环画报	2011 年 9 月
承担国家文化工程是责任和荣耀	林　阳	中国美术出版总社	中国图书商报	2011 年 10 月
从红色出版中心到学术文化出版重镇——党领导下的三联书店革命出版历史回顾	樊希安	生活·读书·新知三联书店	中国出版	2011 年 7 月
怀念新知书店主要创始人徐雪寒先生	樊希安	生活·读书·新知三联书店	读书	2011 年 12 月
重新定义传统出版的意义	宋焕起	东方出版中心	中国出版	2011 年 1 月
介质革命：图文书正逢其时（下）	宋焕起	东方出版中心	编辑学刊	2011 年 1 月
装帧用字：要个性不要馆阁化（书法字篇）	宋焕起	东方出版中心	编辑学刊	2011 年 5 月
“围脖”在颠覆阅读习惯	余佐赞	东方出版中心	编辑学刊	2011 年 5 月
装帧用字：要个性不要馆阁化（手绘字篇）	宋焕起	东方出版中心	编辑学刊	2011 年 7 月

续表

论文名	作者	作者单位	发表刊物	发表时间
《寿山石历史掌故》——一部品读寿山石文化的佳作	刘　芳	荣宝斋	寿山石	2011 年 2 月
千载佳艺 百年传承——荣宝斋《所见所思入画图》（上、下）获第二届中国出版政府奖印刷复制奖	马五一	荣宝斋	中国图书商报	2011 年 3 月 18 日
深于情、游于艺——读包柏成先生绘画	徐鼎一	荣宝斋	荣宝斋	2011 年 3 月
从家族的集体记忆回望百年辛亥	刘　芳	荣宝斋	中国图书商报	2011 年 5 月 27 日
从临摹到创作——何绍基临古摭谈	崔　伟	荣宝斋	书法	2011 年 6 月
画为心迹——读潘锡林绘画	徐鼎一	荣宝斋	科教文汇（中旬刊）	2011 年 6 月
乡村寻“虎”——山西长治民间工艺“布老虎”探踪	徐鼎一	荣宝斋	美术向导	2011 年 11 月
凝聚思想智慧，共建文化强国——中华古籍“走出去”策略构想	张立华	华文出版社	新华书报	2011 年 12 月 5 日
从名著出版谈旧版图书的二度开发	陈康宁	世界图书出版西安有限公司	出版参考	2011 年 1 月
用科学占领健康图书的阵地	马可为	世界图书出版西安有限公司	中国图书商报	2011 年 8 月

2011 年发表书评

书评名	作者	作者单位	发表刊物	发表时间
在政府与市场之间保持平衡	何　奎	中国出版集团公司	中国图书商报	2011 年 3 月 29 日
以改革创新精神加快居民收入分配制度改革	何　奎	中国出版集团公司	中国图书商报	2011 年 9 月 16 日
立足本土　放眼世界	何　奎	中国出版集团公司	中国新闻出版报	2011 年 12 月 16 日
经济学人的理想与终极目标	何　奎	中国出版集团公司	中国图书商报	2011 年 12 月 20 日
汇集经典　弘扬学术	何　奎	中国出版集团公司	人民日报	2011 年 12 月 27 日
与景元华对话《老子春秋》	景元华、陈彦瑾	人民文学出版社	新华书目报	2011 年 1 月 10 日
史铁生的人生告别会	付艳霞	人民文学出版社	经济观察报	2011 年 1 月 22 日
人人都是历史推手——评贾平凹新作《古炉》	孔令燕	人民文学出版社	光明日报	2011 年 2 月 15 日
诗意雪漠：有关爱和信仰	陈彦瑾	人民文学出版社	文艺报	2011 年 2 月 21 日
诗意女子诗意爱	陈彦瑾	人民文学出版社	新华书目报	2011 年 2 月 28 日
读《牛汉自述》	管士光	人民文学出版社	炎黄春秋	2011 年 2 月
让我们谈谈信仰	陈彦瑾	人民文学出版社	中国艺术报	2011 年 3 月 21 日
薪火相传，勇于超越	潘凯雄	人民文学出版社	人民日报	2011 年 3 月 22 日

续表

书评名	作者	作者单位	发表刊物	发表时间
雪漠关键词	陈彦瑾	人民文学出版社	当代作家评论	2011 年 3 月
丁玲为何办《中国》	付艳霞	人民文学出版社	中华读书报	2011 年 4 月 6 日
朱苏进和嘎达梅林的故事	付艳霞	人民文学出版社	经济观察报	2011 年 4 月 11 日
朝圣的雪漠	陈彦瑾	人民文学出版社	中华读书报	2011 年 5 月 6 日
武昌：城与人——评方方的《武昌城》	付艳霞	人民文学出版社	光明日报	2011 年 7 月 4 日
苏格拉底为何不怕死——《斐多》对灵魂不朽的证明	陈彦瑾	人民文学出版社	语文建设	2011 年 7 月
《百年孤独》的镜与灯	石一枫	人民文学出版社	当代·长篇小说选刊	2011 年 8 月
刘上洋的“官员写作”与“大散文”	宋　强	人民文学出版社	文汇读书周报	2011 年 9 月 9 日
海拔 8000 米处的鸢尾——读安妮宝贝《春宴》	孔令燕	人民文学出版社	当代·长篇小说选刊	2011 年 9 月
沪上风韵细如画	宋　强	人民文学出版社	人民日报	2011 年 10 月 18 日
一部尘封了 85 年的长篇小说——介绍巴人的《明日》	王海波	人民文学出版社	宁波日报	2011 年 10 月 20 日
贾平凹：对土地的热爱——读《定西笔记》	孔令燕	人民文学出版社	光明日报	2011 年 11 月 1 日
霓裳羽衣奏离别	艾　琳	人民文学出版社	北京青年报	2011 年 11 月 14 日
厉以宁：关注西欧的经济制度调整	黄一方	商务印书馆	中国图书商报	2011 年 2 月 22 日
从“荒诞”到“反抗”——加缪的思想轨迹	丛晓眉	商务印书馆	中华读书报	2011 年 7 月 6 日
杨先生，让您久等了	陈　洁	商务印书馆	文汇报·笔会	2011 年 7 月 17 日
一本以 GIS 方法见长的城市地理学教科书	孟　锴	商务印书馆	中华读书报	2011 年 8 月 10 日
一本民国生活的账簿	倪咏娟	商务印书馆	晶报	2011 年 11 月 20 日
用小情感呈现的智慧	朱　玲	中华书局	人民日报海外版	2011 年 4 月 4 日
真性情 真学者——追忆何炳棣先生	李　静	中华书局	中华读书报	2012 年 6 月 13 日
一本躺在时光里的书	朱　玲	中华书局	中国教育报	2011 年 9 月 22 日
“百种红色经典连环画”丛书出版的启迪	张　阳	中国美术出版总社	中国美术	2011 年 5 月
禅心三无	张　莹	生活·读书·新知三联书店	郑州日报	2011 年 2 月 26 日

续表

书评名	作者	作者单位	发表刊物	发表时间
何处是江南	张　莹	生活·读书·新知三联书店	郑州日报	2011 年 2 月 28 日
《双典批判》的意义	戴云波	生活·读书·新知三联书店	文汇读书周报	2011 年 4 月 15 日
科学史别样读本	戴云波	生活·读书·新知三联书店	中华读书报	2011 年 5 月 18 日
“粉丝”书让市场不再淡定	刘超平	华文出版社	中国图书商报	2011 年 11 月 18 日

大事记

DASHIJI

CPGC

2011 大事记

1 月

4 日，中国图书商报社发表编辑部文章《追寻中国现代出版三大产业新向度》，提出“三大产业向度”新理念。

4 ~ 5 日，商务印书馆召开“民营大客户战略合作研讨会”。

5 日，人民文学出版社与湖北日报传媒集团联合主办的《帅作文》周报举行创刊首发式。

5 日，商务印书馆举办“汉语盘点 2010 年度字词网络征集活动揭晓仪式”。

5 日，中国对外翻译出版公司总经理林国夫当选为中国翻译协会翻译服务委员会常务副主任。

5 日，中国民主法制出版社召开《郦波评说曾国藩家训》出版协调会。

5 ~ 7 日，中国民主法制出版社参加第 17 届经济、法律社店洽谈会。

6 日，商务印书馆召开“2011 年重点项目发布会”。

6 日，生活·读书·新知三联书店举行社店新年联谊会。

6 日，中国图书商报社与中华全国工商联合会书业商会联合举办“2011 中国民营书业峰会暨 2010 年度中国民营书业颁奖盛典”。

6 日，中国民主法制出版社举办 2011 年度客户招待会。

6 ~ 7 日，中国美术出版总社领导参加“2011 年全国美联集团新书推介暨好社名店联谊会”。

7 日，中国出版集团公司副总裁王俊国约请中国银行北京分行集团客户服务部有关人员。

7 日，中国出版集团公司计划财务部就审计评估调账问题与中银国际 962 项目组进行沟通。

7 日，中国对外翻译出版公司选举产生新一届工会委员会和经费审查委员会。

7 日，中国图书商报社与中国新华书店协会联合举办“2011 中国书业营销创新论坛暨全国新华书店一网通揭牌盛典”。

8 日，人民文学出版社举办贾平凹长篇小说《古炉》新书发布会。

8 日，商务印书馆联合武汉大学召开《语言与国家》学术研讨会。

8 日，中国图书商报社联合 2011 年北京图书订货会组委会、新浪读书频道举办“晒书单·话读书——2010 我的阅读”活动。

8 日，中国图书商报社与 2011 年北京图书订货会组委会联合举办“2011 北京图书订货会高层论坛”。

8 日，中国图书商报社与图书联盟网联合举办“网上出版的商业模式和盈利模式高峰论坛”。

8 ~ 11 日，中国出版集团公司参加 2011 年北京图书订货会。

9 日，中国出版集团公司计划财务部邀请信永中和会计事务所就审计评估调账等事项进行沟通。

9 日，商务印书馆召开“中华现代学术名著丛书”新书发布会。

9 日，中国美术出版总社在北京召开全国美术出版社社长联谊会。

9 日，现代教育出版社举行《我是西单女孩》新书发布会。

9 日，中国图书商报社与 2011 年北京图书订货会组委会联合举办“2011 北京图书订货会专家、媒体荐书台”活动。

10 日，中国出版集团公司向财政部报送《中国出版集团公司 2010 年度预算执行情况及 2011 年预算执行工作安排的报告》。

10 日，中共中央政治局委员、书记处书记、中宣部部长刘云山在人民文学出版社《关于恳请刘云山同志为人民文学出版社 60 周年社庆题词或致信的请示》上作出重要批示。

10 日，商务印书馆召开《漫画金刚经》新书发布会。

10 日，中国图书商报社与武汉三新集团下属武汉卷藏信息技术有限公司签署战略合作协议。

10 日，中国民主法制出版社法律应用分社成立。

10 ~ 20 日，世界图书出版西安有限公司进行《8 小时工作，24 小时思考》论文评奖活动。

11 日，中国出版集团公司计划财务部向集团公司总部各部门发出《关于编制 2011 年度财务预算的通知》。

12 日，中国出版集团公司直属机关党委常务副书记王云武一行 3 人到中国美术出版总社进行创先争优活动调研。

12 日，商务印书馆举行 2010 年度语言学出版基金评议会。

12 日，生活·读书·新知三联书店在北京举行 2011 年新年作者聚谈会。

12 日，现代教育出版社召开“在创先争优活动中开展领导点评工作”调研工作会议。

13 日，中华书局《文史知识》召开第二次评刊会。

13 日，东方出版中心在上海举行《中国古代书画鉴定实录》(9 卷) 新书发布会。

13 ~ 14 日，商务印书馆召开 2010 年印制工作总结会。

14 日，中国出版集团公司召开 2010 年决算审计中介机构碰头会。

14 日，中国出版集团公司印发《中国出版集团公司所属企业负责人三年任期“双效”业绩考核办法补充规定》。

14 日，中国民主法制出版社召开图书质量检查情况说明会。

16 日，中华书局在北京图书大厦举行《姥姥语录》签售活动。

17 日，中国出版集团公司向各所属单位、总部各部门发出《关于编制 2011 年中央国有资本经营预算的通知》。

17 日，中国美术出版总社召开编辑和发行人员工作交流会。

18 日，商务印书馆举办“2011 中青年语言学者沙龙”。

18 日，中国对外翻译出版公司举办的“‘翻译专业资格（水平）考试’英语口译，笔译二级、三级寒假培训班”正式开课。

18 ~ 19 日，中国出版集团公司召开 2011 年度工作会议。

19 ~ 29 日，中华书局参加第 43 届开罗国际书展。

20 日，中国出版集团公司计划财务部向集团公司各所属单位、总部各部门发出《关于 2010 年度决算编制有关事项的补充通知》。

20 日，中国出版集团公司、东方出版中心在北京举行《中国古代书画鉴定实录》（9 卷）新书发布会。

20 日，中版集团数字传媒有限公司举行“‘中华动漫资源库’项目启动暨方成先生作品授权仪式”。

21 日，中国美术出版总社举办离退休老干部 2011 年春节团拜会。

21 日，生活·读书·新知三联书店召开 2010 年工作总结暨表彰联欢大会。

21 日，中国对外翻译出版公司举行 2011 年新春联欢会。

21 日，中国民主法制出版社新书《乱翻书》

作者“五月散人”接受搜狐视频访谈。

23日，中国民主法制出版社参加第43届开罗国际书展。

23~27日，荣宝斋举办“范曾先生卯年新作展”。

24日，中国民主法制出版社《乱翻书》书友会活动在搜狐网启动。

24日，中国民主法制出版社举行《郦波评说曾国藩家训》新闻发布会。

24日，中国民主法制出版社召开2010年年终工作总结大会。

24~26日，商务印书馆召开2010年度工作总结暨表彰大会、2011新春团拜会和职工趣味运动会。

25日，中国出版集团公司举办新春团拜会。

25日，商务印书馆召开2010年度工作总结暨表彰大会。

25日，英语世界杂志社取得“《英语世界》杂志社有限公司”法人营业执照。

26日，中国民主法制出版社组织《郦波评说曾国藩家训》作者郦波在网易举办“网易读书公开课”。

27~28日，世界图书出版西安有限公司召开六届四次职工代表大会。

29日，中国出版集团公司参加第43届开罗国际书展。

29日，荣宝斋举办黄永玉木刻《阿诗玛》木版水印复制出版发布会。

1月29日至2月8日，中国图书进出口（集团）总公司承办第43届开罗国际书展中国主宾国活动。

1月29日至2月28日，荣宝斋举办黄永玉“我带牠们回北京——威尼斯玻璃岛的艺术展”。

31日，汉语世界杂志社取得“《汉语世界》杂志社有限责任公司”法人营业执照。

1月，中国图书商报社启动新一年版面改革计划。

1月，《中国图书商报》子刊《中国阅读周报》、《中国传媒周报》、《中国图书营销周报》、《中国新媒周报》改版成功。

1月，中国民主法制出版社成立人大图书出版分社。

1月，世界图书出版西安有限公司淘宝书店开始运营。

2月

1日，人民美术出版社教材出版中心组织召开北京市小学美术教材编写工作会。

7日，荣宝斋总编辑、常务副总经理王铁全逝世。

10~11日，现代教育出版社召开“2010年度总结大会暨2011年工作会议”。

11日，商务印书馆召开《新时代俄汉大词典》第四次编委会工作会议。

13、20、27日，中华书局分别在青岛、天津、石家庄举行《姥姥语录》签售及讲座活动。

15日，中国出版集团公司领导听取北京中版联印刷物资有限公司工作汇报。

15日，中华书局应邀参加《冯骥才画集》首发式。

16日，中国出版集团公司向财政部报送《关于部分国有资产在集团内部无偿划转的申请》。

16日，中国大百科全书出版社向集团公司领导班子汇报《中国大百科全书》（第三版）工作情况。

16日，中国对外翻译出版公司领导会见联合国翻译机构专家。

16日，中国民主法制出版社获得登记注册企业法人营业执照批准。

17日，中国美术出版总社领导听取华润公司与中国建筑科学研究院设计师介绍修改后的“中国美术出版大厦”设计方案。

17日，中国美术出版总社接待来访的法国Jean－Manuel BOURGOIS出版公司代表。

17日，人民美术出版社教材出版中心组织召开北京市中学美术教材编写工作会议。

18日，中国对外翻译出版公司原副总经理何卓云逝世。

18日，中国对外翻译出版公司领导会见联合国日内瓦办事处翻译司来宾。

20日，现代教育出版社完成工商注册等手续，正式更名为现代教育出版社有限公司。

21~22日，商务印书馆召开《当代汉语词典》编写论证会。

22日，中国出版集团公司召开全面加强经营管理工作现场会。

22日，中宣部干部局领导到中国美术出版总社进行干部考察。

23日，中国出版集团公司召开2011年度选题工作会议。

23日，商务印书馆召开《2010汉语新词语》专家审稿会。

24日，人民文学出版社与北京慈弘慈善基金会在北京联合举行慈弘图书角启动仪式。

25日，中国出版集团公司计划财务部向集团公司各所属单位、总部各部门印发《关于股改审计评估调账建账有关事项的通知》。

25日，中国出版集团公司有关人员到中国民主法制出版社进行成立工会委员会的调研。

25日，中华书局召开2010年全年图书市场分析会。

25日，人民音乐出版社举行入党积极分子培训班结业仪式。

25日，世界图书出版公司北京公司与波兰马尔沙维克出版社就《您好漫画·三十六计》版权输出至波兰签约。

28日，中国出版集团公司完成《2011年国有资本经营预算》项目整理。

28日，人民音乐出版社举行全员劳动合同签订仪式。

28日，现代教育出版社召开学习贯彻“中国出版集团公司2011年度选题工作会议”精神专题会议。

2月，新闻出版总署署长柳斌杰致信人民文学出版社全体同志，对人民文学出版社60年社庆表示祝贺。

3月

1日，商务印书馆召开“《东方杂志》项目全文检索数据库研讨会”。

1~2日，商务印书馆召开《辞源》（第三版）修订工作会议。

1~3日，中华书局参加安徽万品春季馆配图书会。

3日，连环画出版社召开“纪念《连环画报》创刊60周年座谈会”。

3日，中国对外翻译出版公司举办2011年度目标责任书签约仪式。

3日，中国民主法制出版社举行宣传出版联谊会。

4日，商务印书馆第二届职工代表大会第四次全体会议召开，通过了《商务印书馆有限公司劳动合同关系暂行办法》、《商务印书馆有限公司劳动工资暂行管理办法》、《商务印书馆有限公司新入馆的应届毕业生工资暂行管理办法》。

4日，中华书局《文史知识》第一届论坛召开。

4日，《中国图书商报》“封面人物”专栏创刊。

4日，中国图书商报社发表全国两会特派记者文章，呼吁政府加大投入、扶持实体书店发展。

4日，中国民主法制出版社组织《非常识》作者谢勇在网易举办“网易读书公开课”。

5日，世界图书出版公司北京公司创办“心能量·新生活”读书沙龙系列活动。

6日，中国民主法制出版社组织《末代皇帝溥仪》作者喻大华在吉林省吉林市图书馆举办讲座。

7日，中国出版集团公司人力资源部到中国民主法制出版社就社长、总编辑人选推荐征求意见。

7日，商务印书馆与中国社会科学杂志社签署战略合作协议。

7日，中国翻译协会翻译服务委员会第三届三次主任、秘书长联席会议在中国对外翻译出版公司举行。

8日，中国大百科全书出版社开展“庆祝三八国际妇女节”主题活动。

8日，中国对外翻译出版公司与北京大学翻译协会共同举办高端会议口译系列讲座。

8日，中国民主法制出版社召开“庆三八女职工座谈会”。

9日，中共中央宣传部有关人员到中国出版集团公司调研。

9日，中国出版集团公司举办数字出版高层讲座。

9日，商务印书馆举行签订劳动合同仪式。

9日，中国美术出版总社召开2010年度领导班子考核工作会。

10日，商务印书馆接待来自荷兰威科集团的访问嘉宾。

10日，中国对外翻译出版公司与英国梭网有限公司签署系列图书出版协议和全面战略伙伴合作协议。

10~11日，中华书局参加百万庄图书大厦2011年春季精品图书推介会。

11日，中国出版集团公司计划财务部约请部分集团公司所属出版社财务部门负责人，就相关财务问题进行协调和督促。

11日，商务印书馆召开第二届职工代表大会第五次全体会议。

11日，商务印书馆召开中小学教材语料库中学教材语料项目验收会议。

12~13日，中版教材有限公司组织召开“中小学思想品德西部特色教材立项材料研讨会”。

13~20日，中华书局参加江苏省店现采馆采会。

14~16日，中华书局参加武汉三新馆配样采会。

15日，人民美术出版社教材出版中心组织召开北京市美术教材修订工作会议。

15日，中国数字出版网（大佳网）一期（一阶段）平台开发启动。

17日，中华书局营销中心举办第一期评书会。

17日，中国美术出版总社召开社委会审议办公楼《拆迁安置框架协议》。

18日，中国出版集团公司科技与数字出版部、计划财务部联合召开专题会议，就委托承担项目的实施问题进行布置安排。

18日，在人民文学出版社成立60周年前夕，中共中央政治局常委、国家副主席习近平给人民文学出版社发来贺信。

18日，中华书局向丰台区人民法院捐赠图书。

18日，中国出版集团公司荣获第二届中国出版政府奖39项大奖。

18日，中国美术出版总社领导会见中版国际传媒有限公司和法国巴黎漫画出版公司负责人一行。

18日，人民音乐出版社承办“书香中国——第二届中国出版政府奖颁奖典礼”。

18~21日，中国图书进出口（集团）总公司组团参加第31届巴黎图书沙龙。

19日，商务印书馆召开“汉译世界学术名著丛书”第十三辑专家论证会。

21日，商务印书馆领导会见来访的哈佛商学院出版公司首席执行官万季美一行。

21~23日，中华书局参加济南春季馆配会。

22日，人民音乐出版社向内蒙古巴彦淖尔市中小学捐赠5万码洋图书。

22~24日，中华书局参加浙江省馆采会。

23日，人民文学出版社召开中层干部会，集中学习李长春、习近平和刘云山等中央领导同志对人民文学出版社成立60周年作出的重要指示精神。

23日，商务印书馆接待来访的“两岸民间合作编纂中华语文工具书项目”台湾代表团。

23日，中国对外翻译出版公司召开职工代表大会通过系列管理规定。

24日，中国出版集团公司派出3名交流干部赴新疆维吾尔自治区新闻出版系统挂职，同时接收新疆维吾尔自治区新闻出版系统2名同志到中国出版集团公司挂职。

24日，人民文学出版社参加新闻出版总署召开的“2010年度大众喜爱的50种图书”推荐活动座谈会。

24日，人民文学出版社与中国作家杂志社、中华文学基金会联合在京举办《你好，新疆》座谈会。

24日，商务印书馆在上海印刷集团公司青浦印刷基地举行《新华字典》（第11版）第一次印制成品下线仪式。

25日，中华书局参加青岛市店馆采会。

25日，人民音乐出版社相关人员与来访的五洲传播出版社同仁交流座谈。

25～27日，汉语世界杂志社参加Expat Show（北京旅居人士展览会）。

26日，中华书局在北京图书大厦举行《幸福“心”帮助》图书首发式。

26日，生活·读书·新知三联书店学术出版中心联合清华大学国学研究院举办“陈来学术论著集出版座谈会”。

27日，中国大百科全书出版社在北京昌平一中等学校举办工具书进校园讲座。

28日，人民文学出版社在人民大会堂举行成立60周年庆祝大会。

28日，中华书局参加山东省店馆采会。

29日，中国出版集团公司相关人员受邀赴财政部企业司国有资本经营预算处座谈。

29日，生活·读书·新知三联书店召开2011年经营管理工作会议。

29日，中版集团数字传媒有限公司领导与到访的CCH公司高层洽谈数字出版合作事宜。

30日，商务印书馆在南宁举办《陆荣廷秘史》首发座谈会。

31日，中国出版集团公司与人力资源部就企业年金等问题进行沟通。

3月，中国出版集团公司数字出版调研小组赴人民文学出版社调研。

3月，中国出版集团公司向财政部、中宣部报备《关于中国美术出版总社有限公司办公楼拆迁置换方案的报告》。

3月，世界图书出版公司下属中国科学文化音像出版社在广州成立办事处。

3月，中国科学文化音像出版社出版的《当卢浮宫遇见紫禁城》在中央电视台纪录片频道播出。

4月

1日，中国出版集团公司有关人员参加财政部教科文司预算公开和预算执行工作会议。

1日，中国出版集团公司有关人员到现代教育出版社调研，探讨中国出版数字网相关事宜。

1日，中国出版集团公司收到乾信基金公司提交的关于股权调整的书面材料。

1日，人民文学出版社与中组部党建研究所联合举办“纪念曾志同志百年诞辰座谈会”。

1日，中华书局《文史知识》编辑部应邀参加中德文化高层论坛。

1日，中国对外翻译出版公司领导会见国际货币基金组织助理主任、语言技术服务局局长威琳克女士一行。

1日，中国民主法制出版社召开工会成立大会。

2日，中国出版集团公司计划财务部召开集团总部财务制度讲解会。

2日，中国对外翻译出版公司邀请卓越亚马逊公司开展出版业务培训。

2日，人民音乐出版社召开2011年党群工作会议。

4～9日，人民音乐出版社参加第32届法兰克福国际乐器博览会。

7日，中国出版集团公司在“中国图书对外推广计划”工作小组第七次会议上，以版权输出总量、“走出去”综合指标全国第一，荣获“优秀奖”第一名。

7日，人民音乐出版社出版《唱响中国——群众最喜爱的新创作歌曲36首集锦》。

7日，中国对外翻译出版公司与京东商城开展出版业务会谈。

8 日，中国出版集团公司召开成立 9 周年庆祝大会并颁发第五届中国出版集团出版奖。

11 日，中国民主法制出版社“十二五”规划起草小组成立并召开第一次会议。

12 日，中国图书进出口（集团）总公司在南京举办著名建筑大师安藤忠雄新书《Tadao Ando：Complete Works 1975～2010》签售会。

12～13 日，中国出版集团公司举行第三届羽毛球大赛。

13 日，人民美术出版社书画研究会举办“任伯年绘画艺术”讲座。

13 日，现代教育出版社召开《白话精华二十四史》工作会议。

14～17 日，中国图书进出口（集团）总公司组团参加第 18 届布达佩斯国际图书节。

15 日，中国出版集团公司向北京市顺义区北小营镇捐书。

15 日，《文史知识》在北京举行创刊三十周年庆祝大会。

15～19 日，北京中新联科技股份有限公司参加第 109 届中国进出口商品交易会。

16 日，世界图书出版公司北京公司和华东师范大学国际汉语研修基地共同举办“汉语多元化教学手段研讨会”。

17 日，中国大百科全书出版社邀请中国科学院专家举行科普讲座。

17～24 日，中华书局在安徽黄山举行“第四届中华诵·经典教育论坛”。

19 日，《中国图书商报》子刊《中国编客》创刊。

20 日，中国出版集团公司向云南省腾冲县和顺图书馆赠送《中国文库》（1～4）辑。

20 日，人民文学出版社在北京举办《高官的良心——中国足球打黑第一斗士》出版座谈会。

20 日，商务印书馆与北京发行集团北新公司联合主办“书香茶座·数字阅读”活动。

20 日，中国对外翻译出版公司领导与当当网高层商讨出版合作事宜。

20 日，世界图书出版公司北京公司与韩国 Globe Culture Center 出版社签约，将《新汉语水平考试 HSK（六级）模拟题集》输出至韩国。

20～21 日，人民文学出版社组织召开《汪曾祺全集》编辑工作会。

21 日，英语世界杂志社与中南大学外国语学院签订“合作建立学生实践基地备忘录”。

21 日，中国图书商报社与读吧网第五次联合发布“2010～2011 年中国电子图书发展趋势报告”。

22 日，商务印书馆第二届职工代表大会第六次全体会议通过《商务印书馆有限公司企业年金方案》。

22 日，中华书局和澳门大学在北京联合召开“澳门大学杨义讲座教授先秦诸子还原四书发布会暨文化经典研究座谈会”。

22～23 日，中华书局组织《姥姥语录》作者倪萍赴合肥、南京参加“书香伴我行”大型活动和首届江苏书展签售活动。

23 日，中国图书商报社主办的“阅读城市·城市阅读”全国大型阅读推展活动召开新闻发布会。

25 日，集团公司召开会议部署 2011 年“小金库”专项治理工作。

26 日，人民文学出版社组织 2011 年度首次“雪峰论坛”。

26 日，《中国图书商报》子刊《中国馆配》创刊。

27 日，人民文学出版社举办俄罗斯当代作家维克多·斯里宾丘克的科幻新作《星球拯救者》新书发布会。

26～27 日，生活·读书·新知三联书店与江苏凤凰出版传媒股份有限公司、山东省新华书店集团、河南省新华书店发行集团有限公司、黑龙江省图书音像发行集团、青岛新华书店有限责任公司在青岛召开战略合作联席会，签订了战略合作协议。

27 日，中国出版集团公司与中国教育出版集团、科学出版集团联合举办数字出版高层会议。

27 日，中华书局召开 2011 年第一季度图书市场分析会。

27～29日，中国图书进出口（集团）总公司在北京举行首期进口人员培训班。

28日，商务印书馆原副总编辑胡企林去世。

28日，中国对外翻译出版公司首次召集北京高校学生社团代表召开座谈会。

28日，中国民主法制出版社组织《胡适：徽州之符》作者陶方宣在网易做主题为“从批判到回归——胡适浮沉60年”的书友会活动。

29日，中国出版集团公司召开宣传通讯员会议，表彰18名优秀通讯员并部署2011年宣传工作。

29日，东方出版中心在上海举行《中国2010年上海世博会论坛文集》首发式及赠书仪式。

4月29至5月3日，中国图书进出口（集团）总公司组团参加第25届日内瓦国际图书沙龙。

4月，世界图书出版公司下属中国科学文化音像出版社建立“中科文在线”数字出版平台。

5月

1日，中国民主法制出版社在北京中关村图书大厦举行《郦波评说曾国藩家训》（下）首发式。

3日，商务印书馆馆成立大众文化编辑室。

4日，商务印书馆（成都）有限责任公司正式成立。

4～9日，中国出版集团公司组团参加第八届希腊萨洛尼卡国际书展。

4～15日，中国图书进出口（集团）总公司组织中国代表团参加第24届德黑兰国际书展。

5～6日，中国美术出版总社参加“任率英百年回眸暨捐赠作品展开幕式及作品研讨会”。

6日，“商务印书馆杯”小学生查字典大赛决赛暨小学生语言学习专题报告会召开。

6日，商务印书馆在西北大学举办“学习型工具书与小学生语文素养提升研讨会”。

7日，商务印书馆参加“泰戈尔诞辰150周年纪念大会暨系列文化活动启动仪式”。

8～14日，中华书局一行赴台湾地区考察。

9日，商务印书馆在西安举办“新型工具书与小学生语文素养提升研讨会”。

9日，现代教育出版社成立数字出版事业部。

9～10日，中国图书进出口（集团）总公司承办北京国际版权贸易研讨会。

9～13日，中国出版集团公司组团参加第17届布拉格国际书展暨文学节

10日，商务印书馆召开“《东方杂志》项目需求分析研讨会”。

10日，人民音乐出版社举办《羌山采风录》出版新闻发布会。

10日，中国对外翻译出版公司为北京大学师生开办题为《会议口译中的非语言因素》的讲座。

11～14日，中华书局党委组织党员赴延安举行党员宣誓活动。

12日，商务印书馆与深圳职业技术学院签署共同成立人文教育研究中心的战略合作协议。

12日，中国美术出版总社联合上海人民美术出版社、天津人民美术出版社向中宣部报送“庆祝中国共产党成立90周年百种红色经典连环画”项目115种备选书目。

13日，中国出版集团公司总裁聂震宁赴中国图书进出口深圳公司考察工作。

13日，商务印书馆召开“《新华字典》与文化民生”研讨会。

14～17日，中国出版集团公司组团参加第18届匈牙利布达佩斯国际图书节。

15日，中国民主法制出版社在南京举行《郦波评说曾国藩家训》（下）新书签售活动。

16日，人民文学出版社联合中国作家协会创研部、湖南省文联，在北京主办“谭仲池政治抒情长诗《东方的太阳》新书见面会”。

16日，现代教育出版社召开全社员工聘任大会。

16～19日，人民音乐出版社举办21世纪中国竹笛高峰论坛。

17日，商务印书馆接待来访的法国助飞集团公司嘉宾。

18日，中国大百科全书出版社召开《中国大百科全书》数据库出版发布会。

19日，中华书局举办第三期评书会。

19日，东方出版中心制定并施行《加强图书发行渠道建设的若干意见》。

19日，现代教育出版社召开《白话精华二十四史》编辑印制专题会议。

19日，中版集团数字传媒有限公司举行"大佳网新闻发布会暨大佳网首批顾问授聘仪式"。

19～20日，中国大百科全书出版社举办2011年度中层干部培训班。

20日，商务印书馆召开全体党员大会，增补周洪波、李平为党委委员。

20日，中华书局与中国邮政集团公司洽谈发行"百年中华"纪念邮票事宜。

20日，中国对外翻译出版公司与北京语言大学签署校企合作战略合作协议。

20日，中国民主法制出版社向中国出版集团公司报送《中国民主法制出版社转制后企业管理制度建设的调研报告》。

21日，生活·读书·新知三联书店举行《金克木集》出版座谈会。

21～22日，中国对外翻译出版公司领导出席翻译教育发展国际学术研讨会。

21～23日，《郦波评说曾国藩家训》（下）在广州、深圳等地举行促销活动。

22日，生活·读书·新知三联书店原副总经理林言椒逝世。

22日，北京荣宝拍卖有限公司举办"北京荣宝2011春季艺术品拍卖会"，成交额达5亿元。

23日，中国出版集团公司与新疆维吾尔自治区新闻出版局签署协议，在伊犁巴彦岱共建"王蒙书屋"。

23日，人民文学出版社联合楚天都市报社、《帅作文》周报主办的2011年"楚天杯"全国中小学生帅作文大赛正式启动。

24日，商务印书馆与荷兰威科集团举行法律图书版权贸易签约仪式。

24～29日，中国对外翻译出版公司党委组织党员和入党积极分子赴延安参观学习。

25日，商务印书馆参加北京市老字号工作交流会暨第二批中华老字号授权揭牌仪式，领取"中华老字号"证书及牌匾。

25日，中国民主法制出版社组织职工集体参观"汶川地震灾后恢复重建主题展览"。

25日，中版教材有限公司策划的华文出版社版中小学《书法》教材及配套课程资源正式出版发行。

5月25日至6月2日，中国出版集团公司在美国纽约、新泽西、圣地亚哥三家新华书店同期举办"纪念辛亥革命100周年精品图书联展"。

26日，中国百科全书出版社举行专家座谈会，研讨《中国大百科全书》（第三版）知识构建和大类综合的相关问题。

26～30日，信永中和会计师事务所到中国民主法制出版社进行年度审计。

27日，中华书局正式成立合唱队。

27日，人民美术出版社书画研究会举办"山水绘画技法"讲座。

27～30日，中国出版集团公司参加第21届全国图书交易博览会。

28日，天天出版社正式启动在全国各中小学推广"百堂心灵学校公开课"活动。

28日，中华书局在哈尔滨举行"百年再出发——中华书局文化沙龙"活动。

28日，中国对外翻译出版公司与北京航空航天大学联合承办"2011年中国翻译职业交流大会"。

29日，中国出版集团公司成功举办第四届"读者大会"。

29日，中华书局举行《姥姥语录》、《三十六英雄》和《江湖丛谈》签售活动。

29日，东方出版中心和上海市文学艺术界联合会举行"'历史的转折——乐震文、刘小晴革命胜景书画展'暨《革命胜景图册》新书首发式"。

29 日，中国数字出版网（大佳网）在第 21 届全国图书交易博览会上正式开网上线。

5 月 29 至 6 月 2 日，中华书局承办第 26 届全国古籍出版社社长年会暨 2011 年优秀古籍图书评奖会。

31 日，人民文学出版社与上海九久读书人有限公司在北京联合举办“企鹅经典丛书”新闻发布会。

31 日，生活·读书·新知三联书店、日本平凡社、北京鲁迅博物馆共同举办《鲁迅箴言》（中日双语版）出版座谈会。

31 日，中国对外翻译出版公司与 2011 年深圳大运会组委会执行局签署服务协议，全面承担大运会高端会议保障任务。

6 月

1 日，中国出版集团公司申报的“世界历史文库”等项目入选新闻出版总署 2011 年“新闻出版改革发展项目库”，入选项目数量居全国新闻出版机构之首。

1 日，人民音乐出版社举办“六一”儿童节员工家属联谊活动。

1 日，中国民主法制出版社《书稿审读管理工作办法》发布执行。

1 ~ 12 日，中国对外翻译出版公司领导访问联合国教科文组织巴黎总部、联合国日内瓦办事处、世界知识产权组织、联合国维也纳办事处和国际原子能机构总部。

2 日，人民文学出版社联合陕西省委宣传部、陕西省作家协会在北京举行贾平凹长篇小说《古炉》研讨会。

2 日，中国美术出版总社与上海人民美术出版社、天津人民美术出版社联合出版《庆祝中国共产党成立 90 周年百种红色经典连环画》的消息在中央电视台《新闻联播》中播报。

3 日，中华书局联合中国文化遗产研究院与武汉大学中国三至九世纪研究所在北京召开《唐长孺文集》出版座谈会。

3 日，北京市国家税务局和北京市地方税务局向人民音乐出版社联合颁发了“纳税信用 A 级企业”荣誉证书。

3 日，华文出版社在北京举行《百年西藏——20 世纪的人和事》中文版和英文版同步出版首发式。

4 ~ 5 日，《郦波评说曾国藩家训》（下）在成都、重庆地区举行促销活动。

7 日，中央纪委驻新闻出版总署纪检组组长宋明昌一行到中华书局，现场检查正在进行的点校本“二十四史”及《清史稿》修订工程等四个国家出版基金资助项目资金使用情况。

8 日，人民文学出版社联合浙江理工大学在杭州举行《高官的良心——中国足球打黑第一斗士》研讨会。

8 日，中华书局在北京举行《书目答问汇补》出版座谈会。

8 日，现代教育出版社召开编辑部中层干部会议，共同研究本版图书及合作图书的现状及未来发展。

9 日，商务印书馆与《语文报》合办的“商务印书馆杯全国小学生查字典大赛初赛”西安赛区开幕，西安 16 所小学近 2 万名学生参赛。

9 日，商务印书馆召开建章立制工作会议，正式启动规章制度修订工作。

10 日，中国出版集团公司参加中央教科文部门 2012 年预算编制布置会议。

10 日，商务印书馆领导赴上海参加集团公司组织的“中国出版蓝桥创意园区”工作会议，并就商务印书馆在“蓝桥创意园区”的房产事宜进行了认定。

11 ~ 13 日，人民音乐出版社举办党建与企业发展研讨会。

12 日，荣宝斋与北京市文化局联合主办的“首届北京非物质文化遗产代表性传承人作品拍卖会”在荣宝斋大厦举槌。

13 日，中共中央政治局常委李长春在宁夏进行考察调研时，充分肯定中国出版集团公司与黄河出版传媒集团公司通过战略合作实现优势互补的做法。

15 日，商务印书馆举办员工业务培训系列讲座第九讲，讲座内容是《传统出版社的数字出版之路》。

15 日，中国民主法制出版社颁布《员工发表宣传文章的奖励办法》、《中国民主法制出版社非发行人员销售图书管理办法》、《中国民主法制出版社培训管理制度》等规章制度。

15～19 日，中国图书进出口（集团）总公司组团参加第 17 届首尔国际图书展。

15～23 日，华文出版社开展人才招聘工作。

16 日，中华书局举办第四期评书会，主题为“图书应如何定价”。

16 日，中国民主法制出版社召开连续出版物专题会议。

17 日，商务印书馆召开学术出版中心、教科文出版中心成立大会。

17 日，中国美术出版总社召开首届职代会第四次会议，会议审议了《中国美术出版总社员工手册》。

18 日，中华书局《孝里有道》在北京亚运村图书大厦举行作者讲座和签售活动。

18 日，世界图书出版西安有限公司参加陕西省科工委“群众观点、群众立场”知识测试活动。

19 日，中国出版集团公司计划财务部参加黄河出版传媒集团审计评估进场会议。

19 日，中国大百科全书出版社召开“纪念中国共产党成立 90 周年京沪学术论坛暨《中国共产党与现代化使命丛书》出版座谈会”。

20 日，中国出版集团公司召开 2011 年预算执行情况通报和 2012 年预算编制布置会议。

20 日，中国对外翻译出版公司设立温州办事处。

21 日，东方出版中心向上海世博会博物馆捐赠世博图书仪式举行。

6 月 21 日至 7 月 31 日，荣宝斋举办“风展红旗如画——庆祝中国共产党成立九十周年荣宝斋藏现代绘画作品展”。

22 日，中国出版集团公司举办“颂歌献给党——中国出版集团公司纪念建党 90 周年歌咏比赛”及表彰大会。

23 日，中国出版集团公司取得北京市国土资源局顺义分局签发的《北京市国有建设用地使用权挂牌出让成交确认书》，完成“中国出版集团公司文化创意产业基地”项目建设用地的土地摘牌工作。

23 日，商务印书馆举办员工业务培训系列讲座第十讲，讲座内容为《数字化时代的出版——Kindle 在，书未老》。

23 日，中国大百科全书出版社举办以“走进延安”为主题的党史讲座。

23 日，中国民主法制出版社相关人员到商务印书馆学习“云因软件”使用经验。

23 日，世界图书出版公司北京公司将《壹玖壹壹：鸦片战争到军阀混战的百年影像史》的中文繁体版版权输出至台湾五南出版社、香港商务印书馆，将英文版版权输出至香港大学出版社。

24 日，中国出版集团公司“小金库”专项治理工作得到中央治理“小金库”领导小组办公室的充分肯定，在第 56 期《中央治理“小金库”工作简报》中，以《中国出版集团公司组织开展“小金库”重点检查》为题作了专门介绍。

24 日，人民文学出版社在北京举行马克·奥巴马·狄善九半自传体小说《从内罗毕到深圳》新书发布暨读者见面会。

24 日，生活·读书·新知三联书店组织全店员工赴白洋淀爱国主义教育基地参观学习。

24 日，中国民主法制出版社成立信息化建设工作小组并召开第一次会议，确定了 2011 年出版社信息化建设的工作目标。

26 日，中华书局在北京图书大厦举行《连阔如评书秘本　三十六英雄》新书签售活动。

27 日，中国出版集团公司为庆祝中国共产党成立 90 周年推出 100 种重点图书，并召开新闻发布会。

27 日，商务印书馆汉语世界杂志社接待来访的韩国中国言语学会会长、韩国外国语大学孔子学院院长孟柱亿。

27 日，中国大百科全书出版社组织职工赴革命圣地延安开展“红色之旅”，接受革命传统教育和爱国主义教育。

29日，中国出版集团公司召集各所属企业“小金库”治理领导小组办公室主任召开专题工作会议，通报前一阶段工作情况，部署下一阶段工作。

29日，中国对外翻译出版公司领导参加“中国翻译行业发展战略研究院”成立大会。

29日，华文出版社出版的《中共党史青年读本》在中国人民解放军三军仪仗队基地举行首发式及赠书活动。

29～30日，中国出版集团公司总部及人民音乐出版社、商务印书馆接待来访的越南宣传出版干部考察团。

29～30日，商务印书馆召开《当代汉语学习词典》编写会。

30日，中华书局召开庆祝中国共产党成立90周年党员大会。

30日，中国图书进出口（集团）总公司召开庆祝中国共产党成立90周年党员大会。

6月，中国对外翻译出版公司微博开通。

6月，现代教育出版社举办新老编辑座谈交流会。

6月，荣宝斋采用高仿真工艺复制完成100册《新英雄谱》。

6月，中国图书商报社系列图书之《中国书业年度报告》（2010～2011）由商务印书馆出版发行。

6月，《郦波评说曾国藩家训》（下）在中国民主法制出版社官方微博举行签名赠书活动。

7月

1日，人民音乐出版社组织员工学习胡锦涛总书记“七一”讲话。

1日，中国图书商报社党委召开“纪念建党90周年暨特别党课扩大会”。

1日，大佳网推出“一百人眼中的九十年——党史阅读名家私享”和“百种红色经典连环画ipad版”阅读专题。

2日，商务印书馆召开《辞源》（第三版）百科条目修订工作会议。

3日，商务印书馆与教育部语言文字信息管理司、中国社会科学院语言研究所联合举办“海内外中国语言学者联谊会——第二届学术论坛”。

4日，现代教育出版社召开全社职工大会并通过《现代教育出版社有限公司企业年金实施细则》。

4～6日，中华书局参加唐长孺先生百年纪念会及中国唐史学会年会。

5日，商务印书馆在人民大会堂举行《新华字典》（第11版）出版座谈会。

5日，中国民主法制出版组织员工集体参观国家博物馆《复兴之路》展览。

6～8日，中版集团数字传媒有限公司参加第四届中国数字出版博览会。

7日，哈佛大学鳄鱼合唱团来商务印书馆交流演出。

7日，中国民主法制出版社邀请方正阿帕奇公司技术人员做关于数字出版的情况介绍。

7日，世界图书出版上海有限公司党支部组织全体党员参观“我们共产党人——上海市纪念中国共产党成立90周年大型主题展”。

8日，人民文学出版社召开上半年工作会。

8日，商务印书馆与中国国际电视总公司、红岩联线文化发展管理中心联合举行“《信仰的力量——红岩英烈纪实》图书及音像制品首发仪式暨CCTV红色主题产品示范基地成立仪式”。

8日，东方出版中心举行大型画册《浴火存真——名辈版画联展画集》新书发布会暨名辈版画联展开幕式。

8日，中国民主法制出版社进行相关部门重点作者版税支付情况调查。

8～9日，中国美术出版总社在北京召开2011上半年经济工作会议暨第一届职工代表大会第五次会议。

9日，商务印书馆“小乡村，大课堂”助学系列活动的第一站在吉林省梨树县十家堡中心校举行。

10 日，人民文学出版社和中国作家协会创作研究部在北京联合举办刘上洋散文集《高路入云端》研讨会。

11 日，人民文学出版社与湖北日报传媒集团楚天都市报社联合主办的“北京文学之旅”特色夏令营在北京正式开营。

12 日，中国美术出版总社召开人民美术出版社成立 60 周年社庆筹备小组工作会议。

12 日，中共中央总书记胡锦涛来到“两岸万名青年大交流主题联欢会活动”荣宝斋展台，参观国家级非物质文化遗产“荣宝斋木版水印技艺”，并亲手制作一幅《菊酒》国画作品。

14 日，商务印书馆与中国国际广播电台合作的汉外辞书项目举行启动仪式。

14 日，中华书局举办第五期评书会。

14 日，现代教育出版社邀请技术专家讲解苹果系统的电子图书制作流程。

15 日，商务印书馆领导拜访杨绛先生，祝贺她百岁生日，并送上新近出版的《钱锺书手稿集·中文笔记》（全 20 册）。

15 日，华文出版社正式完成转企改制工作。

15～17 日，中版集团数字传媒有限公司在北戴河召开 2011 年上半年工作总结会。

17～23 日，人民文学出版社参加 2011 年上海书展，入选十家“最有号召力的出版社”之一。

17～23 日，商务印书馆参加“2011 年上海书展”，入选十家“最有号召力的出版社”之一。

17～23 日，中华书局参加 2011 年上海书展，入选十家“最有号召力的出版社”之一。

17～23 日，生活·读书·新知三联书店参加 2011 年上海书展，入选十家“最有号召力的出版社”之一。

17～23 日，中国民主法制出版社参加上海书展。

18～21 日，中华书局中华活页文选杂志社在北京召开第十届全国发行工作会议。

18 日，中国图书进出口（集团）总公司进口出版物专用保税库揭牌。

18 日，中国民主法制出版社组织《郦波评说曾国藩家训》作者郦波做客北京电视台《书香北京》节目。

19 日，商务印书馆与来访的美国 Kindle 公司高层商谈数字出版事宜。

19 日，商务印书馆接待来访的台湾商务印书馆股份有限公司高层。

19 日，中国美术出版总社收到中共中央政治局委员、书记处书记、中宣部部长刘云山写给人民美术出版社成立 60 周年的贺信。

19～20 日，中国图书进出口（集团）总公司（本部）举行第十届第一次职工代表大会。

20 日，商务印书馆与英国精制绘图公司共同举办“北京、上海、广州，香港、台北地区和新加坡 6 城市地铁线路图数字版”新闻发布会。

20 日，中国民主法制出版社出版物经营许可证变更完毕并领取新证。

20～26 日，中国出版集团公司参加第 22 届香港书展。

21 日，连环画出版社召开 2011 年度上半年工作总结会。

21 日，中国民主法制出版社召开《图书出版合同》（修订稿）及其《补充协议》意见征集会。

21～22 日，商务印书馆召开 2011 年度上半年经济分析工作会议。

21～22 日，中版教材有限公司召开半年工作会议。

23 日，人民美术出版社教材出版中心在广西桂林举办 2011 年人民美术出版社（第二批）教材培训工作会。

23 日，中国图书进出口深圳公司等联合举办《甄功夫》新书签售会。

24～27 日，人民美术出版社在青岛召开“人民美术出版社高职高专艺术院校教材研讨会”。

25～29 日，第八届“商务印书馆·语文报杯”全国中青年课堂教学大赛举行。

26 日，由中国出版集团公司牵头承担的新闻出版总署重大科技项目“中华字库”工程完成启动阶段工作任务，正式进入研发设计阶段。

26日，中国民主法制出版社工会组织女职工参观“党的女儿、时代楷模、百名优秀党员风采”大型展览。

27日，中国图书商报社参与主办的“第二届文学之新”颁奖大会在京举行。

28日，中华书局召开2011年上半年图书市场分析会。

29日，中国图书商报社推出《红色读物专刊》第三波，引导大众寻找、阅读优秀红色读物。

29日，中国民主法制出版社召开出版社2011年上半年工作总结会议。

30日，中国对外翻译出版公司举办的“翻译专业资格（水平）考试 英语口译、笔译二级、三级暑假培训班”正式开课。

7月，世界图书出版上海有限公司被上海市“企业诚信创建”活动组委会授予“三星级诚信创建企业”称号。

7月，中国科学文化音像出版社出版的《思想的历程》在中央电视台综合频道播出。

8月

1日，中国民主法治出版社发布并执行《中国民主法制出版社培训管理制度》（试行）。

1～23日，中国图书进出口深圳公司承担第26届世界大学生运动会服务项目。

2日，商务印书馆将“版权处”改组为“版权与法务部”。

2日，中国美术出版总社收到中共中央政治局委员、国务委员刘延东写给人民美术出版社成立60周年的亲笔贺信。

2日，中国民主法制出版社安排《电影营销实务》作者王大勇为和讯网录制以电影营销为主题的视频访谈节目。

3日，商务印书馆与北京市丰台区教育工委联合主办的“乡村教师北京培训周”开班。

3日，北京中新联科技股份有限公司召开公司中层干部会，布置公司机构精简和管理体制调整工作。

3～10日，商务印书馆组织全体员工赴辽宁兴城进行企业文化建设及员工业务培训。

4日，中国出版集团公司召开专题会议，介绍“双效”业绩考核有关事项，布置集团下属经营单位申报2011年度利润总额目标值。

4日，人民文学出版社联合中央人民广播电台文艺之声、百老汇影城举办题为“‘再见，哈利·波特’——哈利·波特电影终结版首映及《哈利·波特（精装版）》首发仪式”。

4日，中国美术出版总社召开党政联席会议，听取关于沈鹏先生捐资成立美术出版基金的情况介绍，并决定待条件成熟后具体实施。

4～6日，人民音乐出版社参加全国图书编校质量工作研讨会。

5日，商务印书馆与武汉大学联合主办“《语言与国家》学术研讨会”。

5日，荣宝斋因“木版水印技艺”、“装裱修复技艺”项目被文化部列为“第一批35项国家级非物质文化遗产生产性保护示范基地”。

5日，中国民主法制出版社召开专题会议，规范出版环节流程。

8～10日，中国大百科全书出版社举办新职工岗前培训。

8～12日，中国民主法制出版社组织部分职工赴广西师范大学出版社进行业务交流与座谈。

10日，中国出版集团公司召开专题会议，研究集团公司财务管理平台建设的有关问题。

10日，中国美术出版总社收到中共中央政治局常委李长春写给人民美术出版社成立60周年的贺信。

11日，中国美术出版总社收到全国人大副委员长、民进中央主席严隽琪写给人民美术出版社成立60周年的贺信。

11日，生活·读书·新知三联书店领导到中华书局进行工作交流。

11日，中国出版对外贸易总公司与四川省自贡市外事侨务和旅游局签署《中国百城——自贡》（英文版）合作出版协议。

11 日、23 日，商务印书馆召开《新华大字典》编写会议。

12 日，中国图书商报社与 2011 年上海书展组委会共同主办的《上海书展专刊》出版。

13～16 日，中国民主法制出版社领导走访湖南张家界、湘西、怀化等地级市新华书店和教育局，进行业务洽谈。

15～17 日，中国出版集团公司组织所属企业高级会计人员参加中央国家机关继续教育培训班。

15 日，人民美术出版社开始举办“庆祝人民美术出版社成立 60 周年系列展”。

17 日，中国出版集团公司、东方出版中心与上海市政协文史委、上海市新闻出版局在上海联合举办“戴敦邦绘辛亥百年历史人物画展开幕式暨《纪念辛亥革命百年戴敦邦绘人物谱》新书首发式”。

17 日，世界图书出版上海有限公司举行《你一定要知道的无痛分娩》读者见面会暨产前知识讲座。

17 日，中版集团数字传媒有限公司与世界图书出版上海有限公司联合举行“共建亲子阅读分站签约仪式暨《妈妈爸爸》数字期刊上线发布仪式”。

17～19 日，中华书局与上海图书馆、上海辞书出版社、上海中华印刷有限公司等单位商谈中华书局局庆筹备事宜。

19 日，中国民主法制出版社与广东学而优书店在在广州南国书香节期间共同主办陈万雄先生新书《读人读世》对话活动。

19～25 日，中国图书进出口广州公司承办 2011 南国书香节暨羊城书展·海外华文展项目。

20 日，世界图书出版上海有限公司举行《中华饮食智慧》读者见面会暨万本图书捐赠抗癌协会活动。

24 日，中国美术出版总社召开高校教材工作会议。

25～26 日，中国美术出版总社在北京密云召开人民美术出版社成立 60 周年社庆活动总结大会。

25～29 日，中华书局参加 2011 年全国文史图书订货会。

26 日，中国出版集团公司组织所属报刊单位全面启动“走基层、转作风、改文风”活动。

26 日，商务印书馆召开《新时代汉英大词典》（21 世纪版）编辑工作会议。

26 日，《中国图书商报》在“中国传媒投资年会”上被评为“2011 中国最具影响力行业媒体品牌”。

26 日，中版集团数字传媒有限公司与第五届亚洲青年动漫大赛组委会建立动漫内容资源战略合作机制。

8 月 27 至 9 月 4 日，中国图书进出口（集团）总公司组团参加第 17 届印度德里国际书展。

29 日，中国图书进出口（集团）总公司联合国内图书馆界在北京举办“第三届中国图书馆馆长与国际出版社高层对话”论坛。

29 日，中国民主法制出版社参加中国书刊发行业协会主办的出版社转企改制后自办发行工作研讨会。

29 日，中国民主法制出版社与著名版权代理人托笔进行《于丹〈庄子〉心得》版权输出洽谈。

30 日，人民文学出版社与俄罗斯“下一代”国际基金会联合组织入选俄罗斯处女作奖代表作品选集《开罗国际》的青年作家与媒体见面。

30 日，商务印书馆领导会见来访的日本东方书店高层。

30 日，商务印书馆与德国 De Gruyter 出版社举行《中国语言状况》、《中国评议地图集》等图书英文版版权输出签约仪式。

30 日，中华书局国家出版基金资助项目《中华民国史》结项并召开出版座谈会。

30 日，中国对外翻译出版公司领导会见联合国教科文组织出版机构负责人 Ian Denison 一行。

30 日，中国图书进出口（集团）总公司承办 2011 北京国际出版论坛。

30 日，中国图书商报社领导会见法兰克福国际书展高层，就下一步合作计划进行交流和协商。

31 日，中共中央政治局常委李长春莅临第 18 届北京国际图书博览会中国出版集团公司展区并指导工作。

31 日，中国美术出版总社期刊管理中心召开半年工作总结会。

31 日，深圳第 26 届世界大学生夏季运动会组委会执行局致信中国对外翻译出版公司，感谢其高质量的语言服务。

8 月 31 至 9 月 4 日，中国出版集团公司组团参加第 18 届北京国际图书博览会。

8 月 31 至 9 月 4 日，中国图书进出口（集团）总公司承办第 18 届北京国际图书博览会。

8 月，世界图书出版公司与全国十余家博物馆合作举办多地同期展览“大道之行——纪念辛亥革命一百周年影像展”。

8 月，北京中新联科技股份有限公司在中国移动天津分公司、中国联通廊坊分公司、中国电信承德分公司为期一年的产品测试圆满成功。

8 月，中版教材有限公司新增加的三个年级《生命·生存·生活》教材出版，使新修订的教材贯穿了从幼儿园到大学整个教育过程。

9 月

1 日，中国出版集团公司和参加第 18 届北京国际图书博览会的日本参展商代表举行“中日出版交流会”。

1 日，商务印书馆在北京举行《威科法律译丛》新书发布会暨《中国法院案例精选文库》（英文版）战略合作协议签约仪式。

1 日，世界图书出版公司北京公司联合多家出版机构举行《壹玖壹壹：鸦片战争到军阀混战的百年影像史》全球 5 个版本同步发行会。

1 ~ 2 日，中国出版集团公司举办企业年金运营培训班。

1 ~ 11 日，中国出版集团公司参加 2011 年里约热内卢国际书展。

2 日，人民文学出版社与德国柏林文学之家联合主办“困境与逃离——中奥德四作家一席谈”活动，并发布图书《黑暗船》与《一个人》的中译本。

2 日，牛津大学出版社访问商务印书馆，双方签署了《牛津高阶英汉双解词典》（第 8 版）出版协议。

2 日，中国大百科全书出版社举办“中外儿童百科全书论坛”。

2 日，中国民主法制出版社与北京麦士达版权代理公司、台湾好读出版有限公司就“中国古代大案探奇录系列”台湾中文繁体版版权输出进行洽谈。

2 日，中国民主法制出版社与德国版权代理商洽谈“中国古典哲学名著品评丛书”版权输出事宜。

3 日，中国民主法制出版社与韩国胡萝卜图书版权代理公司洽谈《郦波评说曾国藩家训》（上）一书韩文版版权。

7 日，中华书局召开《中华书局百年大事记》征求意见会。

7 日，人民美术出版社图书出版中心召开选题论证会。

7 ~ 12 日，中国图书进出口（集团）总公司组团参加第 24 届莫斯科国际书展。

8 日，中国出版集团公司“小金库”治理办公室完成举报受理、问题整改、长效机制建设、日常监督等四张统计报表及文字说明的审核、汇总，并报送中央“小金库”治理办公室。

8 日，人民文学出版社在北京举行京味小说《满树榆钱儿》专家研讨会。

8 日，国家出版基金审查委员会工作组到中国美术出版总社抽查国家出版基金资助项目《漫画中国历史》的资金使用情况。

8 日，中国民主法制出版社、中版国际传媒有限公司合作出版的《石油大棋局——下一个目标中国》，在北京举行全球首发式暨石油地缘战略研讨会。

8 ~ 14 日，中华书局参加河南省店馆采、礼品图书订货会。

9 日，商务印书馆举行“‘中华现代学术名著杯’学术论文大赛颁奖典礼”。

9日，中国美术出版总社召开办公楼周转搬迁领导小组会议。

9日，大佳网获得荷兰保健养生作家阿诺·范·德·维尔全部中文作品的数字版权授权，将在网站、移动终端等多种平台推出其作品。

9月9日至11月25日，中国出版集团公司开展“走转改”活动，领导班子带头深入基层一线，在集团公司范围内开展全面调研。

10日，中国图书商报社与“科技七社联合体”共同举办首届“‘科技七社·图书商报’杯全国大学生辩论赛”。

11日，荣宝斋举行“返璞归真——邓林七十岁回顾画展”。

14日，中国出版集团公司召开“十二五”发展规划编制工作会议。

14日，中国民主法制出版社部分员工与《石油大棋局——下一个目标中国》作者录制中央电视台《对话》节目。

14~17日，荣宝斋领导出席荣宝斋援建的汶川地震灾区三所学校的挂牌揭牌仪式。

14~18日，北京中版联印刷物资有限公司组织全体员工赴武汉参观学习。

15日，中国出版集团公司召开2012年国家出版基金项目申报和在建项目管理座谈会。

15日，华文出版社党组织关系由中共中央统战部转入中国出版集团公司。

15~16日，中国大百科全书出版社承办中国辞书学会百科全书专业委员会、中国编辑学会工具书和百科全书专业委员会2011年年会暨学术讨论会。

15~20日，中国美术出版总社参加“海峡两岸纪念辛亥革命100周年书画展览”。

17~23日，中版教材有限公司为庆祝公司成立3周年，在广西壮族自治区举办“励志求发展”活动。

17~25日，人民美术出版社开展艺术图书“走进校园”活动。

18日，人民文学出版社举办“人民文学出版社与茅盾文学奖”媒体恳谈会。

18日，大佳网录制林青霞讲座“戏梦人生”，介绍其新作《窗里窗外》。

18~23日，中国出版集团公司举办2011年度新员工培训班。

9月18日至10月12日，中国出版集团公司组织由所属报刊22名记者组成的记者团，深入安徽、河北、山西报道基层文化需求和民间文化创新情况。

19日，中国出版对外贸易总公司与现代出版社合资成立中版风雅文化传播有限公司。

19日，现代教育出版社召开《现代教育出版社“十二五”规划》修改工作会议。

20日，中共中央宣传部出版局《出版动态》专文刊登《中国图书商报提高报送信息时效性和采用率》，向全国各省市区党委宣传部、各出版舆情信息报送责任单位推荐中国图书商报社向中宣部报送出版舆情的先进经验。

20~28日，中国出版集团公司与黄河出版传媒集团共同举办“2011宁夏国际穆斯林出版机构版权贸易洽谈会”。

21~23日，中华书局参加西北五省秋季馆采会。

21~30日，中国图书进出口（集团）总公司联合台湾五南文化公司承办第12届大陆书展。

22日，中国出版对外贸易总公司、现代出版社、日本国株式会社演播社、北京富士泓盛文化传播有限公司合资成立中版泉生文化发展（北京）有限公司。

22~26日，人民音乐出版社承办“‘金嗓子’第二届全国高校音乐学（教师教育）声乐专业教师与研究生演唱邀请赛”。

23日，商务印书馆与语文报社、西安市教育科学研究所共同举办“‘商务印书馆杯’小学生查字典大赛决赛暨小学生语言学习专题报告会”。

23日，中国美术出版总社召开党委会，研究部署开展党员公开承诺活动的具体实施方案。

23日，中国民主法制出版社召开出版社“十二五”规划起草小组工作会议。

23日，中国民主法制出版社召开数字出版工作会议。

23～24 日，中国图书进出口西安公司举办进口书刊业务研讨会。

24 日，中华书局举行“百年再出发——文化沙龙之南京站”活动。

24 日，中国对外翻译出版公司原党委书记、副总经理谷显峰逝世。

24 日，华文出版社联合凤凰网读书会举办《天下为公——孙中山传》读者见面会。

26 日，中国美术出版总社召开生产计划会。

26 日，生活·读书·新知三联书店举行“书香巷”开巷仪式。

27 日，人民文学出版社和湖北省作家协会、长江文艺出版社在武汉联合举行宜昌籍作家望见蓉《铁血首义路》新书首发式。

28 日，由商务印书馆、中华书局联合主办，商务印书馆承办的“‘中华字库’工程第 16 包：现代的汉语出版物用字及专门用字、非字符号的搜集与整理”项目启动会召开。

29 日，人民音乐出版社在北京音乐厅举办“《中国当代作曲家曲库》音乐会”。

29 日，生活·读书·新知三联书店举行党委换届选举大会。

9 月，《中国出版集团公司“十二五”时期发展规划》正式发布。

9 月，中国美术出版总社领导参加重庆市主办的“亚洲艺术节暨第 12 届亚洲儿童画展”开幕式，并与重庆市出版集团负责人协商教材发行等工作。

9 月，生活·读书·新知三联书店正式实行企业年金计划，为员工缴纳补充养老保险。

9 月，由新闻出版总署、中国新华书店协会主办，中国图书商报社协办的“全国新华书店知识技能大赛”拉开帷幕。

10 月

3 日，世界图书出版上海有限公司举办“老人、儿童的急救和护理”专家公益讲座。

8 日，人民美术出版社举行《宫崎滔天家藏——来自日本的中国革命文献》首发式及研讨会。

8 日，中版教材有限公司在北京举办《书法》教材培训班。

9 日，中国出版集团公司上市办公室召开会议，落实 962 项目重启时间表。

9 日，中国出版集团公司召开新闻发布会，总结纪念辛亥革命 100 周年出版成果。

9 日，中共中央政治局委员、上海市委书记俞正声，上海市委副书记、市长韩正，上海市人大常委会主任刘云耕，上海市政协主席冯国勤等上海市领导参观由东方出版中心承办的纪念辛亥革命 100 周年“辛亥革命在上海”文献文物展、辛亥革命百年美术作品展。

10 月，中国图书进出口广州公司举办北京国际图书博览会（广州）巡回展。

12 日，中国美术出版总社召开职代会，审议《中国美术出版总社有限公司企业年金方案实施细则》。

12～16 日，中国出版集团公司参加第 63 届法兰克福国际书展。

13 日，商务印书馆举办员工业务培训系列讲座第十二讲，主讲专科词典的编纂要点。

13 日，中国民主法制出版社完成中国出版集团公司专项资金审计报告并上报集团公司委托的会计师事务所。

13 日，中国民主法制出版社与法国 Belfond 出版公司签订《于丹〈庄子〉心得》一书法文版版权协议，这是该书第一次向欧洲国家输出版权。

13 日，中国民主法制出版社在北京召开《石油大棋局——下一个目标中国》新书推介会。

13～15 日，中国图书进出口（集团）总公司举行 2011 年度工会干部培训班。

13～17 日，中华书局参加 2011 年秋季图书馆采会。

15 日，人民文学出版社参加在广东举行的第五届全国“名社、名刊、名编”笔会。

15 日，中国美术出版总社参加北京市徐悲鸿美术学校成立 15 周年校庆活动。

15～16日，由人民文学出版社《新文学史料》编辑部与中国人民大学文学院主办，《读书》杂志、《文艺研究》杂志协办的“辛亥革命以来的文化史料研讨会”在北京香山饭店举行。

15～18日，中国美术出版总社参加2011年中国发行协会美术发行专业委员会年会暨发行工作研讨会。

17日，中国出版集团公司党组书记王涛陪同中宣部出版局局长陶骅、副局长刘建生一行到中华书局、商务印书馆、生活·读书·新知三联书店调研考察。

17～19日，中华书局在北京延庆召开“中小学传统文化教育实践研究2011年会”。

18日，商务印书馆举办“《英语世界》创刊三十周年纪念会暨第二届‘《英语世界》杯’翻译大赛颁奖会”。

18日，商务印书馆与首都图书馆共同举办“品读手稿集——走进钱锺书的读书生活”座谈会。

18日，中宣部出版局领导到人民音乐出版社调研。

18日，荣宝斋举办《张大千全集》出版研讨会。

18日，中国图书商报社出版第63届法兰克福国际书展专刊英文版。

10月19日至11月24日，中国出版集团公司在中国人民大学、中国矿业大学和北京信息科技大学等3所高校举办“双推计划”书香校园系列文化活动。

19日，东方出版中心党委召开2011年度党员领导干部民主生活会。

20日，人民文学出版社与中国人民解放军总装备部在北京联合举办《战争史笔记》出版座谈会。

20日，中国大百科全书出版社举行“衣加衣大于爱”募捐活动。

20～21日，中国出版集团公司深入学习贯彻党的十七届六中全会精神，召开改革发展座谈会。

21日，中华书局与清华大学联合承担的“中华字库”工程第12包——“宋元印本文献用字搜集与整理”项目启动大会召开。

21日，中国出版集团公司委托会计师事务所进驻中国民主法制出版社进行上市审计。

21～22日，生活·读书·新知三联书店参加第二届“京沪港三联书店高层年会”。

22日，商务印书馆举办刘海星诗集《太阳的眼泪》研讨会。

22日，中国民主法制出版社在广州举行《人生方圆》读者见面会。

23～24日，商务印书馆和中国社会科学院语言研究所联合举办《现代汉语词典》（第6版）审订委员会第二次会议。

24日，人民音乐出版社召开会议，传达学习党的十七届六中全会精神。

25日，中国图书商报社分三批向中宣部出版局推荐中国出版业改革发展先进典型材料123篇，60余万字。

25～27日，商务印书馆领导前往香港参加牛津大学出版社（中国）有限公司50周年庆典活动。

26日，中华书局在武汉举行《唐诗排行榜》新书发布暨研讨会。

26日，中国美术出版总社参加安徽地方美术教材编写会议。

27～29日，中国图书进出口（集团）总公司举行第20届党建思想政治工作研讨会。

27～30日，中华书局参加“海峡两岸纪念辛亥革命100年精品图书展”。

27～30日，人民音乐出版社在苏州承办“海伦钢琴”全国高校音乐学（教师教育）钢琴专业教师演奏邀请赛。

28日，中华书局在浙江桐乡举行百年局庆之桐乡纪念活动。

28～31日，中国出版集团公司参加第七届海峡两岸图书交易会。

29日，商务印书馆在北京举办“《万历兴亡录》新书发布暨出版座谈会”。

29日，中国美术出版总社参加中国国家画院庆祝建院30周年美术作品展览暨庆典活动。

29 日，东方出版中心和台湾华品文创出版公司在台北联合承办“《纪念辛亥百年上海名家书画集》发布会”。

30 日，中华书局等单位联合召开点校本《文献通考》出版座谈会。

30 日，上海市政协、东方出版中心在台北市长流美术馆举行“纪念辛亥百年上海名家书画展开幕式”。

31 日，人民文学出版社联合中国作家协会重点作品扶持办公室、南都公益基金会向农民工赠送《中国新生代农民工》一书。

31 日，东方出版中心在台北承办“沪台两地文化艺术出版界座谈会”。

10 月 31 至 11 月 5 日，商务印书馆员工赴商务印书馆（香港）有限公司进行学习交流。

10 月，中国出版集团公司圆满完成第 63 届法兰克福国际书展参展任务，实现版权输出项目 314 项，名列中国各参展单位榜首。

10 月，由中国科学文化音像出版社出版的 10 集大型电视纪录片《公司的力量》在中央电视台纪录片频道、财经频道播出。

11 月

1 日，中国美术出版总社与人民音乐出版社、中国地图出版社联合召开第 19 次全国教材工作会议。

2 日，中国大百科全书出版社召开《中印文化交流百科全书》编纂工作会议，与印度代表磋商该书编纂事宜。

2～3 日，财政部驻北京市财政监察专员赴人民文学出版社核查出版行业财税优惠政策执行情况。

3 日，新闻出版总署副署长邬书林一行到中华书局召开专题调研会。

4 日，中国出版集团公司召开财务信息管理平台招标开标、评审会议。

4～9 日，中国图书商报社全体员工到福建泉州新华书店开展“走转改”活动，并召开 2012 年度工作会议。

5 日，国务院同意编纂出版《中国大百科全书》（第三版），通过建立数字化编纂平台，编纂和出版网络版、纸质版。

5 日，中国民主法制出版社召开学习贯彻十七届六中全会精神，落实“十二五”时期发展规划座谈会。

6 日，生活·读书·新知三联书店联合孙冶方经济科学基金会在北京召开纪念徐雪寒百年诞辰纪念会。

6～10 日，北京中版联印刷物资有限公司组织集团公司所属单位出版部负责人赴广西桂林参加全国纸张订货会。

7 日，商务印书馆举办员工业务培训系列讲座第十三讲，讲座内容为“词汇计量分析如何为词典编写服务”。

7 日，中华书局参加京东商城供货商大会，中华书局获得 2011 年度京东商城“网友最喜爱品牌奖”。

7 日，东方出版中心举行《上海手册》（英文版）新书首发式。

8 日，中国民主法制出版社发行中心赴成都洽谈中小学图书馆配业务。

8～9 日，中国对外翻译出版公司接受方圆标志认证集团有限公司对其 2011 年 ISO9001 质量管理体系再认证的监督审核。

8～10 日，生活·读书·新知三联书店在北京举办首届中层干部培训班。

9 日，中国出版集团直属机关党委常务副书记王云武、集团公司工会副主席杭连生到中国民主法制出版社检查、指导工作。

10 日，中央国有文化资产管理领导小组办公室常务副主任王家新、副主任董德刚和胡帆等一行到中国出版集团公司总部及所属人民音乐出版社、生活·读书·新知三联书店、商务印书馆、荣宝斋检查指导工作。

10 日，中国美术出版总社与人民音乐出版社、中国地图出版社负责人共同会见河北省各地市教育局局长访问团成员。

10 日，中国民主法制出版社启动 2011 年业务骨干和中层干部人才招聘工作。

11日，商务印书馆举行“汉语盘点2011”启动仪式。

11～12日，中国出版集团公司参加全国财政教科文暨事业资产管理工作会议。

12日，商务印书馆参加2011中国版权年会暨第四届“中国版权产业奖”颁奖典礼。

12日，商务印书馆召开《新华大字典》编写工作会议。

12～13日，人民美术出版社在山东济南召开高职高专教材编写工作会。

12～13日，中国对外翻译出版公司赞助并参加2011年“博雅翻译文化沙龙”活动。

13日，商务印书馆举办《囚徒天子光绪皇帝》新书发布会。

14～17日，世界图书出版上海有限公司参加地方科学出版社联合会订货会。

15日，中版集团数字传媒有限公司召开资源库项目发标会。

15～19日，商务印书馆联合上海辞书出版社、同方知网（北京）技术有限公司举办“中国辞书学会辞书编纂现代化专业委员会第五届年会暨学术研讨会”。

16日，中国大百科全书出版社在全国政协礼堂举行《中国京剧百科全书》出版座谈会，全国政协副主席孙家正出席。

17～18日，中国出版集团公司副总裁林弋一行到中国美术出版总社进行领导班子考核测评。

18日，中国大百科全书出版社举行庆祝建社33周年活动。

18日，世界图书出版西安有限公司通过陕西省科技纪工委廉政建设检查。

18～20日，中国图书进出口上海公司主办“2011上海国际音响大展暨第三届国际音响格兰披治颁奖盛会”。

19日，人民文学出版社联合国家图书馆、中央民族大学少数民族语言文学学院、首都师范大学中国诗歌研究中心在北京共同主办“詹福瑞诗集《岁月深处》研讨会”。

20～24日，中国出版集团公司人力资源部举办人才梯队培训班。

21日，东方出版中心举行2011年度领导干部述职会。

22～26日，商务印书馆召开“2011年度印制工作会议”。

24～25日，荣宝斋（上海）拍卖有限公司在上海举办首届大型艺术品拍卖会。

25日，商务印书馆与中央组织部干部四局、新闻出版总署出版产业发展司、中国出版集团公司共同举办“学习十七届六中全会精神，加快推进新闻出版改革发展”主题党日活动。

25日，世界图书出版西安有限公司召开党政领导班子民主生活会。

26日，中国民主法制出版社组织员工参观冉庄抗日战争地道战遗址。

26～27日，中华书局与北京师范大学章黄研究中心联合举办“朱季海著作集出版座谈会”。

27日，人民文学出版社在北京图书大厦举行《将军》签售会。

28～30日，生活·读书·新知三联书店在北京昌平召开2012年度选题研讨会。

29日，人民美术出版社召开2012年度选题论证会。

29日，连环画出版社召开2012年度选题论证会。

11月29日至12月1日，人民音乐出版社在重庆主办第六届全国中小学音乐课现场评选活动。

30日，世界图书出版公司北京公司与“VIVA畅读”签约，共同推广首个数字出版产品——手机杂志《心理悦读》。

11月，北京中新联科技股份有限公司与北京大学等单位合作研究的新型电池材料锰基富锂化合物课题被纳入国家“863计划”，取得课题经费。

12月

1日，人民文学出版社与中国外国文学学会

在北京联合举行“21 世纪年度最佳外国小说·微山湖奖（2011）颁奖典礼暨十周年庆典”。

2 日，商务印书馆召开“中国社会的转型与法律近代化——《大清新法令》点校本出版座谈会”。

2 日，中华书局新阅读分社在北京西山首都书画院举办第一届“资政新编沙龙”。

2 日，现代教育出版社召开“关于做好教育出版的研讨会”。

3 日，中国美术出版总社举行《方案：2011 年威尼斯国际艺术双年展》新书发布会及“弥漫 2011 年威尼斯国际艺术双年展”展览开幕式。

5 日，商务印书馆、中国社会科学院语言研究所、中国教育发展基金会以及中国贵州茅台酒厂有限责任公司共同举办“小字典，大民生”文化惠民活动暨“国酒茅台”捐赠《新华字典》爱心行动座谈会。

5 日，人民美术出版社教材出版中心召开“美育最基层——全国中小学美术教师画展”筹备会议。

5 ~6 日，中华书局召开 2012 年度选题工作研讨会。

6 日，中国出版集团公司召开 2011 年度财务决算及 2012 年度财务预算编制培训会议。

6 日，1 800 册进口图书进入中国图书进出口（集团）总公司进口出版物专用保税库，标志着保税库正式启用。

6 日，中国图书商报社主持召开中国编辑协会媒体美术委员会第一次全体委员会议。

6 日，中国图书商报社与中国出版工作者协会联合举办“书业会展（参展、策展）培训研讨班”。

6 日，华文出版社与中国教师发展基金会签订捐赠协议，捐赠图书 3 376 册，共计码洋 65 299元。

7 日，中国美术出版总社召开 2012 年选题论证会。

7 日，中国数字出版网（大佳网）启动一期二阶段开发。

8 日，中华书局召开《资治通鉴》分析系统项目结项验收会。

9 日，中国美术出版总社召开书刊编校质量工作会。

9 日，中国民主法制出版社邀请当当网图书产品线高管洽谈进一步加强合作事宜。

11 日，中国大百科全书出版社领导向集团公司领导班子汇报《中国大百科全书》（第三版）的工作情况。

11 ~20 日，中国出版集团公司人力资源部组织人才梯队部分人员赴日考察学习。

12 日，中国出版集团公司批复同意中国对外翻译出版公司五年发展规划（2011 ~2015）。

12 日，东方出版中心联合日本长崎历史文化博物馆承办的《戴敦邦绘辛亥历史人物画展》开幕。

12 日，中国民主法制出版社召开 2012 年度财务预算和 2011 年度决算工作会议。

12 日，华文出版社在河北沧州举行 2012 年度选题计划研讨会。

12 ~13 日，商务印书馆参加全国高等职业院校文化素质教育协作会成立大会暨全国职业教育“文化育人”高端论坛。

12 ~14 日，商务印书馆参加第六届孔子学院大会。

13 日，由中国图书商报社、中国阅读学研究会发起的“阅读城市·城市阅读”大型推广活动在北京向社会各界发布了首批 140 种推荐书目。

14 日，商务印书馆举办“汉语盘点 2011”年度流行语、年度新词语、年度字词发布仪式。

14 日，商务印书馆举办以“优质中学英语教辅和读物的开发”为主题的“商务馆中学英语教师沙龙”。

14 ~15 日，人民文学出版社分别在北京大学和中国人民大学举行“张爱玲晚期小说情爱叙事学术讲座暨《许子东讲稿》新书首发·签售”活动。

15 ~17 日，中国出版集团公司与黑龙江出版集团在黑龙江滑雪胜地亚布力联合主办第六届

"香山论坛·亚布力峰会"。

16～25日，中国图书进出口（集团）总公司承办2011年澳大利亚、新西兰中文书刊巡回展。

17日，人民文学出版社参加"黄蓓佳小说创作研讨会"。

20日，中国出版集团公司召开2012年度选题工作座谈会。

20日，中国大百科全书出版社召开《台湾百科全书》编委会办公室第一次编纂工作会议。

20日，中国出版集团公司荣宝斋书店开业。

21日，人民文学出版社在北京举办"《当代》年度最佳长篇小说（2011年）"评选活动。

22日，北京中版联印刷物资有限公司召开三届一次股东会暨董事会。

24日，中国科学文化音像出版社出版的《走向海洋》在中央电视台财经频道、纪录片频道和科教频道开始播出。

25日，中华书局在北京图书大厦举行《我为评书生》、《江湖丛谈》（注音注释典藏本）、《醒木惊天连阔如》等书签售活动。

26日，中国出版集团公司的《解放战争》（上、下）等15种图书入选新闻出版总署第三届"三个一百"原创出版工程，位居全国出版集团之首。

27日，中国美术出版总社参加北京市教材工作会议。

27日，中国对外翻译出版公司领导参加中国翻译协会年度工作会议。

28日，中国出版集团公司联合中国联合网络通信集团有限公司、中国文化产业投资基金及学习出版社发起成立中国出版传媒股份有限公司。

28日，中华书局在上海图书馆举行庆祝书局成立100周年座谈会。

28日，中华书局创建百年专题报道网页制作完成并上线。

28～29日，中版教材有限公司在昆明市党政干部培训中心举办"云南省中小学书法教学培训会"。

29日，中国出版集团公司副总裁刘伯根和中国民主法制出版社有关人员，与中央电视台领导及导演洽谈《旗帜是这样诞生的》一书的出版、发行工作。

29日，中华书局在上海复旦大学举办"百年再出发——中华书局文化沙龙"活动（上海站），主题为"近代书业与现代中国的历程"。

31日，生活·读书·新知三联书店决定成立学术出版分社和文化出版分社，同时取消原学术出版中心和文化出版中心。

12月，中国出版集团公司所属中国图书进出口（集团）总公司、中国对外翻译出版公司和中华书局等3家企业获得2011年度国家文化出口奖励资金。

12月，中国对外翻译出版公司向中国光华科技基金会捐赠150万码洋图书。

12月，中国出版对外贸易总公司完成"读家网"搭建网站框架一期建设目标。

12月，北京中新联科技股份有限公司出口俄罗斯的涂布机安装完成。

12月，北京中新联科技股份有限公司通过北京市石景山区安全生产标准化建设考评。

索 引

SUOYIN

条目汉语音序索引

A

ā

《阿诗玛》木版水印复制出版发布会召开 …… 186

B

bái

《白话精华二十四史》网络营销宣传活动举行 …… 196

bǎi

《百年西藏——20 世纪的人和事》一书在纽约推出 …… 366
《百年西藏——20 世纪的人和事》英文版出版发行 …… 211
《百年西藏——20 世纪的人和事》中英文版同步推出 …… 352
“百年再出发——中华书局文化沙龙”活动举行 …… 151
“百年再出发——中华书局文化沙龙”之南京站举行 …… 167
百种精品图书庆党九十华诞 …… 352

bǎn

“版权沙龙”第一次活动举行 …… 155
《版权信息交流》创刊 …… 157

běi

北京国际版权贸易研讨会举行 …… 209
北京国际图书博览会（BIBF） …… 302
“北京荣宝 2011 春季艺术品拍卖会”举行 …… 190
北京三联书店：改制求生 …… 363
北京中版联印刷物资有限公司 2011 年工作综述 …… 102
北京中新华国际旅行社有限责任公司 2011 年工作综述 …… 114
北京中新联科技股份有限公司 2011 年工作综述 …… 101

bì

《毕沅诗集》 …… 294

C

cái

财政部驻北京市财政监察专员到人民文学出版社调研 …… 253

cǎi

《彩色全译本前四史》 …… 313

cài

蔡名照出席中国出版集团公司2011年度工作会议并讲话 …… 7
蔡志忠《参禅布道》漫画彩绘诠释佛经禅语的独到心得 …… 367

cáo

《曹禺全集》 …… 308

chá

《茶文化学系列教材》（3种）第三次研讨会举行 …… 148

chàng

《唱响中国——群众最喜爱的新创作歌曲36首集锦》出版 …… 146

chén

陈公绰 …… 397
《陈来学术论著集》出版座谈会召开 …… 144
陈至立致信祝贺《中国京剧百科全书》出版 …… 5

chī

《吃茶》签订英文版版权输出协议 …… 213

chū

出版界谈十七届六中全会：创作无愧于人民的作品 …… 355
出版物实物出口和"走出去"服务项目 …… 303

cí

《辞源》（第三版）修订工作启动 …… 140

cóng

《从内罗毕到深圳》新书发布暨读者见面会举行 …… 194
《从绅士到革命家：我的祖父龙璋》 …… 326

D

dà

大佳网国内首推社交型电子书概念 …… 356

dài

"戴敦邦绘辛亥革命人物画展"开幕式暨《纪念辛亥百年戴敦邦绘人物谱》新书发布会举行 …… 196

dāng

《当代》等"采风团"开展"走、转、改"活动 …… 284
《当代汉语词典》编写论证会举行 …… 139
"《当代》年度最佳长篇小说（2011）"评选活动举行 …… 179
《当代药用植物典》（1~4）签署韩文版版权输出意向书 …… 214
《当代中国艺术家年度创作档案》 …… 326
《当卢浮宫遇见紫禁城》 …… 306

dé

《德意志的另一行泪》：这不仅仅是"忏悔录" …… 366

dèng

《邓汉仪诗文辑校》 …… 295

邓经元…… 396

《邓小平传奇》等48种红色经典连环画面世…… 350

邓小平长女邓林70岁回顾画展昨开幕…… 365

dì

"地铁世界"新闻发布会召开…… 160

第26届世界大学生夏季运动会翻译项目…… 301

第26届世界大学生运动会服务项目…… 303

第八届"商务印书馆·语文报杯"全国中青年课堂教学大赛举行…… 161

第六届全国中小学音乐课现场评选活动举行…… 207

第三届中国图书馆馆长与国际出版社高层对话论坛举行…… 163

第五届中国出版集团公司出版奖（报刊部分）初评、复评会议召开…… 130

第一届《文史知识》论坛召开…… 141

diǎn

点校本"二十四史"及《清史稿》修订工程…… 296

点校本《文献通考》出版座谈会召开…… 173

dīng

丁 午…… 397

dōng

东方出版中心党风廉政建设大会召开…… 270

东方出版中心党员入党纪念日座谈会召开…… 269

东方出版中心第一届九次职工代表大会举行审议通过《东方出版中心"十二五"事业发展规划》…… 271

东方出版中心第一届职工代表大会第八次全体会议召开…… 265

东方出版中心工会组织女职工参观上海环球金融中心…… 267

东方出版中心关于加强出版成本管理的若干意见…… 341

东方出版中心关于加强大众图书选题策划的若干意见…… 341

东方出版中心关于加强图书发行渠道建设的若干意见…… 340

东方出版中心关于进一步规范财务报销等事项的通知…… 342

东方出版中心纪念建党90周年暨表彰先进大会举行…… 277

东方出版中心举办第四期"海上博雅讲坛"…… 195

东方出版中心举行退休干部重阳节茶话会…… 283

东方出版中心开展《党在我心中》主题征文活动…… 273

东方出版中心联合承办"纪念辛亥革命百年美术作品展"…… 240

东方出版中心团员青年参加2011年上海青年文化集市…… 272

东方出版中心向世博会博物馆捐赠世博图书仪式举行…… 259

东方出版中心在日本长崎联合承办"戴敦邦绘辛亥历史人物画展"…… 244

东方出版中心召开党员大会总结部署工作…… 264

东方出版中心2011年工作综述…… 74

《东方杂志》期刊全文检索数据库项目…… 319

"东南亚研究丛书"…… 305

"东西方诗人关于爱与灵感的对话"交流活动举行…… 200

dòng

"动物宝宝成长图画书系列丛书"…… 326

dú

"读绘本唱儿歌宝宝比您想象的更聪明"幼儿双语图书推介交流会举行…… 198

《读人读世》对话活动举行…… 198

"读者大会"持续打造阅读嘉年华…… 351

duō

《多媒体中国通史》（英文版）…… 301

E

èr

"二十一世纪中国竹笛高峰论坛"举行 …… 149

F

fēi

《非常识》网易微博读书公开课举行 ……… 186
《非洲通史》（修订版） …………………… 311

fēng

风展红旗如画——庆祝中国共产党成立九十
周年荣宝斋藏现代绘画作品展举行……… 275

fù

《复兴之路》（上、中、下）列入中宣部、
新闻出版总署 200 种优秀图书书目 …… 153

G

gāo

"高等教育'十二五'全国规划艺术教材
系列" …………………………………… 322
《高官的良心——中国足球打黑第一斗士》
出版座谈会举行 ………………………… 147
《高官的良心——中国足球打黑第一斗士》
作品研讨会举行 ………………………… 153
高举旗帜　开拓创新　乘胜前进　为创建
国际一流出版传媒企业而奋斗
——在中国出版集团公司 2011 年度工作
会议上的报告 ……………………………… 13
《高路入云端》研讨会举办 ………………… 159

gōng

《宫崎滔天家藏——来自日本的中国革命
文献》 …………………………………… 309

gǔ

《古炉》新书发布会举行 ………………… 182
《古炉》作品研讨会举行 ………………… 152

guō

郭一民……………………………………… 396

guó

"国际大师绘本文库系列丛书" …………… 325

H

hǎi

"海伦钢琴"第三届全国高校音乐学（教师教育）钢琴专业教师演奏邀请赛举行 … 204
海内外中国语言学者联谊会——第二届学术论坛召开 …… 157
海外出版发行网点建设项目 …… 313

hàn

"汉译世界学术名著丛书"第十三辑专家论证会召开 …… 144
"汉译世界学术名著丛书"（分科本） …… 319
"汉语盘点 2010"年度字词网络征集活动举行 …… 132
"汉语盘点 2011 年度流行语、年度新词语、年度字词"发布仪式举行 …… 178

hé

何卓云 …… 397

hóng

红色经典连环画系列电子书 iPad 版面世 … 367

hòu

《后汉书》修订会召开 …… 153

hú

胡企林 …… 396
《胡适：徽州之符》书友会举行 …… 189

hù

沪台两地文化艺术出版界座谈会举行 …… 173

huá

华文出版社财务管理办法 …… 343
华文出版社财务支出审批报销流程 …… 343
华文出版社参加第 18 届北京国际图书博览会 …… 238
华文出版社参加第 21 届全国图书交易博览会 …… 228
华文出版社参加第 63 届法兰克福国际书展 … 242
华文出版社参与"百家出版社文化助残公益行动" …… 259
华文出版社党组织关系由中共中央统一战线工作部转入中国出版集团公司 …… 281
华文出版社启动人才招聘工作 …… 247
华文出版社图书质量特别规定 …… 343
华文出版社完成转企改制更名为华文出版社有限公司 …… 253
华文出版社向西藏自治区捐赠图书 …… 261
华文出版社 2011 年工作综述 …… 93
华文出版社 2011 年绩效考核与薪酬管理办法 …… 343
华文出版社 2012 年度选题计划研讨会召开 … 177
"华文传记丛书" …… 327

huáng

《黄花依旧——黄花梨家具纵横谈》 …… 327

J

jì

"纪念辛亥百年上海名家书画集"发布会举行 …… 205
"纪念辛亥百年上海名家书画展"开幕式举行 …… 243
《纪念辛亥革命百年美术作品集》 …… 324
纪念辛亥革命 100 周年中国出版集团推出 60 种精品图书 …… 354
纪念曾志同志百年诞辰座谈会举行 …… 145
纪念中国共产党成立 90 周年京沪学术论坛暨"中国共产党与现代化使命丛书"出版座谈会举行 …… 153

jiǎn

《剪纸的故事》 …… 322

jiàn

《剑桥中国文学史》 …… 311

jiāng

《将军》签售会举行 …… 206

jiǎng

蒋丽君 …… 389

jiē

揭“中华字库”玄机　收纳中国古今庞大编码字符 …… 354

jīn

《金克木集》出版座谈会举行 …… 150

《金克木集》再现先生道德文章 …… 362

“金嗓子”第二届全国高校音乐学（教师教育）声乐专业教师与研究生演唱邀请赛举行 …… 202

《金史》、《史记》、《旧五代史》修订座谈会等会议召开 …… 170

jìn

进口出版物专用保税库 …… 312

jīng

京、沪、港三地三联书店议定成立北京三联国际文化传播公司 …… 126

京沪港三联高层年会议定组建“北京三联国际文化传播公司” …… 364

京沪学术论坛纪念建党90周年 …… 351

K

kāi

《开罗国际》青年作家与媒体见面会举行 …… 199

kāng

康振家 …… 391

kuà

《跨文化对话》（第28辑至第32辑） …… 310

kùn

“困境与逃离——中奥德四作家一席谈”活动举行 …… 164

L

lā

《拉丁美洲通史》 …… 302

lǎng

《朗文当代英语大辞典》（英英·英汉双解）新版 …… 318

lǎo

“老人、儿童急救和护理”专家公益讲座举办 …… 260

《姥姥语录》签售及讲座活动举行 …… 185

《姥姥语录》、《三十六英雄》和《江湖丛谈》签售活动举行 …… 192

lǐ

李长春对中国出版集团公司中小学《书法》教材出版工作作出重要批示 …… 3
李长春同志致信祝贺人民文学出版社成立60周年 …… 3
李长春致信祝贺人民美术出版社成立60周年 …… 4
李平凡 …… 397
李　岩 …… 389

lì

《历史的转折——乐震文、刘小晴革命胜景书画展》暨《革命胜景图册》新书首发式举行 …… 193
郦波春节期间在“百家讲坛”开讲《郦波评说曾国藩家训》 …… 365
《郦波评说曾国藩家训》“网易读书公开课”举行 …… 186
《郦波评说曾国藩家训》（下）新书首发式暨作者签名售书活动举行 …… 189
《郦波评说曾国藩家训》作者讲座活动举行 …… 142

lián

连阔如评书秘本《三十六英雄》签售活动举行 …… 194
联合国文件翻译项目 …… 300

liǎng

“两岸民间合作编纂中华语文工具书项目”台湾代表团访问商务印书馆 …… 209

lín

林　阳 …… 390

liú

刘光琴 …… 391
刘延东致信祝贺人民美术出版社成立60周年 …… 5
刘云山参观人民美术出版社60年出版成就展 …… 362
刘云山对人民文学出版社60年社庆作重要批示 …… 4
刘云山致信祝贺人民美术出版社成立60周年 …… 5

liǔ

柳斌杰：传承文化多出精品　引领古籍品牌出版 …… 359
柳斌杰到中华书局调研考察 …… 6

lǔ

《鲁迅箴言》（中日双语版）出版座谈会举行 …… 151

lù

《陆荣廷秘史》首发座谈会召开 …… 187

luàn

《乱翻书》作者接受搜狐视频访谈 …… 185

luò

雒树刚出席中国出版集团公司干部大会并讲话 …… 7

M

mā

《妈妈爸爸在线》数字期刊 …… 328
《妈妈爸爸在线》数字期刊上线大佳网 …… 164

mǎ

《马克思主义辩证法研究》 …… 310
“马克思主义经典著作导读丛书”（10种） …… 314

mǎn

《满树榆钱儿》专家研讨会举行 …………… 165

màn

《漫画中国历史》 ……………………………… 299
《漫画中国历史》(48 种)泰文版权签署输出合同 …………………………………… 216
"慢性病健康管理指导丛书" ……………… 328

máo

"茅奖"图书热销的启示:畅销很好常销更棒 ………………………………………… 357

méi

"没有围墙的大学"《不列颠简明百科全书》(修订版)推出 ………………………… 361

měi

美媒:中国的字典跟上时代发展步伐……… 358

mò

《末代皇帝溥仪》作者讲座和签名售书活动举行 ………………………………………… 186

N

nán

《南昌百科全书》 ……………………………… 322

nǐ

《你好,新疆》座谈会召开 ………………… 144
《你一定要知道的无痛分娩》读者见面会暨知识讲座举行 ……………………………… 197

niú

牛 汉……………………………………………… 389
《牛津初阶英汉双解词典》(第 3 版)缩印本 ………………………………………… 318
"牛津经典童书系列丛书" ………………… 325

O

ōu

《瓯北诗话校注》 ……………………………… 295

P

pí

《皮锡瑞全集》 ………………………………… 308

Q

qǐ

“企鹅经典丛书”新闻发布会举办 ………… 151

qiān

《千书工程》 ………………………………… 314
千载佳艺百年传承——荣宝斋《所见所思入画图》（上、下）获第二届中国出版政府奖印刷复制奖………………………… 365

qián

《钱锺书手稿集·中文笔记》（全20册）新书发布暨出版座谈会举行 ……………… 170

qīng

《清史稿》修订工程专家座谈会召开 ……… 144

qìng

“庆祝建党90周年、纪念辛亥革命100周年重点出版物系列” ………………………… 307
《庆祝人民美术出版社成立60周年·人民美术出版社书画摄影作品集》 ………… 323
《庆祝人民美术出版社成立60周年·沈鹏作品集》 ………………………………… 323
《庆祝人民美术出版社成立60周年·盛世华章——中国当代名家作品集》 ……… 322
《庆祝中国共产党成立90周年百种红色经典连环画》 ………………………………… 299
庆祝中华书局百年华诞系列纪念活动举行………………………………………… 179

qiú

《囚徒天子光绪皇帝》首发暨签售仪式举行 ………………………………………… 206

quán

全国出版物发行标准化技术委员会首次举办全国出版物发行系统标准培训班………… 206
全国出版物发行标准化技术委员会正式加入国际书业标准化组织……………………… 206
全国少儿阅读公共论坛举办…………………… 202
全国性出版巨头与省级报业集团首次跨地合作《帅作文》周报在湖北创刊 ……… 357
全国逾1.8万所学校试点经典诵读………… 349
“全媒体时代的国际合作——网络文学再创作及国际推广”交流会暨签约仪式举行 … 211
全球化的多语种现代翻译系统……………… 311
《全元诗》 …………………………………… 297

R

rén

人民美术出版社开展美术图书“走进校园”活动………………………………………… 190
人民美术出版社联合主办首届“美育最基层——全国中小学美术教师作品展” …… 245
人民美术出版社牵头出版庆祝建党90周年百种红色经典连环画………………………… 362
人民美术出版社召开高等教育“十二五规划教材”工作会议 …………………… 146
人民美术出版社组织召开2011年全国美术教材工作会议……………………………… 143
人民文学出版社参加第18届北京国际图书博览会……………………………………… 235
人民文学出版社参加第22届香港书展 …… 231
人民文学出版社参加第63届法兰克福国际书展………………………………………… 241
人民文学出版社参加新疆维吾尔自治区“天山读书节” …………………………… 226
人民文学出版社参加2011年北京图书订货会………………………………………… 218
人民文学出版社参加2011年上海书展 …… 231
人民文学出版社参与慈弘图书角启动活动………………………………………… 258

人民文学出版社成立60周年庆祝大会举行 …… 11
人民文学出版社成立60周年庆祝大会在京举行 …… 348
人民文学出版社等联合举办“辛亥革命以来的文化史料国际学术研讨会” …… 169
人民文学出版社举办第三期“青年沙龙” …… 283
人民文学出版社举办“人民文学出版社与茅盾文学奖”媒体恳谈会 …… 201
人民文学出版社迎来六十华诞 …… 348
人民文学出版社2011年工作综述 …… 47
人民音乐出版社参加第十届“Music China—中国（上海）国际乐器展览会 …… 241
人民音乐出版社参加第18届北京国际图书博览会 …… 236
人民音乐出版社参加第32届法兰克福国际乐器博览会 …… 223
人民音乐出版社参加全国图书编校质量工作研讨会 …… 162
人民音乐出版社党建与企业发展研讨会召开 …… 274
人民音乐出版社关于对境外支付版税的管理规定 …… 339
人民音乐出版社举行全员劳动合同签订仪式 …… 266
人民音乐出版社举行入党积极分子培训班结业仪式 …… 266
人民音乐出版社劳务派遣用工管理暂行规定 …… 339
人民音乐出版社“六一”儿童节举办员工家属联谊活动 …… 256
人民音乐出版社召开2011年党群工作会议 …… 270
人民音乐出版社2011年工作综述 …… 66
《人民语录Ⅰ》输出中文繁体字、阿拉伯语、法语三项翻译版权 …… 214

rèn

《认识中国——认识中国传统文化》 …… 302

róng

荣宝斋参加“冬衣送暖”社会募捐活动 …… 261
荣宝斋参加“赠书献爱心”活动 …… 261
荣宝斋党委中心组组织学习党的十七届六中全会精神 …… 284
荣宝斋举办“百花齐放　欣欣向荣——庆祝中华人民共和国成立62周年荣宝斋藏近现代花卉作品展” …… 240
荣宝斋举办“蔡祥麟诗书合璧展” …… 222
荣宝斋举办“范曾先生卯年新作展” …… 221
荣宝斋举办“古都风情·京味隽永——马海方老北京风情人物画展” …… 225
荣宝斋举办黄永玉“我带牠们回北京——威尼斯玻璃岛的艺术展” …… 222
荣宝斋举办“孔维克人物画作品展” …… 234
荣宝斋举办“秦剑铭新作展” …… 244
荣宝斋举办“任重国画作品展” …… 245
荣宝斋举办“辛卯年韩天衡新作展” …… 224
荣宝斋礼品店开业 …… 253
荣宝斋联合举办“水墨中国——中国当代国画精品展” …… 244
荣宝斋（上海）拍卖有限公司举办首届大型艺术品拍卖会 …… 206
荣宝斋师带徒管理办法 …… 342
《荣宝斋书谱》 …… 304
荣宝斋汶川援建项目竣工 …… 260
荣宝斋向黑龙江省农家书屋工程捐赠图书 …… 259
荣宝斋2011年工作综述 …… 84

S

sān

三军仪仗队获赠《中共党史青年读本》 …… 366
《三联经典文库》（第二辑） …… 300
《三言二拍看明朝》签售活动举行 …… 181

shāng

“商务馆中学英语教师沙龙”举行 ………… 178
商务印书馆百种精品工具书数据库………… 319
“商务印书馆杯”全国小学生查字典大赛决赛暨小学生语言学习专题报告会举行 ………………………………… 166
商务印书馆参加2011年北京图书订货会 … 218
商务印书馆参加2011年上海书展 ………… 232
商务印书馆参加2011宁夏国际穆斯林出版机构版权贸易洽谈会暨中国—阿拉伯合作出版交流论坛……………………………… 166
商务印书馆参加第18届北京国际图书博览会…………………………………… 236
商务印书馆参加第21届全国图书交易博览会…………………………………… 227
商务印书馆参加第63届法兰克福国际书展…………………………………… 241
商务印书馆第二届职工代表大会第六次全体会议召开……………………………… 271
商务印书馆第二届职工代表大会第四次全体会议召开……………………………… 267
商务印书馆第二届职工代表大会第五次全体会议召开……………………………… 268
商务印书馆坚持“五个到位”，积极深入开展创先争优活动……………………… 279
商务印书馆开展一系列企业文化建设及员工业务培训……………………………… 287
商务印书馆向世界介绍中华学术………… 359
商务印书馆学术出版中心、教科文出版中心成立………………………………… 123
商务印书馆与荷兰威科集团举行法律图书版权贸易签约仪式……………………… 210
商务印书馆与深圳职业技术学院签署共同成立人文教育研究中心的战略合作协议…………………………………… 122
商务印书馆与中国国际广播电台合作汉外辞书项目启动仪式举行……………… 159
商务印书馆员工一行赴商务印书馆（香港）有限公司学习交流……………………… 215
商务印书馆中小学教材语料库中学教材语料项目验收会议召开…………………… 142
商务印书馆组织开展“小乡村，大课堂”助学系列活动…………………………… 260
商务印书馆组织学习党的十七届六中全会精神…………………………………… 285
商务印书馆2011年工作综述…………………… 50
商务印书馆2011新春团拜文艺汇演和职工趣味运动会举行………………………… 255

shàng

《上海手册》（英文版）首发式举行 ……… 205

shē

《奢华之色》新书恳谈会召开 ……………… 133

shēng

生活·读书·新知三联书店参加2011年北京图书订货会……………………………… 219
生活·读书·新知三联书店参加2011年上海书展………………………………… 232
生活·读书·新知三联书店参加第18届北京国际图书博览会……………………… 236
生活·读书·新知三联书店参加第21届全国图书交易博览会……………………… 227
生活·读书·新知三联书店参加第63届法兰克福国际书展………………………… 242
生活·读书·新知三联书店关于员工因私出国学习、访问、考察的暂行规定…… 339
生活·读书·新知三联书店关于在全店继续深入开展增收节支活动的通知……… 340
生活·读书·新知三联书店举办首届中层干部培训班………………………………… 249
生活·读书·新知三联书店举行党委换届选举大会………………………………… 282
生活·读书·新知三联书店捐建第一个“韬奋书屋” ……………………………… 259
生活·读书·新知三联书店邀请《早年毛泽东》作者为全店员工做报告 ……… 278
生活·读书·新知三联书店与江苏、山东、河南、黑龙江及青岛四省一市新华书店战略合作联席会举行…………………… 188
生活·读书·新知三联书店召开2011年新年作者聚谈会……………………………… 134

生活·读书·新知三联书店总经理助理、
总编辑助理选拔聘用的若干规定………… 340
生活·读书·新知三联书店组织全体员工
赴江西井冈山与庐山进行红色考察……… 282
生活·读书·新知三联书店组织员工赴白洋淀
爱国主义教育基地参观学习……………… 276
生活·读书·新知三联书店 2010 年终工作
总结暨表彰联欢大会举行………………… 255
生活·读书·新知三联书店 2011 年工作
综述 ……………………………………… 69
生活·读书·新知三联书店 2011 年经营
管理工作会议召开………………………… 252
生活·读书·新知三联书店 2011 年社店
新年联谊会举行…………………………… 255
生活·读书·新知三联书店 2012 年度
选题研讨会召开…………………………… 176

shī

《诗书画印成语典故辞典》 ………………… 327

shí

《石油大棋局——下一个目标中国》
出版 ……………………………………… 365
《石油大棋局——下一个目标中国》全球
首发式暨石油地缘战略研讨会举行 …… 201
《石油大棋局——下一个目标中国》首发式
及营销宣传活动举行 …………………… 201
时代呼唤品牌出版传媒企业 ……………… 34
时代呼唤品牌出版传媒企业………………… 355

shì

“世界经典医学名著丛书”（第三辑） …… 315
世界图书出版公司北京公司编辑部门利润
考核制度…………………………………… 344
世界图书出版公司北京公司编辑绩效考核
制度………………………………………… 344
世界图书出版公司北京公司新版 ERP 系统 … 344
世界图书出版公司参加第 22 届香港书展 … 231
世界图书出版公司参加 2011 年上海书展 … 233
世界图书出版公司成立第一届党委、纪委 … 286
世界图书出版公司联合举办“大道之行
——纪念辛亥革命 100 周年影像展”…… 239
世界图书出版公司组团参加第 21 届全国
图书交易博览会…………………………… 228
世界图书出版公司组团参加 2011 年北京
图书订货会………………………………… 220
世界图书出版公司 2011 年工作综述………… 95
世界图书出版上海有限公司组织全体党员
参观“我们共产党人——上海市纪念中国
共产党成立 90 周年大型主题展” ……… 279
世界图书出版西安有限公司参加陕西省科技
工作委员会纪念建党 90 周年征文活动 … 275
世界图书出版西安有限公司参加陕西省科技
工作委员会“群众观点、群众立场”知识
测试活动…………………………………… 275
世界图书出版西安有限公司通过陕西省科技
纪律工作委员会廉政建设检查…………… 284
世界图书出版西安有限公司参加“3. 15”
教材教辅质量监督检测活动……………… 142
“世界遗产在中国丛书” ………………… 305

shǒu

《手中有福音Ⅱ》签订中文繁体版版权输出
协议 ……………………………………… 213
《手中有福音Ⅱ》新书发布会举行 ………… 199
首个“全国中小学书法教育教师培训基地”
揭牌仪式举行……………………………… 204
首届北京非物质文化遗产代表性传承人作品
拍卖会举行………………………………… 194

shū

《书法》教材工作总结会议召开 ………… 169
《书法》教材国家级培训班举办 ………… 203
《书法》教材及其配套课程资源 ………… 316
《书目答问汇补》 ………………………… 321
《书目答问汇补》出版座谈会举行 ……… 153
“书香巷”开巷仪式举行 ………………… 200
“书香中国——第二届中国出版政府奖”
颁奖典礼举行 …………………………… 143

shuài

《帅作文》创刊首发式举行 ……………… 132

《帅作文》周报举办“北京文学之旅”特色夏令营 …… 196

shuāng

“双推计划”书香校园登录中国矿业大学 …… 356
“双语天地”中英文彩信库 …… 323

sì

四十年心力卅六册巨著——终于有了一部《中华民国史》 …… 360

sòng

宋明昌到中华书局视察 …… 9

sūn

孙关龙 …… 389
孙家正题词庆贺人民文学出版社成立60周年 …… 6
孙寿山出席“中华字库”工程研发工作启动大会并讲话 …… 9

T

tái

《台湾百科全书》 …… 298

tài

《太阳的眼泪》研讨会举行 …… 172
《泰晤士世界历史地图集》 …… 296

tán

谭跃做客央视《首席夜话》栏目 …… 355
“谭仲池政治抒情长诗《东方的太阳》新书见面会”举办 …… 190

tàn

探究世界石油谜题《石油大棋局——下一个目标中国》一书日前首发 …… 354

táng

《唐诗排行榜》新书发布暨研讨会和签售活动举行 …… 204

tiān

天天出版社启动“百堂心灵学校公开课” …… 191
《天下为公——孙中山传》修订再版宣传活动举行 …… 203

tiě

《铁血首义路》首发式举行 …… 203

tú

《图解人体医学百科全书》（20卷） …… 314

tuī

《推拿》、《天行者》作者做客新浪网 …… 200

W

wài

外国人学汉语系列数字工具书 …… 320
外籍人员服务全国网点建设项目 …… 312

wǎn

《晚清秘史——西藏抗英百年祭》入选2011年“全国首届百种优秀民族图书推荐活动”推荐书目 …… 167

wàn

《万历兴亡录》新书发布暨出版座谈会召开 …… 173
《万寿大典》增订版 …… 327

wāng

《汪曾祺全集》编辑工作会举行 …… 148

wáng

《王昶诗文集》 …… 294
王铁全 …… 398

wǎng

“网上出版的商业模式和盈利模式高峰论坛”举办 …… 133

wēi

《威科法律译丛》新书发布暨“中国法院案例精选文库”英文版战略合作协议签约仪式举行 …… 212

wēn

温泉源 …… 397

wén

《文史知识》创刊30周年庆祝大会召开 … 146
《文史知识》第二次评刊会召开 …… 135
《文史知识》雅俗共赏三十年 …… 360
《文献通考》 …… 320

wǒ

我国首家进口出版物专用保税库正式启用 …… 364
我国着力解决贫困地区农村中小学生字典短缺问题 …… 358
《我们错了》出版 …… 145
《我是西单女孩》签售活动举行 …… 185
《我是西单女孩》首发式举行 …… 183
《我为评书生》、《江湖丛谈》(注音注释典藏本)、《醒木惊天连阔如》签售活动举行 …… 207

wū

邬书林出席中国出版集团公司2011年度工作会议并讲话 …… 8
邬书林到中华书局召开专题调研会 …… 8

wú

吴 斌 …… 390

wǔ

五洲传播出版社到人民音乐出版社交流座谈 …… 269

X

xī

“西安文物精华系列”英文版版权输出签约仪式举行 …… 213

xí

习近平致信祝贺人民文学出版社成立60周年 …… 4

xiān

《先秦诸子还原》四书发布会暨文化经典研究座谈会召开 …… 188
《先秦诸子还原》四书发布会在澳门举行 …… 360

xiàn

现代出版社2011年工作综述 …… 98
《现代汉语词典》(第6版)审订委员会第二次会议举行 …… 172
“现代脊柱诊疗丛书” …… 315
现代教育出版社参加2011年北京图书订货会 …… 220
现代教育出版社参加2011年上海书展 …… 232

现代教育出版社参加 2011 年新加坡国际书展…… 229
现代教育出版社参加第 18 届北京国际图书博览会…… 237
现代教育出版社参加第 21 届全国图书交易博览会…… 228
现代教育出版社参加第 22 届香港书展 …… 231
现代教育出版社参加第 40 届伦敦国际书展 … 224
现代教育出版社参加第 63 届法兰克福国际书展…… 242
现代教育出版社电子图书出版管理办法…… 342
现代教育出版社关于加强图书编校质量的意见…… 342
现代教育出版社召开全体职工大会…… 279
现代教育出版社 2011 年工作综述…… 81
现代教育出版社 2012 年度选题工作研讨会召开…… 179
“现代口腔颌面诊疗丛书” …… 315
现代书店连锁经营…… 312
《现代中国的历程》 …… 321
《宪益舅舅的最后十年》新书首发式暨书外文献展开幕式举行 …… 188

xiǎo

《小儿麻醉学进展》 …… 305
“小字典，大民生”文化惠民活动暨“国酒茅台”捐赠《新华字典》爱心行动座谈会召开 …… 261

xīn

“心能量·新生活”心理读书沙龙创办 …… 186
《辛亥革命研究论文集》 …… 310
《辛亥·国运 1911》 …… 304
新版《高考战斗手册》推介会举行 …… 187
《新华大字典》编写工作会议召开 …… 174
新华联合发行有限公司 2011 年工作综述 … 109
新华联合物流中心…… 317
新华书店在美国的本土化生存…… 364
新华书店总店 2011 年工作综述…… 77
《新华字典》（第 11 版） …… 318
《新华字典》（第 11 版）出版座谈会举行 …… 158
《新华字典》（第 11 版）全球同步发行 …… 358
《新英雄谱》高仿真复制完成 …… 157

xìn

《信仰的力量——红岩英烈纪实》新书发布会暨签售仪式举行 …… 195
《星球拯救者》新书发布会举行 …… 188

xìng

《幸福“心”帮助》首发式举行 …… 187

xú

徐雪寒百年诞辰纪念会召开…… 174

xǔ

《许子东讲稿》（3 卷本）新书首发·签售活动举行 …… 207

xué

“学习型工具书与小学生语文素养提升研讨会”召开 …… 148

xuě

《雪桥诗话全编》 …… 308

xún

寻找回来的记忆…… 366

Y

yán

严隽琪致信祝贺人民美术出版社成立 60 周年…… 6

yáng

杨振宁笑谈《杨振宁传》 …… 363

yī

一甲子光辉篇章…………………………………357
《壹玖壹壹：从鸦片战争到军阀混战的百年影像史》5个版本新书发布会举行 ……199

yí

移动复合出版平台项目…………………………316

yì

《艺术沙龙》创刊5周年“人美甲子”沙龙展暨人民美术出版社书画家联谊会举行 ……………………………………162

yīn

“音乐教育网”项目 …………………………323

yǐn

引路与反哺：“汉译世界学术名著丛书”第十三辑专家论证会侧记…………………358

yīng

《英汉世界中国国学基础知识读本·儒学》 …………………………………325
“英汉世界中国国学基础知识读本系列丛书” …………………………………324
《英语世界》创刊三十周年纪念会暨第二届“《英语世界》杯”翻译大赛颁奖会举行 ……………………………………170
《英语世界》创刊三十周年纪念会在京举行 … 359
《英语世界》举办创刊三十周年纪念会 …… 359

yíng

“萤火虫绘本系列丛书” ……………………326

yǒng

《永远感恩毛泽东》版权输出签约仪式举行 ……………………………………212
《永远感恩毛泽东》新书发布会举行 ………197

yú

《于丹〈庄子〉心得》法文版签约仪式举行 …… 215

yǔ

《语言科技文库》 ……………………………328
《语言学名词》 ………………………………295
《语言学文选》 ………………………………314
《语言学译林》 ………………………………314
《语言与国家》学术研讨会举行 ……………162

yù

《浴火存真——名辈版画联展画集》新书发布暨名辈版画联展开幕式举行 ………195

yuān

“渊源与流变——晋唐楷书研究论坛”举行 … 177

yuè

“阅读城市·城市阅读”大型推广活动举办 ……………………………………207
越南宣传出版干部考察团到中国出版集团公司参观访问……………………………211

yún

云南和顺乡图书馆获赠576册《中国文库》…… 349
“云南省中小学书法教学培训会”举办 …… 208

Z

zài

“再见，哈利·波特”——哈利·波特电影终结版首映及《哈利·波特（精装版）》首发仪式举行 …………………………196
在学习贯彻十七届六中全会精神推动集团改革发展座谈会上的讲话 …………………29

zǎo

《早年毛泽东》：还原1949年前的毛泽东 …… 363

zhān

"詹福瑞诗集《岁月深处》研讨会"召开 …… 175

zhàn

《战争史笔记》出版座谈会举行 …… 171

zhāng

《张大千全集》出版研讨会举行 …… 171
张加珠 …… 391
《张政烺批注〈两周金文辞大系考释〉》 … 308

zhēn

《甄功夫》新书签售会举行 …… 196

zhōng

中版传媒集团数字资源建设及管理信息系统 …… 316
中版国际传媒有限公司2011年工作综述 … 113
中版集团数字传媒有限公司参加2011年北京图书订货会 …… 221
中版集团数字传媒有限公司参加第18届北京国际图书博览会 …… 238
中版集团数字传媒有限公司参加第63届法兰克福国际书展 …… 242
中版集团数字传媒有限公司参加第四届中国数字出版博览会 …… 230
中版集团数字传媒有限公司2011年工作综述 …… 104
中版教材有限公司参加首都师范大学中小学书法教育研究中心揭牌仪式 …… 208
中版教材有限公司教材培训专家管理暂行规定（2011年修订版） …… 344
中版教材有限公司开展党员承诺制活动 …… 273
中版教材有限公司"十二五"时期发展规划 …… 344
中版教材有限公司《书法》教材立项工作会议召开 …… 145
中版教材有限公司2011年工作综述 …… 107
中版数字设备有限公司参加第18届北京国际图书博览会 …… 239
中版数字设备有限公司参加第21届全国图书交易博览会 …… 229
中版数字设备有限公司2011年工作综述 … 111
《中共党史青年读本》首发式暨捐赠仪式举行 …… 195
中共中央宣传部2011年任免中国出版集团公司干部情况 …… 331
中共中央2011年任免中国出版集团公司干部情况 …… 331
中国出版传媒股份有限公司成立大会暨挂牌仪式举行 …… 127
中国出版传媒股份有限公司在京挂牌成立 …… 356
中国出版集团摆上红色图书盛宴 …… 351
中国出版集团表彰畅销书、常销书 …… 347
中国出版集团公司颁发出版奖 …… 349
中国出版集团公司参加2011年北京图书订货会 …… 218
中国出版集团公司参加2011年里约热内卢国际书展 …… 239
中国出版集团公司参加2011中国—东盟出版博览会 …… 243
中国出版集团公司参加"《大中华文库》出版工程暨新闻出版'走出去'先进单位表彰大会" …… 216
中国出版集团公司参加第17届布拉格国际书展暨文学节 …… 226
中国出版集团公司参加第17届印度德里国际书展 …… 233
中国出版集团公司参加第18届匈牙利布达佩斯国际图书节 …… 223
中国出版集团公司参加第21届全国图书交易博览会 …… 227
中国出版集团公司参加第24届伊朗德黑兰国际书展 …… 225
中国出版集团公司参加第43届开罗国际书展 …… 221
中国出版集团公司参加少数民族古文字搜集与整理合作协商会 …… 213
中国出版集团公司参加"学习贯彻十七届六中全会精神辅导报告会" …… 284
中国出版集团公司参加"中国图书对外推广计划"工作小组第七次工作会议 … 209

中国出版集团公司传达胡锦涛在省部级主要领导干部社会管理及其创新专题研讨班开班式上的讲话精神……120
中国出版集团公司发布“十二五”规划 …119
中国出版集团公司赴美举办“纪念辛亥革命100周年精品图书联展”……210
中国出版集团公司赴新疆自治区新闻出版单位挂职交流干部重返工作岗位……248
中国出版集团公司《关于规范集团公司总部专项资金管理的若干规定》及其实施细则……335
中国出版集团公司关于实施法制宣传教育第六个五年规划的意见……337
中国出版集团公司贯彻落实全国“两会”精神会议召开……268
中国出版集团公司获得国务院新闻办公室“中国文化著作翻译出版工程”资助……215
中国出版集团公司举办2011年度新员工培训班……248
中国出版集团公司举办党务干部培训班……271
中国出版集团公司举办第四届读者大会……191
中国出版集团公司举办企业年金运营培训班……247
中国出版集团公司举办企业文化建设培训班……286
中国出版集团公司举办“庆祝中国共产党成立90周年书法绘画摄影展暨全国出版界同仁书画邀请展”……276
中国出版集团公司举办人才梯队培训班……249
中国出版集团公司举办“双推计划”新书推介暨2010年度优秀图书颁奖大会……183
中国出版集团公司举办《西藏百年——20世纪的人和事》新书首发式……193
中国出版集团公司举行“财务管理信息平台”项目开标仪式……253
中国出版集团公司举行第三届职工羽毛球大赛……256
中国出版集团公司举行庆祝中国共产党成立90周年“颂歌献给党”歌咏比赛……275
中国出版集团公司举行“双优一先”表彰大会暨新党员入党宣誓仪式……276
中国出版集团公司开展“杜绝虚假报道、增强社会责任、加强新闻职业道德建设”专项教育活动……263
中国出版集团公司“老干部讲传统”系列讲座举办……274
中国出版集团公司领导听取中国大百科全书出版社《中国大百科全书》(第三版)工作汇报……138
中国出版集团公司配合国家出版基金规划管理办公室调研检查……164
中国出版集团公司企业年度财务决算考核评比办法……335
中国出版集团公司取得北京市顺义区北小营镇工业用地使用权……252
中国出版集团公司人力资源部组织人才梯队部分人员赴日考察学习……250
中国出版集团公司日输版权百余种《于丹〈庄子〉心得》将出法文版……354
中国出版集团公司荣宝斋书店开业……254
中国出版集团公司入选第三届“文化企业30强”……122
中国出版集团公司入选国家“十二五”出版规划项目……292
中国出版集团公司入选新闻出版改革发展项目库数量居全国之首……152
中国出版集团公司入选2011年国家出版基金项目……291
中国出版集团公司入选2011年国家古籍出版资助项目……291
中国出版集团公司三大信息管理平台……307
中国出版集团公司所属三家企业荣获2011年度文化出口中央奖励资金……216
中国出版集团公司推出一批数字产品……180
中国出版集团公司完成2002~2010年度集团出版专项资金项目执行进度调研追踪……160
中国出版集团公司相关人员到各所属单位开展数字资源收集与整理调研活动……145
中国出版集团公司向北京市顺义区北小营镇捐赠图书……258
中国出版集团公司向云南省腾冲县和顺图书馆捐赠《中国文库》……258

中国出版集团公司“小金库”专项治理工作文件资料汇编…… 335
中国出版集团公司信息报送工作办法…… 337
中国出版集团公司与北京顺义区北小营镇创立文化共建新农村工作机制启动…… 263
中国出版集团公司在京启动中华动漫资源库…… 347
中国出版集团公司召开2011年“小金库”专项治理工作培训布置会议…… 252
中国出版集团公司召开2011年选题工作会议…… 139
中国出版集团公司召开2012年度出版专项资金项目论证会…… 157
中国出版集团公司召开改革发展座谈会…… 125
中国出版集团公司召开纪念辛亥革命100周年重点图书新闻发布会…… 168
中国出版集团公司召开《羌山采风录》出版座谈会…… 131
中国出版集团公司召开庆祝中国共产党成立90周年100种重点图书新闻发布会…… 156
中国出版集团公司召开《庆祝中国共产党成立90周年百种红色经典连环画》新闻发布会…… 154
中国出版集团公司召开“全面加强经营管理工作现场会” …… 251
中国出版集团公司召开《中国文库》（第五辑）“纪念辛亥革命100周年专辑”出版座谈会…… 134
中国出版集团公司召开“走基层、转作风、改文风”部署推进会 …… 280
中国出版集团公司制定“2011年度图书出版计划” …… 136
中国出版集团公司、中国美术出版总社、人民美术出版社共同主办“庆祝人民美术出版社成立60周年系列展” …… 11
中国出版集团公司主业不断壮大…… 349
中国出版集团公司专题会议管理办法…… 337
中国出版集团公司总裁谭跃到人民文学出版社调研…… 123
中国出版集团公司总裁谭跃到中国对外翻译出版公司调研…… 126
中国出版集团公司总裁谭跃到中国美术出版总社调研…… 127
中国出版集团公司总裁谭跃到中国民主法制出版社进行“走、转、改”调研活动 …… 126
中国出版集团公司总裁谭跃到中国图书商报社调研…… 127
中国出版集团公司“走基层、转作风、改文风”活动方案 …… 335
中国出版集团公司“走、转、改”记者团密切关注基层文化需求与文化创新…… 281
中国出版集团公司组团参加第18届北京国际图书博览会…… 235
中国出版集团公司组团参加第22届香港书展…… 230
中国出版集团公司组团参加第63届法兰克福国际书展…… 241
中国出版集团公司组团参加第八届希腊萨洛尼卡国际书展…… 225
中国出版集团公司2011年党的工作和纪检工作会议召开…… 265
中国出版集团公司2011年度财务工作会议召开…… 253
中国出版集团公司2011年度数字出版专题工作会议召开…… 141
中国出版集团公司2011年共青团工作会议举行…… 265
中国出版集团公司2011年工作综述…… 39
中国出版集团公司2011年任免干部情况 …… 331
中国出版集团公司2011年新春团拜会召开 …… 262
中国出版集团“纪念辛亥革命100周年”系列活动在港启动…… 352
中国出版集团去年输出版权404项同比增长86.49% …… 350
中国出版集团团委举行“中直机关青年文明号”挂牌仪式 …… 268
中国出版集团团委组织优秀团员青年代表赴天津学习考察…… 272
中国出版集团与亚洲青年动漫大赛将合作开发动漫内容资源…… 353
中国出版集团转制完成：冲刺A股 …… 348
中国出版蓝桥创意产业园暨国家数字出版基地（虹口园区）二期工程建设 …… 303

中国辞书学会百科全书专业委员会、中国编辑学会工具书和百科全书专业委员会2011年年会暨学术讨论会召开 …………166
中国辞书学会辞书编纂现代化专业委员会第五届年会暨学术研讨会召开…………175
中国大百科全书出版社参加2011年北京图书订货会…………219
中国大百科全书出版社参加第18届北京国际图书博览会…………236
中国大百科全书出版社参加第21届全国图书交易博览会…………227
中国大百科全书出版社举办“工具书进学校，做讲座”活动 …………187
中国大百科全书出版社举办“纪念建党90周年党史讲座” …………276
中国大百科全书出版社举办“科普进校园讲座” …………187
中国大百科全书出版社举办“科普照亮生活，创新点燃希望”为主题的庆祝建社33周年活动…………257
中国大百科全书出版社举办新职工岗前培训 … 247
中国大百科全书出版社举办“学习新知识，迎接新挑战——2011年度中层干部培训班” …………247
中国大百科全书出版社举办“衣加衣大于爱”募捐活动 …………261
中国大百科全书出版社举办员工业务系列培训…………246
中国大百科全书出版社举办重点图书发行工作研讨会…………191
中国大百科全书出版社开展回顾复兴历史，展望美好未来庆祝“三八”妇女节主题活动…………267
中国大百科全书出版社人力资源部负责人看望生病职工…………266
中国大百科全书出版社有限公司印章使用管理规定…………339
中国大百科全书出版社组织党员参加中央直属机关纪念中国共产党成立90周年征文活动…………273
中国大百科全书出版社组织职工赴延安参观学习…………278
中国大百科全书出版社2011年工作综述 …………60
《中国大百科全书》数据库出版发布会举行 …………149
《中国当代作曲家曲库》(10册) …………300
“中国的近代化与传统法的转型——《大清新法令》点校本出版座谈会”举行 …………177
《中国的世界遗产地图》、《中国帝王图》APP产品首发式举行 …………192
《中国地域文化通览》 …………298
中国对外翻译出版公司参加第18届北京国际图书博览会…………237
中国对外翻译出版公司参加第21届全国图书交易博览会…………228
中国对外翻译出版公司参加翻译教育发展国际学术研讨会…………150
中国对外翻译出版公司承办2011年中国翻译职业交流大会…………151
中国对外翻译出版公司代表团出访联合国有关机构…………210
中国对外翻译出版公司党委组织党员参观中国革命圣地延安…………274
中国对外翻译出版公司历史资料整理工作总体规划…………340
中国对外翻译出版公司企业文化建设实施方案…………340
中国对外翻译出版公司首次组织召开北京高校学生社团代表座谈会…………148
中国对外翻译出版公司与北京大学翻译协会共同举办高端会议口译系列讲座…………141
中国对外翻译出版公司与北京语言大学高级翻译学院签署战略合作协议…………123
中国对外翻译出版公司召开工会换届选举会员代表大会…………262
中国对外翻译出版公司召开职工代表大会通过系列管理规定…………269
中国对外翻译出版公司参加2011年上海书展…………232
中国对外翻译出版公司参加第63届法兰克福国际书展…………242
中国对外翻译出版公司2011年工作综述…… 72

《中国古代书画鉴定实录》北京新书发布会举行 …… 185
《中国古代书画鉴定实录》上海新书发布会举行 …… 184
《中国古代陶瓷文献影印辑刊》 …… 314
《中国古典诗歌英释 100 首》新书交流签售会举行 …… 197
《中国国家图书馆藏清宫升平署档案集成》 …… 320
“中国国学儿童启蒙有声读物系列”（1～4） …… 306
《中国皇家寺庙与民间寺院》 …… 315
《中国京剧百科全书》 …… 298
《中国京剧百科全书》出版座谈会在京举行 …… 361
《中国京剧百科全书》出版座谈会召开 …… 175
《中国京剧百科全书》：京剧研究的里程碑 …… 362
中国崛起的历史逻辑 …… 351
《中国可供书目数据库》 …… 316
“中国历史文化名村名镇丛书”版权输出达成协议 …… 215
中国美术出版总社参加 2011 年北京图书订货会 …… 219
中国美术出版总社参加 2011 年全国美术图书交易会暨全国美术出版社社长年会 …… 230
中国美术出版总社党委“开展党员公开承诺活动”暨 2011 年工作总结大会召开 …… 287
中国美术出版总社“全国教材租型工作会议”召开 …… 204
中国美术出版总社、人民美术出版社与华润置地（北京）股份有限公司、北京富恒房地产开发有限公司《拆迁安置框架协议》签字仪式举行 …… 252
中国美术出版总社与法国 Jean-Manuel BOURGOIS 出版公司商榷版权贸易 …… 209
中国美术出版总社与中国民主促进会妇女儿童委员会联合开展公益捐书活动 …… 260
中国美术出版总社与中国人民大学艺术学院合办“中国连环画插图硕士课程班” …… 170
中国美术出版总社召开 2011 年出版工作会 …… 140
中国美术出版总社职工代表大会（扩大）会议举行 …… 265
中国美术出版总社组织职工赴西柏坡参观学习 …… 274
中国美术出版总社 2010 年总结表彰大会暨 2011 年新春联欢会举行 …… 263
中国美术出版总社 2011 年工作综述 …… 63
《中国美术研究年度报告 2010》 …… 309
中国民主法制出版社参观“汶川地震灾后恢复重建主题展览” …… 272
中国民主法制出版社参加 2011 年北京图书订货会 …… 220
中国民主法制出版社参加第 17 届经济、法律社店洽谈会 …… 181
中国民主法制出版社参加第 18 届北京国际图书博览会 …… 238
中国民主法制出版社第一次数字出版工作会议召开 …… 167
中国民主法制出版社非发行人员销售图书管理办法 …… 343
中国民主法制出版社工会成立大会召开 …… 270
中国民主法制出版社培训管理制度 …… 343
中国民主法制出版社“庆三八女职工座谈会”召开 …… 267
中国民主法制出版社书稿审读管理工作办法 …… 342
中国民主法制出版社员工发表宣传文章的奖励办法 …… 343
中国民主法制出版社召开全国人大常委会和地方人大常委会联合工作委员会宣传出版联谊会 …… 140
中国民主法制出版社《中华人民共和国法律法规信息系统》（软件） …… 313
中国民主法制出版社组织职工参观冉庄抗日战争地道战遗址 …… 286
中国民主法制出版社组织职工赴广西师范大学出版社进行社际交流 …… 280
中国民主法制出版社 16 种图书入选 2010 年“中国图书对外推广计划” …… 144
中国民主法制出版社 2011 年工作综述 …… 91

中国民主法制出版社 2011 年新春团拜会举行 …… 255
中国民主法制出版社 2012 年度选题论证会召开 …… 175
“中国民族百科全书” …… 305
《中国民族乐器采样音色软件》 …… 328
《中国名歌》、《中国名乐》 …… 300
《中国诗歌通史》 …… 294
中国数字出版门户大佳网即将上线 …… 350
中国数字出版网（大佳网） …… 292
中国数字出版网（大佳网）开网上线 …… 152
中国数字出版网大佳网上线 …… 350
中国数字音乐出版与发行平台 …… 300
“中国统一战线历史研究丛书” …… 327
中国图书对外推广网（CBI） …… 293
中国图书进出口广州公司承办 2011 南国书香节暨羊城书展·海外华文展项目 …… 233
中国图书进出口（集团）总公司（本部）第十届职工代表大会第一次全体会议召开 …… 280
中国图书进出口（集团）总公司承办 2011 北京国际出版论坛 …… 234
中国图书进出口（集团）总公司承办 2011 年澳大利亚、新西兰中文书刊巡回展 …… 245
中国图书进出口（集团）总公司承办第 18 届北京国际图书博览会 …… 237
中国图书进出口（集团）总公司承办第 43 届开罗国际书展中国主宾国活动 …… 221
中国图书进出口（集团）总公司第 20 届党建思想政治工作研讨会举行 …… 283
中国图书进出口（集团）总公司举办首期进口业务人员培训班 …… 246
中国图书进出口（集团）总公司举办 2011 年度工会干部培训班 …… 249
中国图书进出口（集团）总公司联合承办第 12 届祖国大陆图书展 …… 240
中国图书进出口（集团）总公司庆祝中国共产党成立 90 周年党员大会举行 …… 278
中国图书进出口（集团）总公司组团参加第 17 届首尔国际图书展 …… 230
中国图书进出口（集团）总公司组团参加第 17 届印度德里国际书展 …… 234
中国图书进出口（集团）总公司组团参加第 18 届布达佩斯国际图书节 …… 224
中国图书进出口（集团）总公司组团参加第 24 届德黑兰国际书展 …… 226
中国图书进出口（集团）总公司组团参加第 24 届莫斯科国际书展 …… 239
中国图书进出口（集团）总公司组团参加第 25 届日内瓦国际图书沙龙 …… 224
中国图书进出口（集团）总公司组团参加第 31 届巴黎图书沙龙 …… 222
中国图书进出口（集团）总公司 2011 年工作综述 …… 79
中国图书进出口上海公司主办 2011 上海国际音响大展暨第三届国际音响格兰披治颁奖盛会 …… 244
中国图书进出口西安公司举办进口书刊业务研讨会 …… 202
中国图书进出口西安公司西郊文化产业园工程 …… 313
《中国图书商报》发表编辑部文章《追寻中国现代出版三大产业新向度》 …… 132
《中国图书商报》发表“红色读物专刊”系列报道 …… 149
《中国图书商报》“封面人物”专栏首次开栏 …… 141
《中国图书商报》荣膺“中国最具影响力行业媒体品牌” …… 162
中国图书商报社“2010 年述职报告文本展览”举行 …… 270
中国图书商报社 2011 年工作综述 …… 87
中国图书商报社部署实施“走、转、改”常态化和深入化活动 …… 284
中国图书商报社党委召开“特别党课扩大会” …… 278
中国图书商报社改革版面践行“三个革命”、“六大工程” …… 137
中国图书商报社与中华全国工商联合会书业商会签署永久性战略合作协议 …… 120
中国图书商报社在“走、转、改”活动中创新传播方式 …… 282
《中国图书商报》子刊《中国编客》《中国馆配》创刊 …… 147

《中国现代美术理论批评文丛》
（10 卷） …………………………………… 299
《中国新生代农民工》赠书仪式举行 ……… 261
《中国新诗编年史》 ………………………… 293
《中国性科学百科全书》（波兰文版）出版 … 216
“中国艺术科学总论”（14 种） …………… 309
《中国印论类编》 …………………………… 304
《中国印谱全书》（12 册） ………………… 322
《中国幼儿百科全书》（第二辑） ………… 299
《中国 2010 年上海世博会论坛文集》新书
发布会暨赠书仪式举行 ………………… 189
中华动漫资源库启动，拓展数字出版
空间…………………………………………… 367
《中华民国法规大全（1912～1949）》
点校本 ……………………………………… 319
《中华民国史》 ……………………………… 297
《中华民国史》出版座谈会召开 …………… 163
中华书局百年局庆之桐乡纪念活动举行…… 173
中华书局参加 2011 年北京图书订货会 …… 219
中华书局参加 2011 年上海书展 …………… 232
中华书局参加第 22 届香港书展 …………… 231
中华书局参加“海峡两岸纪念辛亥革命 100
年精品图书展” ………………………… 243
中华书局成立合唱队………………………… 256
中华书局承办第 26 届全国古籍出版社社长
年会暨 2011 年全国优秀古籍图书评
奖会………………………………………… 229
中华书局党委召开组织工作会议…………… 268
中华书局党委组织党员赴延安举行党员宣誓
活动………………………………………… 272
中华书局开展“送温暖 献爱心”及
“春雨行动”捐助活动 ………………… 259
中华书局庆祝中国共产党成立 90 周年党员
大会举行…………………………………… 277
中华书局推出《中国文化遗产研究院藏
西域文献遗珍》 ………………………… 361
中华书局向台湾辅仁大学捐赠图书………… 261
中华书局一行赴日本考察…………………… 215
中华书局一行赴台湾地区考察……………… 215
中华书局召开职工代表大会………………… 270
中华书局 2011 年工作综述 ………………… 56
中华书局 2012 年度选题工作研讨会召开 … 177
《中华文明博物馆》系列产品 ……………… 323
“中华文明博物馆之清代卷”全媒体开
发首发式举行 …………………………… 199
“中华现代学术名著杯”学术论文大赛
颁奖典礼举行 …………………………… 165
“中华现代学术名著丛书”（第一辑至
第三辑） ………………………………… 296
《中华饮食智慧》读者见面会暨捐赠活动
举行 ……………………………………… 198
“中华字库”工程 ………………………… 292
“中华字库”工程第 12 包项目启动会
召开 ……………………………………… 172
“中华字库”工程第 16 包项目启动会
召开 ……………………………………… 167
“中华字库”工程进入全面研发建设
阶段 ……………………………………… 352
“中华字库”工程研发工作启动大会
召开 ……………………………………… 161
中华字库：这里没有你找不到的字………… 353
“中华字库”总体组启动人才招聘
工作 ……………………………………… 248
“中华字库”总体组启动“中华字库”
工程标准研制工作 ……………………… 138
“中华字库”总体组组织四次工程商务
谈判会议 ………………………………… 138
“中外儿童百科全书论坛”举行 ………… 164
中外儿童百科全书论坛聚焦“儿童百科
全书” …………………………………… 361
中小学传统文化教育实践研究 2011 年会
召开………………………………………… 168
中小学《国学》教材 ……………………… 324
中小学思想品德西部特色教材立项准备
研讨会召开………………………………… 142
中宣部出版局局长陶骅到人民文学出版社
调研………………………………………… 124
中宣部出版局局长陶骅到商务印书馆调研 … 123
中宣部出版局局长陶骅到中国图书进
出口（集团）总公司调研 ……………… 125
中宣部出版局局长陶骅到中华书局调研
考察………………………………………… 124
《中亚文明史》出版发布会暨《拉丁美洲
通史》签约仪式举行 …………………… 212

中央组织部干部四局、新闻出版总署出版产业发展司、中国出版集团公司和商务印书馆共同举办党日活动 …… 285
《中印文化交流百科全书》编纂工作会议举行 …… 174

zhū

朱枫烈士骨灰安葬仪式举行 …… 279

zuò

"作家孙犁逝世九周年纪念会暨《布衣：我的父亲孙犁》出版座谈会"举行 …… 159

字母及数字

《DK 儿童百科百问百答》 …… 321
《DK 儿童视觉百科全书》 …… 321
"LP 中国旅行指南"（8 种） …… 310
"18 种小语种汉外分类词典全媒体出版"项目 …… 295
"21 世纪年度最佳外国小说（2011）·微山湖奖颁奖典礼暨十周年庆典"举行 …… 176
"21 世纪年度最佳外国小说" …… 307
277 首民歌集结成《羌山采风录》 …… 362
《1911》 …… 293
2010 年度语言学出版基金评议会召开 …… 134
2010 年中文图书馆配年度分析报告暨战略合作签约仪式举行 …… 184
2011 北京国际出版论坛：数字时代出版业路向何方 …… 353
2011 北京图书订货会高层论坛举行 …… 183
2011 大事记 …… 421
2011 年"博雅翻译文化沙龙"活动举行 …… 174
2011 年"楚天杯"全国中小学生帅作文大赛正式启动 …… 150
2011 年度版权贸易指标统计表 …… 412
2011 年度报纸出版指标统计表 …… 405
2011 年度报纸发行指标统计表 …… 409
2011 年度财务指标统计表 …… 411
2011 年度出版物贸易指标统计表 …… 413
2011 年度出版总规模统计表 …… 402
2011 年度重印书出版指标统计表 …… 404
2011 年度电子出版物出版指标统计表 …… 406
2011 年度音像制品发行指标统计表 …… 410
2011 年度电子出版物发行指标统计表 …… 410
2011 年度获奖（荣誉）单位 …… 371
2011 年度获奖（荣誉）人物 …… 385
2011 年度获奖项目 …… 373
2011 年度期刊出版指标统计表 …… 405
2011 年度期刊发行指标统计表 …… 409
2011 年度图书编辑指标统计表 …… 401
2011 年度图书发行指标统计表 …… 407
2011 年度网络出版物出版指标统计表 …… 406
2011 年度新书出版指标统计表 …… 403
2011 年度音像制品出版指标统计表 …… 406
2011 年发表论文 …… 414
2011 年发表书评 …… 416
2011 年个人著作 …… 414
2011 年汉语多元化教学手段研讨会举行 …… 147
2011 年获得编审资格人员名单 …… 395
"2011 宁夏国际穆斯林出版机构版权贸易洽谈会"举行 …… 213
2011 全国医学文献建设工作研讨会举办 …… 198
2011 书业营销创新论坛、全国新华书店"一网通"开通暨 2010 中国图书榜中榜揭榜盛典举行 …… 182
"2011《中国当代作曲家曲库》音乐会（第五届）"举行 …… 203
2011 中国广告与品牌大会暨《中国广告》杂志创刊 30 周年颁奖典礼举行 …… 143
2011 中国民营书业峰会暨 2010 年度中国民营书业颁奖盛典举行 …… 181
"2011 中青年语言学者沙龙"举行 …… 136
6000 种图书显示"国家队"实力 …… 347